경제와 사회

우명동 지음

도서출판 해남

경제와 사회

초판1쇄 인쇄 2019년 11월 20일
초판1쇄 발행 2019년 12월 1일

지은이 우명동
발행인 노현철
발행처 도서출판 해남

출판등록 1995. 5. 10 제1-1885호
주 소 서울특별시 마포구 마포대로8길 9 영명빌딩 405호
전 화 739-4822 팩스 720-4823
이 메 일 haenamin30@naver.com
홈페이지 www.hpub.co.kr

ISBN 978-89-6238-139-9 93320

머리말

우리는 하루도 거르지 않고 '물질적 생활'을 꾸려 가고 있다. 소위 '경제행위'를 하면서 살아가고 있다. 이러한 경제행위, 즉 물질적 생활 과정은 우리들의 생존과 발달을 위해 필연적으로 수반되는 주요한 생활 과정 중의 하나이다. 그 과정에 많은 애로점들이 우리 앞에 가로놓여 있음을 본다. 그 애로점이라는 것은 작게는 개인적 또는 가정적 사정에서, 크게는 수시로 변화하는 국내외적인 사회적 상황들에서 연유하고 있다. 이러한 상황에서 우리들의 생존과 발달의 조건을 해명하여 보다 나은 상태로 나아가기 위해서는 이러한 물질적 생활을 지배하는 질서를 이해할 필요가 있다.

이러한 욕구를 갖고 주변을 둘러보면 경제행위의 질서를 해명하는 교재들이 넘쳐나고 있는 것을 볼 수 있다. 그런데 경제학 관련 주요 교재의 내용을 들여다보면 대부분이 하나의 관점에 매몰되어 있는 것을 알 수 있다. 경제행위를 둘러싸고 전개되고 있는 상황들은 복잡하게 서로 얽혀 있으면서 크게 변화하고 있다. 그런데도 그 질서를 해명하는 논리들은 변함없이 하나의 관점에서 서술되고 있다. 좀 더 구체적으로 들여다보면 인간의 물질적 생활의 질서를 비용과 편익의 엄밀한 계산에 바탕을 두고 어려운 수식과 화려한 그래프를 동원해서 서술되고 있는 것을 볼 수 있다. 어쩌다 수학적 지식이 조금이라도 부족한 독자라면 읽기도 전에 물러서기 마련이다. 다행이 그러한 수학적 내용에 익숙한 독자라면 그리 어렵지 않게 그 문헌이 전달하고자 하는 논리를 이해할 수도 있다. 그러나 이 경우에는 현실에서 자신이 직면하는 세계와 그 교과서적 논리 사이의 괴리에서 큰 혼란을 겪는 경우가 적지 아니하다. 그러한 상황에 직면하여 독자들은 자신이 교재를 잘못 이해한 것은 아닌지를 고민하면서 자책에 빠지는 경우도 비일비재하다.

그러나 위와 같은 상황은 대부분 독자들의 이해능력이 부족하여 일어나는 것이 아니다. 오히려 독자들이 읽은 경제학 교재가 취하고 있는 견해가 독자들이 몸담고 있는 현실을 제대로 해명해 내지 못한 데서 기인하는 경우가 많다. 본서는 바로 이러한 현실적 상황에 직면하여 경제현상 내지 경제행위를 지배하는 질서를 어떻게 읽고 이해해 낼 것인지를 보여 주고자 하는 데 그 뜻을 두고 있다.

이렇게 본서는 경제행위의 질서를 이해하는 데 뜻을 두고 있으면서도, 그 제목을 '경제와 사회'로 정하고 있다. 그것은 경제현상이라는 것이 사회의 다른 여러 현상들과 동떨어져 별개로 나타나는 것이 아니라 서로 유기적 관련을 맺는 가운데서 나타난다는 사실을 중시한 데 기인한다. 이처럼 경제현상은 사회의 다른 제 현상과 밀접한 관련을 맺으면서 나타나기 때문에, 다 같이 경제현상이라 하더라도 시대와 사회에 따라 서로 다른 모습을 띠고 나타나기 마련이다. 더구나 그와 같은 경제와 사회의 유기적 관련성은 그것을 바라보는 사람에 따라서도 다르게 파악된다. 구체적으로 '경제' 개념으로부터 경제행위를 설명하는 세부 개념들에 이르기까지 대부분의 내용이 누가 파악하는지에 따라 서로 다르게 파악된다.

사실이 이러하니 경제행위 결과 나타난 경제적 성과를 평가하는 가치 기준도 사람에 따라 서로 다르게 제시되기 마련이다. 효율성이나 공평성 같은 것이 그것이다. 성과뿐만 아니라 경제행위 자체를 두고도 좋고 나쁨에 대한 판단이 서로 다르게 나타난다. 결국 더 나은 사회를 위한 정책의 선택에서도 서로 다른 의견이 제시되기 마련이다. 사실이 이러한데도 우리 주변에서 발견되는 경제학 문헌에서는 사회의 다른 여러 행위와 아무런 관련을 맺지 않는 가상의 독자적인 경제행위를 상정하고 있는 경우가 대부분이다. 그리고 그러한 경제행위 자체의 기계적 질서만을 해명해 내고 있다. 학생들의 학습 과정에 제공되는 경제학 교과서뿐 아니라 대부분의 경제 관련 문헌들도 거의 마찬가지이다.

이러한 문제인식에서 본서는 경제행위의 질서를 '경제와 사회'의 관계의 맥락에서, '서로 다른 관점'을 통해서 이해하고자 한다. 이러한 목적을 위해 크게 세 부분으로 나누어 설명하고 있다. 먼저 경제행위, 나아가 경제와 사회와 관련된 주요 '개념'에 대한 서로 다른 이해를 통해 경제행위의 질서를 해명한다. 이어서 경제적 성과 내지 경제행위의 적절성 여부를 판단하는 '가치 기준'의 다양성에 대한 이해를 통해서 경제행위의 질서를 해명하고자 한다. 마지막으로 앞의 설명 과정에서 등장한 '개념'과 '가치 기준'이 '다양하게 제시되는 근원'을 살펴보면서 경제행위의 질서에 대한 이해도를 높이고자 한다. 이어서 이러한 논의를 종합하여 경제와 사회 문제를 학습하는 과정에서 우리가 취해야 할 '자세'를 검토해 보고자 한다.

저자는 오랫동안 '경제학' 관련 과목을 강의하고 토론해 오는 과정에서 학생들이 경제학 교재의 논리와 마주하면서 때로는 힘들어하고 때로는 좌절하는 모습을 여러 차례 보아 왔다. 본서는 학생들의 그러한 모습을 보면서 한편으로는 그들을 돕고 다른 한편으로는 무엇보다 저자 자신이 반성하면서 그러한 상황을 극복하기 위해 오랫동안 노력해 온 하나의 작은 결과물이다. 경제학 관련 문헌을 처음 접하고 그 내용으로 자신의 삶을 반추하는 과정에서 초보자가 겪는 혼란은 어쩌면 당연한 일일 수도 있다. 문제는 기성의 연구자들이 오히려 자신의 틀에 매몰되어 다른 견해를 보지 않으려는 자세가 더 큰 문제일 수 있다. 무엇보다 어떤 문헌이든 그 문헌에는 그것이 지향하는 가치가 내재되어 있다는 사실을 인식하고, 그러한 가치를 이해하면서 관련 문헌을 읽어 가는 것이 중요하다. 그러면서 그 견해와 다른 견해와의 차이를 발견해 가면서 끊임없이 자신의 삶과 자신이 속한 사회를 설명해 낼 수 있는 견해를 찾아내려는 자세가 중요하다.

모쪼록 이 책이 경제학 관련 문헌을 읽어 가면서, 독자들 스스로 자신의 물질적 삶의 질서를 해명하고 더 나은 삶을 지향해 가는 데 도움이 되기를 기원하면서 머리말에 대신하고자 한다. 지난날 저자와 더불어 경제학을 학습해 온 많은 제자들에게 미안함과 고마운 마음을 전하고 싶다. 아울러 오랜 기간 저자의 연구 과정을 묵묵히 지켜보면서 따뜻한 사랑으로 응원해 준 가족을 비롯한 소중한 분들께 이 자리를 빌어 감사의 말씀을 전하고자 한다. 마지막으로 늘 저자의 저술 의지를 독려해 주고 있는 나의 좋은 친구, 노현철 사장의 노고에도 고마운 마음을 전하고자 한다.

2019년 11월
북가좌동 연구실에서
저자 우명동 씀

차례

제2부 '개념'과 '문제'를 통해서 본 '경제와 사회'

제7장 효율성

제8장 공평성

제9장 경제적 자유

제 1 부

목적과 맥락

Chapter

1

집필 목적 및 선행 저술과의 차별성

제1장에서는 본서 집필의 목적을 밝힘으로써, 앞으로 다룰 내용에 대한 이해를 돕고자 한다. 나아가 국내외 주요 선행 저서들과의 차별성을 보임으로써, 본서 집필 목적을 좀 더 선명하게 드러내고자 한다.

제1절 주요 집필 목적

본서는 경제현상을 지배하는 질서를 이해하고자 하는 데 그 궁극적인 뜻을 두고 있다. 이러한 목적을 본서는 경제현상과 관련된 제 개념, 그리고 경제현상과 경제활동 과정의 적절성 여부를 평가하는 여러 가치 기준에 대한 이해를 통해서 달성하고자 한다.

먼저 제1절에서는 경제현상 및 경제와 사회와 관련된 주요 개념들이 다양하게 인식되고 있다는 사실을 보인다. 나아가 경제행위의 성과나 그 과정의 바람직성 여부를 평가하는 가치 기준도 다양하게 제시되고 있으며, 경우에 따라서는 서로 다르게 인식되고 있다는 사실을 보여 주고자 한다. 이어서 이와 같은 사실에 대한 이해가 경제현상을 이해하고, 경제 관련 문헌에 대한 가독성을 높이는 데 기여함을 밝힌다.[1]

1. 개념과 가치 기준의 다양성

(1) 개념의 다양성

우리를 둘러싸고 끊임없이 전개되고 있는 경제현상들에 대해 수많은 말들이 오간다. 그 과정에서 새로운 '개념'들이 우후죽순처럼 하루가 다르게 다시금 만들어지기도 하고, 또 그 힘을 잃어 가기도 한다. 이들을 일일이 따라잡기란 이 분야를 전문적으로 다루는 이들에게도 여간 어렵지 않다. 그러나 이보다 더 우리를 당혹스럽게 하는 것은, 너무도 익숙한 기본적인 개념들인데도 그것을 사용하는 사람들에 따라 서로 다른 의미를 담고 있는 경우가 허다하다는 데 있다.

무엇보다 '경제'라는 말을 쓰는 경우에도 어떤 이는 '절약', '싸고 좋음' 또는 '보다 많음'이라는 의미로 사용하는가 하면, 또 어떤 이는 이 땅에 살고 있는 사람들이 "어떻게 먹고사는 문제를 해결해 가는가" 하는 의미를 담아서 사용하기도 한다. 두 쪽이 서로 유사한 의미로 사용하는 것같이 보이기는 해도, 한 발 더 들어가 보면 그 의미가 크게 다르다는 것을 알 수 있다. 이러한 이유로 사람들에 따라서는 그냥 '경제'라고 해서는 제대로 의미가 전달되지 않는다고 보고 '경제'라는 용어에 나름대로 구체적인 의미를 더하는 수식어를 덧붙여 표현하는 경우도 있다. '문화경제'니 '사회경제'니 하는 식의 표현이 그 예이다. 또 다른 예로 한참 전부터 '행동경제'라는 용어까지 등장하여 그 용어에 특별한 의미를 부여하는 경우도 있다. 이 개념에 바탕을 둔 연구는 1978년 이래 여러 차례 노벨경제학상까지 수상하고 있다.[2]

여기서 그치는 것이 아니다. '시장'이나 '자본주의'라는 말을 사용하는 경우도 그러하다. 어떤 사람들은 그것을 '자연스러운 질서', '아름다운 질서', 그래서 '그대로 받아들여야 하는 질서'라는 것을 미리 머릿속에 그리면서 사용하기도 한다. 그런가 하면 다른 한편에서는 그것을 '가진 자들이 더 많이 가져가는 사회질서', 그래서 '사회를 더욱 힘들게 하는 질서', 또는 한 걸음 더 나아가 '그래서 이 질서를 어떻게든 바꾸어야 하는 것이 아닌가'라고 생각하는 사람들도 있다.

다같이 '사회'라 하더라도 "사회라는 것이 뭐 따로 있나? 개개인이 모인 것이 사회이지"라고 생각하는 사람이 있는가 하면, 같은 수의 사람들이 모여서 만들어 내는 사회라 하더라도 "이 사회와 저 사회는 분명히 달라. 그러니까 사회마다 독특한 성격을 갖고 있기 마련이야"라고 생각하는 사람들도 있다. 전자와 같이 생각하는 사람들은 어느 사회를 보더라도 같은 기준으로 그 사회를 보려 하며, 후자와 같은 생각을 갖고 있는 사람은 "그 사회는 왜 그렇게 돌아가지"와 같은 의문을 끊임없이 제기하는 성향을 보인다.

(2) 가치 기준의 다양성

이러한 사실은 경제와 사회와 관련된 개념에만 나타나는 현상이 아니다. 경제와 사회가 얼마나 바람직한지 여부를 평가하는 '가치 기준'들도 사람들에 따라 서로 다르게 제시되기도 한다. 어떤 이는 경제행위의 성과를 보고 '효율적'인 경제나 사회가 바람직하다고 말하기도 하고, 또 어떤 이는 '공평한' 경제나 사회가 바람직하다고 말하기도 한다. 더 나아가 효율적인 경제나 사회를 이야기하더라도 어떤 이는 더 적은 요소를 투입하여 더 많은 것을 만들어 내는 경제나 사회를 의미하기도 한다. 그런가 하면 또 어떤 이는 사회 구성원들의 생활상의 요구에 맞게끔 경제활동이 이루어지는 사회를 생각하기도 한다. 이와 유사하게 공평한 사회라 하더라도 어떤 이는 각자의 능력에 따라 나누어 갖는 사회를 지칭하기도 하고, 때로는 모두가 똑같이 나누어 갖는 사회를 일컫기도 한다.

문제는 그러한 경제적 성과에 대한 평가에 그치는 것이 아니다. 더 근원적으로 경제행위 과정 자체가 바람직한지 여부를 평가할 때도 유사한 상황이 나타나는 것을 볼 수 있다. 어떤 이들은 사람들에게 경제활동을 "마음대로 할 수 있는 자유를 주는 것이 바람직하다"고 주장하기도 한다. 또 어떤 이들은 사람들에게 "마음대로 경제활동을 할 수 있는 자유를 주면 어떻게 되나?" "힘 센 사람들 마음대로 다 하라고?" "사람의 행동에는 무언가 제한을 두어야 되지 않는가"라고 말하는 사람들도 있다.

이렇게 언뜻 보아도 알 수 있듯이 경제와 사회와 관련된 가장 기본적인 개념이나 경제현상 내지 사회현상을 평가하는 주요한 가치 기준들이 사람에 따라 이렇게 서로 다르게 사용되고 있다. 그런데 좀 더 자세히 살펴보면 사람들에 따라 다른 것 못지않게, 시대와 사회에 따라서도 서로 다른 의미로 사용되는 경향을 보인다는 사실도 알 수 있다. 사실이 이러하다면 새롭게 명멸해 가는 수많은 '신조어'들은 차치하더라도 우리들의 삶의 과정을 설명하는 과정에서 오래전부터 사용되어 온 가장 기본적인 개념이나 가치 기준들이라도 제대로 이해해 두는 것이 중요하다. "'어떻게' 서로 다르게 사용되는지"를 이해해 둘 필요가 있다.

2. 다양성의 중요성에 대한 인식 제고

(1) 서로 다른 견해에 대한 이해의 제고

그런데 이처럼 기본적인 '개념'이나 '가치 기준'이 시대와 사회, 또는 논자들에 따라 다른 의미를 담고 있다는 사실은 경제와 사회 현상을 이해하는 데 어떤 의미를 가질까? 그런데 이러한 사실이 갖는 의미를 이해하기 위해서는 단순히 다르게 파악된다는 사실에 대한 인식을 한 단계 넘어서서, '왜' 그렇게 서로 다르게 인식되는지를 확인하는 것이 중요하다. 그것은 그 이유를 알아야 비로소 우리는 같은 문제를 놓고도 주어진 문제를 해결하여 바람직한 사회로 옮아가기 위한 정책수단들이 사람들에 따라 서로 다르게 제시되는 이유를 이해할 수 있게 되기 때문이다.

이제 이렇게 주요 개념이나 가치 기준에 대한 인식의 차이, 나아가 정책대안의 차이와 그 이유를 이해하고 나면, 다음 단계로 현실적으로 직면하는 문제들에 대해서 어떤 대안이 더 적절할지를 진지하게 따져 나갈 수 있게 된다. 위와 같은 사실을 이해하지 못할 경우에는 오로지 자신이 알고 있는 개념이나 가치 기준에만 의지하여 현상을 설명하고 대안을 제시하고자 하는 성향을 더 강화시킬 수 있다. 이러한 성향이 사회 전반에 확산되면 동일한 경제현상이나 사회현상에 대해 각기 다른 인식이 있을 수 있다는 사실을 서로가 수용하지 못하고 구성원들 사이에 갈등을 증폭시켜 사회적 비용만 더해 가게 된다. 바로 이러한 맥락에서 본서는 경제현상이나 가치 기준에 대해 서로 다른 견해가 존재한다는 사실과 그 이유를 이해하는 것이 경제현상이나 문제를 이해하는 데 중요한 의미를 갖는다는 인식을 공유하고자 하는 데 주된 집필 목적을 두고 있다.

(2) 관련 교과서와 문헌에 대한 이해의 제고

적지 않은 사람들이 경제나 사회 현상의 질서를 해명하고 있는 경제학 관련 교재나 문헌들을 읽고 어려움을 호소하는 것을 볼 수 있다. 그것은 그 질서의 논리적 규칙성 자체에 대한 이해의 어려움에만 있는 것이 아니다. 오히려 경제 문제나 사회 문제를 다룰 때 등장하는 주요 '개념'들이나 '가치 기준'이 위에서 설명한 것같이 사람에 따라 서로 다르게 사용되기도 한다는 사실을 제대로 이해하지 못한 데서 기인하는 경우가 많다. 심지어 글을 쓰는 사람들조차 그러한 차별성이나 그 이유를 이해하지 못한 상태에서 쓰는 경우까지 있다 보니 독자들의 혼란과 어려움이 더욱 커지는 것은 어쩌면 당연한 것일 수도 있다.

이러한 점을 고려해 보면 경제와 사회와 관련된 개념이나 가치 기준들이 다르게 인식된다는 것이나, 왜 그렇게 다르게 인식되는지를 이해한다는 것은 경제학 관련 교재나 경제 관련 문헌들에 대한 이해도를 제고시키는 데 결정적으로 중요하다는 사실을 알 수 있다. 무엇보다 그러한 차별성과 그 차별성의 근원을 이해하고 나면 관련 문헌들을 접할 때, 각 문헌에서 제시된 논리를 무비판적으로 억지로 수용하려 애쓰기보다는 그 문헌을 쓴 사람의 개인적·시대적·사회적 위상을 고려해 가면서 읽어 나가는 것이 중요다는 점을 이해할 수 있다. 그것은 이러한 자세로 특정 교과서나 관련 문헌들을 읽어 나갈 때 그 글이 전하고자 하는 의도를 이해하는 데 큰 도움이 될 것이기 때문이다. 이 점이 바로 본서 집필의 또 하나의 중요한 의도이다.

특히, 경제학 교재와 관련해서는 우리 사회 전반적으로 거의 하나의 인식에 바탕을 두고 집필된 내용들이 지배적이라는 사실을 인정하지 않을 수 없다. 물론 대부분의 경제학 관련 교재와는 입장을 달리하거나 다른 견해를 소개한 교재가 전혀 없는 것은 아니다.[3] 그러나 개인적으로 특별한 관심이 있거나 누군가의 조언을 듣고 힘들게 찾아보아야만 접할 수 있는 상황임은 부인하기 힘들다. 이렇게 교재에는 거의 일률적으로 같거나 유사한 견해가 다루어지고 있지만, 구체적으로 현실 문제를 다루는 글들을 찾다 보면 교과서에서 다룬 논리와는 크게 다른 논리들이 제시되고 있는 것을 자주 볼 수 있다. 주어진 교과서로만 경제질서를 학습한 학생들이나 독자들로서는 여간 당혹스러운 일이 아닐 수 없다.

경제나 사회 관련 개념이나 가치 기준에 대한 견해가 다양하다는 사실과 그 이유를 이해하고 나면, 왜 대부분의 교과서는 그렇게 쓰여졌는지, 또 일부 교과서는 왜 그들과 다르게 쓰여졌는지, 동일한 현실 문제를 다루는 글들도 논자들에 따라 왜 그렇게 다르게 쓰여졌는지를 이해하기가 쉬워진다. 자신의 견해와 달라도 문제가 없다. 자기와 다르다는 사실을 인식하고, 필자는 어떠한 입장이기에 그렇게 쓸 수밖에 없는지를 이해하는 것이 중요하다. 글쓴이의 견해를 이해하지 않은 상태에서 그 글을 읽어 내려가는 경우 나름대로는 이해하였다고 하더라도 그 글을 쓴 사람과는 이해의 차원을 달리할 수 있다. 한마디로 어떤 글이든 그 글을 쓴 사람의 견해를 알고 그 글을 읽어 내야 해당 글에 대한 이해도가 높아질 수 있는 것이다.

제2절 주요 선행 저술과의 차별성

이어 제2절에서는 위와 같은 집필 목적을 보다 선명하게 드러내기 위해 본서의 제목과 같거나 유사한 국내외 주요 선행 연구들을 검토하여 본서와의 차별성을 밝히고 있다. 이러한 서술은 이어지는 본서의 내용에 대한 가독성을 높이고자 하는 데 뜻을 두고 있다.

1. 강남호, 그래노베터, 폴라니와의 차별성

우리나라에서 저자에 앞서 같은 제목의 『경제와 사회』를 집필한 강남호(2018)는 "경제는 경제적 요소뿐만 아니라 다양한 요인들에 의해 변화"한다고 전제하면서, 저서를 통해 "인간과 사회에 관련된 경제 문제를 종합적으로 인식할 수 있는 통찰력"을 제공하고자 하는 데 뜻을 두고 있다. 이러한 맥락에서 저자는 패러다임 변화의 필요성, 이론이 갖는 성격, 경제의 개념, 생존과 욕구의 문제 같은 기본적인 문제로부터 국민성, 전쟁과 경제, 정부와 경제, 부와 빈곤, 변화와 경제, 돈과 경제 등 경제 문제의 이해에 필요한 다양한 주제를 포괄적으로 다루고 있다. 한편, 강남호(2019)는 이러한 취지의 교재에 대한 주위로부터의 '관심과 격려'에 답하는 뜻에서 초판 발행 후 2년이 채 안 되어 개정판을 출간하였다. 개정판에서는 초판에서 다룬 다양한 주제들을 크게 '패러다임과 교육', '경제와 경제원리', '인간과 경제', '경제와 사회' 등 4개의 대주제로 분류하여 재(再)정리·보완함으로써 초판의 취지를 보다 선명하게 드러내려는 의지를 보이고 있다.

한편, 유사한 맥락이기는 하지만 그래노베터(M. Granovetter)는 그의 저서 『사회와 경제』(*Society and Economy: Framework and Principles*, 2017)에서 경제행위에 영향을 주는 요인에 경제행위만 있는 것이 아니라 비경제적 요인도 있다는 인식 위에, 경제행위와 비경제행위의 관계를 보다 엄밀하게 이론화하려는 시도를 하고 있다. 구체적으로 그는 경제활동에 결정적 영향을 주는 비경제적 요인으로 '규범'(norms), '신뢰'(trust), '권력'(power) 세 가지를 들고, 이러한 사회적 제 요인이 경제행위와 경제성과에 어떤 역할을 하는지 밝히고 있다. 나아가 제도와 경제의 관계를 설명하면서, 이러한 세 가지 요인들이 어떻게 서로 밀접하게 관련을 맺으면서 경제현상을 만들어 내는지 밝히고 있다.

또한 유사한 제목의 또 다른 저서로 헝가리 출신 경제학자 폴라니(K.

Polanyi)의 견해를 담은『칼 폴라니의 경제와 사회』(*Karl Polanyi Economy and Society*)가 최근 발간되었다. 이 책은 폴라니의 딸이면서 경제학 교수인 레빗(Kari Polanyi Levitt)이 문헌복제권을 제공하고 Cangiani and Thomasberger(2018)가 편집하였는데, 그동안 영어권에 제대로 알려져 있지 못한 내용을 정리해서 아버지 폴라니의 경제와 사회에 관한 견해를 충실히 전달하는 데 그 뜻을 두고 있다. 이 책의 서문이 밝힌 바에 의하면, 폴라니의 대표적 저서라 할 수 있는『거대한 전환』(*The Great Transformation*)을 비롯한 많은 저작활동에서 그의 경제와 사회에 관한 핵심 논점은 '자기조정시장체제'(self-regulating market system)가 경제와 사회 사이에 갈등을 만들어 낸다는 점에 있다. 보다 일반적으로 그의 분석의 특징은 경제활동을 지배하는 법칙들이 사회적, 역사적으로 특수성을 띠고 있다는 사실을 밝힌 데 있다. 이러한 맥락에서 그는 경제 문제를 사회적 맥락에서 벗어나서 그 자체로 파악하려 해서는 현대문명과 그 전환의 문제를 극히 제한적으로 설명할 수밖에 없다면서, 경제 문제는 사회 전체의 맥락에서 볼 때만 제대로 파악할 수 있다는 관점을 갖고 있다.

본서는 위와 같은 저자들의 논점에 대해 대부분 공감하면서도, 특정 논점에 의해 경제현상과 사회현상의 관계를 해명하는 데 뜻을 두기보다는 이 문제를 다루는 논자들에 따라 견해가 크게 다르게 나타난다는 사실을 밝히고 그러한 차이의 근원을 해명하는 데 뜻을 두고 있다. 이러한 과정을 통해 오늘날 우리나라 대부분의 경제 관련 문헌이 어떠한 견해에 바탕을 두고 있는지를 보임으로써, 독자들의 경제 관련 문헌에 대한 이해도를 높이고 그것이 현실경제에서 갖는 의미를 이해하는 데 도움을 주고자 한다. 저자의 이러한 의도와 앞의 다른 학자들의 저술이 합쳐지면 현실의 경제 문제를 이해하는 데 큰 시너지 효과를 발휘할 수 있으리라 판단된다.

2. 홀턴과의 차별성

일찍이 Holton(1992)은 『경제와 사회』(*Economy and Society*)를 저술한 바 있는데, 이 저술은 경제와 사회의 관계라는 맥락에서 경제생활을 분석하고 이해하는 "서로 다른 견해들을 차별적으로 제시하고 있다." 이런 점에서 그의 저서는 앞의 저술들보다 상대적으로 본서의 집필 의도와 유사성이 큰 저술에 해당된다. 구체적으로 그는 경제와 사회가 어떻게 상호작용 하는지를 서로 다른 견해들의 차별성을 중심으로 분석·정리해서 보여 주고 있다.

그러나 본서는 홀턴(R. J. Holton)의 저서와 다음과 같은 점에서 차이를 보이고 있다. 무엇보다 홀턴은 앞의 다른 논자들과 마찬가지로 경제와 사회의 관계를 '포괄적'으로 해명하는 데 뜻을 두고 있다. 이에 비해 본서는 경제와 사회의 관계라는 맥락에서 경제현상을 이해하려는 입장은 수용하되, 그와는 달리 경제와 사회의 관계 전반을 포괄적으로 해명하는 데 뜻을 둔 것이 아니라 논점을 압축하여 경제와 사회와 관련된 주요 '개념' 및 관련된 '가치 기준'에 초점을 맞추어 그 관계를 해명하는 데 뜻을 두고 있다. 먼저 경제현상의 질서를 이해하는 데 필수적으로 요구되는 주요 '개념'을 중심으로 그러한 개념들이 논자들에 따라 서로 다르게 인식된다는 사실을 보여 줌으로써 경제와 사회에 대한 이해도를 제고시키고자 하였다. 나아가 경제현상 분석에서 늘 수반되는 '가치 기준' 면에서도 같은 맥락의 차이가 존재한다는 사실을 일관되게 보여 주고자 하였다. 이는 홀턴이 가치 기준의 문제에 대한 중요성을 인식하면서도 그 문제는 더 이상 다루지 않고[4] 오로지 경제와 사회의 관계에 대한 서로 다른 견해를 보여 주는 데만 집중하고 있다는 것과도 차이가 있다.

또 하나의 차이점은 서로 다른 견해의 구분에 대한 차이이다. 먼저 그는 같은 견해로 구분되기 위해서는 모든 면에서 동의하지는 않더라도 핵심적인 '이론적 전통'은 공유히어야 한다면서, 그러한 전통의 구성요인으로 '지적 가정'(intellectual assumptions), '제기되는 주요 문제'(key questions), '기본적 개념'(fundamental concepts) 등을 들고 있다. 이러한 기준에 따라 그는 '경제적 자유주의'(Economic liberalism), '정치경제학'(Political economy), '경제사회학'(Economic sociology) 등 세 견해로 분류하고 있다.[5] 본서는 홀턴의 그것과 큰 틀에서는 맥을 같이하되, 그와 달리 경제학적 관점에서의 학파 구분의 선례에 따르고 있다. 특히, 본서는 서로 다른 견해의 근저에는 보다 근원적으로 경제행위의 주체로서 '인간의 본성'에 대한 인식의 차이가 놓여 있다는 점을 중시하고 있다. 나아가 그러한 차이가 '경제'와 '사회' 및 '가치 기준'에 대한 인식의 차이로 이어져서 전체적으로 경제이론의 차이로까지 이어진다는 관점에서 다음과 같은 세 가지 견해로 구분하고 있다. 구체적으로 인간의 '개별적 본성'에 충실한 견해를 '근대경제학'으로, '사회적 본성'에 충실한 견해를 '정치경제학'으로, 나아가 다차원적 '제도적 본성'에 충실한 견해를 '제도경제학'으로 구분하고 있다.[6]

주

1. 인간의 '물질적 생활'을 의미하는 용어로는 '경제', '경제현상', '경제행위', '경제활동' 등이 다양하게 사용되고 있는 것을 볼 수 있다. 그리고 '경제행위' 또는 '경제활동' 등은 경제주체의 행위라는 점을 염두에 두고 사용된다는 점, 그리고 '경제현상'은 존재하는 하나의 사실로서의 의미를 담을 때 주로 사용되는 등 약간의 의미 차이를 구분해 볼 수도 있다. 그러나 본서에는 '경제'를 포함하여 이들 모두 '물질적 활동'을 나타낸다는 점에서는 동일하다고 보아 같은 개념으로 사용하고 있음을 미리 밝혀 두니, 이 용어로 인한 혼란이 없기 바란다. '경제'에 관한 구체적인 개념은 제3장 제1절의 내용을 참고하기 바란다.
2. 1978년 행동경제학 부문의 연구로 최초로 노벨경제학상을 수상한 사이먼(Herbert Simon)을 비롯하여, 2002년 심리학자로서 노벨경제학상을 수상한 카너먼(Daniel Kahneman), 그리고 금융 부문에 행동경제학을 적용하여 거품경제의 붕괴를 예언했던 것으로 유명한 2013년의 실러(Robert J. Shiller), 근래에 우리나라 독자들에게 『넛지』(*Nudge*)라는 저술로 널리 알려져 있는 2017년 수상자 세일러(Richard H. Thaler) 등을 들 수 있다.
3. 일찍이 김수행 등이 처음에는 한국사회경제학회 편저(1991) 형태로, 나중에는 김수행 등의 공저(1992) 형태로 『경제학개론』을 집필하여 근대경제학과 정치경제학이 다루는 내용을 구분해서 설명하고 있다. 한편, 개인적 연구 성과물로는 비슷한 시기에 이정전(1993)이 『두 경제학의 이야기』를 집필하여 주제별로 주류경제학과 마르크스 경제학에서 다루는 내용에 차이가 있다는 사실을 보여 주고 있다.

   번역서로는 조금 더 많은 작품들을 볼 수 있다. 일찍이 『경제사상사』로 널리 알려져 있는 미국의 저명한 비판적 경제학자 헌트(E. K. Hunt)가 셔먼(H. J. Sherman)과 공저한 『경제학』(*Economics*)의 미시경제학 부분을 조영건(1976(1983))이 옮긴 『가격과 빈곤: 미시경제학의 이해』가 있는데, 이 책에서는 신고전파 경제학을 비판적으로 소개한 후 정치경제학적 관점의 필요성과 그 내용의 핵심을 소개하고 있다. 또한 일본의 마르크스주의 경제학자로 유명한 이케가미(池上惇)의 책을 임상오(1991(1993))가 옮긴 『경제학 – 돈의 경제학으로부터 인간의 경제학으로 –』는 경제학의 문제를 인간 욕구의 변화와 발전이라는 관점에서 해명하고 있는 저술로서, 경제학이 이렇게도 서술될 수 있다는 사실을 이해하는 데 큰 도움이 될 것이다. 또한 미국의 제도주의 경제학자로 유명한 하일브로너(R. Heilbroner)가 서로(L. Thurow)와 공동 저술한 책을 조윤수(1982(2009))가 번역한 『경제학은 무엇을 말할 수 있고 무엇을 말할 수 없는가』(*Economics Explained*)는 전통적인 근대경제학적 내용을 따르되 제도경제학적 입장에서 각 내용에 대한 다양한 해석의 가능성을 보여 주고 있어 학생들이 경제학의 내용을 서로 다르게 이해하는 데 큰 도움이 될 수 있는 책이다. 한편, 비교적 최근에 장하준이 영어로 짓고 그것을 김희정(2014(2014))

이 우리말로 옮긴 『장하준의 경제학강의』(*Economics: The User's Guide*) 또한 경제학의 개념 정의에서부터 주요 주제별로 근대경제학적 견해에 대한 제도경제학적 관점에서의 비판적 견해를 서술하고 있는데, 같은 주제의 경제학 내용이라도 서로 다르게 이해될 수 있다는 사실을 보여 줌으로써 학생들로 하여금 다양한 견해에 대한 지적 호기심을 채워 주는 소중한 역할을 해내고 있다.

참고로 국외서적으로는 서로 다른 견해를 소개하고 있는 저술이 많이 발견되나, 대표적으로 Clark(1998), Wolf and Resnick(1987), Hunt and Sherman(1990) 등이 좋은 참고가 될 것이라 생각된다.

위의 설명 과정에서 등장하는 '주류경제학', '신고전파 경제학'은 본서에서는 '근대경제학'으로 구분하고, '마르크스 경제학'은 '정치경제학'으로 구분하고 있음을 유념하기 바란다. 본서에서 사용하고 있는 근대경제학, 정치경제학, 제도경제학 등의 개념과 그 의미에 대해서는 제4장 제2절에서 상세하게 설명하고 있으니, 그 내용을 참고하기 바란다.

4. Holton(1992: 4)은 경제제도의 문제는 늘 평가와 도덕적 판단의 문제라고 하면서, 경제제도의 성과를 판단하는 주요한 가치 기준으로서 '자유'(freedom), '정의'(justice)와 '균등'(equality)을 제시하고 있다. 그러면서도 그는 이러한 가치 기준과 관련된 논의는 자신의 저서에서 다루고자 하는 주제가 아니라고 밝히면서 경제와 사회의 다른 제 부문들과의 관계에 초점을 맞추어 경제생활을 분석하고 이해하는 주된 방법들에 대한 견해들을 제시하는 데 뜻을 두고 있다.
5. Holton(1992: 49-50)을 참고.
6. 참고로 이렇게 구분을 하면 본서의 '근대경제학'적 견해에는 홀턴의 '경제적 자유주의' 견해뿐 아니라 기본적으로 '개별적 본성'을 수용하면서도 사회의 독자적인 성격을 수용하는 '개입주의적' 견해를 포함한다는 점에서 차이를 보이게 된다. '정치경제학'은 본서와 홀턴이 같은 맥락의 내용을 다루고 있다. 한편, 홀턴의 '경제사회학'과 본서의 '제도경제학'은 많은 내용을 공유하는 견해로 볼 수 있으나, 전자는 경제와 사회의 관계를 중시하는 사회학적 입장, 후자는 제도가 인간의 본성과 경제행위에 주는 영향을 중시하는 경제학적 입장에서의 구분이라는 차이를 보인다는 점에서 본서는 후자의 구분을 택하였다. 본서의 위와 같은 세 경제학의 개념에 대해서는 후술하는 제4장 제2절의 내용을 참고하기 바란다.

Chapter

2

집필의 맥락과 포괄 범위

제2장에서는 앞에서 밝힌 집필 목적에 부응하기 위해서 본서는 '관계'와 '구조'를 맥락으로 해서 집필하고 있음을 밝힌다. 이어서 구체적으로 본서는 경제와 사회 관련 제 '개념'과 '문제', 그리고 주요 '가치'를 중심으로 서술하고 있음을 밝힌다.

제1절 집필의 맥락

이 절에서는 경제행위가 그 자체로 독립적으로 행해지는 행위라기보다는 사회의 제 현상들 사이의 유기적 관계 속에서 행해진다는 인식에 바탕을 두고 구체적으로 제 개념을 '관계'를 중심으로 서술하고 있음을 밝힌다. 나아가 그러한 '관계'가 현실에서 하나의 질서로 자리 잡은 것을 '구조'로 인식하여 궁극적으로 제반 현상을 '관계'와 '구조'의 맥락에서 파악하고 있음을 밝힌다.

1. '관계'와 '다양성'의 맥락

앞 장에서 밝힌 바와 같이 본서는 무엇보다 우리의 물질적 생활, 즉 경제 현상을 지배하는 질서를 이해하고자 하는 데 뜻을 두고 있다. 더 나아가 본서는 그와 같은 이해에 바탕을 두고 그러한 질서의 적절성 여부를 평가하는 기준을 이해하고, 그것이 우리의 물질적 삶의 과정에서 갖는 의미를 이해하고자 하는 데 뜻을 두고 있다. 그럼에도 불구하고 저자는 본서의 제목을 '경제와 사회'로 정했다. 이렇게 제목을 정한 것부터가 본서 집필의 의도를 내포하고 있다. 그것은 우리의 물질적 생활을 지칭하는 '경제현상'이라는 것은 사회의 다른 제 현상과 분리되어 독립적으로 행해지는 별개의 현상이 아니라는 사실을 보여 주고자 하는 데 있다. 무릇 현실에서 전개되는 수많은 경제현상들은 사회의 다양한 현상들과 서로 영향을 주고받으면서 복잡하게 전개되고 있다. 이러한 현실을 감안해 보면, 경제행위의 질서를 이해하기 위해서는 경제와 사회가 어떠한 '관계'를 맺으면서 경제행위가 행해지는지를 파악해야 한다는 사실을 알 수 있다.

그런데 경제와 사회들 사이에 맺어지는 이러한 '관계'는 주어진 '사회'에 따라 서로 다르게 나타나기 마련이다. 더구나 동일한 사회도 보는 이에 따라 서로 다르게 인식되기도 한다. 어떤 이는 그들 사이의 관계가 서로 영향을 주고받는 분리할 수 없는 밀접한 관련성을 맺고 있는 것으로 보기도 한다. 물론 이러한 관련성을 구체적으로 어떻게 인식하는지는 논자들에 따라 크고 작은 차이를 보이고 있다. 다른 한편, 어떤 이들은 경제행위와 사회의 다른 제반 행위가 아무 관계없이 독립적으로 행해진다고 보기도 한다. 그러나 이렇게 두 행위가 서로 독립적으로 행해지는 것으로 본다는 말은 결국 경제와 사회가 맺는 관계를 '일 대 일'의 개별적이고 독립적인 '관계'로 파악한다는 것을 의미한다. 이렇게 보면 어떤 입장을 취하든 경제행위를 파악하는 사람들은 그것을 사회의 다른 제 행위와의 '관계'에 대한 서로 다른 자기인식을 가지고 파악하고 있다고 볼 수 있다.

그런데 더 근원적으로 들어가 보면 그와 같은 '관계'의 차이는 해당 사회를 구성하고 있는 사회 구성원으로서 '인간의 본성' 내지 '행동 동기'를 어떻게 바라보는지에 기인한다. 인간의 본성을 파악하는 방법으로는 오래전부터 인간을 다른 사람들과 고립된 상태에서 개별적으로 자신이 하고자 하는 바를 추구해 나가는 '개별적 존재'로 보는지, 아니면 다른 사람들과의 관계 속에서 자신이 하고자 하는 바를 추구해 나가는 '관계적 존재'로 보는지 등에 따라 서로 다른 견해가 제시되어 왔다.

이러한 '인간'에 대한 인식의 차이에 따라 위에서 제시한 '경제와 사회의 관계'를 인식하는 방식에도 차이가 나게 되며, 결국 '경제현상'에 대한 이해도 달라지는 것이다. 말하자면, 인간을 '개별적 존재'로 보면서 사회 부문 간의 관계도 '독립적'인 관계로 인식하는 논자들은 '경제현상'을 개인을 중심으로 자신의 물질적 이득을 추구하는 고립된 현상으로 인식한다. 반면 인간을 '관계적 존재'로 보면서 경제와 사회의 다른 제 부문 간의 관계도 서로 밀접한 '관련성'을 맺고 있는 것으로 인식하는 논자들은 '경제현상'도 사람과 사람 사이의 관계 속에서 스스로의 물질적 생활을 추구해 나가는 현상으로 인식하게 된다.

아울러 이렇게 경제현상에 대한 견해가 달라지면 경제활동이 이루어지는 무대로서 '시장'을 바라보는 견해에도 차이가 나는 것은 당연하다. 이러한 차이는 더 나아가 경제현상을 설명하는 각종 '세부 개념'들에 대한 견해도 달리하게 되며, 더 나아가 경제현상의 적절성 여부를 판단하는 '가치 기준'을 이해하는 방식에도 차이를 나게 한다.

한 마디로 앞에서 언급한 '경제' 개념이나 '가치 기준'에 대한 인식의 '다양성'의 이면에는 이와 같이 경제와 사회의 다른 제 부문들 사이의 '관계'에 대한 이러한 인식의 '다양성'이 내재되어 있다는 알 수 있다. 이러한 맥락에서 본서는 지금부터 주요 개념이나 가치 기준 문제를 다루어 나가면서 일관되게 이러한 '관계'의 맥락에 바탕을 두고 서술해 나가고자 한다.

2. '관계'와 '구조'의 맥락

본서가 이렇게 "'관계'(關係)의 맥락에서" 경제현상을 서술하고자 한 것은 경제행위의 주체로서 인간은 사회 속에서 존재하면서 자신이 속해 있는 집단이나 사회의 특성에 의해 영향을 받으며, 서로 다른 사람들과 '관계'를 맺으면서 경제활동을 포함한 사회의 제 활동을 영위해 나가고 있다는 판단에서이다. 이러한 판단에서 본서는 경제 문제를 비롯하여 사회 문제를 파악하고자 하는 경우 흔히 제시되는 '개인과 전체'라는 맥락보다는 '관계'라는 맥락에서, 주요 개념과 가치 기준에 대한 인식을 통해서 경제현상의 질서를 이해해 나가고자 한다.[1]

그런데 우리는 '관계'와 유사한 맥락에서 '구조'(構造)라는 개념이 사용되는 것을 흔히 볼 수 있다. 여기서 '구조'(structure)라는 것은 논자에 따라 약간씩 서로 다른 의미를 담을 수는 있겠으나 일반적으로 "사회를 구성하는 서로 다른 제 요인들 사이에 내재된 상호 '관계'가 하나의 질서로 자리 잡은 것(ordered interrelationships)"을 의미하는 개념으로 사용된다.[2] 그러리고 보면 '관계'와 '구조'는 큰 틀에서 같은 맥락으로 사용되는 개념들이라 할 수 있다. 따라서 본서가 '관계'의 맥락에서 파악하고자 한다는 것은 좀 더 구체적으로 말하면 '관계'와 '구조'의 맥락에서 파악한다는 것을 의미한다. 예를 들어, '경제구조'도 한 사회의 경제생활 내에 존재하는 다양한 사람들이나 그 집단들 사이의 '관계'로부터 출발하여 그러한 관계가 무의식적인 관습적 질서나 의식적인 여러 정책들과 상호 관련을 맺으면서 하나의 질서로 자리 잡게 되는 것이다. 구체적으로 산업들 사이의 관계는 '산업구조'로, 대기업과 중소기업 간의 관계는 '기업구조'로, 그리고 자본가와 노동자들 사이의 관계는 '계급구조'로, 조직 노동자와 미조직 노동자들 사이의 관계는 '노동구조'로 자리를 잡게 되는 등 총괄적으로 한 사회의 '경제구조'가 형성되는 것이다. 좀 더 확대해서 보면 '사회구조'라는 것도 같은 맥락에서 파악될 수 있다.

그런데 이러한 '경제구조'와 '사회구조'와 관련하여 '사회경제구조'라는 용어도 자주 사용된다. 이 개념 또한 '관계'적인 측면에서 파악될 필요가 있다. 이 개념이 논자에 따라서는 '사회구조'와 '경제구조'를 단순히 합쳐서 '사회와 경제구조'의 의미로 사용하는 경우도 있다. 그러나 '사회경제구조'(socio-economic structure)라는 개념 자체도 '관계'의 맥락을 담고 있는 개념으로서, "경제와 사회가 일정한 관계를 맺으면서 나타나는 경제구조"를 의미하는 개념으로 이해할 필요가 있다. 그것은 '경제구조'라는 것도 사회의 제 부문의 작용과 독립해서 나타나는 것이 아니라, 사실상 사회 제 부문들과의 관계 속에서 형성되고 변해 가는 구조이기 때문이다. 이러한 맥락에서 본서에서는 '사회경제구조'를 이와 같이 사회와 경제의 관계 속에서 형성된 경제구조를 의미하는 개념으로 사용하고 있음을 유념하기 바란다.[3]

본서는 이러한 이해에 바탕을 두고 인간의 물질적 생활을 지칭하는 경제현상 및 경제현상과 사회의 다른 제 현상과의 관계를 '관계와 구조'의 맥락에서 파악한다. 구체적으로 본서는 이러한 '관계와 구조'를 어떻게 인식하는지에 따라 경제현상 및 경제현상과 사회현상의 관계, 나아가 경제행위나 그 성과의 적절성을 평가하는 가치 기준들이 서로 다르게 파악된다는 사실을 보임으로써, 경제현상을 관류하는 질서에 대한 이해도를 높이는 데 그 뜻을 두고 있다.

제2절 포괄 범위

위에서 본 집필의 목적과 맥락에 맞추어 본서는 크게 두 부문으로 나누어 내용을 전개한다. 먼저 제2부에서는 경제와 사회의 주요 '개념'과 '문제'를 통해서 '경제와 사회'를 이해하고자 한다. 나아가 제3부에서는 경제행위의 성과와 경제활동 과정의 적절성 여부를 평가하기 위한 주요 '가치 기준'을 통해서 '경제와 사회'를 이해하고자 한다. 마지막 제4부에서는 앞의 내용을 관류하는 개념과 가치 기준의 다양성의 근원을 살펴보고 학습 자세를 점검하면서 마무리한다.

1. '개념'과 '문제'를 통해서 본 '경제와 사회'

본서는 먼저 관련된 주요 '개념'과 '문제'를 통해서 경제현상과 사회현상을 이해하는 장(章)들을 마련하였다. 구체적으로는 '경제'와 '사회'에 대한 개념의 다양성, '시장'과 '경제'의 관계, 나아가 '경제와 사회'의 관계 등을 살펴본다. 이어서 경제 문제와 사회 문제가 어떠한 관계가 있는지를 확인한 다음 경제 문제를 중심으로 그 문제를 다룰 때 주된 관심 사항이 무엇인지를 살펴본다. 이어서 경제 문제가 해결되는 틀로서 경제체제에 관해 살펴본다.

마지막으로 그와 같은 개념과 문제에 대한 이해를 뒷받침으로 해서 경제학과 사회과학의 개념과 학습대상을 살펴본다. 이어서 경제학 전체를 관류하는 노동, 자본 등 주요 개념들이 입장에 따라 서로 다르게 이해된다는 사실을 보이고자 한다. 이러한 설명을 통해 궁극적으로 본서는 경제와 사회에 대한 구체적인 이해에 한 걸음 더 나아갈 수 있는 계기를 제공해 주고자 하였다.

2. '가치'를 통해서 본 '경제와 사회'

'경제와 사회'를 이해하는 데는 앞에서 본 바와 같은 경제와 사회 현상과 관련된 기본적인 개념의 이해에 못지않게 경제행위 성과의 적절성 여부를 평가하고, 나아가 경제활동 과정 자체의 적절성 여부를 평가하는 '가치 기준'에 대한 이해도 긴요하다. 이와 같은 취지에서 제3부에서는 그러한 '가치 기준'들에 대해 개괄적으로 이해하고자 한다.

이러한 이해가 중요한 것은 다양한 가치 기준에 대해서도 앞에서 본 경제와 사회와 관련된 개념과 같이 시대와 사회, 그리고 사람들에 따라 서로 다르게 인식되고 있다는 사실 때문이다. 앞에서 이미 밝히고 있는 것처럼 사람들에 따라 서로 다르게 인식되고 있는 그와 같은 주요 가치의 차별성을 이해하지 않으면 경제현상이나 그러한 현상을 다루는 경제학에 대한 이해를 어렵게 하거나 오해하는 결과를 가져올 것이기 때문이다.

먼저 경제 문제와 사회 문제를 다루어 가는 과정에서 '가치'라는 것이 갖는 의미가 무엇인지를 살펴본다. 아울러 경제 문제와 사회 문제를 다룰 때 객관성이 요구된다는 명제의 의미도 살펴본다. 이어서 구체적으로 가치 기준을 살펴보는 과정에서는 먼저 경제행위의 성과에 대한 적절성 여부를 평가하는 대표적인 가치 기준으로서 '효율성'과 '공평성'에 대한 서로 다른 견해를 소개한다. 마지막으로 경제활동 과정 자체의 적절성 여부를 평가하는 대표적인 가치 기준으로서 '경제적 자유'에 대한 서로 다른 견해를 다룬다.

3. '다양성'의 근원과 학습 자세

마지막으로 지금까지의 논의를 종합하여 경제 및 사회와 관련된 주요 개념과 가치 기준이 왜 그렇게 서로 다르게 이해되고 있는지에 대한 다양성의 근원을 정리한다. 무엇보다 그것은 경제현상이나 사회현상을 다루는 개개인의 인식 성향이나 수준에 따라 달라진다는 사실을 보이고, 더 나아가 그러한 차별적인 인식의 근원에는 시대적 차이와 사회 자체의 차이가 내재되어 있음을 보인다.

아울러 지금까지의 논의를 종합 평가하면서 경제와 사회 문제를 학습하기 위한 학도나 연구자들의 학습 자세를 점검해 보고자 한다. 무엇보다 주어진 특정 교과서나 각종 경제 관련 문헌들에는 대부분이 집필자의 주관적 가치가 내재되어 있음을 다시 한 번 밝히면서, 그러한 주관을 넘어 객관성을 확보하기 위한 노력이 필요함을 밝힌다.

종합컨대, 본서는 경제현상이나 사회현상과 관련된 주요 개념과 가치 기준이 그것을 다루는 사람들의 성향, 나아가 더 크게는 시대와 사회에 따라 서로 다르게 인식되고 있으며, 그에 따라 경제학 관련 교재나 관련 문헌들이 서로 다르게 집필될 수밖에 없음을 이해하게 해주는 데 그 뜻을 두고 있다. 이 과정에서 우리나라의 일반적인 경제학 관련 교재나 관련 문헌에서 제시되고 있는 내용은 대부분 그중의 한 견해에 바탕을 두고 집필된 것임을 알게 될 것이다.

본서는 이와 같은 취지에 충실하기 위해 서로 다른 견해를 개관하고, 각각의 견해가 서로 다르게 된 배경을 개괄적으로 이해하는 데 뜻을 두고 있다. 모든 주제에 대한 세부적인 내용을 다루는 것은 본서의 범위와 저자의 역량을 넘어서는 것임을 밝혀 둔다. 이러한 취지에서 본서는 독자들에 따라서 개별 주제에 대해 특별히 더 필요하다고 생각하는 경우에는 각 분야 참고문헌을 기초로 스스로 학습해 나갈 것은 권하는 수준에서 멈추고자 한다. 이러한 요구에 부응하기 위해 주(註)와 참고문헌을 비교적 상세하게 제시하였음을 밝혀 둔다.

주

1. 우리는 경제 문제를 비롯하여 사회 문제를 다루는 경우 '개인과 전체'의 맥락에서 파악하는 경우를 자주 볼 수 있다. 그럼에도 불구하고 본서는 '개인과 전체'라는 맥락을 택하지 않고 '관계'라는 맥락을 택한 것은 '개인과 전체'의 맥락에서의 논의는 자칫 개인주의와 전체주의라는 이념적 성향에 경도되기 쉽다는 사실 인식과 그로 인해 종종 경제현상 내지 사회현상을 지배하는 실제 질서를 파악하고자 하는 원래 취지를 벗어나게 할 우를 범할 수 있다는 판단 때문이다.
2. NPTEL(2013: 1)을 참고. 단, 여기서 따옴표는 강조를 위해 저자가 첨가한 것이다.

   이 개념과 관련하여 Jackson(2003: 727)에서는 '구조'라는 것은 "전체를 이루는 여러 부문들 사이의 '관계'에 바탕을 둔 개념"이라면서, "부문들은 내적으로 서로 관련을 맺으면서 전체를 이루는 데 반드시 필요하며, 서로 다른 부문이 없이는 하나의 부문이 독립적으로 존재할 수 없다"고 기술하고 있는 것을 참고하기 바란다.
3. 구체적으로 한 사회 내의 사람들이나 여러 부문들이 서로 독립적으로 존재한다고 보는 논자들은 전체 사회가 개별 부문들의 단순한 집합으로 나타난다고 보는 견해를 갖고 있다. 이들에게는 경제현상이나 사회현상 분석에서 '구조'라는 것은 특별한 의미를 갖지 못한다(Jackson, 2003: 727).

   그러나 이와 달리 한 사회 내의 사람들이나 여러 부문들이 서로 유기적 관련을 갖고 행해진다고 보는 견해에서는 경제현상과 사회현상 분석에서 '구조' 문제가 중요한 의미를 갖는다고 본다. 후술하는 정치경제학적 논자들과 제도경제학적 논자들의 경우가 그러하다. 구체적으로 '구조'를 어떻게 인식하는지는 정치경제학적 논자들과 제도경제학적 논자들 사이에 차이가 있음은 물론이다. 이와 관련된 자세한 논의는 Jackson(2003: 727-728)을 참고하기 바란다. 미리 말하지만 정치경제학적 논자들은 자본가와 노동자들 사이의 관계에서 나타나는 구조를 중시하고, 제도경제학자들은 생산적 부문과 비생산적 부문 사이의 관계에서 나타나는 구조를 중시한다. 어쨌든 이 '구조'를 어떻게 인식하는지에 따라 각 견해에서 경제현상을 파악하는 틀이나 가치 문제를 바라보는 견해가 크게 달라진다는 사실을 유념해 둘 필요가 있다.

제 2 부

'개념'과 '문제'를 통해서 본 '경제와 사회'

제3장 경제와 사회 - 개념

제4장 경제와 사회 - 문제와 논점

제5장 사회과학과 경제학

Chapter 3

경제와 사회 - 개념

본 장에서는 먼저 '경제' 개념에 대한 다양한 견해를 보이고, 이러한 '경제'와 '시장'의 관계를 밝힌다. 나아가 '사회'에 대한 다양한 인식을 소개하고, 이어서 '경제'와 '사회'의 관계를 밝힌다.

제1절 '경제'의 개념

'경제'는 '경제현상,' '경제행위,' '경제생활' 등 다양한 이름으로 불리면서, 우리네 일상생활의 물질적 측면을 지칭하는 개념으로 폭넓게 사용되고 있다.[1] 그런데 '경제'라 하더라도, 경제생활과 경제 문제를 다루는 많은 글들에서 그 개념이 서로 다른 의미로 사용되고 있어서 일반인들을 당혹스럽게 하는 경우가 많다. 동일한 경제현상이나 경제 문제를 놓고도 설명하는 방식이 다르고 옳고 그름에 대한 견해가 다양하게 제시되는 것은 '경제' 개념에 대한 인식의 차이에서 비롯되고 있다고 해도 과언이 아니다. 이제 이하에서 '경제' 개념이 사람들에 따라서 어떻게 다르게 사용되고 있는지, 그리고 그것이 갖는 사회적 의미를 살펴보면서 '경제'의 개념을 이해해 보자.

1. '선택행위'로 보는 관점

(1) '경제행위'에 대한 정의

우리 주변에는 '경제행위'라 하면 '선택행위'를 의미하는 것으로 이해하는 경우가 많다. 말하자면, 어떠한 물건을 생산하고 교환하고 분배하고 소비하는 과정에서 나타나는 선택행위를 경제행위로 인식한다는 것이다. 존재하는 자원으로 무엇을 만들지 선택하는 행위, 그것을 어떻게 누구에게 얼마나 사고팔지 선택하는 행위, 나아가 그것을 어떻게 소비할지 선택하는 행위 등을 경제행위로 인식한다는 것이다.

우리가 흔히 접하는 '근대경제학적 견해'가 이에 해당하는바,[2] 이 견해에는 인간의 욕구는 무한한데 그러한 욕구를 충족시켜 주는 자원은 유한하다는 인식이 전제되어 있다. 말하자면, '희소성'(scarcity)이라는 전제가 깔려 있다. 이 말은 이늘 입장에서 '선택행위'는 유한한 수단으로 무한한 인간의 욕구를 충족시키기 위한 선택행위로 본다는 것이며, 결국 '경제행위'는 '수단과 목적' 사이의 관계로 인식된다. 말하자면, '비용과 편익'의 관계로 인식된다는 것이다. 이러한 인식에서 보면 '선택행위'는 단순한 선택행위가 아니라 보다 적은 자원으로 보다 많은 물건을 만들어서 보다 많은 욕구를 충족시켜 주는 행위를 일컫는 것으로 이해된다. 결국 이들은 '선택행위'를 '합리적 선택행위'로 인식하고, 그것을 '바람직한 경제행위'로 인식한다는 것이다. 말하자면, '경제행위'와 '바람직한 경제행위'를 동일시한다는 것이다.[3]

이렇게 '경제행위'와 '바람직한 경제행위' 사이의 관계를 인식하는 사람들은 경제행위의 질서를 설명할 때도 '바람직한 경제행위'의 질서, 즉 '합리적 경제행위'의 질서를 해명하는 데 초점을 맞추게 된다. 결국 이들 입장에서 경제행위의 질서를 해명하는 '경제학'은 '합리적 경제행위'의 질서를 찾아내고 설명하는 것을 과제로 삼고 있다.

그런데 이들이 이렇게 '경제행위'를 '선택행위'로 바라보고, '바람직한 경제행위'를 '합리적 선택행위'로 바라보게 된 데에는 뒤에서 다루겠지만 모든 인간을 스스로 자기 욕구나 이해의 존재를 정확히 알고 그 극대화를 위해 노력하는 '합리적 경제인'이라고 전제한 데서 기인한다.[4] 이들은 이와 같은 전제 위에 개별 인간들에게 맡겨 두면 합리적 선택행위가 일어날 수밖에 없고, 그 결과는 사회적으로 바람직한 상태가 되는 것으로 상정하고 있다.

(2) 구체적 정의 사례

이제 이러한 입장을 취하는 대표적인 견해로는 새뮤얼슨(P. A. Samuelson)과 맨큐(N. G. Mankiw) 등의 정의를 들 수 있다. 한편, 폴라니가 '경제' 개념을 크게 두 가지로 나누어 설명하면서 제시하고 있는 '형식적 경제' 개념이 이들의 개념과 맥을 같이한다. 이제 이들의 견해를 살펴보면서 여기서 설명하고 있는 '선택행위' 차원의 경제행위의 개념을 좀 더 구체적으로 이해해 보자.

1) 새뮤얼슨과 맨큐의 견해

먼저 전후에 가장 많이 읽힌 경제학 교재 집필자로 알려져 있는 새뮤얼슨은 『경제학』(*Economics*)에서,[5] '경제' 개념을 '경제학' 개념을 정의하는 자리에서 간접적으로 제시하고 있다. 먼저 그는 경제학에 대한 다양한 정의를 소개하고 나서 경제학자들이 가장 일반적으로 동의하는 경제학을 "개인이나 사회가, 화폐를 사용하든 하지 않든, 서로 다른 용도에 사용할 수 있는 '희소한' 생산자원을 고용해서 다양한 상품을 '생산'하고, 이를 다양한 사람들과 집단들의 현재와 미래 소비를 위해 '분배'하는 논리를 연구하는 학문"으로 정의하고 있다. 그래서 경제학은 "자원 사용의 유형을 개선시키기 위해 비용과 편익을 분석한다"고 하면서 핵심적인 내용까지 제시하고 있다. 이렇게 보면 새뮤얼슨은 '경제' 개념을 궁극적으로 "'희소한' 생산자원을 사용하여 다양한 상품을 '생산'하고 '분배'하기 위해 '선택'하는 행위"라고 간접적으로 정의하는 것으로 볼 수 있다. 이렇게 그의 '경제' 개념에는 '희소성'이 전제되어 있으며, 그래서 '합리적 선택행위'를 상정하고 있다는 사실을 알 수 있다.[6]

아울러 최근에 많은 독자를 자랑하고 있는 맨큐의 『경제학 원리』(*Principles of Economics*, 2009(2009))에서도 '경제' 개념을 '경제학' 내지 '기본원리'를 설명하는 과정에서 간접적으로 시사하고 있는 것을 볼 수 있다. 먼저 그는 '경제학'을 "사회가 희소자원을 어떻게 관리하는지 연구하는 학문", "사람들이 어떻게 결정을 내리는지에 대해 연구하는 학문" 등으로 정의하고 있다. 이어 그는 '기본원리'들을 설명하면서 "모든 선택에는 대가가 있다", "선택의 대가는 그것을 얻기 위해서 포기한 그 무엇이다", "합리적 판단은 한계적으로 이루어진다"는 등을 내세우고 있는 것으로 보아, 맨큐도 '경제' 개념을 자원의 '희소성'에 바탕을 두고 이루어지는 '선택행위', 더 구체적으로는 '합리적 선택행위'로 보고 있다는 것을 알 수 있다.[7]

2) 폴라니의 견해

일찍이 현대 제도경제학의 거장으로 알려져 있는 폴라니(K. Polanyi)는 '경제'의 개념을 '형식적 경제'와 '실체적 경제'로 구분한 적이 있다.[8] 이 중에서 '형식적 경제' 개념은 앞의 새뮤얼슨과 맨큐의 당위적 차원의 '경제' 개념과 그 맥을 같이하는 것으로 볼 수 있다. 그는 '형식적 경제'(formal economy)에 대해 "불충분한 수단들을 서로 다른 용도로 사용할 때 필연적으로 제기되는 선택행위"를 의미하는 것으로 정의하고 있다.[9] 여기서 선택행위는 목적을 위한 수단의 선택행위로서 '합리적 선택행위'를 일컫는다. 이러한 맥락에서 보면 수단은 목적에 기여하기만 하면 그것이 자연의 법칙에 의하든 게임의 법칙에 의하든 무엇이든 적절한 것이 된다. 목적이 어떠하든 그에 따른 수단을 선택하면 그 자체가 '합리적'이 된다는 의미이다.[10]

이렇게 '경제' 개념을 인식하는 입장에서는 수단들 사이의 선택을 지배하는 '합리적 행동 논리'를 찾게 되며, 이렇게 목적과 수단 사이의 물리적 관련성을 지배하는 질서를 찾아내고자 하는 경제학을 '형식적 경제학'이라 부르고 있다.[11] 이러한 입장에서 보면 '형식적 경제학'은 부족한 수단으로부터 야기된 선택의 상황과 관련을 맺고 있는 것으로서, 바로 이것이 '희소성의 원칙'에 해당하는 것이다.[12]

(3) 개념 인식의 사회적 귀결

그런데 중요한 것은 이러한 견해를 갖는 사람들이 '경제행위'를 목적과 수단 사이의 물리적 관련성의 관점에서 파악한다는 것은 '경제행위'를 사회와 시대를 초월해서 존재하는 '보편적 현상'으로 본다는 사실이다. 따라서 이들 입장에서는 경제행위의 질서를 설명하는 '경제학'의 내용도 시대와 사회의 다양성을 초월해서 보편적으로 적용되는 원리로 자리매김하게 되는 것이다. 한마디로 '경제' 개념이나 그러한 경제행위의 질서를 다루는 '경제학'의 내용도

'초사회성'과 '초역사성'을 띠게 되는 것이다.

이러한 입장을 가지고 있는 사람들은 이렇게 합리적 인간을 전제로 해서 '당위적 차원'에서 경제행위의 질서를 해명하고, 그 논리를 기준으로 '현실'의 경제현상을 설명할 수 있다고 본다. 물론 이들 입장에서도 합리적 인간을 전제로 한 그들의 경제학을 가지고 현실을 설명해 나가는 과정에서 제대로 설명되지 않은 상황에 직면할 수 있다. 그러나 이 경우에도 이들은 그 이유를 현실을 제대로 설명하지 못하는 경제학 논리 자체에서 찾으려 하지 아니하고 경제활동의 주체로서 인간이 합리적 행동을 하지 않은 데서 찾는 경향을 보인다.[13]

그러나 현실에서는 개인적 요인, 그리고 자연적·사회적 요인 등 여러 요인으로 인해 개개인들이 스스로의 욕구나 이해를 정확히 파악하지 못하는 경우도 있을 수 있고, 또 알아내더라도 그 극대화를 위해 행동할 수 없는 경우도 있을 수 있다. 이러한 사실을 고려해 보면 '합리적 선택행위'의 질서를 해명하고 있는 '경제학'의 질서를 이해해도 현실의 경제 상황에 대해 제대로 설명하지 못하는 경우가 있다는 사실을 이해하게 될 것이다. 말하자면, 이들의 경제학에는 특정 개인 또는 특정 집단의 경제주체들이 스스로 합리적 선택을 할 수 없는 상황을 설명할 수 있는 어떠한 논리도 반영되어 있지 아니하다. 이러한 맥락에서 보면 우리가 자주 접하는 소위 '근대경제학적' 문헌을 대할 때는 그 내용이 '합리적 선택행위의 질서를 체계적으로 해명'하는 데 초점이 맞추어져 있다는 사실을 이해하고 읽어 나가는 것이 그 실체를 이해하는 데 도움이 될 것이다.

2. '물질적 생활, 그 자체'로 보는 관점

(1) '경제행위'에 대한 정의

또 다른 논자들은 경제행위를 위와 같이 '희소성'의 관점, 즉 수단과 목표 사이에서의 선택행위라는 관점에서 파악하지 아니하고, 실제로 현실에서 어떻게 물건을 만들어서 어떻게 서로 교환하고 분배해서 어떻게 소비해 가고 있는지 그 자체로 인식하는 논자들이 있다. 말하자면, 이들은 사회 구성원들이 현실에서 그들의 물질적 욕구를 어떻게 충족시켜 나가는지를 '경제행위' 인식의 핵심 사항으로 보고 있다.

물론 이러한 견해를 갖는 이들도 현실에서 존재하는 '경제행위'와 구분되는 '바람직한 경제행위'에 대한 인식이 분명히 존재한다. 그러나 이들은 '경제행위'를 '존재하는 현실, 그 자체'로 인식하기 때문에 '경제학'의 내용도 현실을 설명하는 데 초점을 맞추게 된다. 말하자면, 현실에서 사회 구성원들이 물질적 생활이 어떠한 과정을 거쳐서 어떻게 충족되는지에 관한 질서를 다루게 된다. 이렇게 이들의 경제학은 현실의 질서 자체의 해명에 초점을 맞추기 때문에 경제질서 해명 과정에서 현실에서 특정 사회 구성원들이 물질적 생활에 애로가 있는 경우 어떻게 그러한 상황이 발생하는지에 대한 보다 엄밀하고 구체적인 설명이 수반된다.

이들이 '경제행위'를 이렇게 파악하게 된 이면에는 앞의 경우와 같이 경제행위 주체로 인간의 본성에 대한 이해를 달리하는 데서 기인한다. 이 점이 앞에서 본 합리적 인간을 전제로 한 합리적 경제행위의 질서를 다루는 경제학의 경우와 다른 중요한 차이점이다. 이와 관련된 내용은 아래 구체적인 정의 사례에서 추가적으로 소개하고 있다.

(2) 구체적 정의 사례

앞에서 본 견해와 달리 이와 같이 현실에서 '존재하는 사실', 그 자체에 초점을 맞추어 경제현상을 설명하고자 하는 논자들도 많이 있다. 그러나 큰 틀에서는 다 같이 이러한 입장을 취하는 사람들이라 하더라도 구체적으로 현실을 설명하는 방식은 논자들에 따라 크고 작은 차이를 보이고 있다. 말하자면, '존재하는 사실'로서 '현실의 경제행위'도 바라보는 사람들에 따라서 다르게 보인다. 대표적으로 정치경제학적 견해와 제도경제학적 견해를 들 수 있다. 이제 이하에서 이들 견해의 차이점을 유념하면서 '물질적 생활, 그 자체'로서의 '경제' 개념을 좀 더 자세하게 이해해 보도록 하자. 아울러 여기서는 폴라니의 '형식적 경제'와 대비되는 '실체적 경제' 개념을 별도로 소개하고자 한다. 그것은 앞에서 이미 본 것처럼 그가 '경제' 개념을 '형식적 경제'와 '실체적 경제'로 구분해서 설명함으로써 '경제' 개념 이해에 큰 획을 긋는 중요한 견해를 제시하고 있는 점을 중히 여긴 이유이다.

1) 정치경제학 및 제도경제학적 견해

사람들에 따라서는 인간의 물질적 생활을 설명할 때 직접 생산활동에 참여한 사람이 생산활동을 통해서 스스로의 생활에 필요한 수준을 넘어서는 '잉여생산물'을 만들어 내는데도 불구하고 그들이 '잉여'를 가져가지 못한다는 사실을 중시하는 경우도 있다. 소위 '정치경제학적 견해'를 갖는 논자들이 이에 해당한다.[14] 이들은 인간의 물질적 삶의 과정을 설명함에 있어서 자원의 '희소성'이 주는 제약보다 잉여를 창출하는 사람과 그 잉여를 가져가는 사람들 사이의 관계[15]가 주는 제약을 중시하고 있다. 결국 이들에게 '경제행위'라 하면 인간의 물질적 생활과 관련하여 '잉여'를 만들고 그 잉여를 가져가는 행위로 인식되는 것이다. 구체적으로 말하면 이들은 누가 어떠한 과정을 거쳐서 얼마만큼의 잉여 창출활동을 하며, 그 잉여는 누가 얼마만큼 가져가는지에

'경제행위' 인식의 초점을 둔다. 결국 이들은 경제행위의 질서를 설명하는 '경제학'의 과제도 현실에서 잉여 창출과 그 잉여의 착취 과정을 설명하는 데 초점을 맞추고 있다.

그런가 하면 또 다른 논자들은 현실의 질서를 주어진 관습이나 전통 내지 그것이 응집된 그 사회의 문화가 어떻게 현실의 '제도' 속에 반영되고 있으며, 그래서 사회 구성원들의 물질적 욕구 충족 과정이 어떻게 행해지고 있는지 여부에 초점을 맞추기도 한다. 흔히 일컫는 '제도경제학적 견해'를 갖는 사람들의 견해가 이에 해당한다.[16] 이들은 이렇게 '경제행위'를 '사회적 욕구 충족행위'로 인식하고 있는바, 구체적으로 이들이 말하는 '사회적 욕구 충족행위'(social provisioning)란 "사회생활에 참가하고 있는 구성원들의 필요 또는 욕구를 충족시켜 주기 위해 그 사회가 필요로 하는 재화 또는 용역이 공급되는 행위"[17]를 일컫는다. 여기서 '사회가 필요로 하는 행위'라는 것은 생산, 교환, 분배, 소비의 전 과정(행위)이 주어진 사회마다 그 사회의 문화적 특성이 반영되어 서로 다르게 나타나는 사회적 과정(행위)으로 파악된다는 의미를 내포하고 있다.[18] 이 말은 제도경제학적 논자들은 '경제'를 "가용기술과 자원의 제약뿐 아니라 사회문화적 특성이 체화되어 나타나는 제도화된 규범의 테두리 내에서 행해지는 인간의 물질적인 욕구 충족행위"로 파악하고 있다는 것을 말해준다. 이와 같은 정의에서 보면, 이들은 '경제활동'을 고려함에 있어서도 단순히 개별 구성원들의 물질적 생활과 관련된 기술적 요인만을 일컫는 것이 아니라 실제로 특정 사회 속에서 존재하는 인간과 자연의 관계, 인간과 사회구조의 관계, 사회 제 계층들 사이의 관계 등 사회적 제 요인과 깊이 관련되어 있다는 사실을 인식하는 것이 중요하다.[19] 말하자면, 이들도 '경제' 개념을 고려함에 있어서 정치경제학적 논자들과 유사한 맥락에서 자원의 '희소성'이 주는 제약에만 의지하지 않는다. 이들은 사회 구성원들의 필요를 충족시켜 주는 과정에 제기되는 제약이라는 것은 자연이 주는 물리적 제약에만 있는 것이 아니라 인간의 욕망이 제도 속에 어떻게 반영되어 해당 사회의 생산적 능력이 어떻게 발휘되고 있는지 여부에 따라 달라진다고 본다.[20]

한편, 이들은 '경제' 개념을 사회 구성원들의 '생활 과정'(the life process)이라는 관점에서 파악하기도 한다.[21] 제도경제학자들은 '생활 과정'이라는 개념도 사회적 욕구 충족행위를 포괄하는 개념으로 사용한다는 점을 고려해 보면, 결국 이들은 '경제행위'를 특정 사회의 주어진 제도적 배경 속에서 행해지는 사회 구성원들의 물질적 욕구 충족 과정 그 자체를 일컫는 개념으로 사용한다는 점을 알 수 있다. 이 입장에서는 경제행위의 질서를 찾아내는 경제학의 과제도 한 사회의 전통과 문화의 산물로서 제도가 사회 구성원들의 물질적 욕구 충족 과정, 즉 생활 과정에 어떠한 영향을 주는지를 해명하는 데 초점을 맞추는 입장을 보이게 된다.

이렇게 현실의 경제행위를 파악하는 방식이 달라지면, 결국 각 입장에서 '바람직한 경제행위'를 바라보는 관점에도 차이가 나게 된다. 말하자면, 전자의 정치경제학적 논자들은 생산 과정에서 사람들 사이의 관계가 조화를 이루어 누군가가 만들어 놓은 잉여를 다른 누군가가 대가 없이 착취해 가지 않은 사회, 그래서 누구나가 각자가 가지고 있는 능력을 충분히 발휘하면서 물적 생활이 영위될 때 '바람직한 경제행위'가 이루어지는 것으로 본다. 그에 비해 후자의 제도경제학적 논자들은 사회 구성원들의 생산적인 생활관행이 제도 속에 잘 반영되어서 사회 구성원들의 물질적 욕구 충족 과정이 보다 원활하게 이루어지는 사회를 '바람직한 사회'라 보게 되는 것이다.

이렇게 이들의 견해가 서로 다르게 전개된 데에는 두 견해가 인간의 본성을 바라보는 견해에 차이가 있기 때문이다. 전자의 견해는 인간이 인간으로서 갖는 능력은 인간과 인간 사이의 조화 속에서 제대로 발휘될 수 있다는 인식을 갖고 있는 데 기인한 것이다. 한편, 후자의 견해는 인간의 본성은 생산적이기도 하고 비생산적이기도 한 다양한 성격을 띠고 있는데, 어떠한 본성이 현실에서 더 활성화되는지는 경제행위에 영향을 주는 제도들이 어떻게 만들어져서 기능하는지 여부에 달려 있다고 보는 데 기인한다. 결국 이들의 경제학에서는 현실의 경제행위가 전자의 사회적 인간본성, 후자의 사회문화적 인간본성[22]이 얼마나 어느 정도 반영되는 방향으로 경제행위가 일어나고 있는지 여부를 밝히는 것을 주된 과제로 삼게 되는 것이다.

2) 폴라니의 견해

이제 기본적으로 앞에서 설명한 제도경제학적 논자들과 맥을 같이하면서도 '형식적 경제'와 '실체적 경제'라는 구분을 통해서 '경제' 개념을 좀 더 명확하게 구분하고자 시도한 폴라니의 견해를 살펴보고자 한다. 그는 '경제' 개념을 '형식적 경제'와 '실체적 경제'로 구분하고, '실체적 경제'(substantive economy)를 "인간이 자연 및 사회적 환경과 상호작용하면서 물질적 욕구를 충족시키는 과정"으로 정의하고 있다. 나아가 이러한 과정은 현실적으로 한 사회 내의 경제적·비경제적 제 제도 속에 배태되어 있기 때문에, 결국 이 입장에서 경제행위는 인간과 인간이 직면하고 있는 환경 사이의 상호작용에 대한 '제도화된 과정'(instituted process)으로 보고 있다.[23] 이 개념의 핵심은 '경제현상'의 개념을 '실제 현실에서 경험되는 현상'으로 파악하고 있다는 점에서 '형식적 경제'와 분명하게 구분지어 이해하고 있다는 점이다.

이 개념은 이처럼 인간이 현실에서 자연과 동료와 더불어 살아가고 있다는 사실로부터 유도된 것으로서, 수단의 불충분성이라든가 선택과 같은 것에는 의미를 두지 않는다. "'인간의 살림살이'는 선택의 필요성 문제를 내포할 수도 있고 그러하지 않을 수도 있다. 설령 선택이 행해지더라도 그 선택이 반드시 수단의 '희소성'이 주는 제한된 효과로부터 유도될 필요는 없다. '인간의 살림살이'에서 가장 중요한 물리적·사회적 조건의 중요한 부분, 예를 들어 공기와 물의 이용이라든가 자신의 자녀에 대한 어머니의 희생과 같은 것은 원칙적으로 그리 제한적이지 않다. 논리의 힘이 실제의 힘과 다르듯이 어느 한 경우에 작동되는 논리가 다른 경우에는 작동되지 않을 수도 있다."[24]

이렇게 '경제' 개념을 인식하는 입장에서는 단순하게 목적과 수단 사이의 관계를 지배하는 질서로서 '형식적 경제이론'은 시장 메커니즘에 초점을 맞추고 있는 것으로 보고 있다. 이 입장에서 보면 '형식적 경제'에 바탕을 둔 경제이론은 자본주의 사회에만 적용되는 개념이어서 보편적인 개념으로 수용할 수 없다는 입장을 보이게 된다. 말하자면, 현실의 보다 일반적인 '인간의 살림살이' 문제는 제 제도 속에 '배태되어'(embedded) 있기 때문에 자본주의 사회에 적용되는 '형식적 경제이론'을 가지고는 인간의 경제행위 일반을 분석해 내기 힘든 것으로 본다는 것이다.[25] 이러한 인식에서 이들은 실제 현실에서 경험되는 현상으로서 경제행위를 지배하는 질서를 다루기 위해서 경제이론은 제 제도가 인간과 환경 사이의 상호작용에 주고받는 관계로부터 유도되어야 하는 것으로 보게 된다. 이러한 입장에서 이들 이론은 존재하는 사실들로부터 '귀납적 방법'을 통해 이론을 만들어 내는 방법을 취하게 된다. 결국 이 입장에서는 경제이론의 분석에서는 '제도' 내지 '사회구조'가 중요한 분석 단위가 된다.

위와 같은 두 개념의 구분을 보면 '형식적 경제' 개념은 '논리'로부터 유도되고 있으며, '실체적 경제' 개념은 실제 존재하는 '사실'로부터 유도되고 있음을 알 수 있다. 이 두 개념은 이처럼 서로 그 출발점을 달리하는 별개의 개념이다. 어의적으로 보더라도 서로 대립되는 방향에 있음을 알 수 있다. 그런데 현실의 경제가 시장체제에 의해서만 운영되는 경우를 상정해 보면 형식적 의미의 경제와 실체적 의미의 경제가 일치할 수도 있다. 그러나 역사적으로나 현실적으로 경제가 서로 다른 다양한 방식으로 운영되고 있다는 사실을 고려해 보면 형식적 의미의 경제와 실체적 의미의 경제는 서로 분리될 수밖에 없다.

그런데도 불구하고 '형식적 경제'에 바탕을 둔 경제학은 수단과 목적 사이의 합리적 선택의 논리를 다루는 근대경제학의 원리가 시대와 사회가 달라지더라도 보편적으로 적용될 수 있다는 입장을 보이고 있다. 이에 비해 '실체적 경제' 개념에 바탕을 둔 경제학은 시대와 사회에 따라 서로 다른 고유의 경제 형태를 인정해야 한다는 입장에서 서로 다르게 전개되는 물질적 욕구 충족 과정을 다루어야 한다는 입장을 보이고 있다.

이러한 맥락에서 폴라니는 '실체적 경제' 개념만이 과거와 현재의 모든 경험적 경제현상에 대한 연구를 위한 사회과학이 요구하는 개념이라고 보고 있다. 나아가 그는 그러한 맥락에서 현실의 경제에 관해 우리가 구축하고자 하는 '일반적인 분석틀'(general frame of reference)을 다루기 위해서는 '실체적 관점'에서의 경제를 다루어야 한다고 주장하고 있다.[26]

(3) 개념 인식의 사회적 귀결

그런데 중요한 것은 이렇게 존재하는 현실 자체에 초점을 맞추어 경제행위를 바라보는 사람들에게는 '경제행위'라는 것은 사회와 시대에 따라 서로 다른 모습을 띠고 나타나는 것으로 파악된다는 점이다. 따라서 이들 입장에서는 경제행위의 질서를 설명하는 '경제학'의 내용도 사회와 시대에 따라 서로 다른 내용을 취하기 마련이다. 말하자면, '경제' 개념이나 그러한 경제행위의 질서를 다루는 '경제학'의 내용이 모두 사회성과 시대성을 띠게 된다.

따라서 이들 입장에서는 어느 사회와 어느 시대의 경제현실을 설명하는지가 중요한 의미를 갖는다. 그중에서 정치경제학적 견해를 취하는 논자들은 고대 노예제적 사회, 중세 농노제적 사회, 근대 이후의 자본제적 사회 등의 역사적 발전 단계를 거쳐서 궁극적으로 사회주의적 사회를 거쳐 공산주의 사회로 나아가게 되어 있다고 보고 있다.[27] 따라서 이들은 어느 단계 사회의 경제행위를 파악하는지에 따라 그 설명 논리를 달리한다. 그런 것에 비해 제도경제학적 견해를 취하는 논자들은 어느 사회이든 그 사회 구성원들의 관습이나 문화가 어우러져 서로 다른 형태의 사회가 나타날 수 있으며, 경우에 따라 현실의 제도 속에 사회 구성원들의 문화가 잘 반영되어 그들의 물질적 욕구가 원활하게 충족되는 사회가 될 수도 있고 또는 그렇지 않을 수도 있는 것으로 본다.[28] 이러한 맥락에서 이들은 사회마다 그 사회의 경제행위는 서로 다르게 행해지고 있어서 그것을 설명하는 논리도 달라진다는 인식을 갖고 있다.

3. '경제행위'와 '좋은 경제행위'

위의 개념 구분에서도 시사되고 있듯이 '경제행위'의 개념을 제대로 이해하기 위해서는 '경제행위'와 소위 '바람직한 경제행위'를 구분해서 파악하는 것이 중요하다. 말하자면, 현실에서 존재하는 '경제행위'(Sein; What it is)와 당위적 관점에서 '바람직한 경제행위'(Sollen; What it should be)를 구분하는 것이 우리들의 물질적 생활을 이해하는 데 중요한 의미를 갖는다. 논자들에 따라서는 '현실'의 경제행위의 질서를 설명한다면서 '당위적 차원'의 '바람직한 경제행위'를 지배하는 질서를 설명하는 데만 몰두하는 경우가 있다. 이렇게 '현실의 경제행위'와 '바람직한 경제행위'를 구분하지 아니하고 '당위적 차원'의 경제행위의 질서 파악에만 몰두하면 소위 '덜 바람직하거나', '바람직하지 못한', '현실의 경제행위'를 관류하는 질서는 설명할 수 없는 오류에 빠지게 된다. 먼저 현실에서 존재하는 '있는 그대로의 경제행위의 질서'를 찾는 일이 우선되어야 한다. 그리고 나면 혹여 현실의 질서가 자신들이 생각하는 '바람직한 질서'가 아니라고 판단되는 경우 그 이유를 찾아서 보다 나은 사회를 위한 대안을 구상해 낼 수 있는 계기가 마련될 것이다.

그런데 이러한 구분은 어떠한 '경제행위'가 '바람직한 경제행위'인지 여부가 '경제행위'를 보는 견해에 따라, 그리고 사회나 시대에 따라 크게 다르다는 사실 때문에 더욱 중요한 의미를 갖는다. 이제 이러한 구분이 갖는 의미를 앞에서 본 '경제'를 보는 서로 다른 관점으로 나누어 살펴보도록 하자.

(1) '선택행위'로 보는 관점

먼저 앞에서 본 것처럼 '경제행위'를 자원의 희소성을 전제로 '선택하는 행위'를 일컫는 경우에는 경제행위 개념 자체에 수단과 목적 사이의 관계가 상정되기 마련이다. 따라서 '경제행위' 개념 자체에 동일한 수단으로 보다 큰 목적(성과)를 이루어 낸다고 하는 '합리적 선택행위'라는 개념에 내재되게 되어, 결국 '경제행위'는 '선택행위', 그중에서도 '합리적 선택행위'를 일컫는 개념으로 정립된다. 말하자면, 이 입장에서는 현실에서 존재하는 행위로서 '경제행위'가 당위적 차원의 '합리적 선택행위'와 동일한 개념으로 인식되는 경향이 만들어진다.

이렇게 '경제행위'와 '바람직한 경제행위'를 동일시하는 견해에서는 '경제학' 자체가 현실에서 이루어지는 선택행위를 관류하는 질서를 서술하는 데 뜻을 두지 아니하고 인간의 '합리적 선택행위', 즉 '바람직한 경제행위'를 관류하는 규범적이고 추상적인 질서를 서술하는 데 초점을 맞추게 된다. 더욱 중요한 것은 이 입장에서는 합리적 계산에 바탕을 둔 '바람직한 경제행위'는 사회와 시대를 넘어서는 보편적 현상으로 인식된다는 점이다. 따라서 이러한 경제행위의 질서를 서술하는 경제학의 내용도 초사회적·초역사적인 내용으로 전개되기 마련이다. 수치만 달라지지 경제행위의 질서로서 그 본질에는 변화가 없다.

사실이 이러하니 서로 다른 사회적·역사적 배경 속에서 경제생활을 영위하는 사람들로서는 그와 같은 '경제학' 관련 문헌을 읽을 때 그 내용이 온전히 그들에게 와 닿지 못하기 마련이다. 이러한 사실을 이해하지 않고 그 내용을 읽어 가면 경제학의 내용은 정치한데 독자로서는 능력이 부족하여 그 내용을 이해할 수 없다거나 자신의 취향에 맞지 않다는 등의 잘못된 판단을 내리면서 더 이상의 학습을 포기하는 경우까지 나타나게 되는 것이다. 또 다른 사람들은 이러한 경제학의 내용을 두고 이론과 현실이 너무 괴리가 크다는 불평을 하는 경우도 흔히 볼 수 있다. 그러나 이론은 현실을 설명하기 위해 만들어 낸 인위적인 명제라는 점을 고려해 보면 이론과 현실의 괴리가 크다는 말은 애초부터 성립될 수 없다는 점을 유념해 둘 필요가 있다. 이러한 오해는 '현실의 경제행위'와 '바람직한 경제행위'의 구분에 관심을 두지 않는 데서 연유하는 오류이다. 만약에 독자들이 이러한 입장에서 서술된 경제학의 내용이 합리적 경제행위를 지배하는 질서를 설명하는 하나의 규범적 논리라는 것을 미리 인식하고 읽는다면 그 내용을 이해하는 것이 그리 어려운 일이 아닐 것임은 물론이다.

(2) '물질적 생활, 그 자체'로 보는 관점

반면 앞에서 본 바와 같이 '경제행위'를 사회 구성원들이 물질적 생활을 영위해 가는 현실에서 존재하는 하나의 질서라고 보는 경우에는 경제학의 내용 또한 그러한 현실의 물질적 생활을 관류하는 질서를 설명하는 데 몰두하는 경향을 보인다. 이 경우 중요한 것은 어느 시대, 어느 사회에 어떠한 사람들이 꾸려 가는 물질적 생활인지에 따라서 그러한 물질적 생활을 관류하는 질서가 서로 다르다는 점이다. 이렇게 보면 결국 경제학이라는 것은 시대와 사회에 따라서 그리고 사회 구성원들의 삶의 방식 등에 따라서 서로 다르게 서술되어야 한다는 사실을 이해할 수 있다.

그런데 더욱 중요한 것은 동일한 시대, 동일한 사회 사람들의 삶의 방식을 두고도 그 질서는 앞에서 본 바와 같이 논자들에 따라서 서로 다르게 파악된다는 사실이다. 한마디로 어느 시대와 어느 사회에 살고 있는 사람들의 삶이라 하더라도 어떠한 견해를 갖고 바라보는지에 따라 서로 다르게 파악되며, 더 나아가서 해당 사회 구성원들의 보다 나은 삶의 방식에 대한 대안도 서로 다르게 제시될 것이라는 사실을 이해하는 것 또한 어렵지 않을 것이다.

(3) 종합

요컨대, '경제' 개념을 정의함에 있어서 무엇보다 현실에서 존재하는 '경제행위'와 '바람직한 경제행위'를 구분하여 이해하는 것이 중요하며, 경제학에도 '현실에서 존재하는 경제행위의 질서'를 서술하고 있는 것과 '바람직한 경제행위에 대한 당위적 질서'를 다루고 있는 경우가 있다는 사실을 인식하는 것이 중요하다. 뿐만 아니라 현실에서 존재하는 경제행위 자체도 그것을 바라보는 논자에 따라 다르게 인식되기 때문에 현실을 설명하는 경제학 자체도 서로 다른 경제학이 존재할 수 있다는 사실을 인식하는 것이 중요하다.

사실이 이러한데 '경제행위'와 '좋은 경제행위'의 개념 차이를 인식하지 아니하고 경제학을 접하는 경우 그 경제학이 무엇을 다루는지조차 파악되지 아니하기 때문에 그 내용을 이해하기 힘든 것은 너무도 당연하다 할 것이다. 그런데 더욱 심각하기로는 경제학을 서술하는 사람들 중에도 자신이 서술하는 경제질서가 자기가 바라보는 현실의 세계를 의미하는 것인지, 자기가 바람직하다고 생각하는 당위의 세계를 서술하는지를 혼동하는 경우까지 있어 그 차이를 이해하지 않고 글을 읽는 독자들을 당혹스럽게 하는 경우가 있다는 사실이다. 무엇보다 '경제행위'와 '좋은 경제행위'를 구분한 연후에 현실의 경제행위를 이해해 내려는 자세를 갖는 것이 중요하다. 나아가 어떤 저자의 글을 접해서도 어떠한 입장에서 서술되고 있는 내용인지를 파악해 가면서 읽어 가는 것이 그 글에 대한 이해뿐 아니라 바람직한 사회를 구상하고자 하는 욕구를 충족시켜 가는 데 도움이 될 것이라는 사실을 유념하여야 한다.

제2절 '시장'과 '경제'

앞에서 살펴본 '경제'라는 개념 못지않게 '시장'이라는 개념 또한 우리들의 일상생활 과정에서 익숙하게 와닿아 있다. 이제 '경제'는 '시장'이라는 개념과 어떠한 차별성을 보이는지 살펴보자. 그것은 이 두 개념을 구분해서 이해하는 것이 '경제'의 개념을 새롭게 인식하는 데 도움이 될 것이라는 판단에서이다.

1. '시장'의 개념과 유형

(1) '시장'의 개념

경제 문제를 다룰 때 '시장'이라 하면 "수요와 공급이 만나 거래가 이루어지는 개념상의 장소"를 일컫는다. 이때 시장이라 함은 일반인들이 흔히 인식하고 있는 동대문시장이나 남대문시장과 같은 실체를 보고 일컫는 개념이 아니다. 여기서 '수요'라는 것은 사고자 하는 욕구를, '공급'은 팔고자 하는 욕구를 일컫는 개념을 일컫는다. 특히, '수요'와 '공급'은 사거나 판매한 수량을 의미하는 '사후적'(ex post) 개념이 아니라 사거나 팔고자 하는 욕구를 나타내는 '사전적'(ex ante) 개념이라는 사실을 유념해 두는 것이 시장의 기능을 이해하는 데 중요한 의미를 갖는다.

(2) 제 유형

이러한 시장의 형태에는 크게 실물시장과 화폐시장, 생산물시장과 생산요소시장, 그리고 완전경쟁시장과 불완전경쟁시장 등으로 나누어 볼 수 있다.

1) 실물시장과 화폐시장

먼저 경제 문제를 이해하는 데 있어서 '실물시장'과 '화폐시장'의 차이를 이해하는 것이 매우 중요하다. 이 두 시장의 관계가 갖는 원래의 의미는 오늘날과 같은 화폐교환 경제가 일반화되기 이전의 실물 내지 물물교환 경제 시대를 생각해 보면 쉽게 이해할 수 있다. 물물교환 경제 시대에는 서로가 만들어 낸 물건 중 자신들의 생활에 필요한 부분을 넘어서는 부분, 즉 잉여생산물을 각자 필요로 하는 다른 물건과 교환함으로써 서로 다른 물건을 만들어 내는 생산자들이 각자의 욕구를 충족시키면서 물적 생활을 영위해 나갈 수 있었다. 애초에 이렇게 시장은 서로에게 남는 물건 그 자체를 사고팔고자 하는 개념상의 장소, 즉 '실물시장'의 형태로 등장하여 발전해 나갔다.

그러나 그와 같은 물건을 직접 교환하는 과정에 소요되는 인적·물적 비용이 높아지면서 교환 과정에 소요되는 거래비용을 줄이려는 노력이 이어지게 되었다. 그 과정에서 대표 상품을 거쳐 화폐가 등장하고 생산력 수준이 높아짐에 따라 점차적으로 전반적으로 화폐가 사용되는 화폐교환 경제 시대로 접어들게 된 것이다. 이렇게 화폐교환 경제 시대로 접어들면서 이제 물건의 생산과 잉여의 교환이 '화폐'를 매개로 이루어짐으로써 각자의 잉여 교환이 보다 원활하게 이루어지게 되었다. 나아가 이에 힘입어 재화 또는 용역의 생산과 교환 활동이 보다 활발하게 이루어지게 됨으로써 사회 구성원들은 각자 자신의 소질에 부합하는 보다 좋은 물건을 보다 값싸게 만들어 내는 일에 몰두할 수 있게 되어 사회 전체적으로 후생 수준을 높이는 데 기여하게 된 것이다. 이 과정에서는 실물의 수요와 공급에 부응할 수 있도록 화폐가 유통되는지 여부가 중요한 의미를 갖게 된다. 여기서 화폐 자체의 수요와 공급이 만나는 시장을 '화폐시장'이라 일컫는다. 이러한 화폐시장이 수행하는 역할은 여러 가지로 제시되고 있으나, 실물시장과의 관계라는 면에서 보면 위에서 본 것처럼 실물시장의 원활한 활동을 뒷받침해 주는 기능을 수행하는지 여부가 중요한 의미를 갖는다는 사실을 이해하는 것이 중요하다.[29]

이 문제를 다루는 과정에서 두 시장의 차이에 대한 이해의 전제로서 실물변수와 화폐변수의 차이를 이해해 두는 것이 중요하다. 예를 들어, 소비, 저축, 투자와 같은 개념들은 오늘날과 같이 화폐교환 경제 시기에는 비록 그것이 화폐로 측정되기는 해도 여전히 실물변수라는 점을 잊어서는 안 된다. 여기서 화폐변수라는 것은 어디까지나 화폐 그 자체의 양을 나타내는 변수라는 점, 그러니까 화폐시장이라는 것은 화폐에 대한 수요와 화폐에 대한 공급이 만나는 추상적인 장소를 의미한다는 사실을 이해해 두는 것이 중요하다. 그것은 이 두 구분을 혼동하게 되면 경제 문제를 이해하는 데 혼란을 빚을 우려가 크기 때문이다.

2) 생산물시장과 생산요소시장

다음으로 실물시장은 크게 각각 생산물의 수요와 공급이 만나는 개념상의 장소로서 '생산물시장'과 토지, 노동, 자본 등 생산요소의 수요와 공급이 만나는 개념상의 장소로서 '생산요소시장'으로 나뉜다. 한 나라 전체적으로 볼 때 이 두 가지 형태의 시장은 서로 유기적 관련성을 맺으면서 국민경제의 규모와 흐름을 결정짓는 역할을 수행한다. 생산물시장에서 생산주체들은 생산물에 대한 수요에 부응해서 생산물을 만들어 낼 것이며, 다른 한편 생산요소시장에서 공급주체들은 생산요소에 대한 수요에 부응해서 시장활동에 참가하게 될 것이다. 이와 같은 각 주체들의 참여 과정에서 생산물시장과 생산요소시장은 서로가 서로를 제약하는 관계에 놓여 있다는 사실을 인식하는 것이 중요하다.

사실이 이러하기 때문에 생산 과정에 기여한 각 생산요소들이 생산요소시장에서 획득한 소득이 같은 기간 그 사회에 만들어진 생산물을 구매하는 데 얼마나 사용되는지 여부가 생산물시장과 생산요소시장 사이의 선순환관계를 유지시켜 가는지 여부에 결정적인 역할을 하게 된다. 따라서 이 두 형태의 시장은 국민경제 순환 과정을 이해하는 데 중요한 의미를 갖는 구분이라는 점을 유념해 둘 필요가 있다. 말하자면, 생산물시장과 생산요소시장의 유기적 관련성에 대한 이해가 국민경제 순환 과정, 나아가 국민경제의 주기적 변동 과정을 파악하는 데 필수적이라는 사실을 이해해 두는 것이 중요하다.

3) 완전경쟁시장과 불완전경쟁시장

한편, 시장은 수요 공급자들의 시장 참가 조건에 따라 완전경쟁시장과 불완전경쟁시장으로 나뉜다. 먼저 '완전경쟁시장'이란 수요자와 공급자가 영세하고 다수이며, 거래되는 모든 제품은 동질적이고, 아울러 시장에서의 모든 정보는 알려져 있으며, 진입과 탈퇴는 완전히 자유롭다는 등의 엄격한 조건 속에서 형성되는 시장을 일컫는다. 이러한 조건 중 어느 하나라도 충족하지 못하는 시장은 포괄적으로 '불완전경쟁시장'이라 불리는 것이다. 그리고 경제학은 이러한 개념상의 시장, 즉 완전경쟁시장을 통해서 경제 문제가 해결될 때 그것이 가장 바람직하게 해결된다는 것을 논리적으로 입증하고 있다.[30]

그런데 완전경쟁시장과 불완전경쟁시장을 구분하고 그 의의를 따짐에 있어서, 현실적으로 완전경쟁시장은 존재하지 않는다는 점을 인식하는 것이 중요하다. 그런데 더 중요한 것은 그와 같이 완전경쟁시장이 현실에서 존재하지 않는데도 불구하고 경제학자들은 완전경쟁시장을 전제로 한 시장의 바람직함을 현실의 경제 문제를 설명함에 있어서 그대로 원용하고 있다는 점이다.[31] 말하자면, 경제학자들이 만들어 놓은 가상 세계로서 완전경쟁시장의 아름다움을 현실의 시장경제를 옹호하는 이념적 근거로 활용하고 있다는 사실을 유념할 필요가 있다.

2. 시장의 특성

이제 본서의 논의를 이어가기 위한 선행 작업의 하나로서 위와 같이 정의되고 있는 '시장'의 특성 내지 기능을 긍정적 측면과 부정적 측면으로 나누어 살펴보고자 한다. 이러한 내용을 더하는 것은 '시장'의 객관적 위상을 이해하는 데 기여할 것이라는 판단에 기인한 것이다.

(1) 긍정적 측면

1) 인간의 본성에 기반을 둔 자유롭고 차별하지 않는 메커니즘

먼저 시장이란 "인간의 본성에 충실한 자생적 메커니즘"이라는 점을 강조하는 견해가 있다. 이러한 견해를 취하는 논자들은 원래 인간은 더 나은 삶을 지향하여, 더 필요한 것으로 교환하고자 하는 '태생적 본능'을 가지고 있다는 점을 중시한다. 대표적으로 스미스(A. Smith)와 하이에크(F. A. Hayek) 등의 견해가 이에 해당한다. 스미스는 '교환하는 성향'을 인간에게 '본능적인 것'으로 파악하고,[32] 이러한 본능이 시장을 통해서 충족된다는 견해를 밝힌 바 있다. 그리고 하이에크는 시장은 인간이 만들어 낸 '인위적 질서'가 아니라 개개인의 행위를 통해 형성된 '자생적 질서'로서 사람들의 인위적 노력이 없어도 저절로 형성되는 질서라는 점을 강조한 바 있다.[33]

한편, 긍정적 견해에서는 시장을 "자유로운 선택이 전제된 메커니즘"이라는 점을 강조한다. 이 견해에서는 서로 독립적인 주체들이 어떠한 외적인 제약도 없는 상태에서 자유롭게 만나서 거래가 성립된다는 사실을 강조한다. 나아가 이러한 연유로 해서 시장은 사회 구성원 모두의 선택 공간을 넓혀 주고 궁극적으로 자유를 신장시키는 것으로 파악하고 있다.[34] 경제사에서는 중세 시기를 설명할 때, 직접생산자들의 잉여 축적의 정도가 점점 커져 감에 따라 종전에 부분적이고 일시적으로 존재하던 교환이 전반적이고 항상적으로 이루어지면서 그 잉여의 교환을 위한 '시장'이 성립하고, 나아가 그러한 '시장'이 점점 내포적·외연적으로 팽창해 가면서 '도시'가 만들어지고 번창해 간 사실에 주목하고 있다. 그리고 궁극적으로 그러한 도시의 공기가 사람을 자유롭게 함으로써 거대한 중세 사회의 틀을 변경시켜 간 중요한 계기가 되었다는 점을 중시하고 있는바, 이러한 견해가 위와 맥을 같이하는 것으로 볼 수 있다.[35]

한편, 시장의 긍정적인 측면을 중시하는 견해에서는 시장이 참여자들을 '차별'(discrimination)하지 않고 '차이'(difference)를 존중하는 메커니즘이라는 점을 강조하기도 한다.[36] 전자는 시장참여자들을 대상으로 우열을 가려내려 하지 않는 메커니즘이라는 의미이며, 후자는 서로 다름을 존중하는 메커니즘이라는 의미이다. 이 입장에 따르면 시장은 사람을 '차별' 대우하지 않는다. 정치권에서는 주요 요직의 지역 몫, 여성 몫 등의 할당을 통한 지역 간·양성 간 불균등을 줄이고자 하는 인위적 정책이 거론되기도 하나, 시장에서는 그러한 요인들을 고려하지 않는다. 그러면서 시장에서는 거래당사자가 서로 독립된 주체로서 서로의 '차이'를 존중하고 존중받는다는 점이 강조된다.

아울러 시장에서는 소비자의 선호와 생산자의 생산 및 판매 조건 등 시장상태에 관한 모든 정보를 소비자 및 생산자 자신이 알고 있을 뿐 아니라, 그 정보가 모든 시장참여자들에게 차별 없이 정확하게 전달되고 있다고 가정하고 있다. 더구나 이러한 과정에서 어느 누구에게도 어떠한 비용도 소요되지 않으며, 무시간적으로 획득되고 관리되는 것으로 보고 있다.

2) 조화롭고 아름다운 메커니즘

결국 긍정적 견해에 의하면 위에서 설명한 요인들이 한데 어우러져서 시장은 수요자와 공급자의 서로 다른 욕구를 자동적으로 조절하는 조화롭고 아름다운 기능을 수행하는 것으로 인식되고 있다. 시장은 수요와 공급이 만나는 개념상의 장소라 하였으며, 수요와 공급은 사전적인 욕구를 나타내는 개념이라 하였다. 시장은 이렇게 사고자 하고 팔고자 하는 사람들의 서로 다른 욕구가 만나서 그들 사이에 거래가 이루어지게 하는 역할을 수행한다.[37] 그 과정에서 해당 재화 또는 서비스의 가격이 비싸면 적게 사고자 하는 반면, 보다 많이 팔고자 하는 상반된 반응을 보이게 된다. 사실이 그러하다 보니 서로 다른 욕구가 복잡하게 뒤엉켜서 매우 시끄럽고 혼잡스러운 장소로 이해되기도 한다.

그러나 중요한 것은 시장에서는 이와 같은 두 측의 서로 모순되고 상반된 욕구가 각자의 자기이익 극대화 과정에서 절충되고 조화를 이루어 하나의 질서를 형성하게 된다는 데 있다.

그런데 더욱 중요한 것은 시장이 이와 같이 단순하게 수요와 공급의 서로 다른 욕구를 절충하여 거래가 이루어지게 하는 역할에서 한 걸음 더 나아가, 그 결과가 양측이 모두 만족스러워하는 사회를 이루어 내게 되는 것으로 전제되어 있다는 사실이다. 시장의 이러한 기능을 이해하기 위해서는 먼저 시장의 거래 과정에서 사회 구성원들은 누구나 자기이익의 극대화를 추구하는 '합리적 경제인'이라는 가정, 즉 시장에서 모든 구성원들이 보다 큰 만족, 보다 큰 이윤을 추구하는 '합리적 행동'을 하는 것으로 전제되어 있다는 사실을 이해하는 것이 중요하다. 수요자와 공급자가 모두 이러한 전제 위에 행동하게 되면 시장에서의 거래 결과 최종적으로 보다 좋은 물건을 보다 싸게 팔고자 하는 사람들만 살아남고 같은 맥락에서 보다 큰 만족을 얻는 사람들만 살아남게 된다. 결국 전체적으로 모든 구성원들이 가장 만족스러워하는 상태에서 균형을 이루게 된다. 이렇게 시장은 상반된 수요와 공급이 만나서 모두가 가장 만족스러워하는 아름다운 사회를 만들어 내는 것으로 전제되어 있다.[38]

(2) 부정적 측면

1) 역사적·사회적으로 선택된 차별적 메커니즘

위와 같은 견해와 달리 시장의 특성을 부정적으로 파악하는 견해도 있다. 이러한 견해에서는 먼저 인간 본성에 바탕을 둔 자생적 메커니즘이라는 사실 자체에 회의를 나타낸다. 앞에서 살펴본 개념의 시장은 사거나 팔고자 하는 욕구가 만나기만 하면, 그 종류를 구분하지 아니하고 '개념상' 시장이 형성된다. 그러나 '현실'에서 작동하는 시장은 특정 사회의 전통이나 규범, 도덕률에 따라 역사적으로 형성되어진 역사적·사회적 산물임을 알 수 있다. 미국에서는

1863년 노예 해방 선언이 있기까지는 사람도 시장에서 공식적으로 거래대상이 되고 있었다. 우리나라를 비롯하여 많은 나라들에서는 공식적으로 총기를 사고팔 수 없으나, 미국에서는 지금도 총기가 공식적으로 거래되고 있다. 마약도 마찬가지로 많은 나라들에서 사고팔 수 없으나 네덜란드에서는 일부 마약성 물질에 대해 거래가 허용되고 있다. 일정한 금액의 기여를 통해 대학에 입학할 수 있는 기여입학제도가 미국이나 영국과 같은 나라들에서는 일정 부분 허용되고 있지만 우리나라에서는 엄격하게 금지되고 있다.[39] 대중교통시장은 나라마다 그 형태를 달리한다. 특히, 부동산의 경우 적지 않은 나라들이 수요자와 공급자의 의지에 그대로 맡기지 않고 일정한 형태로 수요와 공급을 조절하고 있다. 이 밖에도 평소에 온전히 수요와 공급에 맡겨져 있더라도 그 시장의 등락이 사회에 주는 충격이 클 경우 정부가 개입하여 그 수급을 조절해서 시장 형태를 원래 수요, 공급의 모습과는 다르게 하는 경우도 적지 않다. 사례는 수없이 많다. 한마디로 인간의 본성에 바탕을 두고 수요와 공급이 만나는 장소를 시장이라 하는 것은 그야말로 '개념상'의 시장을 일컫는 것이지, '현실'에서 작동하는 '시장'은 많은 경우 특정 사회가 처한 역사적·사회문화적 전통의 산물이라는 사실을 이해하는 것이 중요하다.[40]

다른 한편, 인간의 교환하고자 하는 이기적 본성이 만나서 형성되는 것이 시장이라고 하지만, 거꾸로 시장이 확산됨으로써 종전에는 시장에서 거래대상이 되지 않고 있던 부분까지도 시장 영역으로 들어오는 측면도 있다. 예를 들어, 시장이 확산되어 감에 따라 종전에 가정에서 해결하거나 마을 공동체에서 해결해 내던 일들이 시장활동의 대상으로 편입되어 점점 그 외연이 확대되어 가는 것을 볼 수 있다. 예를 들어, 종전에 집안에서 가족 구성원들에 의해 제공되어 왔던 가사 업무라든가 간병 서비스 같은 것도 점차 가사도우미시장, 간병인시장을 통해서 행해지고 있는 것을 볼 수 있다. 그리고 지불능력이 있는 사람들의 경우 자신의 경호 서비스까지 용역회사를 통해서 공급받을 수 있는 현상도 자주 목격될 뿐만 아니라 매우 당연한 것으로 여겨지고 있는 것을 볼 수 있다. 이것은 일종의 경찰 서비스라는 점을 고려해 보면, 심지어 경찰 서비스까지도 시장을 통해서 거래되고 있는 것으로 볼 수 있다. 한편, 이렇게 시장 영역이 점점 확대되어 가면서 해당 사회 구성원들의 본성 또한 점점 더 이기적으로 변해 가는 현상도 유의할 필요가 있다. 자신이 가지고 있는 소질을 계발하여 자신의 성취 욕구를 달성하려 하는 대신에 더 많은 금전적 대가를 주는 일자리를 추구하는 경향도 이러한 현상의 일종으로 볼 수 있다. 심하기로는 결혼처럼 인간이 갖는 성스러운 행위까지도 금전적 수준으로 가름한다든지, 시장의 거래당사자가 아닌 일상적인 사람들 사이의 관계마저도 대가를 중심축으로 형성되고 변해 가는 모습 등은, 개개인들의 도덕성이 저하되고 있다고 보기보다는 위와 같은 시장 영역의 외연이 확장된 데 따른 사회적 반영이라 할 수도 있다.[41]

앞에서 본 긍정적 견해에서 시장은 시장참여자들에게 자유를 신장시켜 준다는 점을 강조하고 있다고 하였다. 그런데 시장참여자들에게 부여된 '자유'가 현실적으로 어떠한 의미를 갖는 것인지에 대해서는 논자들에 따라 서로 다르게 이해되고 있다는 사실을 유념할 필요가 있다. 어떠한 상태를 '자유롭다'고 하는지에 대한 구체적인 내용은 후술하는 '가치'에 대한 설명을 통해서 밝혀질 것이므로, 여기서는 '시장'과 관련해서 '자유'가 갖는 의미만을 간략하게 설명해 두고자 한다.

먼저 긍정적 견해에서 제시하는 '자유'는 타인의 어떠한 간섭으로부터도 벗어날 수 있을 때 진정 자유로울 수 있다는 차원에서의 자유를 의미하며, 이러한 의미의 자유를 간섭을 거부한다는 의미에서 '부정적 자유'(negative freedom) 혹은 '소극적 자유'라 일컫는다. 이렇게 보면 이와 같은 '부정적 자유'가 바로 '시장'을 성립시키는 근거로 작용하는 '자유'에 해당된다. 말하자면, 이러한 맥락에서 보면 '시장'은 사회 구성원들을 자유롭게 하며, 그러한 '자유'가 주어질 때 비로소 '시장'이 온전히 기능하게 되는 것으로 볼 수 있다. 그러나 현실을 보면 어느 누구도 간섭하지 않을 때 시장참여자들이 진정 자유롭지 못한 경우를 자주 목격할 수 있다. 보다 많은 정보와 보다 좋은 기술을 가지고 보다 저렴하게 물건을 만들어 낼 수 있는 기존의 생산자가 있을 때, 해당 분야에 천부적 또는 후천적 소질을 갖고 있는 사람이 있다 하더라도 그러한 시장에 진입하는 데 장애가 있어 자신의 소질을 기업화·산업화해 내지 못하는 경우가 있을 수 있다. 특정 분야에 보다 뛰어난 선천적 자질을 갖고 있는 사람이 있더라도 장애가 있거나 교육받을 기회가 없을 수 있다. 설령 그러한 기회가 있어 자신의 자질을 실용화할 수 있는 단계의 기술 습득이 이루어진 사람이 있더라도 그것을 산업화할 기회가 주어지지 못한다면, 그러한 자질을 자유롭게 펼쳐 나가지 못하는 경우가 있을 수 있다. 이러한 경우를 고려하여 소위 '자유'라는 것은 전자처럼 외부의 간섭을 거부한다는 소극적인 의미로부터 벗어나서 보다 적극적으로 자기가치 실현에 몰두할 수 있을 때 비로소 자유로워질 수 있다는 점을 강조하는 경우가 있다. 이 경우의 자유를 '적극적 자유'(positive freedom)라 일컬으며, 시장참여자들이 이러한 자유를 폭넓게 누릴 수 있기 위해서는 사회에 따라 서로 다른 "일정한 규범 내지 준거 틀"을 필요로 한다고 볼 수 있다. 이러한 입장에서는 외부로부터도 간섭을 받지 않게 하는 것만으로는 시장참여자들이 진정 자유로워질 수 없다고 본다. 말하자면, 이러한 맥락에서 보면 시장은 '자유'를 보장하는 질서가 아닐 수 있다는 견해가 성립된다.[42]

한편, 앞에서 긍정적 견해에서 시장은 '차별'을 하지 않고 '차이'를 존중하는 질서라는 점을 강조하고 있는 것을 볼 수 있었다. 그러나 현실에서 대기업과 중소기업은 외형적인 크기라든가 다루는 업종면에서 '차이'만 있는 것이 아니라, 중소기업이기 때문에 특정 분야에서 대등한 기술력을 갖고 있음에도 대기업에 의해 시장 진입에 장애가 있어 '차별'을 받는 경우가 나타날 수 있다. 특히, 대기업과 중소기업이 원·하청 관계에 놓여 있는 경우에는 그들 사이에 불공정거래가 보다 용이하게 이루어져 두 기업 사이에 '차이'가 아니라 '차별'을 불러오는 경우가 빈번하게 이루어지고 있음은 주변에서 많이 관찰되는 현상이다. 규모는 작을지 몰라도 마트와 구멍가게의 사이가 그러하며, 좀 더 구체적으로는 시각장애가 있는 안마사와 장애가 없는 안마사 사이의 관계가 그러하다. 이럴 경우 제도적 틀에 의한 제어가 없으면 '차이'를 존중하는 것이 오히려 '차별'을 부추기는 결과를 가져오게 된다는 사실을 유념할 필요가 있다.

또한 앞에서 본 긍정적 견해에서는 시장이 정보의 수집과 전달 과정이 완전하다는 점을 강조하고 있다는 사실을 볼 수 있었다. 그러나 현실의 시장에는 각종 불확실성과 위험요인들이 내재되어 있어서 시장 관련 정보가 모두 고르게 전달되지 않는 경우가 보다 일반적이며, 심지어 왜곡되어 전달되는 현상까지 나타나고 있는 경우를 흔히 접하게 된다. 소비자가 모르는 물건이 새로이 만들어져 공급되면서 각종 미디어가 동원되어 소비를 인위적으로 불러오는 현상이 빈번하게 나타나고 있는 사실을 고려해 보면, 이러한 사실을 짐작하고도 남음이 있다 할 것이다. 갤브레이스(J. K. Galbraith) 같은 논자는 이러한 사실을 두고 시장체제에서도 '소비자 주권'이 아니라 '생산자 주권'이 보다 일상화하고 있다고까지 주장하는 것을 볼 수 있다.[43]

2) 부조화와 갈등을 내포한 메커니즘

마지막으로 시장에 대한 긍정적 견해를 갖고 있는 논자들은 시장은 서로 다른 이해관계를 갖고 있는 수요와 공급을 자동적으로 조절하는 조화로운 메커니즘으로 이해하고 있다. 그러나 현실에서는 수요와 공급이 조절되지 못해 때때로 과잉수요 또는 다른 과잉공급 상태에 빠지는 경우가 목격되고 있다. 여기서 '과잉공급'이라는 것은 '주어진 가격에서' 사고자 하는 사람에게 팔고도 남음이 있다는 것을 의미한다. 말하자면, 그 물건이 필요해도 '주어진 가격에서' 지불할 능력이 없는 사람은 여전히 해당 물건을 소비하지 못한다는 사실을 내포하고 있다. 이때 해당 물건이 인간으로서의 기본적인 생활을 꾸려 가는 데 필수적인 것이라면 시장에서는 과잉공급이라 하더라도 길거리에는 그 재화를 소비하지 못함으로써 굶주리는 사람, 병들어 드러누운 사람, 몸을 쉬게 할 집 한 칸 없는 사람들이 있을 수 있다는 사실을 유념할 필요가 있다.

여기서 한 걸음 더 나아가 긍정적인 견해에서는 시장을 통해 얻어지는 성과는 아름다운 결과를 가져온다는 입장을 제시하고 있다. 여기서 '아름다운 성과'란 경제학적으로는 '효율적인 성과'를 의미한다. 이 말은 이론적으로는 '외부성'(externality)[44]이 없다는 전제하에서 경쟁시장을 통해 거래가 이루어지면 그 결과가 효율적인 사회를 만들어 낸다는 것을 의미한다.[45] 그러나 먼저 현실을 보면 외부성이 상존하고 있다는 것을 알 수 있다. 그뿐만 아니라 긍정적 견해에서 제시하는 경쟁시장의 조건을 갖추고 있는 경우는 더욱 찾아보기 힘들다. 우리나라를 비롯하여 많은 나라들에서 독과점 기업이 일상적인 형태로 잡고 있는 것은 사실이다. 그토록 경쟁적이라는 주식시장도 소위 큰 손이나 기관 투자가들에 의해 주가가 움직이는 경우도 있다는 사실을 고려해 보면 어떠한 시장도 온전히 경쟁적으로 작동되는 것으로 보기 어려운 것이 현실이다. 소위 '자유변동환율제도'하에서의 '환율'이라는 것도 대부분의 나라에서 일정 수준을 넘어서는 환율 변동이 있을 때에는 정부가 개입하여 '공정환율'을 일정하게 유지하려는 것을 보아도 그 환율이 외환시장의 수요와 공급에 의해 온전히 경쟁적으로 결정되는 환율이라 할 수 없다. 이와 같은 사실들을 고려해 보면 '경쟁시장'이 아름답다는 그들의 이론적 주장을 수용하더라도, '시장'이 아름답다는 견해를 온전히 수용하기 힘들다는 것은 부정하기 어렵다 할 것이다.[46]

더구나 긍정적 견해의 시장이 아름답다는 명제는 엄격한 사회경제적 전제 위에서 성립될 수 있다는 사실을 인식하는 것이 중요하다. 말하자면, 그 명제에는 특정 재화를 다루는 시장에서 능력이 부족하여 경쟁에서 탈락하는 사람은 자신이 더 잘할 수 있는 다른 어떤 물건을 만들어 내는 과정에 참여할 수 있다는 사실이 전제되어 있어야 한다. 이 명제가 성립되어야 한 사회의 모든 사람들은 자신이 가장 잘 만들 수 있는 물건을 만드는 과정에 참여함으로써 결과적으로 그 사회는 보다 다양하고 가장 잘 만들어진 물건이 공급되고 소비되어 사회 구성원 모두가 가장 만족스러운 상태에 도달할 수 있게 되는 것이다. 그런데 만약 특정 분야에서 능력이 부족하여 이탈된 사람이 자신의 소질에 가장 잘 맞는 물건을 만들어 낼 수 있는 '사회경제적 배경'이 갖추어져 있지 못하다면 상황은 다르게 판단될 수도 있다. 여기서 사회경제적 배경이라 하면 평소에 사람들이 자신이 무엇을 남들보다 더 잘할 수 있는지를 알아내어 소질을 개발해 낼 수 있는 교육 과정 내지 재훈련 과정들이 개인적으로나 기업 측에서나 또는 사회 내지 국가 차원에서 가동되고 있는지 여부 같은 것을 들 수 있다.[47] 고도 기술 사회에서 사회경제적 여건은 끊임없이 변화해 가는데 그러한 변화에 대응해 나가는 것을 개인에게만 맡긴다든가, 개인 스스로도 자신을 개발하는 데 보낼 시간적·육체적 여유가 없다면, 긍정적 견해에서 주장하고 있는 것 같이 어느 분야에나 그 분야에 남다른 자질을 가진 사람들만 남아서 사회 전체적으로 모두 더 잘할 수 있는 분야에 종사하여 보다 만족스러운 사회를 이루어 낸다는 명제에 틈이 생길 수 있다. 그와 같은 여건이 갖추어질 때 시장의 수요와 자신의 능력에 부응하여 노동자들이 직업군을 수시로 바꿀 수 있고, 그렇지 않더라도 유사 직종에서 보다 나은 대우를 해주는 쪽으로 유연하게 옮겨 갈 수 있어서 시장의 효율성을 제고시킬 수 있게 되는 것이다.

이와 관련하여 현재 일자리에서 퇴출되어 다른 일자리를 준비하거나 아니면 스스로 더 나은 일자리로 옮겨 가는 것을 바라보는 사회적 인식이 어떠한지도 중요한 요소임을 유념할 필요가 있다. 예를 들어, 능력 있는 대학교수가 더 좋은 급여 조건을 제시하는 다른 교육기관으로 옮겨 가는 것을 부(富)만을 추구하는 천박한 학자로 인식하는 사회문화적 배경이 자리 잡고 있는 나라에서는 자신의 능력에 상응하게 시장 논리에 따른 유연한 이동이 이루어지기는 어려울 것이다. 보다 일반적으로 구조조정 과정에서 퇴사하거나 종전보다 사회적 인식이 좋지 못한 일자리로 옮겨 가는 것을 열등시하는 사회문화적 배경이 자리 잡고 있는 사회라면 자유로운 이동에 바탕을 둔 시장 논리로 그 사회 구성원의 후생 상태를 일률적으로 예단하기는 어려울 것임에 틀림없다.

아울러 긍정적 견해에서는 시장은 참여자 모두가 경쟁적으로 자신의 이익 극대화 행동을 통해서 사회 전반적으로 후생 수준을 제고시키는 것으로 인식하고 있었다. 그러나 이러한 인식에는 사회 구성원은 자신의 이익 극대화를 추구하지 아니하면 경쟁에서 탈락하게 됨으로써 언제나 경쟁적으로 행동하지 않을 수 없다는 강제적 요인이 내재되어 있다는 사실을 인식할 필요가 있다. 마르크스(K. Marx)는 이를 '경쟁의 강제법칙'(coercive law of competition)이라 하여 시장을 통해 경제 문제가 해결될 것으로 전제하는 자본주의적 체제에는 이처럼 누구나 이기적으로 행동하지 않으면 안 되며, 그러한 경쟁에서 패하는 사람은 시장에서 탈락하고 만다고 보았다.[48] 그뿐만 아니라 이러한 이기적 경쟁 과정에서는 반드시 사회적으로 바람직한 경쟁만 이루어지는 것이 아니라는 점 또한 유념할 필요가 있다. 말하자면, 부도덕하더라도 더 많은 이익을 낼 수 있다는 합리적 판단이 서면 그러한 경제활동이 행해질 수 있는 것이 시장이라는 것이다.[49] 결국 '시장'의 문제는 인생관, 도덕성 차원의 문제가 아니라 사회 제도 차원의 문제라는 사실을 인식하는 것이 중요하다.

3. '시장행위'와 '경제행위'

(1) '시장행위'와 '경제행위'의 차이

앞에서 설명한 바와 같이 '시장행위'는 사고자 하는 욕구와 팔고자 하는 욕구가 만나서 생활에 필요한 물적 수단을 생산·교환·분배·소비하는 행위를 일컫는다. 이에 비해 '경제행위'는 생활에 필요한 물적 수단을 생산하고 교환하고 분배하고 소비하는 행위 전반을 의미한다고 볼 수 있다.

이렇게 보면 '시장'은 경제 문제 해결의 유일한 기제라기보다는 그중의 하나라는 사실을 알 수 있다. 말하자면, 시장행위는 경제행위의 하나의 부분집합에 지나지 않는다. 결국 "시장이 곧 경제"라는 관념으로부터 벗어날 필요가 있다는 사실을 인식하는 것이 중요하다. 현실적으로 많은 나라들에서 GDP 대비 30-50%, 심지어 그 이상을 차지하는 공공 부문이 존재한다는 사실[50]과 시장이 아닌 가족이나 친지, 마을 또는 직장 공동체를 통해서, 또는 기부행위를 통해서 행해지는 경제 부문이 존재한다는 사실을 고려해 보면 이러한 사실은 쉽게 이해될 수 있다.

(2) 바람직한 관계

이렇게 보면 우리네 물적 생활의 문제를 다룸에 있어서 시장 자체에 매몰되기보다는 현실에서 어디까지가 시장 영역에 머무르고 있는지, 나아가 어디까지를 시장 영역에 머무르게 하는 것이 좋은 것인지를 찾아보는 것이 현실적으로 보다 의미가 크다 할 것이다. 아울러 더 나아가 시장과 정부, 가족 영역 등이 어떻게 섞여서 경제행위가 영위되고 있는지, 어떻게 조화시키는 것이 바람직한 것인지 등을 고민하는 것이 보다 중요한 의미를 지닌다는 사실을 이해할 수 있다.

이때 판단 기준은 사회를 어떻게 구성하는 것이, 예를 들어 시장과 가족 또는 마을 공동체, 시장과 정부 등의 구성을 어떻게 해낼 때, 사회 구성원들 각자가 가지고 있는 자질을 보다 충분히 발휘하는 데 기여할 수 있는지 여부에 두어져야 한다. 그리고 그 기준은 하나의 절대적인 모습으로 나타나는 것이 아니라 사회와 시대에 따라서 달라지는 것은 오히려 당연한 귀결이라는 것을 이해하는 것도 어렵지 않다.

제3절 '사회'의 개념

이어 '사회'의 개념을 살펴보자. '사회' 개념도 논자들에 따라 다양하게 정의되기도 하나,[51] 표면적으로 보면 "특정 공간적 영역 안에서 더불어 삶을 영위해 가는 사람(개인)들의 삶의 공동체"라 정의할 수 있다. 이제 이와 같은 현상적인 '사회' 개념을 사회가 갖는 실질적 성격을 염두에 두고 정의하는 경우, 사람(개인)들이 어떻게 모여서 하나의 공동체로서 사회를 구성하는 것으로 보는지, 즉 개인과 사회의 관계 내지는 개인과 개인들 사이의 관계를 어떻게 보는지에 따라 그 구체적인 개념 정의가 서로 다르게 제시된다. 크게 나누어 보면 사회는 구성원들의 단순한 집합체로 보는 기계론적 견해, 즉 '사회메커니즘관'과 구성원들의 집합체이기는 하되 그 자체가 하나의 독자적 성격을 띠고 있는 유기체적 견해, 즉 '사회유기체관'으로 구분된다. 사회에 대한 위와 같은 서로 다른 이해는 앞에서 본 '경제' 개념의 정의와 같이 사회를 구성하는 인간의 존재양식에 대한 서로 다른 이해에 바탕을 두고 있다. 이제 이러한 맥락에서 이하에서 '사회' 개념에 대한 서로 다른 견해를 살펴보고자 한다. 이러한 '사회' 개념에 대한 이해는 후술하는 경제와 사회의 관계를 확인하는 과정에 중요한 역할을 하기 때문에 그 의미가 크다는 점을 유념하기 바란다.

1. 사회메커니즘관

먼저 '사회메커니즘관'은 사회를 정교한 시계와 유사한 거대한 메커니즘, 즉 기계 또는 기구의 일종으로 파악하는 견해를 일컫는다. 이 견해는 '원자론적 사회관' 또는 '기계론적 사회관'이라고도 한다.[52]

이 견해는 사회를 "개인의 단순한 집합"이라고 보는 견해인바, 여기서 개인은 사회를 구성하는 하나의 원자(atom)로 물화(物化)되어 거대한 메커니즘의

한 부분으로 나타나게 된다. 이 견해의 밑바닥에는 사회가 자유롭고 평등하고 동등한 개인들의 단순한 집합으로 이루어져 있다는 사고가 내재되어 있다. 말하자면, 사회 구성원으로서 개개인들은 각자 자신의 욕구나 이해관계를 파악하고 그것을 추구해 나간다는 점에서 모두 동질적인 주체들이며, 사회는 그와 같은 동질적인 구성원들의 단순한 집합체로 이루어져 있는 것으로 파악한다.

이처럼 이 견해에서는 사회가 개개인들의 단순한 집합체로 파악되기 때문에 사회 자체는 별도의 독자적인 의사를 갖는 것으로 보지 않으며, 따라서 특정 사회의 후생 상태를 다루기 위해서는 사회후생을 별도로 다룰 필요 없이 개별 구성원들의 후생을 다루기만 하면 된다는 입장이 유도되어 나온다. 그것은 사회가 자유로운 개개인들의 단순한 합으로 이루어져 있듯이 사회후생 또한 개별 구성원들의 후생 수준을 단순히 합치기만 하면 저절로 구해지는 것으로 보기 때문이다. 결국 이 입장에서는 사회 문제를 다루는 경우 개개인들의 행위 내지 그 행위에 내재되어 있는 문제를 파악하는 것으로 충분하다고 본다. 말하자면, 사회 문제를 다룰 때 개인을 넘어서 사회 자체에 대한 문제를 다룰 필요성을 인정하지 아니한다.

이러한 맥락에서 지난 날 자본주의 성립기에 스미스(A. Smith)는 '사회'를 하나의 '기계'로 묘사한 바 있다. 구체적으로 스미스는 자신의 유명한 저서 『도덕감정론』(*The Theory of Moral Sentiments*)에서 "인간 사회는 어느 정도 추상적이고 철학적 관점에서 보면 하나의 거대한 기계(machine)와 같은 형태를 띠고 나타난다"고 하고, 이어서 이 기계는 "규칙적이고 조화롭게 움직이면 수많은 긍정적인 효과를 가져온다"는 견해를 피력한 바 있는데,[53] 이로 인해 그의 견해는 사회메커니즘관의 전형으로 평가받고 있다.[54] 그 후에도 자유주의적 사고를 가진 경제학자를 비롯한 많은 연구자들이 이러한 견해를 따르고 있으며, 특히 최근의 신자유주의적 사고 속에는 이러한 사회관이 내재되어 있다. 대표적으로 자유주의직 경제학자의 대변자라 할 수 있는 프리드먼(M. Friedman)도 여러 곳에서 이러한 견해를 피력한 적이 있다. 구체적으로 그는 "나라는 개개인의 집단이지 그 이상 아무것도 아니다"라고 말하고 있는 것을 볼 수 있는데, 이러한 견해는 전형적으로 원자론적 개인주의 입장으로서 위에서 설명한 사회메커니즘관의 전형에 해당된다 할 수 있다.[55] 오늘날 우리가 널리 학습하고 있는 '신고전파 경제학'은 이런 견해를 수용하고 있다.[56]

2. 사회유기체관

(1) 개관

앞에서 설명한 '사회메커니즘관'과 대조를 이루면서 또 하나의 큰 흐름을 이루고 있는 견해로 '사회유기체관'이 있다.[57] 이 견해는 '사회'를 인체와 비슷한 거대한 살아 있는 '유기체'(organism), 즉 생명체의 일종으로 파악하는 견해를 일컫는다. 말하자면, 신체의 각 부분이 떨어져서는 생명을 유지할 수 없는 것과 같은 이치로 사회와 개인의 관계를 설명하는 견해이다. 이 견해는 사회를 개개인의 단순한 집합 이상의, 부분에 우선하는 "하나의(as a whole) 통일된 조직체"로 파악하는 견해이다.

이 견해에서는 사회 구성원으로서 개개인은 전체로서 사회의 유기체적 구성물, 즉 사회의 가지(세포)에 불과하며, 전체 사회에 의해 배분된 기능을 분담하는 것에 지나지 않는 것으로 보게 된다. 말하자면, 한 사회 속에 개개인들은 사회적 제약 속에서 각자 자신에게 주어진 서로 다른 역할을 수행해 나간다는 점에서, 온전히 자유롭고 평등하고 동등한 입장에 놓여 있지 않는 이질적인 성원으로 보고 있는 것이다.

이 견해에서는 사회가 개개인들의 단순한 집합체로 파악되지 않기 때문에 사회 자체가 별도의 독자적인 의사를 갖는 것으로 본다. 따라서 이 입장에서는 특정 사회의 후생 상태를 다루기 위해서는 개개인의 후생 상태와는 달리 독자적인 사회후생을 별도로 다루어야 한다는 입장을 취하게 된다. 결국 이들은 사회 문제를 다룸에 있어서 개인보다는 사회 자체의 성격 구명에 중요한 의미를 두는 입장을 취하게 된다.

이 견해는 멀게는 플라톤과 아리스토텔레스에서 그 뿌리를 찾을 수 있으며,[58] 사회계약설론자 중에는 사회를 '인공적 인간'에 비유한 홉스(T. Hobbes)에서 찾을 수 있다.[59] 그 이후로도 이 견해는 많은 경제학자, 사회학자들이 따르고 있는 견해인바, 구체적으로는 '개인주의적 사회유기체관', '사회구조체관', '진화론적 사회유기체관' 등으로 구별되며, 이러한 구분은 경제학의 내용에 큰 영향을 끼치고 있다.

(2) 서로 다른 사회유기체관

1) 개인주의적 사회유기체관

사회유기체관을 주장하는 논자들 중에는 '사회'를 개인들의 단순한 집합을 넘어서는 별도의 특성을 갖는 것으로 보면서도 사회를 구성하는 개개인을 별도의 자유의식을 갖는 독립된 주체로 인정하는 '개인주의적 사회유기체관'을 주장하는 견해가 있다.[60] 이 견해는 사회 속의 개개인이 자신을 초월해서 별도의 특성을 갖는 '하나의 전체'로서 '사회' 속에서만 그 의미를 갖는다고 보는 점에서 '사회유기체관' 일반의 성격을 갖는 것으로 볼 수 있다. 그러면서도 다른 한편으로는 사회를 개인(부분)을 초월하여 완전히 독립적으로 존재할 수 있다고 보지 않고 사회 속 개인의 위상을 중시하며, 사회는 그러한 개인을 위해서 존재하는 것으로 본다는 점에서 '개인주의적 속성'을 갖고 있기도 하다.

이 입장은 이렇게 사회를 개인의 단순한 집합 이상의 것으로 파악하고 있음에도 불구하고, 사회를 구성하는 개개인은 사회에서 자신의 의지와 능력에 따라 자유롭고 평등하게 행동하는 균질적 존재로 파악한다는 점에서 '사회메커니즘관'과 상통하는 것으로 볼 수 있다. 그러나 이 입장은 이렇게 개인을 판단과 결정의 주체로 인정하고 있지만 사회 자체는 역시 개인들의 단순한 집합체 이상의 독자적인 의사를 갖는다고 보는 입장을 취하고 있다.

이 입장에서는 사회후생을 다루려면 개개인들의 후생뿐만 아니라 독자적인 사회후생도 별도로 다루어야 하는 것으로 보고 있다. 그러나 개별 구성원의 후생이 여전히 중요하게 다루어지고 있다는 사실을 유념해 둘 필요가 있다. 결국 이러한 입장을 취하는 논자들은 사회 문제를 다룸에 있어서 개인들의 행위에 내재되어 있는 문제뿐만 아니라 전체로서 사회가 갖고 있는 문제도 동시에 다루는 입장을 보이게 된다.

일찍이 영국의 스펜서(H. Spencer)가 이러한 견해를 제시한 적이 있으며, 경제학자로서는 케인스(J. M. Keynes)가 이러한 견해를 취한 대표적인 인물로 평가받고 있다. 먼저 스펜서는 '사회'를 하나의 '유기체'로 보기는 하되, '생물' 유기체와는 차이가 있는 것으로 보았다. 말하자면, '생물'은 여러 세포로 구성되어 하나의 전체를 구성하면서 각 세포들이 유기체적 성원으로서 전체에 종속되는 데 비해, '사회'는 생물처럼 전체를 구성하는 세포들이 존재하기는 하지만 세포로서 개별 구성원들은 자유롭게 자신에게 주어진 기능을 수행할 따름이지 전체를 위해 존재하는 것이 아니라는 점에 차이가 있다고 보고 있다. 여기서 그가 사회를 유기체로 본다는 것은 개별 세포들의 독립성을 기반으로 그것들 간의 자유로운 협동관계로 사회가 성립된다고 본다는 것이었다. 구체적으로 그는 "개별 구성원들이 모여 집단을 구성한다고 해서 '사회'를 만들어 낼 수 있는 것은 아니다. 하나의 '사회'를 이루기 위해서는 같이 모이는 것을 넘어서서 서로 협동이 이루어질 때만 가능하다"면서 사회의 '유기체적 성격'을 제시하고 있다.[61] 그러면서도 그는 "사회는 개별 구성원들과 분리된 상태에서 그 자체로서 사회의 후생을 추구할 수 없다. (오히려) 사회는 개별 구성원들의 편익을 위해서 존재하는 것이지 개별 구성원들이 사회를 위해서 존재하는 것은 아니다"라고 함으로써,[62] 그의 개인주의적 사회유기체관의 성격을 제시하고 있는 것을 볼 수 있다.

한편, 케인스도 스펜서와 맥을 같이하면서 사회를 설명할 때 유기체론적 견해를 취하면서도 원자론적(메커니즘적) 견해를 포기한 것이 아니라 그의 전 연구를 통해서 원자론적 가정을 유지하고 있었던 것으로 평가받고 있다.[63] 그의 이와 같은 견해는 Davis(1989)의 연구에서와 같이 케인스의 초기 연구들에서만 나타나는 것이 아니라 그 이후에도 간접적으로 개진되고 있다. 대표적으로 『자유방임의 종언』(*The End of Laissez-Faire*)에서 그는 "세계는 개인적 이익과 사회적 이익이 늘 일치하도록 위로부터 잘 통제되지도 않고 있으며, 아래로부터 잘 관리되지도 않고 있다. 현명한 이기심이 항상 공익과 일치한다는 것은 경제학 원리로부터 제대로 추론된 것이 아니다"[64]라고 함으로써, 사회의 문제를 전적으로 개인으로만 환원시킬 수 없으며 개인과 사회를 동시에 파악해야 한다는 그의 견해를 간접적으로 피력하고 있다. 한편, 그의 이러한 견해는 『일반이론』에서도 잘 나타나 있는데, "나는 어느 정도 투자를 포괄적으로 사회화하자는 것은 오로지 완전고용에 가까이 가는 수단으로 사용하자는 것인데, 이러한 조치들은 얼마든지 민간인들의 창의력(private initiative)을 같이 살리면서 해나갈 수 있다고 생각한다." "소비성향과 투자유인을 조정하기 위해 정부 기능을 확대하는 일을 놓고 19세기 정치논객이나 오늘날 미국 금융인들 눈에는 가공할 만한 개인주의에 대한 침해로 볼 수 있을지 모르나, 나는 오히려 현재의 경제 형태가 파괴되는 것을 막는 유일한 현실적 수단이고 개인의 창의력을 충분히 발휘하도록 해주기 위한 조건이라고 생각한다"는 등의 견해가 이에 해당한다고 볼 수 있다.[65] 이러한 그의 사회관은 '승수원리(효과)'에 잘 나타나 있는바, 승수원리를 보면 한 사회 전체의 문제는 사회 자체의 특성에 의해 정해지는 부분이 있지만, 역시 개인의 행동 동기 내지 그 성향이 중요한 의미를 갖는다는 사실을 이해할 수 있다.[66]

2) 사회구조체관

한편, 위와는 달리 사회를 '하나의 거대한 건물과 유사한 구조물(構造物; structure)'로 파악하는 견해가 있다.[67] 이 또한 사회를 하나의 특수한 유기체로 보는 견해로서, 크게 보면 이 견해도 사회유기체관의 일종이라고 볼 수 있으나 협의로 '사회구조체관'이라 부른다. 이와 관련하여 구체적으로 마르크스는 "인간들은 사회적 생산 과정에서 자신의 의지와는 관계없이 필연적으로 일정한 생산관계를 맺게 되는데, 이 생산관계의 총체가 곧바로 사회의 경제적 구조를 형성한다. 그리고 이러한 사회경제구조에 법률적·정치적 상부구조가 들어서며, 그 위에 그에 상응하는 일정한 사회적 의식 형태들이 형성되어 전체로서 하나의 구조물로서 사회가 형성된다"고 보고 있다.[68] 여기서 '생산관계'란 '생산수단에 대한 소유관계'를 일컬으며, 생산력과 생산관계의 통일체가 곧바로 '경제적 토대'로서 위에서 말하는 '사회의 경제적 구조'에 해당된다. 이러한 경제적 토대를 흔히 '하부구조'라 일컫기도 한다. 아울러 그 위에 들어서는 정치, 법률, 이데올로기 등을 '상부구조'라 칭하는바, 결국 마르크스를 비롯하여 이 견해를 따르는 사람들은 '사회'를 경제적 토대로서 하부구조와 상부구조의 상호 유기적 총체(통일체)로 파악한다.[69] 말하자면, 이들은 '사회'를 단순히 개인의 총합으로 파악하지 않고 '사회적 관계의 총체성'으로 인식함으로써, 하나의 생동하고 끊임없이 발전하는 유기체로 파악하고 있다.

사회를 위와 같이 인식하게 되면 한 사회 속의 개인은 생산 과정에서 자신의 의지와는 관계없이 일정한 관계에 놓이게 된다. 말하자면, 인간은 개별적 주체로서 존재하는 것이 아니라 사회적 관계의 산물로서만 존재하는 것으로 파악된다. 그래서 개인은 개인이 원하든 원하지 않든 하부구조의 일원으로 편성되어 하나의 구조물로서의 사회가 필요로 하는 일정한 기능을 담당하는 것으로 파악된다.[70] 사회에 대한 이러한 입장의 근저에는 인간을 개개인에 내재하는 추상적 또는 보편적 존재로 보지 않고, '사회적 관계의 통일체'로서 '사회적 존재'로 파악하는 인간관이 깔려 있다.

이 견해에서는 사회후생 수준을 가늠하기 위해 개별 구성원들의 후생 수준을 살펴보기보다는 그 사회의 구조적 특성을 파악하여야 하는 것으로 이해한다. 결국 이 견해에 의하면 경제 문제나 사회 문제가 발생했을 때 문제의 원인을 개별 사회 구성원들의 행위에서 찾으려 하기보다는 사회 구성원들의 생산관계, 즉 생산 과정에서의 소유관계가 어떻게 되어 있는지에 관심을 기울이는 입장을 보인다. 이는 그와 같은 소유관계가 사회 구성원들의 사회 속에서의 기능과 그들의 생활을 설명해 주는 중요한 열쇠 역할을 할 수 있다고 보기 때문이다. 이 견해는 마르크스 이래로 오늘날의 많은 '정치경제학적 논자'들이 따르고 있다.

3) 진화론적 사회유기체관

또 하나의 견해로 사회유기체관에 '진화론적 관점'을 더하여, 사회를 "쇠퇴하거나 성장하면서 끊임없이 변화해 가며, 새로운 상황에 잘 적응하기도 하고 때로는 실패하기도 하는 '고도로 복잡한 유기체'(a highly complex organism)로 보는 견해가 있다.[71] 이들은 이렇게 '사회'를 특정 시대와 특정 지역 구성원들의 문화가 반영된 시장, 국가, 기타 '제 제도의 유기적 총체'로 파악한다. 이 입장에서는 '사회'는 특정 시대, 특정 지역 구성원들의 생활습관이 반영되어 성장과 쇠퇴를 거듭하면서 변해 가는 것으로 파악되며, 특정 사회는 그러한 생활습관이 사회문화적 특성으로 응집되어 그 사회의 고유한 특성을 드러내는 것으로 파악한다.

이는 이들이 사회를 하나의 유기체로서 역사와 문화적 제 요인에 의해 형성되고 변해 가는 '과정의 관점'(processual perspective)에서 파악한다는 것을 말해준다. 이러한 사실은 제도경제학자인 Gruchy(1987)가 사회를 "구조와 기능이 다양한 요인으로 인해 시간의 변화와 더불어 변해 가는 일종의 진화하는 문화적 과정(an evolving cultural process)"으로 파악한 것을 보더라도 충분히 짐작할 수 있다.[72]

사회를 이렇게 인식하는 입장에서는 한 사회 속의 개인의 위상, 즉 '개인과 사회의 관계'도 진화 과정에 놓여 있는 특정 사회가 갖는 유기체의 성격에 따라 서로 다르게 파악된다. 말하자면, 특정 사회는 상대적으로 메커니즘적 성격에 가까운 유기체일 수도 있으며, 다른 한편으로는 사회적 성격이 강한 유기체일 수도 있다. 그러나 어느 경우에도 유기체는 변화해 가는 것이기 때문에 개인과 사회의 관계도 일정불변한 것이 아니라 끊임없이 변해 가는 동적인 관계에 놓여 있는 것으로 파악된다.

이러한 견해에서는 사회후생의 문제를 다루려면 무엇보다 그 사회의 동적인 성격을 구명하는 절차가 선행되어야 한다. 결국 이 견해에서는 사회 문제를 파악함에 있어서 다차원적인 인간의 본성이 사회를 이루는 제 '제도' 속에 어떻게 반영되어 있으며, 거꾸로 사회를 이루는 제 제도들이 사회 구성원들의 본성에 어떻게 영향을 주고 있는지 분석하는 데 관심을 기울이게 된다. 이는 제도에 대한 그와 같은 분석을 통해서 비로소 해당 사회 구성원들의 생활상 욕구가 어떻게 해결되고 있는지를 파악할 수 있다고 보기 때문이다. 경제학에서는 전통적인 '제도경제학적 논자'들이 이 견해를 따르고 있다.

제4절 '경제'와 '사회'의 관계

이제 지금까지의 이해에 바탕을 두고 경제와 사회의 관계에 대해 살펴보자. 이에 대해서는 크게 경제와 사회를 별개로 존재하는 현상으로 파악하는 견해와 두 현상을 서로 밀접한 관련성을 갖고 상호 제약하는 현상으로 파악하는 견해로 나뉜다.

1. '경제'와 '사회'의 독립성

'경제'와 '사회'를 인식하는 데 "경제와 사회는 서로 독립적으로 존재"하는 것으로 보는 견해가 있다. 말하자면, 이 견해는 '경제'를 '사회'로부터 이탈해서 독자적으로 존재하는 현상으로 인식하는 것이다. 이러한 견해를 가진 사람들은 인간의 경제행위는 정치, 법, 문화 등을 포함한 사회의 다른 제 현상과 관계없이 별개로 존재하는 것으로 파악한다.

전술한 사회메커니즘관을 취하는 논자들은 사회를 서로 독립적으로 존재하는 개별 구성원들의 단순한 합으로 형성되는 것으로 파악하고 있었다. 같은 맥락에서 이들은 사회 내 제 부문들도 서로 독립적으로 존재하면서 그들이 합쳐져서 하나의 사회를 이루는 것으로 보는 입장을 갖게 된 것이다. 이 입장에서는 경제 부문과 비경제적인 사회의 제 부문은 완전해 별개의 독립된 개체로 작동하는 것으로 파악하고 있다. 결국 이들은 어떤 사회의 경제행위이든 그 경제행위가 일어나는 사회의 특수성에 영향을 받지 아니하고 보편적 현상으로 파악한다.

이러한 입장에서 이들은 '경제학'도 사회의 다른 제 현상과는 독립적으로 존재하는 경제행위의 질서 자체를 구명하는 데 초점을 맞추는 입장을 취한다.[73] 후술하는 '근대경제학'적 견해가 이에 해당한다. 이어지는 장들에서 다루고 있는 인간의 본성에 대한 견해, 나아가서 경제학의 개념이나 위상에 대한 견해는 경제와 사회의 관계에 대한 이들의 견해와 연계되어 있다는 점을 유념하기 바란다.

2. '경제'와 '사회'의 상호 관련성

다른 한편, 이 두 관계를 인식함에 있어서 "경제와 사회는 서로 밀접하게 관련되어 있다"고 보는 견해가 있다. 다시 말하면, 경제를 사회 속에 배태되어 있어 사회적 제약을 받으면서 존재하는 현상으로 보는 견해(embedded from society)이다.[74] 이 견해에 의하면, 경제행위는 그 행위가 행해지는 사회가 처해 있는 특수한 여건에 따라 서로 다른 양상을 띠고 나타나는 것으로 파악된다. 말하자면, 한 사회의 경제현상은 독자적으로 성립되는 것이 아니라 사회의 제 현상들과 유기적 관련 속에서 특정 형태를 취하며 나타난다고 본다.

이러한 견해는 앞에서 본 사회유기체관을 갖는 논자들이 주로 취하는 견해에 해당된다. 이들은 사회를 그 구성원들의 유기적 통일체로 파악한다고 하였던바, 같은 인식에서 이들은 사회 내 제 부문들도 서로 독립적으로 존재하는 것이 아니라 서로 유기적인 관련을 갖고 운영되고 있는 것으로 파악하는 입장을 취하고 있다. 이러한 견해를 취하는 논자들은 특히 사회를 경제 부문과 비경제 부문으로 구분하고, 이들이 상호 유기적인 관련성을 맺고 있는 것으로 파악한다. 물론 구체적으로는 경제 부문이 비경제 부문을 결정한다고 보는 견해가 있는가 하면, 다른 한편으로는 경제 부문과 사회의 다른 제 부문이 서로 영향을 주고받는다고 보는 견해도 있다. 전자를 '경제결정론적 견해', 후자를 '상호결정론적 견해'라 일컫는다.[75]

이러한 논자들은 '경제학'도 사회의 다른 제 현상과 상호 유기적으로 관련성을 맺으면서 존재하는 경제행위의 질서를 구명하는 데 초점을 맞추는 입장을 취하게 된다. 후술하는 정치경제학 및 제도경제학적 견해가 이에 해당된다. 이들 경우도 마찬가지로 이어지는 인간의 본성에 대한 견해라든가 경제학의 정의, 나아가 경제학의 위상에 대한 제 견해는 이와 같은 경제와 사회에 대한 이들의 이해와 연계되어 있음을 유념할 필요가 있다.

3. '사회경제'와 '사회적 경제'의 차이

"사회와 경제의 관계" 문제와 관련하여 '사회경제'라는 용어와 최근 부쩍 우리 사회 여러 곳에서 회자되는 '사회적 경제'라는 용어와의 차이점을 확인해 두는 것은 관련 개념의 이해에 중요한 의미를 갖는다.

(1) '사회와 경제' 및 '사회경제'

우리는 흔히 '경제'라는 표현뿐 아니라 '사회와 경제' 또는 '사회경제'라는 표현을 자주 접한다. 얼핏 보기에 별 뜻 없이 사용되고 있는 것으로 보일 수 있으나, 자세히 보면 이러한 용어 사용은 앞에서 본 사회와 경제의 관계를 바라보는 입장에 따라 서로 다르게 사용되고 있다는 것을 알 수 있다. 먼저 "사회와 경제의 관계"에 대한 위의 두 입장 중 전자는 사회와 경제가 별개로 존재한다고 보기 때문에 '사회', '경제' 또는 '사회와 경제'와 같은 표현은 사용해도 '사회경제'와 같은 표현은 원칙적으로 사용하지 않는다.

이에 비해 사회와 경제가 밀접하게 관련을 맺으면서 존재한다고 보는 후자의 입장에서는 단순하게 '경제'라는 표현을 사용하기보다는 '사회경제'라는 표현을 선호하는 경향을 보이고 있다. 그것은 후자의 입장에서는 경제현상이라는 것이 독자적으로 그 모습을 드러내는 것이 아니라 사회의 다른 제 현상들과의 상호작용 속에서 구체적 모습을 드러낸다고 보기 때문이다. 우리가 여러 문헌에서 흔히 접할 수 있는 '사회경제학'이라는 용어가 이러한 사실을 대변하는 것으로 볼 수 있다. 그러나 좀 더 구체적으로 경제와 상호 관련을 맺고 있는 사회의 제 부문 중에서 어느 부문의 역할을 중시하는지에 따라 '정치경제학', '문화경제학', '제도경제학' 등 다양하게 불리는 것도 이러한 맥락에서 이해할 수 있다. 이러한 학문 명칭이 사회와 경제, 정치와 경제, 문화와 경제, 제도와 경제라 하지 않고 그 둘을 엮어서 하나의 용어로 부르는 것은 그들 사이

의 밀접한 관련성을 학문의 명칭에서부터 인식하고 있는 것으로 볼 수 있다.[76]

이러한 사실은 학문 명칭에만 국한된 것이 아니다. 우리는 흔히 '사회경제구조'라는 말을 자주 듣는다. 물론 '경제구조'라는 말은 더 자주 듣는다. 여기서 '사회경제구조'라는 것도 위와 같은 맥락에서 '경제구조'와 다른 의미를 담고 사용되고 있음을 유념할 필요가 있다. '경제구조'는 "경제행위의 제 부문들 사이의 관계"를 의미하는 것으로 볼 수 있다. 1차산업과 2차산업의 관계라든가 대기업과 중소기업의 관계, 제조업과 서비스업의 관계, 남성과 여성의 경제적 관계 등 일정한 기준에 따라 구분된 제 부문들 사이의 관계를 나타내는 것으로 이해할 수 있다. 그러나 '사회경제구조'라 하면 단순히 '경제구조'를 의미하는 것이 아니라 "경제와 사회의 다른 제 부문들이 상호작용하는 가운데서 그 모습을 드러내는 경제구조"라는 의미를 담고 사용되는 개념이라는 점에서 차별적으로 인식할 필요가 있다. 이러한 용어에 대한 차별적 인식은 문제를 서로 다르게 인식하게 하며, 나아가 그 대응책 또한 달리하게 된다는 점에서 중요한 의미를 가지고 있다는 점을 유념할 필요가 있다.

(2) 사회적 경제

한편, 오늘날 우리 주변에서는 이와 유사하면서도 그 뜻을 크게 달리하는 '사회적 경제'라는 표현이 자주 사용되고 있는 것을 볼 수 있다. 이 용어는 이와 같이 사회와 경제가 서로 밀접한 관련을 맺고 있다는 차원에서의 표현이 아니라, 인위적으로 "특정 사회가 중시하는 '사회적 가치'를 담아서 행해지는 경제행위"를 지칭하는 표현이다. 기존의 시장 중심 경제가 이윤 창출을 최우선에 두고 있었다면, '사회적 경제'는 사회적 가치 실현에 우선순위를 두고 있다는 점에 차이를 보이고 있다.

이 개념의 등장은 자본주의적 발전 과정과 밀접한 관련을 갖고 있다. 일찍이 서구에서 자본주의적 발전이 진행되는 과정에서 시장 중심적인 사회 운영으로 인해 부와 소득의 지나친 편재로 각종 사회 갈등이 노정되었다. 사회적 기업은 이러한 갈등 상황에서 인간의 기본적 가치가 위협을 받게 됨에 따라 기존 자본주의에 대한 대안 내지 보완책으로 탄생하였던 것이다. '사회적 가치'를 담고 있다 보니 이 개념은 사회에 따라 구체적인 모습에서 차이가 나기 마련이다. 그뿐만 아니라 이러한 사회적 경제는 그 개념이 시사하고 있듯이 구체적인 운용 과정에서 관련 이해관계자들의 협력과 연대, 자발적 참여 등을 바탕으로 운영되는 것을 원칙으로 한다. 현실에서는 '사회적 기업'뿐만 아니라 '마을기업', '자활기업', 각종 '협동조합', '상호부조조합' 등 다양한 이름을 띠고 나타나고 있다.

주

1. 제1장 주 1)에서 밝힌 바와 같이 본서에서는 '경제행위', '경제활동', '경제현상' 등의 개념을 '경제'와 혼용하고 있으니 참고하기 바란다.
2. '근대경제학'의 개념에 대해서는 본서 제4장 제2절의 내용을 참고하기 바란다. 우리들이 흔히 경제학 교과서에서 접하는 이론이 여기에 해당된다. 그렇다고 해서 모든 경제학 교과서가 다 이러한 이론만을 담고 있는 것은 아니다. 그러나 본서에서는 별도의 지적이 없는 한 편의상 '교과서'라 하면 '근대경제학'의 내용을 담은 교과서를 의미하는 것으로 한다.
3. Holton(1992: 10)은 여기서 제시하는 '선택행위'로 '경제' 개념을 정의하는 것을 '기능적 차원의 정의'라 하면서, 이렇게 '경제' 개념을 기능적 차원에서 정의하는 논자(functionalist)들은 흔히 경제가 존재하는 곳이면 어느 곳이나 그와 같은 기능을 성공적으로 수행한다고 가정하는 함정에 빠져 있다고 지적하고 있다. 본문의 지적과 같은 맥락의 지적임을 알 수 있다.
4. 이에 대한 보다 자세한 논의는 제4장 제2절의 내용을 참고하기 바란다.
5. 이 책은 1948년 초판을 발간한 이래로 세계적으로 가장 많은 독자를 확보하고 있는 것으로 알려진 책으로(Skousen, 1997을 참고), 1985년 12판부터 노드하우스(William D. Nordhaus)와 공저 형태로 발간하고 있으며 2010년 현재 19판이 발간되어 있다.
6. 인용문 속의 따옴표는 원문에 첨가되어 있으며, 이는 그가 '경제학' 개념 정의에서 '희소성'을 강조하고 있다는 것을 시사하는 것으로 볼 수 있다(Samuelson(1980: 2)에 소개되고 있는 내용을 참고).
7. Mankiw(2009(2009): 3-8)의 내용을 참고.
8. 이러한 폴라니의 구분은 1960년대의 "형식적 경제 – 실체적 경제 논쟁"을 촉발시켰다. 이하 논의는 Karl Polanyi(1957: 243-250)의 내용을 참고한 것임.
9. Polanyi(1957: 243)를 참고.
10. Polanyi(1957: 245)를 참고.
11. Polanyi(1957: 243)를 참고.
12. Polanyi(1957: 246)를 참고.
13. 연세대 명예교수인 임종빈(1982: 86)은 그의 "근대경제학 – 그 유용성과 한계성"에서 "경제주체가 근대경제학에서 상정하는 바와 같이 (합리적으로) 행동한다면 현재와 같은 경제적 곤란은 있을 수 없다. 특히, 한국이 당면하고 있는 경제 문제는 위정자와 국민이 '교과서적' 사고방식·행동양태를 조롱·무시한 데서 연유하는 것"이라고 하면서 줄곧 합리적 인간을 전제로 한 선택의 과학으로서 경제학의 당위성을 주장하는 견해를 피력하고 있다(괄호 안의 표현은 독자들의 이해를 돕기 위해 필자가 삽입한 것임). 그는 이어서 "근대경제학에 규범적 의미를 보는 자는 필자뿐일까"라 부연하면서 근대경제학적 견해를 갖는 보다 많은 사람들이 그의 견해에 공감할 것이라고까지 하고 있는 것도 볼 수 있다. 이러한 견해는 합리적인 경제 논리는 완벽하다는 전제 위

에 그 논리의 적용을 위해서는 필요하다면 현실의 인간을 합리적 인간으로 개조할 필요성까지 수용한다는 의미로서 '경제' 개념에 대한 인식의 중요성을 깨닫게 해주는 좋은 사례라 생각된다.

14. '정치경제학'의 개념에 대해서는 제4장 제2절의 내용을 참고하기 바란다.
15. 이를 '생산관계'라 일컫는바, 이에 대해서는 후술하는 정치경제학적 논자들의 '사회'관을 참고하기 바란다.
16. '제도경제학'의 개념에 대해서는 제4장 제2절의 내용을 참고하기 바란다.
17. Gruchy(1987: 21, 23(Whalen, 1992: 62))를 참고.
18. 이와 관련된 내용은 Dugger(1996: 36-41)를 참고하기 바란다. 아울러 Whalen(1996a: 87, 96의 주 15)도 참고할 만하다.
19. Jo(2016: 12)를 참고.
20. 대표적인 제도경제학적 논자로 분류되는 하일브로너(R. Heilbroner)는 이러한 사실을 "희소성이란 자연만이 아니라 '인간의 자연적 본성'에 또한 그 원인이 있는 것"이라면서, 그래서 '경제학'은 "궁극적으로 물리적 환경의 결핍만이 아니라 인간의 욕망 그리고 공동체의 생산적 능력을 똑같이 관심사"로 삼아야 한다는 견해를 피력하였던바(Heilbroner and Milberg, 2007(2010): 23), 이러한 견해는 제도경제학적 논자들의 견해를 잘 나타내 주는 견해로 볼 수 있다.
21. Todorova(2015: 13)는 '경제'를 '생활 과정'의 하나로 파악한 베블렌(T. Veblen)의 견해를 소개하면서 이와 같이 '사회적 욕구 충족행위'를 '생활 과정'의 하나로 파악하는 제도경제학자들의 견해를 소개하고 있다. 제도경제학자들이 '생활 과정'에 부여하는 의미에 대한 보다 자세한 논의는 Klein and Miller(1996: 271-272)를 참고하기 바란다.
22. 전자의 인간관을 '사회적 인간관', 후자의 인간관을 '사회문화적 인간관'이라 일컫는바, 이에 대한 보다 자세한 논의는 제4장 제2절의 내용을 참고하기 바란다.
23. 이와 관련된 구체적인 내용은 Polanyi(1957: 248)를 참고할 것.
24. Polanyi(1957: 243-244)를 참고. 아울러 여기서 폴라니가 표현한 '인간의 살림살이'는 현실의 물질적 삶의 과정의 의미로 사용한 것으로서, 그가 경제의 이러한 측면이 갖는 중요성을 강조하고 있는 것은 『인간의 살림살이』(*The Livelihood of Man*, 1977)라는 제목의 단행본 저술을 통해서도 알 수 있다.
25. D'Ippolito(2010: 7-8)를 참고할 것. 이와 관련하여 Holton(1992: 19)도 "폴라니의 주된 논점은 '경제'라는 것은 사회의 다른 제 부문으로부터 분리된 상태에서는 정의될 수 없다는 점이다. 오히려 '경제'라는 것은 경제와 사회의 관계에 관한 이론의 맥락에서만 성공적으로 정의되고 이해될 수 있는 개념이다"라고 기술하고 있는데, 이 또한 폴라니의 '경제'에 대한 위와 같은 이해를 적절히 지적하고 있는 것으로 볼 수 있다.

아울러 이러한 사실은 일찍이 아리스토텔레스(Aristotles)가 '경제' 개념을 설명하면서 "가정의 유영에 관련된 자연스러운 욕구를 충족하는 행위와 부의 무한한 획득을 위해 이윤을 추구하는 부자연스러운 상행위"로 나누고 있는데(이힌창(2015: 45), Polanyi(1944: 197) 등 참고), 이렇게 보면 폴라니의 구분도 이와 같은 아리스토텔레스의 구분과 맥을 같이하는 것으로 볼 수 있다.

26. Polanyi(1957: 243-244)를 참고.

27. 이러한 견해는 소위 '목적론적 역사관' 내지 '사회관'의 한 유형이라 볼 수 있다.

28. 이러한 견해를 흔히 다차원적 '사회문화적 역사관' 내지 '사회관'이라 일컫는다.

29. 물론 이와 같은 화폐가 수행하는 역할도 전술한 '경제'와 후술하는 '경제학'에 대한 견해 차이에 따라 서로 다르게 파악된다는 점을 유념해 둘 필요가 있다. 정치경제학에서 화폐의 역할은 제5장 '자본'의 개념과 역할에 관한 설명 부분을 참고하고, 제도경제학에서의 화폐의 역할에 대해서는 제5장 주 39)의 내용을 참고하기 바란다.

30. 이를 경제학에서는 '후생경제학의 제1최적정리'라 일컫는다.

31. 이와 관련하여 Klein(1994: 141)은 "오늘날 시장 주도 경제사회에서 표준적인 상태가 존재하지 않는데도 불구하고, 마치 '경쟁시장'이 하나의 벤치마킹 구실을 할 수 있다고 주장함으로써 상황을 더욱 어렵게 만들고 있다"고 주장한다. 여기서 '표준적인 상태'는 전후 맥락상 '완전경쟁상태'를 의미하고 있음을 참고하기 바란다. 한편, 이정전(2012: 221)도 "일반인들이 경제학자들에 대하여 가장 자주 제기하는 불평은, 현실의 (불완전경쟁)시장이 교과서에 나오는 (완전경쟁)시장과 엄연히 다름에도 불구하고 자꾸 교과서 이야기만 한다는 것이다"라고 기술하고 있는데, 이도 같은 맥락에서의 비판이라 할 수 있다(괄호는 인용구절 앞부분의 설명을 고려하여 필자가 첨부한 것임을 참고하기 바란다). 아울러 Raveaud(2013(2015): 34)는 '시장으로서 경제'를 설명하는 자리에서 이상적인 경쟁시장의 조건이 매우 제한적이고 이론적 조건들이지만, 자유주의 경제학자들은 이에 굴하지 않고 굳이 필요하면 그런 시장을 만들어 주면 된다면서 시장의 아름다움을 강변한다는 사실을 꼬집고 있는 것도 참고하기 바란다.

32. Smith(1776(1965): 13-16)가 분업의 원리를 설명하는 장의 앞부분에서 밝히고 있는 내용이니 참고하기 바란다.

33. Hayek(1960: 228-231)는 자신의 저서 *The Constitution of Liberty*에서 '시장'을 인위적인 명령 없이 형성되는 '자생적 질서의 체계'(a system of spontaneous order)라고 설명하고 있다.

34. 나중에 다룰 내용이지만 자유에는 '소극적 자유'와 '적극적 자유'라는 서로 다른 차원의 개념이 제시되고 있는바, 여기서 일컫는 자유는 '소극적 자유'의 개념에 해당된다. 자세한 내용은 후술하는 '자유'의 개념과 유형 부분을 참고하기 바란다.

35. 도시의 성립·발달이 당시 도시 사람들에게 자유의 바람을 불러왔다는 사실은 "도시의 공기는 인간을 자유롭게 한다"는 독일의 속담에 잘 나타나 있다. 이 내용은 조우화(1991: 102)를 참고하기 바란다.

36. 여기서 '차이'(difference)는 "서로 다르다는 사실"을 의미하는 데 비해, '차별'(discrimination)은 "서로 다른 사실에 대한 우열"을 나타내는 개념으로 사용된다는 점에서 의미상의 차이를 보이고 있다. '남녀 차별', '소득계층별 차별', '인종 간 차별', '지역 간 차별' 등이 그 예에 해당된다.

37. 앞에서 우리는 수요와 공급이 사전적(事前的) 의미를 갖는다는 사실을 이해하는 것이 중요하다 하였던바, 사후적(事後的) 의미로 이미 판매한 양과 구매한 양으로 이해하면 서로 다른 욕구가

협상을 통해 조정 과정을 거쳐서 거래가 이루어지게 되는 과정을 이해할 수 없다는 점을 유념할 필요가 있다.

38. Smith(1776)의 '보이지 않는 손'의 작용이나 Debreu(1959)의 일반균형의 존재 증명, '후생경제학의 제1최적정리' 등은 모두 이러한 사실에 대한 논리적 명제에 해당된다.

39. 이와 관련하여 이정전(2002: 42-44), Chang(2014: 383-384) 등에서는 아동 노동, 인간 장기, 무기, 유전자조작 식품 등 보다 많은 유사 사례를 들고 있으니 참고하기 바란다. 특히, Chang(2014: 383)은 "시장에서 무엇을 사고팔 수 있는지(혹은 없는지)에 관한 '과학적' 리스트는 존재하지 않는다. 그 결정은 정치적인 것이다"라는 견해를 제시하고 있는 것을 볼 수 있다. 이는 본문과 같은 맥락의 내용이니 참고하기 바란다.

40. 이와 같은 현실만큼이나 어느 정도를 수요와 공급에 맡겨 두어야 하는지에 대한 견해 또한 다양하다. 옳고 그름의 문제를 떠나서 모든 재화 또는 용역의 거래를 수요와 공급에 맡겨 두어야 한다는 견해로부터 많은 폭의 재화와 용역의 거래를 사회적 가치를 담아서 조정하여 거래되도록 해야 한다는 견해에 이르기까지 다양한 견해가 존재한다는 사실을 유념해 둘 필요가 있다.

41. Veblen(1899)을 비롯한 제도경제학적 논자들은 제도가 인간의 본성을 규정짓는 것으로 보고 있다. 이들의 견해에 따르면 시장질서가 확대되면서 인간의 이기적 본성이 더욱 확대되는 계기로 작동하게 된 것으로 이해될 수 있다는 점을 참고하기 바란다.

42. 소극적 자유와 적극적 자유에 대한 보다 자세한 논의는 후술하는 가치 부분에서 기술되어 있으니 참고하기 바란다. 예를 들어, 소극적 자유와 적극적 자유의 역설과 관련된 이야기라든가, 구체적인 정의 사례 등은 제9장 경제적 자유 부분에서 상술되고 있다.

43. 이와 관련된 논의는 Galbriath(2004(2007))에 자세하게 다루어지고 있으니 참고하기 바란다.

44. 여기서 '외부성'(externality)이란 "어떤 한 경제주체의 경제행위가 다른 어떤 주체의 경제행위에 긍정적 또는 부정적 영향을 주면서도 그 대가가 거래되지 않는 행위"를 일컫는다. 이 '외부성'이 사회 전체의 효율성에 주는 영향에 대해서는 후술하는 제7장 제2절의 사회적 효율성에 대한 근대경제학적 설명 부분을 참고하기 바란다.

45. 이러한 사실을 근대경제학에서는 '후생경제학의 제1최적정리'라 하여, 자본주의의 아름다움을 증명하는 데 의의가 큰 정리로 알려져 있으니 참고하기 바란다.

46. 사실이 이러함에도 불구하고 경제학자들이 완전경쟁시장의 아름다움에 관한 명제를 현실의 시장경제를 옹호하는 이념적 근거로 활용하고 있다는 사실에 대해서는 전술한 제3장의 주 31)의 내용을 참고하기 바란다..

47. 개개인들의 잠재력을 활성화하고자 하는 의지가 현실적으로 구체화될 수 있는 재훈련 과정이 기업 차원이나 마을 공동체, 더 나아가 사회(국가) 차원에서 가동되고 있는지, 그리고 그러한 훈련받은 인적 자원이 산업에 투입될 수 있는 산업 여건이 되어 있는지, 다른 한편으로는 새로운 일자리를 찾는 기간 동안 최소한 인간다운 생활이 지속될 수 있는 사회보장제도가 갖추어져 있어서 생활이 유지될 여건이 주어져 있는지 여부 등이 중요한 의미를 갖는다.

48. Marx(1867(1976): 436)를 참고.

49. 예를 들어, 연평균 100명의 생명을 앗아가는 치명적 결함을 가지고 있는 자동차를 만드는 회사가 있다고 하자. 이때 회사가 해당 차량을 전부 회수해서 결함을 시정해 주는 데 연간 800억 원이 소요되고, 사고가 나는 경우 그때마다 보상을 해주는 데는 500억 원이 소요된다고 하자. 이 경우 자동차회사는 결함이 있는 차종을 모두 리콜해 주는 방안보다는 그냥 자동차 판매를 강행하면서 사고가 나면 보상을 해주는 방안을 택하는 것이 시장원리에 더 부합하는 방안이 된다. 결국 시장원리에 따르면 사고가 나도록 내버려두는 것이 더 합리적이라는 판단을 하게 된다는 사실을 알 수 있다(이정전(2002: 17)에서 제시하고 있는 사례를 참고한 것임).

50. GDP 대비 일반정부의 총지출 비중을 보면 2018년 기준 OECD 평균이 40.1%로 나타나고 있으며, 벨기에, 덴마크, 핀란드, 프랑스 등의 경우 50%가 넘는 수준까지 보이고 있음을 참고하기 바란다(국가예산정책처, '재정경제통계시스템'(https://www.nabostats.go.kr/portal/stat/directStatPage.do)을 참고).

51. '사회' 개념이 얼마나 다양하게 정의되는지는 김낙중(1986: 31-32)이 여러 사전적(辭典的) 정의 사례를 소개한 후에 "'사회' 개념의 파악은 사회학자의 수만큼이나 다양하게 설명되고 있다"고까지 기술하고 있는 것을 참고하기 바란다.

아울러 '사회' 개념을 사용함에 있어서도 '경제'의 경우에서와 같이 '사회', '사회현상', '사회활동' 등을 모두 같은 용어로 사용하기로 한다.

52. 이하 사회메커니즘관에 관한 설명은 우명동(2005: 65-66)의 내용을 수정·보완한 것이다.

53. Smith(1759(2005): 288)의 내용을 참고.

54. 사람들에 따라서는 스미스가 이러한 메커니즘적 사회관을 설명하는 과정에서 사회를 정밀한 '시계'에 견주어 설명한 사실을 소개하는 경우를 볼 수 있다(高島善哉(1954(1982): 91), 淺野榮一 외(1982: 27) 등). 이 내용은 스미스의 『도덕감정론』(*The Theory of Moral Sentiments*)을 통해서 확인할 수 있는바, 그는 "시계의 구성물로서 톱니바퀴들은 시간을 알려 주고자 하는 시계가 만들어진 목적에 경이로울 정도로 잘 조정되고 있다. 그 구성요소들의 다양한 행동들은 이러한 결과를 만들어 내기 위해 가장 적절한 방식으로 조절되고 있다. 그러나 이 경우 개별 요소들에게 시계를 만들어 내는 목적에 기여하게 하는 어떠한 의도도 주어져 있지 아니하다. 개별 요소들에게 그러한 의도가 주어져 있는 것이 아니라 시계를 만드는 사람에게 주어져 있다. 시계를 만드는 사람이 스프링으로 개별 요소들을 작동하게 해주기만 하면 그것들은 시계의 효과를 만들어 내게 된다. 그런데 이 경우 스프링도 마찬가지로 시간을 알려 준다는 의도를 가지고 있지 않다는 점에서는 시계의 톱니바퀴들의 경우와 마찬가지이다"라고 서술하고 있는 것을 볼 수 있다(Smith, 1759(2005): 78-79). 이러한 표현을 두고 사회의 개념을 설명하는 사람들이 스미스가 사회를 하나의 '시계'에 견주어 설명하고 있는 것으로 해석하고 있는 것이다.

그러나 스미스는 나중에 이 견해를 더욱 진전시켜 사회에 대한 이와 같은 기계론적 견해는 너무 단순해서 사람들이 도덕적 규칙과 경제적 행동을 전개시키는 과정에는 적절치 못하다는 견해를 보이고 있다. Coker(1990: 140)는 스미스의 사회관에 관한 연구에서 스미스가 이렇게 마음을 바꾸어 이기적 본성에 바탕을 둔 사회이론을 부정하고, 그 대신에 공감(sympathy)과 공정한 방관자(impartial spectator)에 바탕을 둔 사회이론을 제시하고 있는 것으로 보고 있다. 이처럼 스미스는 흔히 알려져 있는 바와 같이 '사회' 설명에서 개별적으로 분리된 구성요소들이 자기본성에만 충실한 것이 아니라 공감과 공정한 방관자로서의 역할을 수행할 때 그 목적이 원활하게 수행되는 기구로 보고 있다는 점을 유념해 둘 필요가 있다. 이러한 그의 사회관은 그의 인간관에서 유래되고 있는바, 이는 후술하는 인간의 본성 부분을 참고하기 바란다.

55. Friedman(1962(1986): 9)을 참고.

56. '신고전학파 경제학'에 대해서는 후술하는 제4장 제2절의 '근대경제학' 개념 설명 부분을 참고하기 바란다.

57. 이하 사회유기체관 일반에 관한 설명은 우명동(2005: 66-67)의 내용을 수정 · 보완한 것이다.

58. 플라톤과 아리스토텔레스의 유기체론적 사회관은 그들의 정치이론과 철학을 해명해 놓은 선학자들의 연구를 통해 확인할 수 있다. 예를 들어, Wish(1949: 256, 259, 262), McCoy(1954: 1096), Begum and Awan(2014: 119) 등을 참고할 수 있다.

59. 淺野榮一 외(1982: 27)를 참고.

60. 이하 개인주의적 사회유기체관에 관한 설명은 우명동(2005: 67-70)의 내용을 본서의 체계에 맞게 수정·보완 가필한 것이다.

61. H. Spencer, *The Principles of Sociology*, 2, 2nd ed., Appleton(1891: 244(Offer, 2015: 343))를 참고.

62. H. Spencer, *The Principles of Sociology*, 1, 3rd ed., Williams and Norgate(1893: 449-450(Offer, 2015: 344))를 참고.

63. 경제학방법론 분야의 저명한 연구자로 알려져 있는 Davis(1989)는 케인스의 사회관은 그의 유명한 저서 『일반이론』에는 명시적인 언급이 없지만 그 이전의 미발간 원고 'Miscellanea Ethica'(1905)와 『확률론』(*A treatise on Probability*)(1921) 등에는 그의 견해가 제시되고 있다면서, 자신의 논문을 통해서 그의 사회관을 분석하여 위와 같은 견해를 제시하고 있는 것을 볼 수 있다.

64. Keynes(1926(1972): 287-288)를 참고.

65. Keynes(1936(1973): 378, 380)의 내용을 참고.

66. 단순한 모형에서 케인스의 정부지출승수는 $dy = \frac{1}{1-c'} \cdot dg$로 나타난단(단, 여기서 dy는 총수요의 증가분, c'은 한계소비성향, dg는 정부지출의 증가분을 의미함). 이 식을 보면 사회 전체가 필요로 하는 총수요를 실현시키기 위해서는 dg라는 정부가 결정하는 요인과 c'이라는 민간인에 의해서 결정되는 부분이 모두 중요한 역할을 하고 있는 것을 볼 수 있다. 이와 같은 간단한 케인스의 승수원리 속에도 그의 사회관이 반영되어 있는 것을 볼 수 있다.

67. 이하 사회구조체관에 관한 설명은 우명동(2005: 78-80, 85-90)을 본서의 체계에 맞게 수정·보완한 것으로서, 해당 문헌에는 보다 자세한 내용이 다루어지고 있으니 관심 있는 독자들은 참고하기 바란다.

68. 칼 맑스(1859(1991): 477-478)를 참고. 단, 독자들의 가독성을 위해 번역을 일부 수정하였다.

69. 위와 같은 마르크스의 설명 과정에서 생산관계는 생산력의 발전 수준에 소응하는 형태를 취하

게 되며, 더 나아가 생산력과 생산관계의 통일체로서 경제적 토대에 조응하여 상부구조가 형성되는 것으로 파악하고 있음을 볼 수 있다. 이러한 설명으로 인해 경제적 토대가 상부구조와 사회 전반을 결정하는 결정적 요인이라고 보는 '경제결정론적 견해'가 제시되었으며, 다른 한편으로는 그와는 달리 경제적 토대가 궁극적인 기초를 형성하기는 하지만 정치나 이데올로기 등 상부구조도 경제적 토대에 영향을 준다는 소위 '상호결정론' 내지 '상대적 자율성론'을 주장하는 견해가 제시되기도 한다는 점을 참고하기 바란다. 전자를 '근본주의자'(fundamentalists)라 부르고, 후자를 '신리카도주의자'(neo-Ricardians)라 부른다. 이와 관련한 간략한 보충설명은 Fine and Harris(1979(1990): 192)를 참고하기 바란다.

70. 많은 군중들이 모인 집회에서 어떤 개인이 자기가 원하는 방향으로 가고자 해도 자신의 의지대로 나가지 않고 전체 군중들의 흐름에 따라 흘러가게 되는 장면을 생각해 보라. 이때 전체 군중의 흐름을 이해하지 않고 개인의 의지만으로 개인의 행동을 설명할 수 없다는 사실을 알 수 있다. 사회 자체에 대한 이해가 필요하다는 이러한 사례는 일본의 유명한 역사학자 오츠카(大塚久雄) 교수가 고교 야구를 보러갔을 때 경험한 군중의 움직임을 사회에 견주어 소개한 적이 있으니 관심 있는 독자들은 大塚久雄 著, 趙容範 編譯(1982: 31)의 내용을 참고하기 바란다.

71. 이 내용은 베블렌의 견해를 소개하고 있는 Hunt(1979: 300)를 참고하기 바란다.

 이하 '진화론적 사회유기체관'에 관한 설명내용도 우명동(2005)의 『국가론』에서 정리하여 제시한 내용을 수정·가필한 것임을 미리 밝혀 둔다. 마찬가지로 더 자세한 내용에 관심 있는 독자들은 관련 부분을 참고하기 바란다.

72. Gruchy(1987: 2, xix(Whalen, 1992: 62))를 참고.

73. 이와 관련된 내용은 제5장 제1절의 '경제학의 독립성' 부분을 참고하기 바란다.

74. 대표적으로 Polanyi(1944)의 견해를 들 수 있다. 그는 자신의 『거대한 전환』(*The Great Transformation*)에서 시장 유형의 진보 과정을 설명하면서 그동안 경제가 사회 속에서 다양한 형태로 작동해 왔는데, 시장경제체제가 성립되면서 "경제가 사회관계 속에 배태되어 있는 것이 아니라, 사회관계가 경제체제 속으로 묻어들어 가게 된 것"(Polanyi, 1944: 60)이라고 지적하고 있는 것을 볼 수 있다. 그는 이렇게 사회가 경제 속에 포섭되어 오로지 시장만이 사회를 통제하고, 규제하며, 지도하는 소위 '자기조정 메커니즘'이 성립됨으로써, 사회를 '악마의 맷돌'(satanic mill) 속으로 들어가게 하는 '거대한 전환'을 겪게 된 것으로 설명하고 있다(Polanyi, 1944: 71, 76-77).

 나아가 그는 이러한 사회가 형성되면 곧바로 사회는 그러한 시장의 무분별한 확대를 통제하여 사회를 보호하기 위한 자기보호운동이 일어나며, 궁극적으로 시장지지 세력과 사회보호운동 세력 사이에서 역사적 과정 속에서 특정 형태의 경제와 사회의 관계가 자리매김해 간다고 하면서(Polanyi, 1944: 138-139, 157), 경제와 사회의 유기적 관련성의 중요성을 압축적으로 보여주고 있다.

75. 앞의 주 69)에서 본 바와 같이 정치경제학적 논자들 중에서는 경제결정론적 견해를 취하는 논자들과 상호결정론적 견해를 취하는 논자들이 있다. 한편, 제도경제학적 논자들은 대부분 상호결

정론적 견해를 취하고 있다. 제도경제학적 논자들의 이러한 견해는 "사회는 개별 부문들의 단순한 합이 아닐 뿐 아니라 개별 부문들이 서로 밀접하게 관련을 맺고 있어서 각 부문들의 기능이 서로의 관계에 영향을 받는다고 보는 데서 기인한다"는 인식을 통해서 확인할 수 있다 (Wilber and Harrison(1978: 73)을 참고).

이들과 달리 사회유기체관 중에서 개인주의적 사회유기체관을 택하는 논자들은 어디까지나 '개인'을 중시하는 입장을 취하고 있으며, 그런 점에 비추어 보면 이들은 경제 부문과 비경제 부문이 서로 독립적으로 작용하는 것으로 인식하고 있음을 알 수 있다. 그것은 그들이 비경제적 부문, 예컨대 정치적 상황은 경제 부문에 외생적으로 작용(개입)하는 것으로 파악하고 있는 것을 통해서 알 수 있다.

76. 이렇게 보면 한국제도·경제학회에서 발간하는 『제도와 경제』라는 논문집은 전통적인 제도경제학적 견해를 담아 내는 것이 아니라 단순히 제도와 경제의 관계에 관한 다양한 견해를 다룬다는 의미를 내포하고 있어서 전통적으로 일컫는 제도경제학적 연구 성과물을 담고 있는 것이 아님을 알 수 있다.

Chapter

4

경제와 사회 - 문제와 논점

본 장에서는 먼저 ‘경제 문제’와 ‘사회 문제’의 관계를 보이고, 이어서 경제 문제 파악 과정에서 논자들에 따라 인식하는 핵심 논점이 다르다는 사실을 소개하면서 각 입장에서의 경제학의 개념을 소개한다. 마지막으로 그와 같은 경제 문제의 해결 기제로서 경제체제의 개념과 성격을 다양한 인식에 바탕을 두고 설명한다.

제1절 ‘경제 문제’와 ‘사회 문제’

먼저 앞에서 본 경제와 사회의 관계와 같은 맥락에서, 경제 문제와 사회 문제의 관계를 설명한다. 이어서 경제 문제를 ‘기본적인 경제 문제’와 ‘경제 문제’로 나누어 살펴봄으로써, 문제의 유형에 따라 서로 다른 대응방식이 요구된다는 점에서 이러한 구분이 중요함을 밝힌다.

1. ‘경제 문제’와 ‘사회 문제’의 관계

위에서 살펴본 경제행위와 사회의 제 행위와의 관련성을 보는 입장에 따라 경제 문제와 사회 문제에 대한 인식도 다르게 나타나고 있다.

먼저 ‘경제행위’와 다른 “사회의 제 행위”는 각각 독자적으로 행해진다고 보는 입장에 서 있는 논자들은 ‘경제 문제’와 ‘사회 문제’도 별개로 발생하는 것으로 보는 입장을 취한다. 말하자면, 이들은 ‘경제 문제’와 ‘사회 문제’의 독립성을 강조하는 견해를 보이고 있다.

다른 한편 ‘경제 문제’와 ‘사회 문제’는 상호 밀접한 관련성을 갖고 있다고 보는 견해도 있다. 이러한 견해를 취하는 논자들은 경제행위를 사회 속에 ‘배태되어’(embedded) “사회적 제약 속에서 행해지는 행위”로 파악함으로써, 경제 문제도 별도로 존재하는 것이 아니고 사회 속의 다른 제 문제와의 관계 속에서 서로 영향을 주고받으면서 존재한다고 보는 입장을 취한다. 물론 이러한 입장에도 구체적으로는 경제 문제가 사회의 다른 제 문제를 결정짓는 ‘경제결정론적 입장’을 취하는 견해가 있는가 하면, 경제 문제와 다른 제 문제들이 서로 영향을 주고받는다고 보아 ‘상호결정론적(제약적) 입장’을 취하는 견해도 있음은 앞에서 본 바와 같다.

2. '기본적인 경제 문제'와 '경제 문제'

여기서는 경제 문제와 사회 문제와의 관련성 여부를 떠나, 경제 문제 자체에 초점을 맞추어 '경제 문제'에는 어떠한 것이 있는지 살펴본다. 우리가 다 같이 경제 문제라 하더라도 '기본적인 경제 문제'와 그러하지 않은 문제들이 있다.

(1) 기본적인 경제 문제

우리 인간이 집단을 이루어 물질적 삶을 꾸려 가는 과정에서는 크고 작은 문제들이 나타나기 마련이다. 그중에서 물질적 삶을 지속적으로 꾸려 가기 위해 반드시 해결해야 할 핵심이 되는 문제를 우리는 흔히 '기본적인 경제 문제' 내지 '주요한 경제 문제'라 부른다. 그런데 이러한 기본적인 경제 문제에 대해서도 논자들에 따라 그 인식을 달리한다.

1) 근대경제학적 인식

일찍이 새뮤얼슨이 그의 『경제학』(*Economics*)에서 공산주의 국가든 자본주의 국가든 심지어 로빈슨 크루소(Robinson Crusoe)이든 물질적 생활을 영위하는 사회에서라면 반드시 해결해야 할 문제를 '기본적인 경제 문제'(fundamental economic problems)라 부르면서부터 근대경제학적 논자들 사이에서 폭넓게 사용되어 오고 있다. 구체적으로 그는 '어떤 물건을 얼마나(what, how much) 만들 것인가', '어떻게(how) 만들 것인가', 그리고 '누구를 위해(for whom) 만들 것인가'의 세 가지 문제를 어느 사회나 반드시 해결해야 할 소위 '기본적인 경제 문제'의 범주에 포함시키고 있다.[1]

그런데 새뮤얼슨이 이러한 문제를 기본적인 경제 문제로 파악한 배경에는 앞에서 본 것처럼 '경제행위'를 자원의 '희소성'을 전제로 '선택행위' 내지

'합리적 선택행위'로 인식한 데서 기인한다. 인간의 욕구는 무한한데 그러한 욕구를 충족시켜 줄 자원은 유한하다는 희소성을 전제로 해서 보면, 무엇을 얼마나 만들지, 어떻게 만들지, 그 성과는 누가 가져갈 것인지와 같은 문제에 직면해서 합리적 선택 여부가 주요한 문제로 파악되게 된다. 이러한 인식에서 새뮤얼슨 같은 이는 이러한 기본적인 경제 문제를 자원이 희소해서 제기되는 문제로 파악하고 있으며, 자원이 무한하다면 이것은 문제가 되지 않는다고 보고 있다. 그러면서 '비용·편익'의 계산과 연계시키고 있다. 말하자면, 합리적 계산행위와 연계시키고 있다.[2]

2) 정치경제학과 제도경제학적 인식

그러나 앞에서 본 정치경제학적 논자들과 제도경제학적 논자들의 경우에는 경제현상을 희소성의 관점에서 파악하지 않고 있음을 본 적이 있다. 먼저 정치경제학적 논자들은 경제현상을 정의함에 있어서 '희소성'이 주는 제약보다 '잉여'를 창출하는 사람과 그 잉여를 가져가는 사람들 사이의 관계가 주는 제약을 더 중요하게 인식하고 있었다.[3] 이러한 견해는 '잉여의 창출과 그 잉여의 착취 과정'에 대한 해명이 없이는 경제행위의 질서를 파악하기 힘든 것으로 본다는 의미를 담고 있다고 볼 수 있다. 잉여를 창출하는 사람과 그 잉여를 가져가는 사람과의 관계를 '생산관계'라 부른다는 점을 고려해 보면, 결국 이들 입장에서는 사회 구성원들의 물질적 삶의 과정에서 제기되는 문제, 소위 경제 문제를 파악함에 있어서도 이와 같은 '생산관계'가 어떻게 만들어지고 변해 가는지가 '주요한 경제 문제'로 다루어지게 되는 것이다.

한편, 제도경제학적 논자들도 경제현상을 정의함에 있어서 '희소성'이 주는 제약을 기본적인 문제로 보지 않고, 사회생활에 참가하고 있는 구성원들의 필요 또는 욕구가 주어진 제도적 틀 속에서 사회적 차원에서 현실적으로 어떻게 충족되고 있는지 여부 그 자체, 즉 '사회적 욕구충족행위'를 중요하게 인식하고 있었음을 본 바 있다.[4] 예를 들어, 폴라니(K. Polanyi) 같은 제도경제학자(경제인류학자)나 홀턴(R. J. Holton) 같은 경제사회학자 등 다른 경제학자들을 보면, 위와 같은 기본적인 문제가 자원이 희소하여 제기되는 문제라고 해서 반드시 합리적 계산의 차원에서 다루어지는 문제로만 보아야 하는 것은 아니라고 주장하고 있는 것을 볼 수 있다. 그들의 설명에 의하면 자원이 지극히 희소하였던 시기에도 비용과 편익의 계산에 의해서 경제 문제를 해결하지 아니하고 '상호성'의 원리에 따라 해소하기도 하며, 특정 사회 나름대로의 원리에 의해 '재분배'를 통해서 해결해 나가기도 하며, '가정'에서 비용·편익의 논리가 아닌 다른 논리에 의해 그러한 문제가 해결되고 있는 상황도 볼 수 있다.[5] 뿐만 아니라 이와는 대조적으로 자원이 풍부하여 인간의 생활에 필요한 범위를 넘어서는 재화와 용역이 만들어질 수 있는 상황이 되어도, 새뮤얼슨의 주장과는 달리 어떤 물건을 얼마나 어떻게 만들 것인지와 같은 문제는 여전히 존재할 수도 있다.[6] 이러한 맥락에서 제도경제학적 논자들은 희소성 전제하의 주요한 선택의 문제보다는 주어진 제도적 틀 속에서 전술한 '사회적 욕구충족 과정' 내지 '생활 과정'에서 나타나는 문제를 보다 '주요한 경제 문제'로 파악하는 견해를 보이고 있는 것으로 볼 수 있다.[7]

3) 종합

한마디로 '기본적인 경제 문제' 내지 '주요한 경제 문제'라 하더라도 구체적으로 그것이 무엇을 의미하는지에 대해서는 논자들에 따라 내용을 달리한다는 사실을 알 수 있다. 말하자면, 논자들에 따라서는 '희소성'을 전제로 한 기본적인 선택의 문제를 드는 경우도 있을 수 있으며, 다른 논자들은 생산 과정에서 맺어지는 인간들 사이의 관계의 문제로서 생산관계 문제를 들기도 하며, 또 다른 논자들은 주어진 제도적 틀 속에서 한 사회가 구성원들의 실제 생활상의 욕구 문제 해결 과정에서 나타나는 문제를 들기도 한다.

후술하겠지만 이와 같은 기본적인 경제 문제가 해결되는 틀을 흔히 '경제체제'라 일컫는다는 점을 고려해 보면, 기본적인 경제 문제는 곧바로 '경제체제'와 직결되는 문제로서 어떠한 경제체제에서도 반드시 발생되는 문제에 해당된다. 다시 말하면, 기본적인 경제 문제는 경제체제에 따라 그 해결방식을 달리하면서 인간의 물질적 삶의 과정에서 제기되는 필수적인 문제라는 점을 유념해 둘 필요가 있다. '경제체제'의 개념과 그 의미에 대해서는 제3절에서 후술한다.

(2) '기본적인 경제 문제'와 '경제 문제'의 차이

위와 같은 기본적인 경제 문제와는 차원을 달리하면서 우리네 인간의 물질적 삶의 과정에 애로를 가져다주는 문제들은 여러 가지가 있을 수 있다. 경제활동, 즉 생산·교환·분배·소비 과정에서는 예를 들어 실업 문제라든가 인플레이션, 나아가 환경 파괴 문제, 독과점 문제, 차별성 문제 등 다양한 문제들이 발생할 수 있다.

앞에서 본 '기본적인 경제 문제'는 어떠한 경제체제를 택하더라도 반드시 나타나는 문제에 해당된다. 이에 비해 앞에서 예를 든 다른 여러 가지 경제 문제들은 동일한 체제 내에서라도 일어날 수 있고 그렇지 않을 수도 있는 문제라는 점이 다르다. 그뿐만 아니라 같은 체제 내라 하더라도 문제의 정도나 성격은 나라에 따라 서로 다르게 나타날 수 있다. 더구나 이러한 문제의 정도와 성격에 대해서는 전술한 기본적인 경제 문제에 대한 인식의 차이에 따라 서로 다르게 인식된다는 사실을 이해하는 것이 중요하다.

예를 들어, 구소련의 붕괴를 보더라도 기본적인 경제 문제를 희소성의 전제하에 선택의 문제로 파악하는 근대경제학자들의 경우에는 지난 시기 소련의 사회주의적 자원배분 틀의 문제에서 그 원인을 찾기 마련이다. 말하자면, 이들은 이 문제를 기본적인 경제 문제, 즉 체제 자체의 문제로 파악한다는 것이다.[8] 이는 붕괴 후의 대부분의 논의의 핵심이 어떻게 하면 하루빨리 원활하게 자본주의 체제로 이행해 나갈 것인지, 체제이행의 성과가 어떻게 나타나는지가 주된 논의의 대상이 되었던 사실로부터 알 수 있다.[9] 이에 비해 기본적인 경제 문제를 생산관계의 문제로 파악한 정치경제학적 논자들은 구소련이 채택해 온 생산수단의 사회적 소유 자체에서 문제의 원인을 찾으려 하기보다는 사회적 소유의 현실적 운영 과정에 내재된 흠결을 찾는 입장을 보인다. 말하자면, 이 문제를 체제 자체의 문제보다는 체제 내적 차원의 운영상의 문제로 파악한다는 것이다. 이러한 사실은 붕괴 후의 정치경제학적 논자들의 논의 핵심이 생산수단에 대한 사회적 소유의 폭이나 방식의 조절에 관한 문제에 두어졌던 것으로부터 알 수 있다.[10] 제도경제학적 인식에서는 구소련의 사회적 제 제도가 사회 구성원들의 실제 생활 과정을 근본적으로 담아 내지 못했는지, 아니면 부분적으로 문제가 있었는지 등을 점검하는 데 관심을 기울이기 마련이다.

한편, 1929년 세계대불황이나 최근에 겪은 몇 차례 세계적인 경제위기를 두고 근대경제학 내에서는 당시 찾아온 불황의 징후들을 제대로 관리하지 못한 체제 내적인 일상적인 경제 문제의 하나로 파악하는 입장을 보인다.[11] 그런가 하면 정치경제학적 논자들은 이러한 문제는 전형적으로 자본주의 체제가 갖는 사적 소유와 생산의 무정부성이라는 체제 자체가 갖는 결함에서 기인하는 것으로 파악하는 입장을 보인다. 제도경제학적 견해에서는 그러한 불황이 제도 자체가 가져온 인간의 비생산적 본성의 발로로 본다면 핵심적인 경제 문제로 볼 것이나 그것이 아니라면 부분적인 체제 내적 문제로 간주될 수도 있다. 이렇게 보면 어떠한 하나의 경제 문제를 두고도 논자들에 따라서는 기본적인 경제 문제로 파악되기도 하고 체제 내적 차원의 일상적인 경제 문제로 파악되기도 한다는 사실을 유념할 필요가 있다.

물론 모든 현실의 경제 문제가 기본적인 경제 문제의 해결방식과 관련을 맺고 있다는 점에서 보면 이 두 문제를 단정적으로 구분짓기란 그리 쉽지 않다. 그뿐만 아니라 경제 문제라는 것은 어느 경우나 특정 사회에 살고 있는 사람들의 경제생활상의 애로라는 점에서 볼 때 기본적인 경제 문제라 해서 더 어렵고 다른 경제 문제라 해서 덜 어렵다고 단정짓기 또한 쉽지 않다. 말하자면, 기본적인 경제 문제를 해결하는 방식을 자본주의 체제 또는 사회주의로 택해서 일어난 문제가 더 심각한 것인지, 아니면 어느 하나 주어진 체제하에서 그 체제를 운영하는 과정에서 발생한 문제가 더 심각한 것인지를 구분하기가 어렵다는 것이다. 그럼에도 불구하고 두 문제를 구분하는 것은 문제 유형에 따라 서로 다른 '대응방식'이 요구된다는 점에서 중요한 의미를 지닌다. 그것은 어느 입장에서나 기본적인 경제 문제의 잘못된 해결에서 온 것이라는 데 비중을 크게 두면 체제 자체의 변경 여부를 고민하여야 할 것이며, 그러하지 아니하다면 주어진 체제 내에서 운영 과정에 문제가 없었는지 여부를 고민하는 것이 논리적으로나 현실적으로 더 적절할 것이기 때문이다.

제2절 경제 문제 파악에서 핵심 논점

우리는 앞의 논의를 통해서 다 같이 인간생활에 필요한 물적 수단을 생산·교환·분배·소비하는 행위, 즉 경제행위를 바라보더라도 그러한 경제활동 과정에서 나타나는 크고 작은 여러 문제들에 직면해서 인간의 물질적 삶과 관련하여 무엇을 중요한 것으로 바라보는지는 논자들에 따라 다르게 파악된다는 사실을 알 수 있었다. 이제 이하에서 현실의 주요한 경제 문제의 근원을 위와 같은 세 가지 관점에서 다르게 파악하게 된 연유와 핵심 논점을 좀 더 구체적으로 살펴보면서 경제현상과 경제 문제를 새롭게 이해하는 계기를 마련해 보고자 한다.

1. '개별 인간'의 '선택'의 문제

먼저 하나의 견해는, 현실에서 직면하는 다양한 문제는 그 밑바닥에는 해당 사회 구성원들의 자유로운 선택행위를 방해하는 요인들이 있어서 나타나게 된 것으로 보는 것이다. 이 견해는 사람들이 생활에 필요한 물적 수단을 생산하고 교환·분배·소비하는 과정, 즉 경제활동 과정에서 자신들의 무한한 욕망을 한정된 자원을 가지고 얼마나 자유롭게 합리적으로 추구하는가 하는 점이 중요하다고 본다. 말하자면, 이 입장에서는 경제활동 과정에서 선택의 합리성 여부에 초점을 맞춘다. 이러한 입장은 인간에 대한 전제와 역사관이 다른 논자들과 다른 데서 기인한다.

(1) 인간에 대한 전제와 근거

이 견해를 가진 사람들은 '인간'을 자신의 욕구나 필요(wants or needs)를 정확히 파악(감지)하고 추구할 수 있는 능력을 갖추고 있는 것으로 파악한다. 이는 인간을 '합리적 경제인'(home economicus)으로 파악하는 견해이다. 이렇게 인간을 완전한 자연 상태에서 개별적으로 자신의 이익을 합리적으로 자유롭게 추구하는 고립된 인간으로 파악하는 견해를 '개인주의적 인간관' 내지 '원자론적 인간관'이라 일컫는다. 이러한 인간관은 철저하게 자기이익을 추구한다는 점에서 '개별적 본성'에 충실한 인간관이라 할 수 있다.

이 견해를 가진 사람들이 이러한 인간관을 선택한 것은 인간은 원래 선택이 자유로울 때 인간으로서 자신에게 주어진 능력을 가장 잘 발휘할 수 있다고 본 데 기인한다. 그래서 이들은 경제 문제를 다룰 때 개별 인간의 선택의 자유로움 정도가 중요하다고 판단하게 된 것이다. 이런 연유로 이들은 이와 같은 인간의 본성은 서로 다른 역사적 상황에 놓여 있는 모든 인간에게 본질적으로 동일하다고 파악하고 있다는 점을 유념해 둘 필요가 있다.

이와 관련하여 스미스의 견해를 이해할 필요가 있다. 그는 무엇보다 '교환'하고자 하는 인간의 '태생적 본성'에 바탕을 두고[12] 이기적 본성(self-interest)에 충실한 경제적 인간을 상정하고 있는 것으로 알려져 있어 위와 같은 견해의 전형을 보여 주는 것으로 평가되고 있다. 그러나 주의할 점은 그는 인간을 이렇게 이기적 본성에 충실한 경제적 인간으로만 파악한 것이 아니라는 점이다. 원래 스미스는『국부론』이전에 발간한『도덕감정론』에서 그리고 있는 사회는 단순히 경제적 인간으로 구성된 기계와 같은 것이 아니라 '공감'(sympathy)과 '공정한 방관자'(impartial spectator)에 바탕을 둔 세계이었다.[13] 그 사회에서 인간은 '경제적 인간'에 국한되지 않고 보다 '포괄적인 존재'로 파악되고 있었다. 그의『국부론』에서도『도덕감정론』에서 그리고 있는 사회체제로부터 인간의 특성을 정립하고 있다. 말하자면, 그는 인간을 이렇게 이기적 본성에 충실한 경제적 인간으로 인식하되, 경제적 인간에 국한시키지 않고 '공감'의 본성이 전제된 속에서 '이기적 본성'을 추구하는 존재로 상정하고 있다는 점을 유념해 둘 필요가 있다.[14] 사실이 이러함에도 불구하고 스미스를 이어받은 신고전파 경제학에서는 스미스의 이와 같이 공감을 전제로 한 이기적 본성에서 후자에만 역점을 둠으로써, 오로지 경제적 합리성만을 추구하는 합리적 경제인을 그들 이론의 전제로 삼고 있는 것이다.[15]

한편, 케인스는 인간의 본성에 대해 인간의 경제적 합리성을 믿고 있었지만, 그것이 불완전하다는 견해를 보이고 있다. 이러한 사실은 그의 일반이론을 통해 확인할 수 있다. 그는『일반이론』에서 "투기 때문에만 경제가 불안정해지는 것이 아니라 인간 본성의 특성 때문에도 불안정해진다. 인간은 도덕을 따르든 쾌락을 추구하든 경제적인 것을 추구하든 엄밀한 수학적 기대에 의해(합리적으로) 활동하기보다는 오히려 스스로의 낙관적인 예상에 따라서 활동하는 경우가 대부분이다. 우리 인간은 앞으로 결과가 나올 무언가에 대해 지금 적극적으로 결정을 내리고자 할 때, 수량적 편익에 수량적 확률을 곱하여 얻은 가중평균값을 보고 결정을 내리기보다는 동물적 본성(animal spirits)에 바탕을 두고 결정을 내리는 경우가 대부분이다." "개개인의 창의력이 그 힘을 발휘하기 위해서는 인간의 합리적 계산이 동물적 본성에 의해 보충되고 지지될 때에만 가능하다"[16]는 견해를 보이고 있다. 여기서 케인스가 제시하고 있는 '동물적 본성'은 합리적 계산에 의한 행동을 불러오는 합리적 경제인으로서의 본성이라기보다는 미래에 대한 예상에 따라 움직이는 신뢰, 희망, 두려움, 비관 등 인간의 심리적·감성적 본성을 의미한다. 이와 같이 케인스는 인간 본성 자체의 불완전성을 상정함으로써 정부 개입의 근거를 마련하고 있지만,[17] 어디까지나 그는 경제적 합리성을 추구하는 인간의 본성을 기본 전제로 하고 있다.

한마디로 공감에 바탕을 두고 공정한 방관자로서 자기이익을 추구한다고 보는 스미스를 포함하여 자신의 경제적 이익만을 추구한다고 보는 신고전파적 견해와 후자의 케인스의 견해는 모두 기본적으로 자신의 이해와 욕구를 알고 그 극대화를 위해 추구하는 존재로 파악한다는 점에서 견해를 같이하는 것으로 볼 수 있다.[18]

(2) 역사관

이들도 역사 문제를 다루기는 하지만, 그 내용을 보면 선택의 종류와 양, 방법, 처분방식 등의 현상적 지표를 추적하여 개별 인간의 자유 정도가 얼마나 신장되었는가를 밝히는 데 뜻을 두고 있다. 말하자면, 이들은 경제의 역사 문제를 단순히 지난 시기에 나타난 경제적 사실(변수)들의 서로 다름의 관점에서만 파악하는 입장을 취한다. 이러한 견해를 '실증주의'적 역사관이라 부른다.

이들이 이렇게 보고 있는 것은 현상적인 경제변수 변화의 과정을 추적해 봄으로써 인간의 물질적 삶의 변화 과정을 설명해 낼 수 있다고 보는 데 기인한다.

(3) '개별적 본성'에 바탕을 둔 '근대경제학'

이러한 입장을 취하는 논자들은 '경제학'을 위와 같은 고립된 인간의 개별적인 합리성의 전제 위에, "개별 경제주체의 합리적 의사결정 논리와 그 결과 나타나는 경제현상을 '한계원리'를 통해서 구명하는 과학"으로 파악한다. 여기서 '한계원리'란 현상에서 나타나는 (외형적인) 경제변수의 한계적 비교에 의해 경제행위의 질서(법칙성)를 분석하려는 입장을 일컫는다. 이 입장에 의하면, 이러한 원리에 따라 경제현실을 분석하면 끊임없이 목적과 수단의 관계를 고려해 가면서 자신의 이익 극대화를 추구하는 합리적 경제인의 물질적 생활의 질서를 구명해 낼 수 있는 것으로 본다. 이러한 입장은 앞에서 본 바와 같이 인간의 경제적 합리성을 온전하게 보는 소위 신고전파 경제학적 입장뿐만 아니라, 그 불완전성을 인식하여 정부 개입을 수용하면서도 여전히 경제적 합리성의 추구를 기본 전제로 삼고 있는 케인스와 케인지언의 견해까지를 포괄하고 있다는 점을 유념할 필요가 있다.[19] 새뮤얼슨은 일찍이 이 두 견해를 합쳐서 '신고전파종합'(neoclassical synthesis)이라 불렀던바,[20] 이 견해가 소위 '근대경제학적 견해'에 해당된다.

이러한 근대경제학 입장에서는 당위적으로 인간의 욕구가 선험적으로 주어져 있는 것으로 보고, 인간의 욕구를 합리적으로 추구할 가능성 내지 조건의 구명에 관심을 기울이게 된다. 나아가 이 입장에서는 경제활동의 성과를 평가할 때에도 얼마나 합리적으로 선택활동을 영위하였는지 그 성과지표의 개선 여부에 두고 있음은 물론이다.

2. '인간들' 사이의 '관계'의 문제

다른 하나의 견해는 사람들이 생활에 필요한 물적 수단을 생산하고 교환·분배·소비하는 과정에서 해당 사회의 인간들 사이의 관계가 어떻게 형성·변화되어 가는가 하는 점이 중요하다고 보는 입장이다. 말하자면, 이 입장에서는 경제행위가 행해지는 과정에서 맺어지는 인간들 사이의 관계, 특히 그 중에서도 생산 과정에서 맺어지는 인간들 사이의 관계에 초점을 맞춘다. 이 입장 또한 앞의 견해와 마찬가지로 인간에 대한 전제와 역사관의 차이에 그 근거를 두고 있다.

(1) 인간에 대한 전제와 그 근거

이러한 견해를 가진 사람들은 인간이 자신의 욕구(wants or needs)를 추구할 수 있는 능력은 인간들 사이의 관계 속에서 자신의 위치에 따라 달라지는 것으로 보고 있다. 이렇게 인간이 인간으로서 갖는 고유한 능력은 인간과 인간 사이의 관계 속에서만 발휘될 수 있는 것으로 파악하는 견해를 '사회적 인간관'이라 부른다. 여기서 '관계'는 생산 과정에서 맺어지는 인간들 사이의 관계, 즉 생산관계(내지 소유관계)를 의미한다. 이러한 인간관은 인간의 물질적 생활 과정에서 사회 구성원들 사이에 맺어진 제 '관계'를 중시한다는 점에서 '사회적 본성'에 충실한 인간관으로 평가받고 있다.

이렇게 보는 이유는 생산관계(소유관계) 속에서의 자신의 위치에 따라 인간이 가지고 있는 창조적인 능력을 얼마나 발휘하면서 살아가는지가 달라진다고 보는 데 기인한다. 그런데 인간과 인간 사이의 관계는 사회구조와 제 힘에 의해 형성되고 변화되므로 인간의 능력은 바로 그와 같은 '사회(경제)구조'에 따라 서로 다르게 발현된다.

이러한 입장은 마르크스의 견해에 잘 나타나 있다. 마르크스는 인간을 '자유로운 의식적 활동'을 하는 '유적 존재'(species being; Gattrungswesen)로 보고, 이와 같이 유적 존재로서 갖는 의식적이면서 자유로운 활동을 할 수 있는 능력을 인간의 보편적 능력으로 인식하고 있다.[21] 그리고 이와 같이 인간이 유적 존재로서 갖는 보편적 능력은 전문화, 분업화가 불가피한 생산 과정에서 한 개인의 차원에서는 충분히 발휘될 수 없고 오직 '사회적으로만' 온전하게 실현될 수 있는 것으로 파악한다. 말하자면, 이들은 인간이 '유적 존재'로서 갖는 보편적인 능력은 분업이 불가피한 상황에서 오직 다른 개인과의 상호 의존의, 그리고 협력적인 방식에 따라 잘 통합·조정된 상태에서만 제대로 실현된다고 보고 있다.

(2) 역사관

이들은 앞에서 지적한 바와 같이, 특히 '관계'를 중시하고 그러한 관계가 달라짐에 따라 인간의 경제활동 자체가 달라진다는 점을 중시한다. 그런데 이와 같은 '관계'라는 것은 생산력 수준의 변화에 따라 끊임없이 변화하는 성질을 갖고 있다고 보기 때문에, 이들은 인간의 물질적 삶의 과정에 대한 역사를 설명할 때 생산 과정에서 인간 사이의 관계, 즉 소유관계 또는 생산관계의 변화 과정과 인간 삶의 변화 과정을 밝히는 데 뜻을 두고 있다.[22]

이들이 이러한 견해를 가진 것도 전술한 이들의 인간관에 상응하게 역사 문제를 이렇게 파악할 때 비로소 인간의 창조적인 삶이 얼마나 보장되는 방식으로 변화되었는지 밝힐 수 있는 것으로 보고 있는 데 기인한다.

(3) '사회적 본성'에 바탕을 둔 '정치경제학'

결국 이들은 경제학을 상술한 바와 같이 고립된 개별 인간이 아니라 인간과 인간 사이의 관계에서 존재하는 사회적 인간의 전제 위에, 그러한 "사회적 인간들 사이의 상호 관계(계급관계)를 '잉여원리'를 통해 구명하는 과학"으로 파악한다. 여기서 '잉여원리'란 현상적으로 나타나는 이윤, 지대, 이자 등의 원천으로서 잉여가치는 잉여노동에 의해 만들어진다는 원리를 일컫는다. 이 입장에 의하면, 이러한 원리에 따라 경제현상을 분석하면 경제생활 과정에서 맺어지는 사회적 인간의 생활상의 욕구를 충족시켜 가는 과정과 그 내용 등을 밝

혀낼 수 있는 것으로 파악된다. 이러한 경제학을 우리는 '정치경제학'이라 일컫는다.[23]

이러한 정치경제학 입장에서는 인간의 본성은 선험적으로 주어진 것이 아니라 생산관계에 의해 달라진다고 보기 때문에, 생산관계 변화의 동력과 그 변화 과정을 해명하는 데 관심을 기울이게 된다. 이러한 연유로 경제활동의 성과를 평가할 때에서도 그 기준을 개별 인간의 합리적 선택 여부에 두는 것이 아니라 소유관계 내지 생산관계가 어떻게 변화하고 있는지 여부를 확인하는 데 두고 있다.[24]

3. '제도'와 '인간 본성'의 문제

또 다른 견해는 한 사회 구성원의 실제 생활상의 욕구 충족 과정이 사회의 제 제도적 틀에 의해 영향을 받는다고 보는 견해이다. 이 입장에서는 제도와 인간 본성과의 관계에 초점을 맞춘다.

(1) 인간에 대한 전제와 그 근거

이들은 인간은 개인주의적 인간(개별적 본성에 충실한 인간)이나 사회적 인간(사회적 본성에 충실한 인간)으로 선험적으로 규정되어 있지 아니하고, 다양한 성격을 복합적으로 띠고 있으며 주어진 사회문화적 특성에 따라 구체적인 성격이 규정되는 것으로 파악하고 있다. 이러한 견해를 다차원적인 '사회문화적 인간관'이라 한다. 구체적으로 이들은 인간의 본성에는 사회 구성원의 생활상의 욕구와 필요에 부응하여 그들의 '생활 과정'을 제고시키는 '생산적 본성'(제작정신본성)이 있는가 하면, 다른 한편으로 사회 구성원의 생활상의 욕구와 필요에 부응하지 못하여 한 사회의 '생활 과정'을 파괴시키는 약탈본성, 착취본성, 모방본성 등과 같은 '비생산적 본성'이 동시에 존재한다고 보고 있다.[25] 이러한 이들의 인간관은 인간의 본성이 원래 하나의 형태로 주어진 것이 아니라 복합적이며 다차원적으로 주어져 있다는 점에서 '다차원적 본성'을 가진 인간으로 파악하고 있다. 그러면서 이들은 이와 같은 인간에 내재해 있는 다차원적 본성이 사회에 주어진 제도적 틀에 따라 현실적으로 서로 다르게 구체화되는 것으로 파악하고 있다. 말하자면, 이들은 특정 사회의 전통적 요인을 비롯한 사회문화적 제 조건이 '제도'로 구체화되고, 그 '제도'가 인간이 가지고 있는 서로 다른 본성 중에서 어떤 본성이 현실적으로 구체화되는지를 결정하게 되는 것으로 보고 있다.

이렇게 보는 이유는 경제 문제가 특정 사회 구성원들의 생활상의 욕구에 부응하여 행해질 때 인간의 능력을 제대로 발휘할 수 있다고 보고 있으며, 그 가능성 여부는 그 사회의 '제 제도'에 의해 영향을 받는다고 보는 데 기인한다. 결국 이들은 어떠한 '제도'이든 그것이 다차원적 인간 '본성'에 어떠한 영향을 주고 있는지가 중요한 것으로 파악한다. 이들은 앞에서 제시한 견해들과 같이 결정론적 견해를 취하는 것이 아니라, 개인주의적 본성이 강한 사회에서는 그러한 활동을 보장해 주는 제도적 틀이 갖추어졌을 때, 그리고 사회적 본성이 강한 사회에서는 그러한 관계를 보장해 주는 제도적 틀이 갖추어졌을 때 인간의 생산적 능력이 제고된다고 파악하는 점이 다르다.

(2) 역사관

이들은 특히 '제도'를 중시하기 때문에 시대를 달리함에 따라 제도가 인간의 다차원적 본성 중에 어떠한 본성을 발휘하도록 기여해 왔는지 여부를 밝히는 데 뜻을 두고 있다.

이들이 이러한 견해를 갖게 된 것도 그들의 인간관에서 비롯된다. 말하자면, 이들의 견해는 제도가 당시 사회의 전통이나 문화적 배경을 얼마나 수용하여 만들어졌는지에 따라 그러한 제도가 당시 구성원들의 본성에 주는 영향이 달라지며, 궁극적으로 그들의 물질적 생활상의 욕구 충족방식이 달라진다고 본 데 기인한다. 그리고 이러한 구성원들의 경제생활, 즉 물질적 생활상의 욕구 충족방식은 역사발전 과정 속에서 변화하는 제도적 틀에 따라 일정한 방향성을 띠는 것으로 보고 있다. 제도경제학적 논자들이 일컫는 역사적 '경로의존성'(path dependency)이라는 것은 이러한 현상을 두고 일컫는 것이다.

(3) '다차원적 본성'에 바탕을 둔 '제도경제학'

우리는 앞에서 제도경제학적 논자들은 '경제' 개념을 '사회적 욕구 충족행위'(social provisioning) 내지 '생활 과정'(life process)으로 인식한다는 사실을 밝힌 바 있다. 그리고 그와 같은 개념 정의에 의하면 '경제'를 단순히 기술과 자원 등의 제약에 의해서만 인식하는 것이 아니라, 사회문화적 특성이 체화되어 나타나는 제도적 테두리 내에서 서로 다르게 나타나는 행위로 파악된다는 사실도 밝힌 바 있다.[26] 이제 이러한 개념 인식을 위에서 본 인간관에 비추어 보면, 그와 같은 '경제' 개념은 인간의 본성이 다차원적인 것으로서 주어진 사회문화적 특성에 의해 그 구체적인 성격이 드러나게 된다는 '사회문화적 인간관'의 전제 위에 성립된 개념이라는 사실을 알 수 있다. 이러한 맥락에서 이들은 '경제학'을 "'사회적 욕구 충족행위'를 연구하는 과학"으로 정의한다.[27] 좀 더 구체적으로 말하면, 이들은 '경제학'을 다차원적인 사회문화적 인간의 전제 위에 "특정 제도 속에서 인간의 본성이 어떻게 영향을 받으며, 나아가 그러한 제도적 환경이 사회 구성원들의 '사회적 욕구 충족행위' 내지 '생활 과정'에 어떠한 영향을 주고받는지를 구명하는 과학"으로 파악한다.

위와 같이 정의되는 경제학이 흔히 '제도경제학'이라 불리는 것이다. 그러나 이와 같은 '제도경제학'도 다루는 내용에 따라 세부적으로 '구제도경제학' 내지 '신제도경제학'(neoinstitutionalism)과 '새제도경제학'(new institutionalism)으로 구분된다. 일반적으로 '제도경제학'이라 하면 그중에서 전자를 일컫는 것으로, '정통제도경제학'이라 부르기도 한다. 정통제도경제학은 '제도'를 중시하면서도, 그 제도 형성의 역사적·사회문화적 배경을 중시하는 견해를 일컫는다. 이에 비해 후자의 새제도경제학은 '제도'의 중요성을 다룬다는 점에서 제도경제학의 범주에 포함시키더라도, 그 내용은 '한계원리'에 따라 경제현상을 분석하는 입장을 취한다는 점에서 전술한 근대경제학의 범주에 포함되는 견해라는 점을 유념하기 바란다.[28]

이러한 제도경제학에서는 제도가 사회 구성원의 본성에 어떠한 영향을 주고받는지가 중요한 관심의 대상이 되고 있어서, 경제학도 바로 인간의 본성과 그들의 생활 과정에 영향을 주고받는 제도의 역사적·사회문화적 기원, 존재, 그리고 그 성과를 해명하는 데 초점을 맞추게 된다. 나아가 이러한 분석에 바탕을 두고 이들은 어느 사회이든 그 사회 구성원들의 생산적 본성이 보다 활성화되기 위한 제도적 조건에 관심을 집중시킨다. 제도경제학은 이러한 입장에 서 있기 때문에 경제활동의 성과를 평가할 때에도 제도가 얼마나 사회 구성원들의 생활 내지 생산 관행을 반영하여 만들어지고 변해 가는지 여부를 기준으로 삼게 된다.

제3절 경제 문제의 해결과 경제체제

여기서는 경제 문제 해결 기제로서 경제체제의 개념을 설명하고, 이어서 시대적 상황의 변화에 따라 경제체제 문제 논의에서 주된 관심사항이 변해 온 것을 보인다. 이어서 이러한 경제체제도 인간과 경제행위에 대한 인식을 달리함에 따라 그 개념이나 성격이 다르게 인식된다는 점을 밝힌다.

1. 경제 문제의 해결과 경제체제

전술한 바와 같이 사회생활에서 경제, 정치, 법 등의 제 사회현상은 서로 복잡한 관련을 맺고 있으며, 이렇게 복잡하고 상호 관련된 사회생활은 끊임없이 새롭게 생성되고 변화·발전해 간다. 그 과정에서 해당 사회에 살고 있는 '사회 구성원들의 생존(生存)과 발달(發達)'을 규정짓는 다양한 문제들이 생겨나고 그 해결을 요구받고 있다. 사회과학은 바로 이러한 과정에 등장하는 사회의 제 문제 해결을 과제로 삼고 있으며, 경제학은 그러한 문제를 경제 문제를 중심으로 해명하는 것을 주된 과제로 삼고 있다.

그런데 그러한 제 문제는 특정 사회의 제 현상을 연관짓는 틀이 어떻게 만들어져 있느냐에 따라 그 성격을 달리하기 마련이다. 여기서 "경제, 정치, 법 등 인간의 현실 사회생활의 제 부문을 질서지우고 통합하는 양식", 즉 "사회를 이루는 제 부문들 사이의 관계를 규정짓는 틀"을 사회과학에서는 '사회체제'라 일컫는다. 그런데 앞에서 '사회'는 "더불어 삶을 영위해 가는 사람들의 삶의 공동체"라 했던 점을 상기해 보면, '사회체제'는 달리 "특정 사회 내의 개인과 개인 사이의 관계를 규정짓는 틀"이라 정의할 수도 있다.[29] 이렇게 보면 사회 제 문제의 성격은 그 문제가 발생한 사회체제 운영원리를 확인하는 데서 찾을 수 있을 것이다. 이하에서는 사회생활 일반에서의 이와 같은 논의를 경제생활에 초점을 맞추어 살펴보도록 하자.

(1) 경제체제의 과제와 개념

사회생활을 이루는 제 측면 중에서 우리들의 의식주 생활과 관련된 물질적 생활에 해당하는 경제현상을 보더라도 그것은 생산, 교환, 분배, 소비 등의 제 현상들이 서로 복잡하게 관련을 맺으면서 구체적인 형태를 달리하며 변해가는 것을 볼 수 있다. 우리 인간은 바로 그와 같은 경제생활 과정에서 물질적 측면에서의 인간의 생존 및 발달과 관련된 다양한 문제들이 생겨나고 있다.

그런데 이와 같은 경제생활 과정에서 우리 인간이 직면하는 여러 문제들도 사회 문제 일반의 경우와 마찬가지로 재화 또는 서비스의 생산·교환·분배·소비 등의 제 현상이 어떻게 관련되어 행해지는가에 따라 그 유형과 성격이 다르게 나타난다. 이러한 점을 고려해 보면 '경제체제'란 바로 사회 구성원들의 생활 과정에서 직면하는 경제 문제를 해결해 나가기 위해 "인간의 경제생활의 제 부문, 즉 생산·교환·분배·소비 행위를 질서지우고 통합하는 양식"이라 정의할 수 있다. 린드벡(Lindbeck)이 경제체제를 "생산, 소득 및 소비와 관련되는 의사결정과 이의 수행을 위하여 마련된 기구와 제도의 집합체"로 정의하고 있는데,[30] 이러한 정의는 위의 정의와 맥을 같이하는 것으로 볼 수 있다. 그러나 여기서 한 걸음 더 나아가서 '경제체제'는 이와 같은 의미를 담고 있으면서도 보다 포괄적으로 "한 사회를 구성하고 있는 경제주체의 '경제행위'와 그 '경제적 성과'에 항상적으로 영향을 미치는 제도 내지 조직"이라 정의되기도 한다.[31]

이렇게 보면 경제생활 과정에서 발생하는 제 문제, 특히 기본적인 경제 문제는 결국 경제체제의 산물이라 할 수 있으며, 거꾸로 한 사회의 경제 문제의 형태나 성격은 경제체제의 변화에 영향을 주는 상호작용을 하게 되는 것이다. 경제학을 경제생활 과정에서 나타나는 제 문제의 해결을 과제로 삼는다고 보면, 경제학은 경제체제와 관련된 문제를 주요 연구대상으로 삼고 있다는 것을 알 수 있다.

(2) 경제체제 문제에서의 주된 관심의 변화

제2차 세계대전 후 한동안 세계는 냉전체제가 유지되고 있었다. 그 시기 경제체제와 관련된 논의는 주로 자본주의 체제와 사회주의 체제의 서로 다른 문제해결 방식과 그 성과의 비교에 초점을 맞추어 왔었다.

그런데 이러한 관심은 1990년대 초반 소련의 붕괴와 그를 이은 사회주의권의 지각변동으로 큰 변화가 나타났다. 종전과 달리 체제 비교보다는 어떻게 하면 사회주의권 여러 나라들이 안정적으로 자본주의적 체제로 재편될 수 있을 것인지에 대해 관심이 집중되는 양상을 보였다. 말하자면, 사회주의권 붕괴 이후 체제 이행을 전제로 그 과정에서의 제도 개혁과 관련된 문제가 중심적으로 다루어져 왔다.

그러나 2000년을 전후하여 세계적인 경제위기를 몇 차례 경험하면서 체제 논의는 큰 틀로서 자본주의 체제 내의 다양한 제도들과 그 성과를 재점검하면서 체제 내외적으로 자본주의 불안정성의 근원에 관심을 가지는 쪽으로 변화를 보이고 있다. 체제 내적으로는 서로 다른 자본주의 체제의 존립 가능성을 제시하는 자본주의의 다양성 논의가 활발하게 전개되었으며, 다른 한편으로는 자본주의의 불안정성을 체제 외적으로 접근하는 중국 등과 더불어 신냉전의 기류를 염려하는 견해까지 생겨나기에 이르렀다.

먼저 세계 각국은 2000년대를 전후하여 세계적 차원에서 전개된 경제위기 사태에 큰 틀에서는 다 같은 자본주의적 시장질서를 취하는 가운데서도 각국의 제도적 특성이 반영된 서로 다른 형태의 대응을 해왔으며, 위기를 겪는 과정에서 서로 다른 강점과 취약점을 보여 왔다. 이러한 경험에 힘입어 위기 이후 각국은 서로 다른 형태의 다양한 자본주의적 틀의 차원에서 개혁을 이어가고 있다.[32] 한편, 현실적으로는 1991년 구 소련의 붕괴에도 불구하고 그 이후에도 미국과 러시아, 미국과 중국 사이에는 서로 양립할 수 없는 이해관계의 충돌, 지배력 확보를 위한 투쟁이 빈번해지고 심각해지고 있다. 적지 않은 논자들이 2000년대 들어 양 진영 사이에 전개된 시리아 사태, 우크라이나 사태, 무역전쟁 등의 많은 사태들을 보면서 이미 새로운 형태의 냉전, 소위 '신냉전'(New Cold War) 상태에 돌입했거나 그러한 상태로 나아가고 있는 것으로 보고 있다. 경제체제의 관점에서 보면 이러한 새로운 냉전의 밑바닥에는 기본적인 경제 문제의 해결방식에 대한 차이가 내재해 있다는 사실을 유념하는 것이 중요하다. 외형적으로는 시장경제 질서로 편재되고 있는 것같이 보이더라도 내면에는 비시장적 문제 해결에서 서로 다른 틀이 엄존하고 있다는 사실을 주목할 필요가 있다. 러시아와 중국은 시장질서 가운데서도 토지를 비롯한 주요한 생산 수단에 대한 국가주의적 요소와 가산제(家産制; partimonialism)적 요소가 작동되고 있다는 점에서 다른 자본주의적 체제를 택하고 있는 나라들과는 경제 문제 해결의 틀을 달리하고 있는 것을 볼 수 있다.[33]

이렇게 경제체제 문제에 대한 관심의 초점은 시대를 달리하면서 변해 온 것을 알 수 있다. 그러나 관심의 대상과 성격의 변화에도 불구하고 변화하는 시대 상황 속에서 사회 구성원들의 물질적 '생존'과 '발달' 과정에서 새롭게 직면하는 생활상 제 문제의 존재양식과 발생 원인, 대응방안 등과 관련된 문제가 주된 관심사라는 점에는 변화가 없다는 사실을 알 수 있다.

2. 경제체제와 자본주의에 대한 다양한 견해

우리는 앞의 제2절에서 경제 문제를 파악할 때 주된 관심 사항이 논자들에 따라 서로 다르다는 사실을 확인한 바 있다. 그런데 위에서 경제체제의 문제는 바로 경제 문제의 형태나 성격과 상호 긴밀한 관련을 갖고 있음을 보았다. 그러고 보면 결국 경제체제의 개념도 앞 절에서 본 논자들의 견해에 따라 서로 다르게 파악될 것이라는 것을 예상할 수 있다. 이제 이하에서 경제체제, 그중에서도 자본주의에 대한 견해 차이를 앞에서의 분류에 따라 근대경제학적 입장과 정치경제학적 및 제도경제학적 입장으로 나누어 살펴보고자 한다.

(1) 근대경제학적 견해

1) 경제체제

먼저 근대경제학자들은 '경제체제'를 "국민경제의 기본 문제를 해결하는 방식"이라 정의한다. 그런데 희소성을 전제로 해서 국민경제의 기본 문제가 해결되는 상태를 '자원배분'이라 일컫는다는 점을 고려해 보면, 결국 근대경제학적 논자들은 '경제체제'를 '자원배분방식'을 총괄적으로 가리키는 개념으로 규정짓는 것으로 볼 수 있다. 예를 들어, '기본적인 경제 문제' 개념을 처음으로 정립한 새뮤얼슨(P. A. Samuelson)은 직접적으로 정의하지 않고 '혼합경제의 가격기능'을 설명하는 자리에서 간접적으로 '경제체제'를 "어느 사회나 당면하는 기본적인 경제 문제를 해결해 나가는 방식"으로 이해하고 있는 것을 볼 수 있다.[34] 아울러 그로스먼(G. Grossman)과 같은 체제론자도 '경제체제'의 개념을 "사회경제의 기본 과제를 달성하기 위해 만들어진 제 제도의 체계"라고 기술하고 있는데,[35] 이와 같은 개념 규정도 같은 맥락에서의 정의로 간주될 수 있다.

이렇게 정의를 한 것은 경제체제 문제를 '원자론적 인간관'에 바탕을 두고 '희소성'이라는 관점에서 파악한 데에서 기인하는 것으로 평가된다. 이러한 경제체제 개념은 정태적이고 초역사적인 개념으로서, 이들에게는 한 사회의 자원배분방식을 설명하는 현상적인 형태를 파악하는 것이 중요한 의미를 지닌다.

2) 자본주의

'자본주의'라는 용어만큼 얼핏 우리에게 매우 친숙하고 당연해 보이는 것도 그리 흔하지 않으리라 생각된다.[36] 그러나 그것이 갖는 개념을 정확히 정의하기는 쉬운 일이 아니다. 근대경제학적 논자들 중에 혹자는 '자본'을 사용해서 생산하는 체제로 정의하기도 하며, 또 어떤 이는 '시장경제체제' 자체로 정의하기도 한다. 그런가 하면 좀 더 구체적으로 '사적 소유'와 '경제적 자유'가 보장되는 사회로 정의하는 견해도 있다.[37]

그러나 이러한 견해들을 살펴보면 일면 우리가 인식하고 있는 자본주의의 개념을 표현하고 있으면서도 불충분한 부분을 포함하고 있다는 사실을 알 수 있다. 예를 들어, '자본'을 사용해서 생산하는 체제로 정의하는 경우에 구석기시대, 사회주의에도 '자본'은 존재하고 있다는 사실을 고려해 보면 불충분한 정의라는 것을 금방 알 수 있다. 한편, '시장경제체제'로 정의하는 견해의 경우에는 고대, 중세, 사회주의에도 시장이 존재하고 있을 뿐 아니라 소위 자본주의 사회에도 계획적 요소가 존재한다는 사실을 설명할 수 없음을 유념할 필요가 있다.[38] 마지막으로 '사적 소유'와 '경제적 자유'가 보장되는 사회로 정의하는 경우도 있는데, 이와 같은 정의는 사회주의에서도 소비재 영역에 사적 소유가 인정되고 있다든지, 자본주의 사회도 경제적 자유의 범위가 달라질 수 있다는 점을 고려해 보면 충분한 정의라고 할 수 없다는 사실을 이해할 수 있다.

이러한 맥락을 반영하여 근대경제학적 논자들은 보다 일반적으로 개념상의 '자본주의'를 "사적 소유권을 가진 사회 구성원들이, 시장에서 결정된 가격에 의해, 자유로운 경제적 거래를 통해, 자원배분이 이루어지는 틀"을 의미하는 것으로 정의한다. 참고로 이 입장에 의하면, '사회주의'는 "사회적으로 결정된 가격을 통해 자원배분이 이루어지는 틀"을 일컫는다. 말하자면, "생산수단에 대한 소유권을 사회가 집단적으로 가지며, 사회적으로 자원배분이 이루어지는 체제"를 일컫는다. 그런데 이러한 개념 정의는 현실적으로 완벽하게 이러한 사회가 존재하는지 여부를 말하는 데 뜻을 두는 것이 아니라 가상의 세계에 대한 정의라는 점을 유념해 둘 필요가 있다.

이렇게 정의를 하고 나면, 문제는 이렇게 정의되는 자본주의가 어떠한 성격을 갖는지 확인하는 데 있다. 이제 이와 같은 자본주의 체제의 성격에 대한 근대경제학적 인식과 이들이 자본주의 체제의 변화를 바라보는 관점을 살펴보자. 먼저 근대경제학적 인식을 갖는 논자들은 '자본주의'를 하나의 '자연적인 질서'로서, 시장 메커니즘이라는 기본 질서가 그대로 유지되는 스스로 '완결된 정적인 사회'로 파악한다. 이 입장에서는 자본주의를 신분 등의 굴레로부터 벗어난 자유로운 사회로서 자기완결성을 지닌 바람직하고 아름다운 사회로 파악한다.

한편, 이들은 이와 같은 자본주의의 특성 자체는 사회 변화 과정에서도 변하지 않는 것으로 인식한다. 말하자면, 자본주의 체제를 정태적이고 초역사적인 성격을 띠는 것으로 파악하고 있다. 물론 현상적 모습이나 외형의 크기에는 변화가 있을지라도, 시장을 통해 자원배분이 이루진다는 기본 질서 자체와 교환 과정의 자유로움과 그 결과가 아름답다는 당위적 판단 자체에는 변화가 없는 것으로 인식하고 있다.

물론 이들이 보기로도 자본주의적 운영 과정에서 문제가 나타나는 것을 인정하지 않을 수 없다. 이러한 문제에 대한 인식이나 대응 과정에서는 근대경제학적 범주에 들어오는 논자들 사이에도 크게 두 갈래의 견해가 존재한다. 먼저 한 부류의 논자들은 자본주의 사회 내에 문제가 발생하더라도 그것은 부분적, 일시적인 것으로서 기본적으로 자본주의적 질서 속에서 해결될 수 있는 것으로 보고 있다. 이들은 국가를 그러한 문제를 해결해 내는 '조정기구'로 파악하고 있다는 입장을 취하고 있다.[39] 이러한 견해는 자유주의자들의 견해에 해당하는바, 경제학적 관점에서 보면 신고전파 논자들의 견해가 이에 해당한다 할 수 있다.

근대경제학으로 분류되는 논자들 중에서도 위의 논자들과는 달리 견해를 달리하는 또 다른 일단의 논자들이 있다. 이들은 위의 견해와 달리 자본주의 사회에서 발생하는 문제는 광범하고 항상적인 것으로서 '체제적'인 성격을 띠는 것으로 본다. 여기서 '체제적' 성격을 띠고 있다는 말은 국가에 의한 광범하고 항상적인 개입이 없이는 하나의 경제체제로 성립되기 힘들 정도로 문제의 범위가 넓고 정도가 깊다는 사실을 의미한다. 말하자면, 현실의 경제체제 운영 과정에서 발생한 경제 문제들이 이제는 국가의 체제적 개입에 의해서만 해결될 수 있는 것으로 본다는 것이다. 이렇게 국가의 '체제적 개입'에 의해 존재하는 자본주의 체제를 흔히 '수정자본주의' 또는 '혼합경제체제'라 일컫는다. 이들은 국가를 그와 같은 문제를 보다 적극적으로 '계획'하고 '관리'하는 기구로 파악하는 입장을 취하고 있다. 여기서 주의할 점은 이들이 보기로 자본주의 사회 내에 발생되는 문제가 광범하고 항상적인 성격을 띠더라도, 자본주의적 질서를 부정해서 해결될 수 있는 것으로 파악하는 것이 아니라 자본주의를 수정함으로써 문제를 해결하고자 한다는 점이다. 이러한 견해를 취하는 논자들을 우리는 흔히 '개혁주의자' 내지 '개입주의자'로 부르는바, 경제학적 관점에서는 케인스와 그의 견해를 따르는 케인지언들의 견해가 이에 해당한다.

(2) 정치경제학적 견해

1) 경제체제

이에 비해 정치경제학자들은 경제체제를 좁게는 '생산관계'로, 넓게는 '사회구성체'로 파악한다.[40] 먼저 협의로 경제체제는 '생산관계'로 파악된다. 그런데 일반적으로 '생산관계'라 하면 생산 과정에서 맺어지는 인간 사이의 사회적 관계를 의미하는데, 이러한 관계를 규정짓는 중요한 요인이 바로 생산수단에 대한 소유관계이므로 생산관계는 근본적으로 "생산수단의 소유관계"로 나타난다. 다시 말하면, 소유 계급과 비소유 계급의 계급관계로 나타난다. 이를 생산물로 표현하면, 생산관계는 잉여생산물을 생산하는 계급과 소유하는 계급의 계급관계로 나타난다. 인간 사회가 이제까지 경험해 온 사회 형태들, 즉 원시 공산사회, 고대 노예사회, 중세 봉건사회, 자본주의 사회, 사회주의 사회 등 제 사회 형태에는 각자 특유한 생산관계를 가지고 있다. 말하자면,

서로 다른 경제체제를 가지고 있는 것이다. 그런데 이러한 생산관계는 한 사회의 생산력 수준에 조응하여 성립되며,[41] 아울러 이러한 생산관계가 기초가 되어 그 위에 정치, 법률, 이데올로기 등의 총체로서 상부구조가 성립된다는 점에 착안하여 생산관계를 '경제적 토대' 또는 '하부구조'라 일컫기도 한다. 이러한 입장을 취하면 경제체제를 정치체제 등 기타 사회의 제 체제와 구별하는 데 유용하다.

한편, 광의로는 '사회구성체' 내지 '사회' 그 자체의 의미로 사용되기도 한다. 여기서 말하는 사회구성체란 "경제적 토대(즉, 하부구조)와 상부구조의 접합체"를 의미한다. 상술하면 "경제적 토대로서의 생산양식(생산력과 생산관계)과 그에 의해 규정된 정치·법률·이데올로기 등의 총체로서 상부구조의 접합체(하나의 특수한 사회유기체)"를 일컫는다. 일반적으로 정치경제학자들은 사회를 사회구성체의 개념으로 파악하기 때문에, 광의의 개념에 의하면 보다 광범하게 특정 사회 그 자체가 바로 경제체제로 인식되는 것이다.[42]

정치경제학적 논자들이 경제체제를 이렇게 정의한 것은 경제체제 문제를 '사회적 인간관'에 바탕을 두고 인간들 사이의 '관계' 내지 '구조'라는 관점에서 파악한 데 기인한 것으로 평가된다. 따라서 이들에게는 경제체제 개념은 동적이고 변화하는 개념으로서, 결국 경제체제의 문제는 현재 어떠한 모습을 띠고 있는지의 문제보다 역사적으로 어떠한 과정을 거쳐 변화해 왔으며 앞으로 어떠한 형태로 변해 갈 것인지를 이해하는 것이 중요한 것으로 파악한다.

2) 자본주의

이 견해에서는 '경제체제'의 개념과 같은 맥락에서 '자본주의' 개념도 협의와 광의로 나누어 파악한다.[43] 먼저 협의로는 생산 과정에서 생산수단을 소유한 자본가 계급과 그렇지 못한 노동자 계급으로 인간들 사이의 관계가 규정지어지는 경제체제를 일컫는다. 첨언하면, 생산수단이 자본가에 의해 사적으로 소유되며, 상품 생산이 지배적인 사회, 즉 노동력까지도 상품화될 정도로 상품 생산이 지배적인 사회를 일컫는 개념으로 사용된다.

한편, 광의로는 자본주의 체제(또는 자본주의적 사회구성체)는 자본제적 하부구조와 그에 조응하는 상부구조와의 총체로 이루어진 하나의 특수한 사회적 유기체로 보다 광범하게 파악되기도 한다. 참고로 이 입장에 의하면, '사회주의'는 "생산수단이 사회(사회 구성원 전체로서 국가 또는 구성원의 조합)에 의해 소유되어, 자본가 계급과 노동자 계급의 구분이 없는 사회"로 정의된다. 이에 비해 '공산주의'는 "생산수단뿐만 아니라 소비재까지도 사회화된 사회"를 의미한다.

이제 이렇게 정의되는 자본주의는 어떠한 성격을 갖는지, 나아가 이러한 견해에서는 자본주의의 변화를 어떻게 보고 있는지 알아보자. 먼저 이 견해는 자본주의 사회를 인류 역사에 등장하였던 여러 사회 형태 중의 하나로서 "항상 변화 과정에 있는 하나의 유기체"로 파악하고, 이러한 형태가 나타난 이유와 과정을 파악하려는 입장을 취한다는 점을 이해해 두는 것이 중요하다. 말하자면, 이 입장에서는 자본주의를 약자와 강자의 갈등사회, 그래서 모순과 그 지양의 변증법적 변화 과정에 있는 가변적인 동적 개념으로 파악한다.

구체적으로 이들은 자본주의의 변화를 '변증법적 변화 과정'의 일환으로 파악한다. 먼저 이들은 사회발전의 기본을 물질적 '생산력'으로 본다. 여기서 '생산력'은 "물질을 만들어 내는 힘"으로서, 노동력과 생산수단을 일컫는다. 이러한 이해 위에 이들은 그러한 물질적 생산력의 특정 발전 단계에 상응하는 생산관계가 성립되는 것으로 본다. 나아가 이러한 생산관계의 총체는 사회의 경제적 구조, 즉 경제적 토대를 이루며, 이 토대 위에 하나의 법률적·정치적 상부구조가 서게 되며, 결국 그 변화의 기본인 물질적 생산력의 변화에 따라 생산관계, 나아가 경제체제 전반이 변화하게 되는 것으로 파악한다.

구체적인 변화 과정을 보면, 생산력 발전의 일정 단계에 가면 사회의 물질적 생산력은 지금까지 그 속에서 움직여 왔던 기존의 생산관계 또는 소유관계와 모순에 빠진다. 이것은 생산력은 발전하여도 생산관계는 본래 생산 수단의 소유관계, 즉 법적 내지 제도적 틀이므로 고정화되는 경향이 있기 때문이다. 즉, 생산력이 그 내부에서 운동해 오던 현재의 생산관계와 충돌하게 된다. 그러면 기존의 생산관계에 변화가 일어나는데, 이러한 경제적 기반의 변화와 함께 사회 전체의 거대한 상부구조도 점진적으로 또는 급진적으로 변화한다. 이렇게 인간사회는 생산력과 생산관계 간의 모순을 원동력으로 하여 변화해 간다. 시대별로 보면 중세 사회는 농노 소유주인 영주와 직접생산자인 농노 사이에 피할 수 없는 기본적인 모순이 존재하고 있었다. 말하자면, 영주에 의한 대규모 토지소유제도와 농노의 점유권과 그로 인한 직접생산자의 잉여 축적 가능성이라는 모순된 관계가 중세 사회를 성숙시키면서도 결국에는 몰락을 가져오는 기본적인 동력으로 작동하고 있었던 것으로 본다.[44] 한편, 자본주의 사회는 생산은 전문화, 분업화 등에 바탕을 두고 있어서 사회적 성격을 갖고 있는 데 비해, 소유는 사적 성격을 띠고 있어서 이들 사이에도 성립 당시부터 피할 수 없는 모순을 안고 있다. 그리고 이러한 모순이 깊어지면서 자본주의는 성숙 단계를 거쳐 궁극적으로 새로운 변화를 거치는 것으로 파악한다.

(3) 제도경제학적 견해

1) 경제체제

앞에서 우리는 제도경제학적 논자들은 기본적인 경제 문제를 사회 구성원들의 실제 '생활 과정'에서 필요로 하는 욕구 충족방식에 두고 있었음을 보았다. 이와 같은 그들의 견해는 '경제체제' 문제를 다루는 데도 그대로 반영되어 제도경제학적 논자들은 '경제체제'를 "물질적 생활상의 욕구를 충족시키는 방식을 규정짓는 제 제도의 총체"로 이해하고 있다.[45] 말하자면, 그들에게 경제체제는 다차원적인 인간행동의 성향을 구체적으로 규정지어, 생활상의 욕구를 충족시키는 방식을 규정짓는 제 제도의 총체를 일컫는 것으로 이해하고 있다.

더불어 우리는 앞에서 제도경제학적 논자들이 중시하는 그와 같은 '사회적 욕구 충족방식'이라는 것은 사회적으로 제약을 받는다 하였다. 이러한 맥락에서 제도경제학자들은 경제체제는 "보다 광범한 사회적 환경 속에 깊이 배태되어 있다고 믿고 있다."[46] 그런데 여기서 '사회적'이라는 것은 특정 시대, 특정 사회의 생활 관행과 그것이 응집된 문화적 전통에 의해 제약을 받는다는 것을 의미한다. 이와 같은 사회관을 반영하여 제도경제학자들은 '경제체제'를 "보다 광범한 사회문화체제의 하부 체제로 인식하며, 따라서 경제체제는 사회문화체제에서 나타나는 많은 속성을 담아내는 역할을 수행"[47]하는 것으로 보고 있다. 이러한 맥락에서 결과적으로 제도경제학자들은 '사회적 욕구 충족방식'을 찾기 위해서 '문화적 접근'을 해야 한다고들 하고 있는 것이다.[48]

한편, 제도경제학자들은 앞에서 본 바와 같이 '사회'를 '제 제도의 유기적 총체'로 파악함으로써, 사회를 구성하는 제 요인들은 서로가 매우 밀접한 관련성을 맺고 있는 것으로 보고 있다. 그뿐만 아니라 그러한 제도들이 어떠한 관련성을 맺고 있는지에 따라 사회 구성원들의 생활상의 욕구 충족이 원활하게 이루어질 수도 있고 그러하지 않을 수도 있는 것으로 보고 있다. 이들에게는 경제체제를 이루는 제 제도들의 경우에도 마찬가지 작용이 이루어지는 것으로 파악된다.

제도경제학자들이 경제체제의 개념이나 그 성격을 위와 같이 인식하고 있는 것은 경제주체로서 인간을 다차원적인 '사회문화적 인간'으로 상정한 데 기인한다. 말하자면, 경제체제가 어떻게 주어지는지에 따라 그와 같은 다차원적인 인간의 본성과 그에 따른 행동동기가 어떻게 발현되는지가 서로 다르게 나타나는 것으로 보게 된 것이다. 전반적인 사회문화체제의 하부체제로서 인식하는 제도경제학자들에게는 결국 경제체제라는 것도 그 내용이 사회적·역사적 상황에 따라 그 성격을 달리하면서 사회 구성원들의 생활 과정에 영향을 주는 사회적이고 역사적 성격을 갖게 됨은 물론이다.

2) 자본주의

이들 입장에서는 '자본주의' 체제는 자본 축적 성향(개별적 본성)을 촉진시키고자 하는 제 제도의 집합체로 파악된다.[49] 다시 말하면, 이들은 다양한 본성을 내포하고 있는 개인들의 생활상의 욕구 충족방식을 이기적 본성에 충실한 자본 축적방식에 맞추고, 그러한 방식을 제도화하는 틀을 '자본주의'로 파악한다. 참고로 이 입장에 의하면, '사회주의'는 "사회적 본성을 촉진시키고자 하는 제 제도의 집합체"로 정의된다.

이제 이들의 입장에서 자본주의가 갖는 성격과 자본주의의 변화를 어떻게 보고 있는지 알아보자. 제도경제학자들은 특정 경제체제하에서 사회 구성원 각자의 본성(자질)이 제대로 발휘될 수 있는지 여부는 사회 구성원들의 행위 과정에 내재되어 있는 사회문화적 특성이 해당 경제체제에 얼마나 잘 수용되고 있는지에 따라 달라진다는 점을 중시한다. 따라서 이들은 개별적 본성 발휘에 충실한 자본주의도 사회에 따라서는 그 구성원의 생활의 질을 제고시킬 수 있으며, 또 다른 사회에서는 생활의 질을 떨어뜨릴 수도 있는 것으로 파악한다. 말하자면, 자본 축적 성향을 촉진시키고자 하는 제 제도의 집합체로서 자본주의 체제도 생산적 본성이 발휘될 수 있는 경우에는 사회 구성원들의 '생활의 질'을 제고시키는 것이 가능한 것으로 파악하고 있다. 이렇게 보면 결국 특정 체제의 좋고 나쁨은 사회 구성원들의 의지가 제대로 반영되고 있는지 여부에 달려 있는 것으로 본다.

이들 입장에서는 이처럼 자본주의 체제는 다양한 본성을 내포하고 있는 개인들에게 자본 축적을 촉진시키고자 하는 제도적 제약을 가함으로써 축적 성향을 제도화하고자 하기 때문에, 그 과정에서 대립되는 다양한 본성에 근거한 경제적 이해의 갈등과 대립으로 항상 변해 가는 동적이며 모순적인 다차원적 사회질서로 파악된다. 이러한 이들의 견해는 근대경제학적 논자들이 자본주의 경제체제를 자기조절적 경제체제로 보고 있다든지, 정치경제학적 논자들이 자기파괴적 경제체제로 보고 있는 것과는 견해를 달리한다는 것을 알 수 있다.[50] 한마디로 이들은 이렇게 자본주의 체제를 '변화 과정에 놓여 있는 유기체', 즉 해당 사회의 사회문화적 특성의 변화에 따라 동적으로 변해 가는 역사적인 개념으로 파악한다. 사회문화적 특성을 반영하여 특정 체제가 성립되지만 그것은 구성원들의 다양한 경제적 이해의 갈등과 대립의 결과로 성립된 것이며, 다시금 그러한 갈등과 대립으로 인해 체제가 변해 가는 것으로 본다. 이때 체제의 변화는 다수 구성원들에게 바람직한 변화일 수도 있고 그렇지 않을 수도 있는 것으로 본다.

(4) 종합

근대경제학에서는 자본주의를 자발적인 시장기구의 작용에 의해 균형으로 향하는 정적이며 조화로운 질서로 파악한다. 이에 비해 정치경제학에서는 자본주의를 변화 과정에 놓여 있는 유기체로 파악하고, 특히 자본가와 노동자 사이에 나타나는 계급 갈등(모순)과 지양의 변증법적 변화 과정에 있는 하나의 구조물로 파악한다. 한편, 제도경제학에서는 자본주의 체제를 모순 갈등을 드러내는 하나의 유기체로 보는 점에서는 정치경제학과 견해를 같이하나, 주어진 사회의 특성을 반영하여 다양하고 차별적으로 변해 가는 과정으로 본 점에서는 차이가 난다.

경제체제 또는 자본주의의 개념을 이렇게 서로 다르게 인식하는 것은 특정 사회 속에 살고 있는 인간의 물질적 생활과 관련된 인간의 생존과 발달을 제약하는 문제(인간의 창조성, 삶의 조건 등)의 근원을 어떻게 파악하는가에 대한 견해 차이에 기인함을 알 수 있다. 이렇게 볼 때, 경제체제는 규범이나 도덕적 요구의 산물이 아니라 각 사회가 갖는 다양성과 차별성을 반영한 제도적 산물임을 유념할 필요가 있다.

주

1. Samuelson(1980: 15-16)을 참고.
2. Samuelson(1980: 17)을 참고. 특히, 그가 이 문제를 비용·편익 계산의 문제와 연계시키고 있는 것은 Samuelson(1980: 2R)에서 '희소성'과 관련해서 경제학의 개념을 정의하면서 부연하고 있는 서술에 나타나고 있다.
3. 제3장에서 설명한 '경제'에 관한 정치경제학적 논자들의 견해를 참고하기 바란다.
4. 제3장에서 설명한 '경제'에 관한 제도경제학적 논자들의 견해를 참고하기 바란다.
5. Polanyi(1944: 제4장)에서 설명하고 있는 '사회와 경제체제'(Societies and Economic Systems)의 내용을 참고하기 바란다. 아울러 Holton(1992: 16-17)은 폴라니의 관련 내용을 소개하면서 위와 같은 상호성 원리나 재분배원리, 가정경제원리, 그리고 시장경제원리는 모두 교환의 특수한 서로 다른 형태들로서 어느 하나로 환원될 수 있는 성질이 아니라는 사실을 강조하고 있는 것을 볼 수 있다.
6. 어떤 사회에서는 누군가가 생산기술을 독점하여 특정 물건을 그들이 필요하다고 생각하는 방향으로 생산량을 조절하는 경우도 있을 수 있는 것이다. 미국의 제도주의 경제학자로 알려져 있는 Galbraith(2004(2007))는 이러한 사실을 '생산자 주권'의 횡포로 표현한 바 있다.
7. '사회적 욕구 충족행위' 내지 '생활 과정'이 갖는 의미에 대해서는 제3장 제도경제학적 논자들의 '경제' 개념 설명 부분을 참고하기 바란다.
8. 자원배분, 기본적인 경제 문제, 체제 등의 개념상의 관련성에 대해서는 후술하는 근대경제학적 관점에서의 '경제체제' 개념 정의 부분을 참고하기 바란다.
9. 이러한 입장에 서 있는 Svejnar(2002)나 김수정 외(2018) 등의 연구 및 관련된 연구들을 보면 체제이행국가들과 관련된 연구들이 주로 시장체제로의 이행 전략이나 성과 분석에 집중되고 있는 것을 볼 수 있다.
10. 이와 같은 동구권의 체제이행기 정치경제학적 주된 논점은 조용범(1991: 24)의 논의가 참고될 수 있다. 아울러 이성백(1996: 182)은 "설사 자본관계가 중심이 되는 사회가 형성되더라도 서구와 동일한 형태의 자본주의가 될 가능성은 매우 희박하다"면서 "다구조 경제를 기본 외연으로 짜여지는 사회체제가 될 것으로 전망"하고 있는바, 이러한 견해 또한 사회주의적 체제 내에서의 비판적 극복을 논하고 있는 것으로 볼 수 있다.
11. 예를 들어, 새뮤얼슨은 1929년 이래의 대공황을 겪으면서 단순하게 경제체제가 '당시' 소비 수준에 비추어 보면 더 많은 것을 만들어 낼 수 있다는 점에서는 '희소성의 법칙'이 막을 내린 것으로 볼 수도 있을 것이나, 그와 같은 높은 생산력 시대에도 여전히 '희소성'의 문제는 그대로 유지되고 있는 것으로 보아야 한다고 주장하고 있는 것을 볼 수 있다(그의 *Economics*, 1958(제4판), p. 17에 실려 있는 내용 참고). 말하자면, 그는 현대 공황의 문제도 희소성의 문제가 해결되어 경제체제 자체의 변경을 강구해야 할 문제가 아니라 주어진 틀 내에서 운영상의 문제의 범주

에 포함시키고 있다는 사실을 알 수 있다.

12. Smith(1776(1965): 13-16)를 참고.

13. 앞에서 스미스의 사회관을 설명할 때 소개한 내용(제3장 주 54)의 후반부 서술)을 참고하기 바란다.

14. Coker(1990: 140)의 서술내용을 참고. 그는 이렇게 인간은 '공감'의 본성이 전제된 속에서의 이기적 본성에 따라 행동할 때 전반적으로 자유로운 사회가 형성되는 것으로 보고 있다(Hall(2017-2019)의 글 중에서 'Sympathy and Liberty' 부분의 내용을 참고할 것).

15. '신고전학파 경제학'에 대해서는 이어지는 '근대경제학' 부분의 설명을 참고하기 바란다.

16. Kyenes(1936: 161-162)의 내용을 참고.

17. 2008년의 경제위기를 경험하면서 불확실한 상황에서는 합리적 계산의 차원에서 동일한 조건이라 하더라도 이러한 동물적 본성의 차원에서 활력이 떨어지면 경제가 침체할 수도 있다는 점을 중시하여, 최근에 다시금 '동물적 본성'에 대한 관심이 되살아나고 있는 경향을 볼 수 있다. 이와 관련된 내용은 Akerlof and Shiller(2009), Dow and Dow(2011) 등을 참고하기 바란다.

18. '신고전학파'와 '케인스'의 견해에 대해서는 후술하는 '근대경제학' 개념 설명 부분을 참고하기 바란다.

19. '고전파 경제학'(classical economics)은 스미스(A. Smith)를 필두로 노동가치설에 바탕을 두고 생산과 비용을 중심으로 경제현상을 설명하고 있었던 초기의 경제학체계를 일컫는 것이었다. 이에 비해 '신고전파경제학'(neoclassical economics)은 고전학파와 한계효용이론을 종합한 마셜(A. Marshall) 이후 성립·발전된 경제학체계로서, 생산 측면보다는 자원의 희소성의 전제 위에 한계효용에 근거를 둔 소비 중심의 경제학체계를 일컫는다. 이와 같은 신고전파 경제학과 케인지언 경제학(Keynesian economics)을 포괄하여 '근대경제학'이라 일컫는다. 보다 자세한 내용은 전문적인 경제학설사 관련 문헌을 참고하기 바란다.

20. 이 개념은 새뮤얼슨의 『경제학』(*Economics*) 제3판(1955)에서 소개하고 있는 개념으로서, 그는 "현대경제학이 그 기능을 잘 수행하게 되면, …, 그 중요성은 사라지고 전통적 경제학이 다시 자기자리를 차지하게 된다"(Samuelson, 1955: 11)면서 '신고전파종합'의 개념을 설명하고 있다. 아울러 그는 "최근에 90%의 미국 경제학자들은 '케인지언' 또는 '비케인지언'이라 부르는 것을 멈추었다. 대신에 그들은 옛 경제학이나 소득 결정 문제를 다루는 현대경제 이론에서 가치 있는 것이면 무엇이든 '종합'을 지향해 왔다(Samuelson, 1955: 212)"면서 '신고전파종합'이 일반화되고 있음을 역설하고 있는 것도 볼 수 있다. 여기서 '현대경제학'은 정부의 개입을 수용하는 케인스의 소득 결정 이론을 약칭하는 것이며, '전통적 경제학' 또는 '옛 경제학'은 개개인의 경제적 합리성에 의존하면서 완전고용 상태에서 자원배분의 적절성에 관심을 갖는 신고전파 경제학을 일컫는다는 점을 참고하기 바란다. 아울러 신고전파 종합에 대한 더 자세한 내용은 Blanchard(1991), Backhouse(2015) 등을 참고하기 바란다.

21. 칼 맑스(1844(1994): 77-78)를 참고.

22. 우리나라에서 이러한 입장에서 서술된 경제사 관련 교과서로는 대표적으로 최종식(崔鐘軾,

1978)을 들 수 있다.

23. '정치경제학'이라는 용어는 다양하게 사용되어 왔거나 사용되고 있다. 먼저 스미스를 비롯한 고전파 경제학을 '정치경제학'이라 일컫는 경우가 있는데, 이는 "정치와 경제가 서로 영향을 주고받는 상황에서 경제행위의 질서를 파악하는 과학"이라는 의미로 사용되었다(이런 의미의 '정치경제학'은 Staniland(1985: 12), Caporaso and Levine(1992: 34), Besley(2004: 4) 등을 참고할 것). 후일 마르크스가 『자본론』의 부제(副題)를 '정치경제학 비판'이라 했는데, 그때 '정치경제학'은 바로 스미스 등의 고전파 경제학에 대한 비판의 의미를 담는다는 뜻이었다.

그러나 후일에 와서 마르크스 경제학을 '정치경제학'이라 부르는바, 이때 정치경제학은 본문에서 정의하고 있는 바와 같이 잉여원리를 통해서 사회적 인간들의 상호 관계를 구명하는 과학이라는 의미를 담고 있다(이런 의미의 '정치경제학' 개념에 대해서는 O'Connor(1976: 14-22), Caporaso and Levine(1992: 55-56) 등을 참고할 것). 오늘날 '정치경제학'이라 하면 이런 의미를 담고 있는 것이 일반적이다. 본서에서도 이런 의미로 사용하고 있음을 유념하기 바란다.

한편, 뷰캐넌(J. M. Buchanan)류의 '공공선택론'을 '정치경제학' 또는 '신정치경제학'이라 부르는 경우도 있다. 여기서 말하는 정치경제학은 "비시장적 경제행위를 경제학적으로 연구하는 학문"이라는 의미를 담고 있다. 말하자면, 비시장적 경제행위로서 공공재 공급과 관련된 관료, 정치가 및 이익집단들의 행동을 경제학적으로 분석하는 학문 분야를 일컫는 용어로 사용된다. 그러나 이들의 공공선택론은 정치가나 관료가 정치 문제를 다룰 때도 자기이익 극대화를 추구한다는 가정하에서 정치시장을 신고전파의 한계분석 논리에 따라 분석한다는 점에서는 전통적인 신고전파 경제학과 그 방법론적 견해를 같이한다고 볼 수 있다(이런 의미의 '정치경제학' 개념에 대해서는 Staniland(1985: 36-42), Besley(2004) 등을 참고할 것). 이런 측면에서 이들의 이론은 근대경제학의 한 부류로 분류된다는 사실을 유념해 둘 필요가 있다.

24. 예를 들어, 마르크스(K. Marx)는 "인구는 예를 들어 인구를 구성하고 있는 계급을 무시하면 하나의 추상이다. 이러한 계급은 그것이 기초하고 있는 요소들, 예컨대 임노동과 자본 등을 알지 못하면 공허한 용어가 될 것이다"라고 하면서, 이렇게 임노동과 자본의 관계의 작용에 대한 바탕 위에서 다시금 인구를 바라보아야만 현실에서 나타나는 표상으로서의 인구가 아니라 내재된 관계들을 포함한 인구를 바라보게 된다고 기술하고 있는 것을 볼 수 있는데, 이는 바로 '생산관계'의 중요성을 강조하는 이러한 견해를 대변하는 것으로 볼 수 있다(칼 마르크스 지음, 김호균 옮김(1988: 33-34) 참고). 이렇게 현실의 구체적인 개념에서 분석을 통해 보다 단순하고 추상적인 일반적인 제 관계에 도달하고, 거꾸로 거기서부터 다시금 구체적인 현실로 돌아감으로써 현실을 관류하는 구조적 질서를 찾아내고자 하는 사회현상 이해 방법이 곧바로 정치경제학에서 이론을 만들어 내는 방법론에 해당되는 내용임을 참고하기 바란다.

25. 제도경제학자들이 이렇게 인간의 본성을 생산적 본성과 비생산적 본성으로 나누어 설명하고 있는 것은 제도경제학의 원조라 불리는 베블렌(T. Veblen)이 '제작정신본성' 내지 '부모적 성향'과 '약탈(착취)본성' 내지 '모방본성' 등으로 구분해서 설명한 데서 유래한 것인데(Veblen (1914(1946): Ch. I), Veblen(1899(1919): 15-16, 93, 208) 등을 참고), 그 이후의 제도경제학적 논자

들의 논의(Tool(1995: 9-11), Jensen(1987: 1054-1060, 1068-1069) 등을 참고)는 여기서 출발하여 인간본성뿐만 아니라 경제활동 전반을 양면적으로 나누어 설명하는 계기를 제공하였다. 이렇게 설명하는 접근법을 제도경제학자들은 흔히 '베블렌의 이분법'(Veblenian Dichotomy)이라 부른다.

26. 이와 관련된 내용은 제3장 제1절의 '경제' 개념 중 제도경제학적 논자들의 견해를 참고하기 바란다.
27. Dugger(1996: 1)의 내용을 참고.
28. 제도경제학파의 이와 같은 구분에 대한 보다 자세한 내용은 우명동(2005: 40-43)을 참고하기 바란다.
29. 배진영(2007: 36) 같은 이는 '사회체제'(사회적 시스템)를 "개인, 가족, 제도 등과 같은 실재물들 간의 관계"를 지칭하는 개념으로 정의하기도 하나, 본서에서는 한 사회를 이루는 제 부문이나 구성원들 사이의 '관계'에 초점을 맞추어 본문과 같이 정의하기로 한다.
30. Lindbeck(1977: 214(김영봉, 1993: 4))을 참고.
31. 유사한 맥락에서 프라이어(F. Pryor)는 자신의 저서에서 "경제체제는 '경제행위'와 그 '결과'에 직접·간접으로 영향을 주는 모든 제도, 조직, 법규, 전통, 신념, 태도, 가치, 금기 및 그 결과 발생하는 행동 패턴을 포함한다"면서, 경제행위, 나아가 경제행위의 성과에 영향을 주는 일련의 조직뿐만 아니라 전통과 가치 등 문화적인 내용까지를 포함하는 견해도 제시되고 있는 것을 볼 수 있다(Pryor(1973: 337(김영봉, 1993: 4))를 참고).
32. 이와 같이 자본주의라 하더라도 서로 다른 특성을 가지고 주어진 경제 문제를 해결하며 경제위기에 대한 대응도 서로 다른 형태를 취하고 있다는 소위 '자본주의의 다양성'에 관한 논쟁은 Hall and Soskice(2001)에 관한 연구 이래로 활발하게 전개되어 오고 있는바, 자세한 논의는 관련 문헌을 참고할 수 있다.
33. Betz(2014); Becker and Vasileva(2017) 등을 참고.
34. Samuelson(1980: 37)을 참고.
35. Grossman(1974: 3)을 참고.
36. 이하 내용은 '자본주의'와 그 변화에 대한 근대경제학자들의 견해를 소개한 우명동(2005: 75-78)의 내용을 본서의 맥락에서 요약하여 재정리한 것이다.
37. 김수행 외(1992: 36)에서 제시하고 있는 예를 참고한 것이다.
38. 아울러 이렇게 자본주의 체제를 '시장경제체제'라 부르는 견해에 대해서는 '시장경제체제'라는 보다 중립적인 명칭으로 대체함으로써 '자본주의 체제'라는 개념이 주는 부정적 측면을 은폐하고자 하는 의도에서 기인한 것으로 보는 견해도 있다. 이는 갤브레이스의 견해로서, 구체적인 내용은 Galbraith(2004(2007))를 참고하기 바란다.
39. 이와 관련하여 자유주의적 성격을 갖고는 있으면서도 신고전파 논자들과 국가의 역할에 대한 견해를 달리하는 공공선택론자들의 견해를 이해해 둘 필요가 있다. 공공선택론자들은 문제를 정부나 의회 차원에서 해결할 수 없음을 보이고 헌법에 의해 해결할 것을 주장하고 있다.

40. 정치경제학적 논자들 사이에는 '경제체제'를 이렇게 광의와 협의로 서로 다르게 파악하는 견해가 있다는 사실에 대해서는 조용범(1985: 45-48)을 참고하기 바란다.

41. 이렇게 "생산력에 조응하여 성립되는 생산관계의 총체"를 '생산양식'이라 표현하기도 한다.

42. 관련된 내용은 정치경제학적 사회관을 설명한 제3장의 '사회구조체관' 설명 부분을 같이 참고하기 바란다.

43. 이하 내용은 '자본주의'와 그 변화를 바라보는 정치경제학자들의 견해를 소개한 우명동(2005: 82-93)의 내용을 본서의 맥락에서 요약하여 재정리한 것이다.

44. 이를 '중세의 일반적 위기'라 일컫기도 하는바, 이러한 위기가 곧바로 중세 사회 극복의 계기로 작용하였던 것이다. 관련된 내용은 제5장의 주 16)을 같이 참고하기 바란다.

45. 대표적인 제도경제학자 중의 한 사람인 Tool(1995: 175)에 의하면, '경제체제'란 "서로 관련을 맺고 있는 수많은 제도들의 합성물"로서 "그것을 통해 특정 사회 구성원들이 '생활 과정'을 유지하고 제고시키는 일련의 사회적 기능을 수행해 나가도록 행동을 관련짓고 조직하는 기능을 수행하는 것"으로 정의하고 있는 것을 볼 수 있다.

46. Whalen(1992: 62)을 참고.

47. 위의 내용 및 관련된 내용은 Gruchy(1987: 2, 17(Whalen, 1992: 62))를 참고할 것.

48. Whalen(1992: 62)은 미국의 초기 제도경제학자 코먼스(J. R. Commons), 유럽의 대표적 제도경제학자로 꼽히는 뮈르달(G. Myrdal), 그리고 비교적 최근의 미국의 제도경제학자 그루치(A. G. Gruchy) 등도 모두 이와 같은 견해를 공유하고 있음을 보여 주고 있다.

49. Carroll(1998: 18)을 참고 바람. 이하 내용은 '자본주의'에 대한 제도경제학자들의 견해를 소개한 우명동(2005: 102-103)에 바탕을 두고 본서의 맥락에서 재정리한 것이다.

50. Whalen(1996a: 87)을 참고.

Chapter

5

사회과학과 경제학

지금까지의 경제와 사회의 개념에 대한 이해에 바탕을 두고 제5장에서는 그러한 현상을 다루는 사회과학과 경제학에 대해 살펴본다. 먼저 사회과학과 경제학의 관계를 살펴보고 이어서 각 연구대상을 살펴본다. 마지막으로 경제학 학습 과정에서 등장하는 주요 개념에 대한 서로 다른 인식을 소개한다.

제1절 사회과학과 경제학의 관계

먼저 '사회과학'의 개념을 경제학을 비롯한 '사회의 제 과학'과 비교해 가면서 설명한다. 이어서 사회과학과 경제학의 관계를 '경제학의 독립성' 여부의 관점에서 살펴본다. 마지막으로 경제현상을 비롯한 사회의 제 현상을 다루는 경우 요구되는 '사회과학적 사고방식'에 대해 살펴본다.

1. '사회과학'과 '사회의 제 과학'

(1) 사회과학의 개념

'사회과학'이라는 것은 흔히 "사회현상에 대한 법칙을 추구하는 학문"이라 정의할 수 있다.[1] 우리는 앞에서 '사회'를 "특정 공간적 영역 내에서 더불어 삶을 영위해 가는 사람들의 삶의 공동체"라고 정의하였다. 이렇게 보면 결국 사회과학이라는 것은 "특정 공간적 영역 안에서 더불어 살고 있는 사람들의 삶의 질서를 지배하는 법칙을 연구하는 학문"이라고 정의할 수 있다.

그런데 우리는 앞에서 '사회'는 일종의 메커니즘으로 파악되기도 하고 이와는 달리 일종의 유기체로 파악되기도 한다는 사실을 본 바 있다. 뿐만 아니라 그러한 사회관의 이면에 사회 구성원으로서 인간의 존재양식, 즉 인간의 본성에 대한 인식의 차이가 내재되어 있음을 본 적이 있다. 이렇게 볼 때, 우리가 한마디로 사회과학을 "사회현상에 대한 법칙을 연구하는 과학"이라고 정의하더라도, 그 구체적인 모습은 사회를 어떻게 바라보는지, 그리고 그 사회를 구성하는 인간의 본성을 어떻게 바라보는지에 따라 사회현상에 대한 법칙은 서로 다르게 추구될 수밖에 없다는 사실을 알 수 있다. 이는 달리 말하면, 사회과학은 개인과 사회의 관계를 어떻게 바라보는지, 더 근원적으로는 사람과 사람들 사이의 관계를 어떻게 보는지에 따라 그 개념 규정이나 구체적인 성격을 달리하는 과학이라는 점을 유념해 둘 필요가 있다.

(2) '사회과학'과 '사회의 제 과학'

그런데 우리가 이렇게 '사회과학'의 개념을 정의하는 것과 관련해서 과연 현실적으로도 '사회과학'이라는 과학이 하나의 독립된 과학으로 존재하는지 여부를 물어볼 필요가 있다. 그것은 이러한 물음 자체가 사회과학의 성격을 이해하는 데 하나의 단초를 제공해 줄 수 있기 때문이다. 우리는 현실에서 적지 않게 '사회과학'이라는 말을 들을 수 있다. 뿐만 아니라 많은 대학에는 '사회과학대학'이라는 단과대학을 두고 있는 것을 볼 수 있다.

그러나 좀 더 자세히 보면 현실에서는 '사회과학'이라는 독립된 학문 분야가 존재한다기보다는 법학, 정치학 또는 경제학 등 다양한 '사회의 제 과학'으로 존재하는 것을 볼 수 있다. 그리고 학문적으로도 법학, 정치학 또는 경제학 등 '사회의 제 과학' 그 자체들로서 전개되고 발전해 가는 것이 보다 일반적이다. 말하자면, 하나의 사회를 이루는 정치현상, 법적 현상, 행정적 현상, 심리적 현상 등 사회의 서로 다른 제 현상의 질서를 설명하는 서로 다른 종류의 다양한 '사회의 제 과학'의 하나로서 정치학, 법학, 행정학, 심리학 등이 존재하고 그 자체로 발전해 가는 것이 보다 일반적이라는 것이다. 경제학의 경우도 사회를 이루는 여러 현상 중 하나의 현상으로서 경제현상의 질서를 설명하는 '사회의 제 과학 중 하나의 과학'으로 전개되고 발전해 가는 것으로 보는 것이 보다 일반적이다.

그러나 현실에서도 '사회과학'이라는 이름이 붙은 독립된 서적이나 문헌이 없는 것은 아니다. 그러나 이 경우도 그 내용을 보면 '사회의 제 과학'의 경우 정치, 법률, 경제 등 해당 현상들의 질서 자체에 대한 세부적인 내용을 다루고 있었던 것과는 달리, 주로 연구대상과 연구방법들에 대한 인식의 문제, 나아가서 그러한 인식에 바탕을 두고 제 현상 내지 제 과학 간의 관련성을 다루는 데 초점이 맞추어지고 있는 것을 볼 수 있다.[2] 이러한 사실은 사회의 제 과학이 사회과학으로 자리매김하기 위해 다루어야 하는 내용들이 무엇이어야 하는지를 시사해 준다. 한마디로 '사회과학'이라는 것은 '사회의 제 과학'으로서 정치학, 법학, 경제학 등을 다룰 때 그 내용이 "사회를 이루는 인간, 나아가 인간과 인간 간의 관계, 개인과 사회의 관계 등에 대한 인식, 나아가 이러한 인식에 바탕을 두고 사회의 제 현상 내지 제 과학 간의 관련성에 초점을 맞추어 사회현상을 지배하는 질서를 다루는 학문" 분야를 일컫는 것으로 이해할 필요가 있다.[3]

2. '사회과학'과 '경제학'의 관계

이렇게 사회의 제 과학의 하나로서 경제학을 이해할 경우, 경제학은 사회과학 내지 사회의 다른 제 과학과 어떤 관계를 갖는 것으로 이해할 것인지 고려해 볼 필요가 있다. 과연 경제학은 사회의 다른 제 과학과 독립적으로 성립되는 온전히 자율성을 갖는 학문으로 자리매김할 수 있는 것일까? 이에 대한 답은 전술한 경제와 사회 내지 개인과 사회의 관계에 대한 인식에 따라 달라지게 된다.

(1) 경제학의 독립성(자율성)

우리는 앞에서 '경제현상'이라는 것은 사회의 다른 제 현상과는 관계없이 그 자체로서 독립적으로 존재하는 것으로 보는 견해가 있다는 것을 보았다. 이렇게 경제와 사회의 다른 제 부문을 상호 독립적으로 존재한다고 보는 입장에서는 경제학도 바로 그와 같은 인간의 경제행위만을 관류하는 보편적인 법칙성을 찾아내는 독립적인 학문으로 취급하게 된다. 결국 이들은 경제학을 사회의 다른 제 과학과는 독자적으로 존재하는 '독립성'을 갖는 과학이라고 보는 입장을 취한다.

이 입장에서는 경제 문제를 다루는 경우에도 경제 문제 자체에 집중하여, 그 문제의 존재양식과 발생원인, 나아가 문제에 대한 처방 등을 구명하는 데 초점을 맞추는 방식을 택하게 된다. 이러한 접근을 '단학문적 접근'(mono-disciplinary approach)이라 부른다. 말하자면, 이들은 경제 문제를 경제학이라는 '단학문적 접근'을 통해서 현실을 이해하려 하며, 경제학으로 설명되지 않는 현상은 경제학의 영역 외의 것으로 간주하고 다른 학문 분야가 설명해야 할 부분으로 넘기는 입장을 취한다. 소위 '순수경제학'(pure economics)이라고까지 일컬어지는 '근대경제학' 체계가 이에 해당되는 것으로 볼 수 있다. 경우에 따라서는 이러한 입장에서는 민간의 생활 중에서 물질적 생활이 아닌 다른 생활, 이를테면 정치행위나 문화적 행위, 심지어 가족관계의 문제까지도 이와 같은 경제학적 논리로 해명할 것을 주장하는 견해를 보이기도 한다.[4]

이러한 입장에서도 경우에 따라서는 현실의 경제 문제를 다루어 나가는 과정에서 '다학문적 접근'(multi-disciplinary approach)을 수용하기도 한다. 예를 들어, '환경 문제'를 다루는 경우에도 그 문제를 경제적 관점에서 파악하는 경우 '경제학'적 접근을 필요로 하는 것으로 본다. 그러나 다양한 관점에서 환경 문제가 갖는 의미를 파악하기 위해서 경제적 관점뿐만 아니라 동시에 법률적 관점, 정치적 관점, 행정적 관점 등 다른 제 관점에서도 다룰 필요성이 있다는 사실을 받아들이는 입장을 수용한다는 것이다. 이 경우에는 환경 문제를 경제학뿐 아니라, 법학, 정치학, 행정학이 동원되어 환경 문제를 지배하는 질서를 다각도로 다룰 수도 있다. 이러한 접근법은 단학문적 접근을 복수로 활용하는 것으로서 같은 문제를 서로 다른 관점에서 살펴본다는 점에서 하나의 학문 입장에서만 바라보는 경우에 비해 현실 문제를 보다 포괄적으로 이해해 낼 수 있다는 긍정적 평가를 받기도 한다. 그러나 이러한 견해를 취하는 논자들은 어디까지나 경제현상 자체는 '단학문적 입장'에서만 바라봄으로써 특정 경제현상이 사회의 다른 제 현상들과의 사이에서 갖는 유기적 성격을 놓치고 있다는 비판을 받고 있다는 점을 유념할 필요가 있다.[5]

(2) 경제학의 비독립성(비자율성)

한편, 전자와는 달리 '경제현상'이라는 것은 사회의 다른 제 현상과 상호 밀접한 관련을 맺으면서 현실에서 그 구체적인 모습을 드러내고 변해 가는 것으로 보는 견해가 있다 하였다. 앞에서 본 바와 같이 이 입장은 경제현상을 현실에서 존재하는 물질적 생활, 그 자체로 인식하는 논자들이 주로 취하는 입장이다. 이렇게 경제와 사회의 다른 제 부문을 상호 밀접하게 연계되어 있다고 보는 입장에서는 경제학도 특정 사회의 경제행위를 지배하는 질서를 밖으로 드러나는 경제현상만을 보고 파악하려 하지 아니한다. 오히려 이 입장에서는 경제현상이 외형적으로 일정한 형태를 띠고 나타나게 된 배경으로서 다른 요인들과의 관계를 파악함으로써 왜 그렇게 행해지고 있는지를 해명하는 학문으로 인식하게 된다. 물론 이들도 경제학을 '경제행위'를 지배하는 법칙을 찾아내는 학문으로 인식한다는 점에서는 경제학이 여전히 '독립성'을 띤 과목으로 볼 수도 있다. 그러나 이들은 경제행위가 독자적으로 행해지는 것이 아니라 사회의 제 현상과 유기적 관련 속에서 행해지며 그 관련성을 찾아내는 데 초점을 맞추고 있다는 점에서 보면, 이들 입장에서 경제학이 갖는 '독립성'은 '상대적'인 것으로 이해되어야 할 것이다.

이 입장에서는 경제 문제의 존재양식과 발생원인, 그에 따른 처방 등을 구명하는 데 있어서도 경제 문제 자체에 집중하기보다는 경제 문제와 사회의 다른 제 현상들과의 관계 속에서 찾아내는 데 초점을 맞추는 방식을 취하게 된다. 이러한 방식도 구체적으로는 '학제 간 접근'방식과 더 나아가 '초학제 간 접근'방식으로 나누어 살펴볼 수 있다. 먼저 '학제 간 접근'(inter-disciplinary approach)을 하는 입장에서는 경제학을 사회과학의 다른 제 학문 분야와 통일적으로 파악하는 입장을 취하게 되는데, 여기서 '통일적'으로 파악한다는 것은 경제행위를 사회의 다른 제 행위와의 관련성을 해명해 가면서 경제행위를 지배하는 법칙성을 찾아가고자 한다는 것을 의미하며, 이러한 입장에서 경제학을 '학제 간 접근'을 필요로 하는 학문으로 이해한다. 예를 들어, 경제행위만을 지배하는 법칙성을 찾으려 하기보다는 사회 제 현상과의 관계 속에서 경제행위를 이해하려 하는 '사회경제학 또는 경제사회학', 정치와의 관계 속에서 경제행위를 지배하는 법칙성을 찾으려 하는 '정치경제학', 또는 문화적 특성과의 관계 속에서 경제행위를 이해하고자 하는 '문화경제학'적 접근 등이 그것이다. 이러한 접근법은 앞에서 설명한 다학문적 접근법이 사회의 제 현상들을 개별 현상으로 인식하여 각각의 입장에서 해당 현상의 질서를 파악하는 것으로 이해하고자 한 것과는 그 성질을 달리한다는 사실을 유념할 필요가 있다. 이와 같은 입장에 서 있는 사람들은 설령 인간의 물질적 생활의 질서를 해명한다는 입장에서 외형적으로 수식어를 붙이지 않고 '경제학'이라고 부르는 경우에도 실질적으로는 경제학에 위와 같은 내용을 담아내려는 자세를 보이고 있다는 점을 유념할 필요가 있다.

한편, 여기서 한 걸음 더 나아가 '초학제 간 접근'(hyper(trans)-disciplinary approach)을 주장하는 경우도 있다. 이 입장에서는 무엇보다 사회 속에서 나타나는 하나의 '문제'라는 것은 사회의 제 분야가 뒤섞여 혼재되어 있는 상태에서 현실에서 그 모습을 드러내는 것으로 본다. 이러한 인식 위에서 보면 특정 문제를 경제 문제라든가, 정치 문제, 법 문제 등으로 구분을 지어 다루어서는 그 문제를 이해하기 어렵기 때문에 '문제' 자체를 중심으로 다루어 나갈 필요가 있다는 소위 '초학제 간 접근'을 취하게 된다. 이러한 접근은 앞의 '학제 간 접근'의 경우보다 경제질서 해명 과정에서 '융합적 접근'의 필요성을 한 단계 더 높게 바라보는 입장임을 알 수 있다.[6]

참고로 마르크스(K. Marx)의 경제분석에서는 대부분의 경우 철학, 사회학,

인류학 등으로부터 완전히 분리된 특수한 과학으로서의 '경제학'은 찾을 수 없다. 말하자면, '학제 간 접근'을 하고 있는 것이다. 그러나 사실은 한 걸음 더 나아가 보면 그의 '사적 유물론'은 사회의 제 과학을 하나의 '사회과학'으로 통합하고자 하는 시도였다는 점에서 보면 '초학제 간 접근'으로까지 나아가고 있었던 것으로 볼 수 있다.[7] 그뿐만 아니라 경제현상을 특정 사회 속에 체화되어 있는 특수한 현상으로 파악하는 제도경제학자의 경우도 마찬가지라 할 것이다. 스웨덴의 경제학자 뮈르달(G. Myrdal)은 그의 방법론에서 "현실에 있어서는 경제 문제, 사회학적 문제, 혹은 심리학적 문제가 따로 있는 것이 아니고 다만 제 문제(諸問題)가 있음에 지나지 않고, 보통 그것들은 복합적인 것이라는 점을 더욱더 분명하게 깨닫게 되었다"[8]라는 견해를 취함으로써 '누적적 상호 인과관계'(cumulative causation process) 해명을 통해서 사회 문제를 이해할 것을 주장하기도 하였던바,[9] 이 또한 '초학제 간 접근'의 대표적인 사례라 할 수 있다.

3. 사회 문제 연구와 사회과학적 사고방식

전술한 바와 같이 사회의 제 과학을 형성하는 경제행위를 포함한 법, 정치 등 사회의 제 현상들이라는 것들은 애초부터 별개로 존재하는 것이 아니라 서로 관련을 맺으면서 존재한다. 따라서 사회현상 연구자들은 현실적으로 설령 경제, 법, 정치 등 사회의 제 현상을 별개로 다루더라도 항상 경제와 법, 정치 등 사회 제 현상의 전체적인 관련성을 파악하여야 하는 것이다.[10] 이렇게 "사회 제 현상의 전체적인 관련성을 파악하고자 하는 것"이 바로 "사회 제 과학의 통일"로서 '사회과학'이며, 개별적인 사회의 제 과학은 이러한 점에서 모두 하나의 사회과학으로 통일되는 것이고 또 통일되지 않으면 안 되는 것이다. 이처럼 사회의 제 문제를 개별 현상 그 자체로 파악하는 것이 아니라 전체적인 관련성 측면에서 파악하고자 하는 시각 내지는 사고방식을 '사회과학적 시각'

내지 '사회과학적 사고방식'이라고 부르는바, 사회 제 현상을 연구하고자 하는 경우에는 이와 같은 사회과학적 사고를 필요로 한다.

그런데 이와 같은 사회과학적 시각에서 사회현상을 연구해 나가기 위해서는 앞에서 사회과학의 개념을 정의할 때 밝힌 것처럼 연구대상으로서 '사회'와 '인간'에 대한 인식의 문제가 전제되어야 한다는 사실을 유념할 필요가 있다. 말하자면, 사회를 이루는 인간, 그리고 인간과 인간 사이의 관계, 나아가 개인과 사회의 관계 등을 어떻게 인식할 것인지, 또한 그러한 인식이 구체적으로 사회와 시대에 따라 어떻게 달라지는지 등의 문제를 다루어야 한다. 여기서 말하는 '사회과학적 사고방식'이라는 것도 바로 그와 같은 인식의 기초 위에서 비로소 갖추어질 수 있는 것이다. 이렇게 보면 결국 '사회과학적 사고방식'이라는 것은 바로 이러한 인식의 기초 위에서, 사회의 제 현상 내지 제 과학 간의 관련이라는 관점에서 사회의 제 현상을 다루어 나가는 연구방식을 일컫는 것이라 할 수 있다.

이렇게 볼 때 경제현상을 지배하는 법칙을 탐구하고자 하는 경우에도 경제현상을 지배하는 질서를 찾는 데 몰두함과 동시에 경제현상과 불가분의 관계에 놓여 있는 사회의 다른 제 현상과의 사이에 전체적인 관련성이 존재한다는 사실에 끊임없이 주의를 기울여야 한다. 말하자면, 사회과학적 사고방식을 가져야 한다. 자연현상의 질서를 탐구하는 자연과학의 경우도 사회과학과 유사한 전체적인 시각이 필요한 것은 사실이겠지만 사회과학만큼 처음부터 이러한 측면이 강하게 제기되지는 않는다. 이 때문에 전문화되어 일개 기술자로 전락해 버린 현대인이 한 번 더 서로 대화할 수 있는 '공통의 광장'으로 복귀해야 한다는 요청이 나오게 된 것이다. 최근에 '융합' 내지 '통섭'의 필요성이 회자되고 있는 것도 이런 맥락에서 이해할 필요가 있을 것이다.[11] 이러한 의미에서 보면, 현대인이 추구하는 사회과학이라는 것은 모든 개별 사회과학자들의 '공통의 광장'인 것이다. 이런 맥락에서 보면 경제 문제를 다루고자 하는 경우에도 전술한 학제 간, 더 나아가 초학제 간 접근이 필요하다는 사실을 유념할 필요가 있다.

제2절 사회과학과 경제학의 연구대상

먼저 사회과학의 연구대상이 시민사회의 질서를 해명하고 비판해 나가는 데 있다는 사실을 보인다. 이어서 경제학의 연구대상도 같은 맥락에서 자본주의하의 경제현상의 질서를 해명하는 데 있으며, 더 근원적으로는 그러한 행위의 밑바닥에 깔려 있는 인간에 대한 연구에 두어지고 있음을 밝힌다.

1. 사회과학의 연구대상

우리는 앞에서 '사회'를 "특정 공간적 영역 안에서 더불어 삶을 영위해 가는 사람들의 삶의 공동체"라 정의하고, '사회과학'을 그러한 "사회현상에 대한 법칙을 추구하는 학문"이라 정의하였다. 결국 사회과학의 개념이나 성격은 개인들의 집합체로서의 사회가 어떻게 형성되어 있는지, 즉 개인과 사회의 관계, 더 근원적으로는 사람과 사람 사이의 관계를 어떻게 보는지에 따라 서로 다르게 파악된다는 사실을 지적하였다.

이제 이러한 인식에 바탕을 두고 여기서는 이러한 "사회과학의 구체적인 학습대상이 무엇인지 또는 무엇이어야 하는지"를 살펴보고자 한다. 이러한 학습대상은 무엇보다 우리가 "왜 사회과학을 학습하는가"에 대한 물음과 답변의 과정을 통해서 파악될 수 있다. 그렇다면 우리는 왜 사회과학에 관심을 가지는 것일까, 아니 관심을 가져야 하는 것일까?

우리가 사회과학에 관심을 갖는 것은 무엇보다 특정 사회 속에 살고 있는 사람들의 삶의 조건, 좀 더 구체적으로 말하면 "인간의 생존과 발달의 조건을 해명"하는 데 있다 할 것이다. 그런데 이러한 인간의 삶의 조건은 한편으로는 '인간과 자연 사이의 관계'에서 영향을 받으며, 다른 한편으로는 '인간과 인간 사이의 관계'에서 영향을 받는다고 볼 수 있다.[12] 여기서 인간과 자연 간의 관계는 인간이 자연에 힘을 가해 인간이 필요로 하는 물건을 만들어 내는 기술적인 생산능력에 관한 문제를 일컬으며, 인간과 인간 사이의 관계는 하나의 생활공동체 내에서 더불어 살아가는 방식을 일컫는다. 생존을 위한 물질적 애로로부터 자유롭기 위해서는 인간과 자연 사이의 관계의 문제가 중요하게 제기된다 할 것이다. 그러나 특정 사회가 동일한 정도의 생산능력을 가지고 있다 하더라도 인간과 인간 사이의 관계를 규정짓는 틀에 따라 인간의 삶의 조건은 크게 달라진다. 그런데 우리는 앞에서 특정 사회 내 제 부문들 사이의 관계 내지 그 사회를 구성하는 인간과 인간 사이의 관계를 규정짓는 틀을 '사회체제'라 했던 점을 고려해 보면, 결국 인간의 삶의 조건은 사회체제에 따라 크게 달라진다. 물론 전자의 문제도 사회체제와 상관성이 없는 것은 아니지만 후자에 비하면 상대적으로 기계적·물리적 차원의 문제에 해당한다고 볼 수 있다. 그에 비해 후자의 문제는 보다 직접적으로 사회체제의 문제라 할 수 있다. 특히, 생산능력이 일정 단계를 넘어서면 인간의 삶의 조건의 문제는 온전히 사회체제의 문제로 귀착된다.[13] 이러한 맥락에서 본서에서는 후자의 문제에 초점을 맞추어 설명하고자 한다. 결국 우리가 사회과학에 관심을 갖는 것은 사회체제를 해명하여 그 사회 속에 살고 있는 인간의 생존과 발달의 조건을 해명하고 개선시켜 나가는 데 있다 할 것이다.

그런데 이와 같은 사람들 사이의 관계 내지 제 부문들 사이의 관계를 규정짓는 틀로서 '사회체제'는 인간이 공동체 생활을 영위해 온 이래로 수많은 변화를 거듭해 온 역사적 개념이라 할 수 있다. 그러나 일반적으로 오늘날의 사회과학은 오늘날 우리가 살고 있는 사회체제로 오는 길목에서 가장 큰 이정표 역할을 한 것으로 평가받고 있는 '시민사회'에 주된 관심을 두고 있다. 그것은 지난날 오랜 기간 중세 사회의 질곡을 딛고 17-18세기 시민혁명을 거쳐서 형성된 시민사회체제에서 인간의 생존과 발달의 조건이 이전에 비해 큰 틀에서 변화된 것으로 파악되고 있기 때문이다. 말하자면, 인류 역사에서 인간의 생존과 발달을 제약하는 문제가 가장 첨예하게 드러나고 그것이 역사 과정 속에서 해결되고 또 다른 형태로 전개되어 나간 중요한 계기가 '시민혁명'에 의해 주어졌기 때문이다. 이 시기를 이렇게 중대한 분기점으로 보는 근거로는 이전 사회에서는 구성원들이 '생산수단에 대한 소유권'을 갖고 있지 못하였는 데 비해, 이 시기를 기점으로 구성원 개개인에게 '소유권'이 주어지는 중대한 변화를 겪게 되면서 '인간의 생존과 발달의 조건'에 획기적인 변화가 주어졌다고 판단한 데 기인한 것이다. 이러한 연유로 오늘날 사회과학은 시민혁명 과정을 거쳐서 형성된 시민사회의 질서를 해명하는 것을 주된 과제로 삼고 있다.

그런데 한편 이러한 시민사회의 변화 과정에서 사회 구성원들의 생존과 발달의 조건은 큰 변화를 겪게 된다. 이에 따라 사회과학의 대상은 시민사회 질서를 해명하는 차원에서 한 걸음 더 나아가 기존의 시민사회 질서를 비판하는 과학으로 자리 잡게 된다. 그것은 사회과학에의 관심의 초점이 인간의 생존과 발달의 조건의 해명에 있기 때문에 시민사회의 성격이 변화되면 당연히 사회과학의 연구대상도 그에 상응하게 변화하기 마련이기 때문이다. 이제 이하에서 이러한 맥락에서 사회과학의 연구대상을 시민사회를 중심으로 설명하고자 한다.[14]

(1) 시민사회의 과학

중세 마지막 시기에 이르면, 사회 구성원(직접생산자)들의 경제적 잉여 창출 및 거래에 점점 자유의 폭이 커짐에 따라 정치권의 지배력이 약화되었다. 이에 영주들은 그러한 중세의 일반적 위기현상[15]에 직면하자 절대왕권을 수립

하여 직접생산자들의 잉여 축적과 늘어나는 자유에 제동을 걸면서 다시금 탄압을 가하게 되었다. 이에 당시 인간들은 생활상의 위기 속으로 빠져들었으며, 이러한 문제의 해결이 시민혁명에 의해 주어졌던 것이다.

이러한 시민혁명을 거치면서 당시 사회는 봉건사회와 대립하는 민주적인 정치질서, 자유로운 경제행위, 나아가 그러한 질서에 상응하는 사회적 틀로서의 법질서 등을 확립해 나갔다. 이러한 과정에서 당시 시민계급은 시민혁명의 결과로 등장한 새로운 사회질서를 과학적으로 연구하게 되었던바, 이것이 근대 '사회과학'의 탄생 과정인 것이다. 즉, 사회계약론을 중심으로 민주적인 정치질서를 체계적으로 다룬 정치학, 경제적 자유에 초점을 맞춘 자본주의 경제질서에 대한 해명으로서의 경제학, 민주적인 정치활동과 자유로운 경제활동의 바탕으로서의 시민사회 질서를 다룬 법학 등이 모두 그 시기에 등장하였다. 이렇게 볼 때, 근대 사회과학은 시민계급에 의한 시민사회의 새로운 질서의 정립이라는 실천적인 요구를 배경으로 탄생한 것이다. 말하자면, 당시 격변하는 시대적 전환과 혁신을 요구하는 아래로부터의 강력한 욕구가 근대 사회과학을 낳은 어버이였던 것이다.

그런데 사회 구성원들의 생활상 위기현상과 그 해결을 위한 노력은 국가 내지 사회에 따라 다르기 때문에 자연히 사회과학도 국가에 따라 그 구체적인 형태가 동일하지 않았다. 그러나 어느 국가에나 공통된 것은 사회과학의 성립이 시민혁명과 같은 아래로부터의 변화 요구와 그에 대한 대응 과정을 통한 근대사회의 탄생과 결부되어 있다는 것은 사실이다. 따라서 그 성립배경으로부터 볼 때 사회과학이란 "시민사회의 과학"이라고 정의할 수 있으며, 그 주된 연구대상은 새롭게 전개되고 있던 시민사회의 질서였던 것이다.[16]

(2) 시민사회 비판의 과학

근대 시민사회의 초기 사상가들은 시민사회의 새로운 사회질서를 바람직스러운 것, 올바른 것, 합리적인 것, 인간적인 것이라고 생각하고 이 사회질서(사회기구)를 분석하고 해명함으로써 시민사회를 위한 시민들의 투쟁을 정당화해 주는 역할을 했다. 대표적으로 스미스(A. Smith)는 이러한 시민사회를 신이 인도하는 축복받는 길로 찬미하였던 것이다.

그러나 새로운 시민사회 질서, 즉 자본주의적 경제질서가 운영됨에 따라 사회 구성원들이 점점 거대한 사회기구 속으로 빨려들어 가서 그 기구의 아주 작은 일부로 활동할 수밖에 없는 처지로 내몰리게 되었다. 18세기가 끝날 무렵 시민사회의 여러 가지 모순이 나타나고 밝은 인도의 손길은 어두운 힘으로 바뀌어 나갔다. 부와 소득의 편재와 대립 갈등의 심화가 그것이다.

이에 사회과학자들은 왜 시민사회 질서가 그러한 갈등을 만들어 내고 심화시키는지 원인을 탐구하면서 새로운 발전의 방향성을 탐구하기 시작하였다. 말하자면, 시민사회 질서 옹호의 과학으로 탄생한 사회과학이 이제 새롭게 '시민사회 비판의 과학'이라는 단계로 질적 전환을 보고 있었던 것이다.

오늘날에 와서는 상황이 더 심각해지고 있다. 우리 사회는 로봇과 인공지능(AI)으로 대변되는 '초고도 기술사회'에 들어서고 있다. 이러한 기술발전의 성과는 다시금 인간의 생존과 발달을 위협하고 있다. 생산 과정에서 인간이 축출되고 있는 것이 바로 그것이다. 노동 없는 생산이 이루어지고 있는 것이다. 이러한 사실은 생산과 노동의 단절로 끝나지 않고 생산과 소비의 단절로 이어진다. 어떤 논자는 이 시기의 특성을 경제학 기본 원리를 원용하여 한계비용이 점점 영(0)으로 수렴하고 있다는 사실에 주목하기도 한다. 이러한 상황에서는 가격 또한 영에 수렴하게 되므로 생산이 지속될 하등의 이유가 없어진다. 과연 이러한 사회는 지속할 수 있을까? 지속 가능하기 위해서 우리는 새로운 사회를 움직이는 질서를 어떻게 그려내야 할 것인가? 오늘날 초고도 기술사회를 살아가는 사회과학자들이 답을 해야 할 엄청난 문제가 우리 앞에 놓여 있다.[17]

(3) 사회질서(사회체제)의 과학

상술한 바와 같이 특정 사회질서는 정체되어 있는 것이 아니라 끊임없이 바뀌며 그 속에서 사회 구성원들의 삶의 조건 또한 끊임없이 바뀌어 간다. 사회과학이라는 것은 그렇게 바뀌는 사회질서 속에서 사회 구성원들의 생존과 발달을 제약하는 사회질서의 원인을 해명하고 그 극복을 통해서 그들의 삶의 질을 제고시키는 것을 연구과제로 삼고 있다.

이러한 점에서 보면 사회과학은 "사회질서를 연구하는 과학", 더 나아가 사회질서를 규정짓는 틀로서 "사회체제를 연구하는 과학"이라 할 수 있다. 시민사회의 질서를 탐구한 것도 그러하고 시민사회를 비판하고 새로운 질서를 탐구해 나간 것도 그러하다. 이런 맥락에서 보면 사회과학은 시민사회의 과학이면서도 시민사회 비판의 과학이라 부르기도 한다. 더 정확하게는 사회과학은 이처럼 그 연구대상이 끊임없이 변해 가는 사회질서와 그 속에서 사회 구성원들의 생활상의 조건을 연구해 나간다는 점에서 사회과학은 '동적인 과학'이라는 사실을 인식하는 것이 중요하다.

2. 경제학의 연구대상

경제학은 사회 문제를 다루는 다른 제 학문과 더불어 전체로서 하나의 사회과학을 이루는 중요한 하나의 사회과학이다. 따라서 경제학도 변화 과정에 놓여 있는 특정 경제체제하에서 행해지는 경제행위의 질서를 탐구함으로써, 사회 구성원들의 물질적 생존과 발달의 조건을 해명하는 것을 주된 연구대상으로 삼고 있다 할 것이다. 그러나 구체적으로 경제학의 연구대상은 전술한 바와 같이 순수하게 경제행위 자체에 국한될 것인지, 아니면 다른 제 행위와의 관계 속에서 행해지는 사회경제행위가 될 것인지는 달라질 것이다. 그러나 어느 경우에도 '경제행위'가 그 중심이 된 연구대상임에는 견해를 같이한다.

한편, 이와는 다른 차원에서 경제학을 포함한 사회과학을 연구함에 있어서 어떤 사람들은 그 연구대상을 밖으로 나타나는 '현상'에서 찾기도 하고, 또 어떤 이들은 현상 이면에 내재해 있는 구조적인 측면, 즉 '본질'에서 찾기도 한다. 그뿐만 아니라 이러한 연구대상을 취하는 입장에 따라 사회현상을 지배하는 질서를 설명하는 방법도 차이가 나기 마련이다. 이제 이러한 점을 유념하면서 '현상'과 '본질'의 차이를 먼저 개관하고 설명을 이어가고자 한다.

(1) '현상'과 '본질'

1) 개념

흔히 사회현상 내지 경제현상 분석에서 "외형적 표피"를 '현상'이라 하고, 그 "표피 속에 실제로 작동하는 모습(내재된 모습; 실체)"을 '본질'이라 정의한다. 일찍이 마르크스는 '현상'과 '본질', '현상적 형태'와 '내재된 관련성', '단순한 현상'과 '실제의 작용' 등을 구분한 바 있다. 이제 이 두 개념의 차이를 선명하게 드러내는 사례를 살펴보고, 이어서 이와 관련하여 사회과학 내지 경제학의 임무를 살펴보고자 한다.

2) 현상과 본질의 차이 – 사례

현상과 본질은 같을 수도 있고, 다를 수도 있다. 이제 주요 사례를 통해 현상과 본질의 차이를 살펴보자.

먼저 이 개념의 차이를 노동자들의 잉여 창출과 잉여 수취의 관계에서 나타나는 '경제 외적 강제'와 '경제적 강제'의 구분을 통해서 살펴보자. 역사발전 과정에서 직접 생산활동을 담당했던 생산자의 신분은 자본주의 성립 이전에는 '노예' 또는 '농노'의 형태를 띠고 있었던 것이, 자본주의가 성립되면서 다 같은 시민의 일원으로서 '노동자'로 신분이 변하였음은 모두가 알고 있는 사실이다. 노예는 자기가 만든 모든 잉여생산물에 대한 소유권을 가질 수 없었던 데 비해, 농노는 자신이 만든 잉여생산물 중의 일부에 대한 점유권을 가질 수 있었다는 점에 차이가 있었다. 그러나 어느 경우에도 자신에 대한 소유권은 권력자가 가지고 있었다는 점에서 동일한 신분이었다. 그러나 노동자가 되면서 생산자들은 자신의 노동력에 대한 소유권을 자기가 가지고 그 노동력의 처분에 대해서도 자신의 의지에 의해 스스로 결정하는 신분이 된 것이다. 이들이 생산 과정에서 만들어 낸 잉여를 지배자가 수취하는 방법을 보면, 앞의 두 경우는 노동력 제공이 강제적으로 행해지고 있었는 데 비해 후자의 경우에는 노동력 제공이 자유롭게 대가의 수수를 통해서 행해지고 있음을 알 수 있다. 그런데 여기서 앞의 두 경우의 강제적인 노동력 제공과 후자의 자유로운 거래에 의한 노동력 제공이 갖는 경제적 의미를 살펴보는 것은 자본주의 사회의 노동력 거래가 갖는 사회경제적 의미를 이해하는 데 중요하다. 이 예는 흔히 '경제적 강제'와 '경제 외적 강제'의 개념으로 설명된다.

먼저 노예제 사회나 농노제 사회에서 노예나 농노의 노동력 제공은 노예제 질서 내지 농노제적 질서 속에서 현상적으로도 눈에 보이는 강제, 예를 들어 육체의 감금이나 채찍질 등을 통해서 이루어지고 있었음을 알 수 있다. 이 시대 생산자들은 노동력을 경제적 대가 없이 또는 정당한 대가 없이 눈에 보이는 강제를 통해서 제공받았다는 점에서 '경제 외적 강제'라 일컫는다. 한편, 자본주의하의 노동자가 제공하는 노동력은 현상적으로는 자본주의 법질서에 따라 자신의 의지에 따른 자발적 거래 형태로 나타난다. 이렇게 볼 때 노동의 거래는 어디까지나 자발적인 거래로서 강제적 거래가 아니다. 그러나 정치경제학적 논자들이 보기로는 이렇게 노동의 거래는 현상적으로는 자발적 거래이기는 하나, 자기가 만들어 놓은 노동의 결과물에 대한 처분권이 없다는 점에서는 충분히 대가를 받는 것으로 볼 수 없다고 본다.[18] 특히, 자본주의하의 노동자들은 생산수단에 대한 소유권이 없는 상태에서 노동력을 팔아야 그 대가로 생활물자를 구할 수 있으므로 노동력을 제공할지 여부를 자발적으로 결정한다기보다는 강제적으로 선택할 수밖에 없다는 점에서 일종의 '강제'로 볼 수 있다고 본다. 이 경우의 '강제'는 외형적으로는 자발적인 '거래' 형태를 띠고 있으나 물질적 삶을 영위하기 위해서는 강제적으로 선택할 수밖에 없다 하여 '경제적 강제'라 일컫는다. 이러한 관점에서 자본주의하의 노동거래는 일종의 '경제적 강제'에 해당하는 것으로 파악된다. 이렇게 '경제적 강제'는 현상적으로는 강제가 아니나 내용적으로는 강제에 해당되는 것으로서, 현상과 본질의 차별성과 관련하여 중요한 개념임을 유념할 필요가 있다.

또 다른 예로 Galbraith(2004(2007))는 그의 마지막 유작 *The Economics of Innocent Fraud*에서 현상과 본질이 다르게 나타나는 구체적인 주요 사례들을 소개하고 있다. 우선 그의 저서 제목이 시사하는 바가 그러한데, '현실'에서는 아무런 죄의식 없이 아주 일상화되어 행해지는 일들이 '본질'을 들여다보면 '사기'로 점철되어 있다는 것이다. 구체적으로 그는 우선 '자본주의'라는 체제 자체가 '자본'을 중심으로 경제 문제가 해결되어 가는 체제인데, 이와 같은 사실을 은폐하기 위해서 거래당사자들 사이의 정당한 거래가 행해지는 체제라는 의미를 보이기 위해 굳이 '시장경제체제'라 부르고 있다고 보고 있다. 한편, 자본주의 사회에서 흔히 '소비자 주권'이라는 개념이 주요 개념으로 자리잡고 있어서 소비자의 이해에 의해 자본주의 사회가 운영되고 있는 것처럼 자주 회자되고 있다. 그러나 사실은 소비자들이 아니라 생산자들이 소비자들의 새로운 욕구를 끊임없이 만들어 내면서 자기이윤 극대화에 몰두하고 있는 '생산자 주권'이 오히려 본질적인 모습이라고 간파하고 있다. 또 하나의 예로 기업들이 공기업은 그 운영이 관료화되어 비효율적으로 운영되고 있지만 그것을 민영화하면 효율적으로 운영할 수 있다면서 공기업의 관료화를 비난하고 있다. 그러나 그는 현실적으로 대기업의 운영은 공기업 운영보다 오히려 더 관료화되어 소유자의 일방적인 의지에 의해 기업이 운영되는 사례가 많이 있음을 보이고 있다. 이 밖에도 더 많은 사례들이 제시되고 있는바, 원작을 참고하기 바란다.

3) 현상과 본질의 차이와 사회과학(경제학)의 임무

일찍이 마르크스는 "현상과 본질이 같으면 과학이 필요 없다"고 하면서, 과학자의 임무는 어떤 현상의 외형적 형태를 분석하여, 그 본질적 성질과 경향을 밝혀내는 데 있다는 견해를 피력한 바 있다.[19] 그러나 중요한 것은 외형적 현상 뒤에 숨어 있는 모습은 쉽게 발견되지 않는 성질을 갖고 있어서, 논리적·실증적 추론을 통해 복잡한 현상의 제 경험을 추적함으로써 숨은 본질을 파헤쳐 내야 한다는 데 있다. 나아가 단순히 본질(내재된 모습)을 드러내는 것을 넘어서서 그 내재된 모습과 현상 사이의 관련성이 보다 분명하고 관찰이 가능하도록 밝혀내는 작업이 필요하다.[20]

이와 같이 사회현상을 다루는 경우 사물의 '현상'만을 관찰할 것인가, 아니면 그 '본질'까지를 구명해 낼 것인가 등에 따라 주어진 현상에 대한 대응방식이 달라지게 된다는 사실을 유념할 필요가 있다.

(2) 경제현상과 인간을 연구하는 과학

우선 경제학은 경제현상을 연구대상으로 하는 과학이다. 앞에서 밝힌 경제행위의 개념을 넣어 좀 더 구체적으로 말하면, 경제학은 인간생활에 필요한 물적 수단(생활 자료)의 생산·교환·분배·소비를 지배하는 사회법칙을 연구하는 과학이다. 한마디로 경제학은 "경제생활의 질서와 메커니즘을 규명하는 학문"이라 할 수 있다.

이렇게 경제학은 경제행위를 다루는 과학이기는 하지만, 경제행위를 이루는 생산, 교환, 분배, 소비 등의 제 과정 자체를 기술적으로, 바꾸어 말하면 자연과학적으로 연구하는 것이 아니라, 그 과정에 내재해 있는 인간을 연구하는 과학이다. 즉, 경제학의 연구대상은 경제행위의 제 과정, 즉 물질 그 자체를 연구하는 것이 아니라, 경제행위(생활)의 주체인 인간이 연구대상이 되어야 하는 것이다. 예를 들어, 근대경제학의 틀을 집대성한 Marshall(1890)은 『경제학 원리』(*The Principles of Economics*)에서 그 중요성을 다음과 같이 기록하고 있다. 그는 "정치경제학, 즉 경제학은 우리들의 일상생활 가운데서 인간을 연구하는 과학이다. 경제학은 우리들의 행복한 삶에 필요한 물질을 획득하고 사용하는 일과 밀접하게 관련된 인간의 개인적·사회적 행동과 관련된 부분을 연구하는 것이다. 이처럼 경제학이라는 것은 한 측면에서 보면 부를 연구하는 과학이라 할 수 있지만, 다른 한 측면에서는 인간을 연구하는 학문이다. 그런데 후자가 더욱 중요한 측면이다."[21] 마르크스도 그의 "정치경제학 비판 서문"에서 그의 경제학의 출발점을 "사회에서 생산활동을 하는 개인들"에서 찾고 있으며, 그 '개인'이 스미스(Smith)와 리카도(D. Ricardo)가 출발점으로 삼고 있는 '개별적이고 분산된' 개인이 아니라 '보다 큰 전체에 속하는' 개인, '일정한 사회적 발전 단계에 있는 사회적 개인들'에 두어야 함을 밝히고 있는 것을 볼 수 있다.[22]

그런데 경제학은 이처럼 다 같이 인간을 연구대상으로 하더라도 인간을 보는 관점에 따라 경제학은 크게 다른 입장을 보이고 있다. 사실 오늘날 우리가 당면하는 다양한 경제이론이라는 것도 바로 이와 같은 인간을 보는 관점의 차이에서 유래한다는 사실을 인식하는 것이 중요하다. 이러한 사실과 관련해서 Kirzner(2000)는 "경제학이 인간의 본성에 대한 견해에 따라서 그 내용을 달리한다는 사실은 오랜 기간 인식되어 온 사실이다"[23]라고 하면서, '경제적 인간'(economic man)관은 스미스에서 리카도, 밀(J. S. Mill)에 이르는 고전파 경제학에 중심적 역할을 했다고 밝히고 있다.[24] 앞에서 경제 문제를 파악하는 과정에서 주된 관심 사항이 논자들에 따라 달랐던 것도 바로 이와 같은 인간의 본성에 대한 관점의 차이에서 비롯된 것이었음을 상기할 필요가 있다.

어떤 입장에 서더라도 여기서 강조하고자 하는 것은 경제학의 연구대상은 물질 그 자체가 아니라, 경제생활의 주체인 인간이 그 연구대상이 되어야 한다는 점에서는 마찬가지이다. 단지 입장 차이에 따라 개별 인간이 중시되는지, 인간과 인간 사이의 관계가 중시되는지가 다를 뿐이다. 물론 앞에서 본 바와 같이 제도경제학자들은 이들과 달리 개별적 인간 또는 인간과 인간 사이의 관계를 선험적으로 특정 짓지 아니하고, 특정 사회에서 생활하고 있는 사회 구성원들의 실제 생활 과정에서 개별적 인간이 중시되는지 그들 사이의 관계가 중시되는지 여부를 확인하여, 그들의 생활 과정의 제고를 위한 조건을 찾아내는 데 초점을 맞추고 있는 점이 다르다.

(3) 자본주의하의 경제현상과 인간을 연구하는 과학

1) 자본주의하의 인간을 연구하는 과학

그런데 앞에서 사회과학이 시민사회의 과학으로 탄생하여 발전해 온 것처럼, 사회의 하나의 과학으로서 경제학은 자본주의 경제에 관한 과학으로 탄생하여 발전해 왔다. 말하자면, 경제학은 자본주의하에서 인간의 물질적 생활상의 제 문제를 다루는 학문이라 할 수 있다. 그러면 경제학이 이렇게 자본주의하의 인간에 대해 연구하는 이유는 어디에 있는가?

먼저 '근대경제학적' 논자들은 자본주의하의 개인들 사이의 관계는 법적·제도적으로뿐만 아니라 경제적으로도 자유롭고 평등한 것으로 인식하고, 경제학은 전자본주의 시대의 구속과 제약으로부터 자유롭고 평등해진 개개인들의 합리적 경제행위를 다루는 것을 경제학의 임무로 파악하고 있다. 이들은 인간을 전자본주의 사회에서는 모두 자유롭거나 평등하지 못하였었는데, 자본주의 사회가 되면서 현상적으로나 본질적으로 모두 자유롭고 평등하게 된 것으로 인식하였다. 결국 이와 같이 중대한 전기를 제공한 자본주의하에서의 인간이 이들 연구의 대상이 되었던 것이다. 그러나 사실 이들의 경제학에서 인간에 대한 연구 자체는 중심 과제로 떠오르지 않는다. 왜냐하면 이들은 선험적으로 인간을 누구나 자신의 이익을 합리적으로 추구해 나가는 자유롭고 평등한 존재로 인식하고 있어서, 그러한 인간들의 (합리적) 경제행위와 그 성과를 다루는 것만으로도 충분한 것으로 파악하였기 때문이다.

그러나 '정치경제학적 입장'에서는 앞에서 '현상'과 '본질'의 차이 부분에서 설명한 것처럼 자본주의하의 개인들 간의 관계는 법적·제도적으로는 자유롭게 평등한 것처럼 보이지만, 실질적으로는 부자유스럽고 불평등한 것으로 인식하고 있다. 말하자면, 이들은 전자본주의 사회에서 인간은 모두 자유롭지 못하고 평등하지도 못하였던 것이 자본주의 사회가 되면서 현상적으로는 자유롭고 평등한 것처럼 보이게 되었지만, 본질적으로는 그렇지 않다고 보는 것이 근대경제학적 논자들과는 다르다. 이러한 연유로 이들은 자본주의하에서 법적·제도적으로 자유롭고 평등해 보이는 사람들 사이의 관계가 어떻게 실질적으로는 부자유스럽고 불평등한지를 과학적으로 해명하는 것을 경제학의 임무로 삼게 된 것이다.

한편, 정치경제학적 논자들과 같은 맥락에서 '제도경제학적 논자'들도 제도와 인간 본성의 관계가 자본주의 사회로 들어서면서 현상적으로 파악되기 힘들어진 것으로 보고 그 본질의 해명이 필요하다는 입장에 서 있기 때문에, 자본주의하의 경제현상과 인간에 대한 연구가 주된 연구 과제가 되고 있다. 말하자면, 이들도 자본주의 사회로 들어서면서 현상적으로는 법이나 제도가 생산적 본성을 추구하도록 만들어져 있더라도 실질적으로는 특정 계층으로 하여금 비생산적인 약탈 본성 내지 모방 본성에 몰입하는 것이 가능해지게 된 것으로 보고 있다. 그리하여 그들과 생산적 본성에 몰두하는 대부분의 생산자 계층들과의 사이에서 갈등과 대립을 유발하여 사회 구성원들의 생활 과정을 저하시켜 전반적으로 한 사회의 생산능력을 떨어뜨리는 일이 일상화되고 있는 것으로 보고 있다. 이들은 제도가 개별적 본성(이기적 본능 추구)에 충실하게 만들어지더라도 주어진 사회의 사회문화적 배경에 따라서는 그 제도가 서로 다르게 작용할 수 있다는 사실에 주의를 기울이고 있다. 결국 이들에게 경제학의 주된 관심사는 자본주의 사회의 제도적 틀과 인간 본성의 관계를 해명하는 데 두어지고 있다.

2) 직접적인 연구대상은 자본주의하의 경제현상

상술한 바와 같이 경제학은 인간을 연구하는 과학이기는 하지만, 경제학 연구의 직접적인 대상은 여전히 자본주의 사회 그 자체이며, 구체적으로는 자본주의 사회에서 상품의 생산·교환·분배·소비의 제 과정을 대상으로 한다. 먼저 생산 과정에서는 자본주의 질서하에서 이윤 창출 방법과 그 수준 문제를 다루고, 교환(유통) 과정에서는 상품의 가치 내지 가격 결정 논리를 해명한다. 이어 분배 과정을 통해서는 한 사회의 생산 성과가 사회 구성원들 사이에 어떻게 분배되는지 여부를 다루고, 마지막으로 소비 과정에서는 가계의 소비와 기업의 소비로서 투자를 지배하는 법칙을 탐구한다.[25]

이처럼 경제학은 자본주의하에서의 생산·교환·분배·소비 행위를 지배하는 질서 내지 법칙을 다루기는 하지만, 사실상 경제는 그러한 요소들이 상호 의존하고 있는 하나의 전체로서 나타난다. 말하자면, 전체로서 하나의 경제행위라는 것은 생산, 교환, 분배, 그리고 소비라는 서로 이질적인 경제의 제 행위들이 개별적으로 고립해서 존재하는 것이 아니라 서로 복잡하게 상호 관련을 맺으면서 운동하고 있으며, 그것들의 합성으로서 현실에 나타나는 것이다. 이렇게 보면 결국 이러한 상호 관련성을 어떻게 이해하는가 하는 문제가 전체로서의 경제현상을 이해하는 데 중요한 문제가 된다. 이 문제는 자본주의 경제의 운동법칙을 이해하는 데 매우 중요한 문제인 것이다.

먼저 경제의 제 과정 중에서 '생산 과정'이 다른 제 경제 과정들을 지배한다고 생각하는 견해가 있다. 이 경우에도 경제행위에 생산행위만 존재한다고 보는 것이 아니라 어떠한 방법으로 이윤을 증대시키는가에 관한 생산 과정이 중심이 되어 교환, 분배 및 소비와 같은 다른 제 경제 과정들의 행위가 자연스럽게 결정되어 전체 경제행위가 행해지는 것으로 파악한다는 것을 의미한다. 말하자면, 생산 영역의 이윤 증대 과정에서 생산방법이 개선되고 그에 따라 보다 많은 새로운 상품이 생산되면 상품가격이 하락하고 결국 시장과 소비가 확대됨으로써 전반적으로 경제현상이 보다 순조롭게 영위될 수 있다는 논리가 전개되는 것이다. 구체적으로 스미스와 마르크스는 '생산' 문제를 중심 과제로 삼았는데, 그중에서 스미스(1723-1790)는 생산 과정에서의 전문화·분업화가 시장의 크기를 결정짓고, 그로 인해 교환·분배·소비의 규모나 내용이 결정되는 것으로 파악하고 있었다. 이에 비해 마르크스(1818-1883)는 생산 과정에서 생산수단의 소유관계가 잉여의 크기를 결정짓고, 이어서 경제 제 부문의 상태가 결정되는 것으로 파악하고 있었다.

이와는 달리 '교환 과정'이 경제 전체를 규정하는 지배적인 요소라고 생각하는 경우가 있다. 이 경우에는 교환 내지 유통 과정을 중심으로 생산·분배·소비의 제 과정이 상호 유기적으로 관련을 맺으면서 전체적으로 경제활동이 이루어지는 것으로 본다. 이러한 입장을 취하는 경우에는 각 산업 부문 간 및 특정 산업 부문 내부의 교환관계 등이 주된 연구대상이 된다. 산업연관표를 통한 투입산출 분석을 개발하고 그 응용 분야에 업적을 쌓은 레온티에프(W. Leontief, 1906-1999)가 대표적인 연구자라 할 수 있다. 이와 관련해서 오늘날 생산력 수준이 높아지고 경제구조가 복잡 다원화해 감에 따라 정보의 중요성이 커지면서 유통 과정이 경제 전 과정에서 더욱 중요해지는 경향을 보이고 있음은 유념할 만하다.

한편, '분배 과정'이 지배적인 요소라고 생각한다면, 상호 관련을 갖는 경제활동 전반을 이해함에 있어서 노동자의 임금 수준이나 노동조합의 임금투쟁에 크게 주목할 수밖에 없는 것이다. 경제학자 중에는 대표적으로 리카도(1772-1823)가 '분배' 문제를 중심 과제로 삼았다. 그것은 스미스가 생산량이 적고 생산성이 낮은 절대왕권 말기 산업혁명 진입기라는 시대적 상황을 반영하여 분업과 생산의 중요성을 강조하였던 데 비해, 그가 살았던 시대는 산업혁명의 진행으로 생산성과 생산량이 큰 폭으로 향상되어 생산보다는 생산물의 분배가 주요 문제로 등장하였기 때문이다. 리카도는 산업혁명이 꽃피던 시기,

임금·이자·지대의 상호 관계를 명확히하고, 노동자·자본가·지주 세 계급의 대항(상호)관계를 설명함으로써 자본주의 경제의 내재적 운동법칙을 구명하였다. 구체적으로 그는 "분배를 규정짓는 법칙을 결정하는 것이 정치경제학의 주된 과제"[26]라고 하는 것을 볼 수 있다.

마지막으로 '소비 과정'이 경제의 제 과정을 규정짓는 지배적 요인이라고 생각하는 견해가 있다. 이는 소비가 중심이 되어 나머지 생산, 교환 및 분배 등의 제 과정이 서로 관련을 맺으면서 전체적으로 경제활동이 행해지는 것으로 파악하는 견해이다. 이 경우 소비 확장을 위한 제 방책이나 그 당위성 문제, 예를 들어 기생 계층의 소비찬양론이나 정부의 소득재분배정책 강화 문제, 나아가 생산적 투자와 비생산적 투자의 구분 및 그 당위적 성격 등의 문제가 전체 경제행위를 이해하는 데 중요한 문제가 되는 것이다. 경제학자 중에 '소비'를 경제의 중심 과정으로 인식한 대표적인 학자로는 케인스(1883-1946)를 들 수 있다. Keynes(1936)는 구매력을 가진 수요로서 유효수요의 크기가 생산을 촉진시켜 결국 국민소득 수준을 제고시키고, 이어서 교환, 분배 등의 상태가 결정되는 것으로 파악하고 있었다.

종합적으로 볼 때, 이처럼 어떠한 경제 과정을 경제의 전체 과정에서 지배적인 과정으로 생각하는가에 따라서 경제학의 내용에 커다란 차이를 보이게 되는 것이다. 생산, 교환, 분배, 소비 등으로 이루어지는 자본주의 경제의 제 과정 중에서도 대체로 근대경제학에서는 '소비' 또는 '교환'을 지배적인 요소로 생각하고 있으며, 정치경제학과 제도경제학은 '생산'을 지배적인 요소로 생각하고 있다.

제3절 경제학 학습을 위한 주요 개념

우리는 앞에서 경제학은 인간의 물질적 생활의 질서를 설명하는 과학이라 하였다. 그리고 인간의 본성을 인식하는 입장에 따라서 그 질서를 설명하는 방식이 서로 다르다는 사실도 밝혔다. 이제 이렇게 우리네 물질적 생활의 과정을 설명할 때 가장 기본이 되는 주요 개념으로서 '노동'과 '생산', 나아가 '자본'과 '투자'의 개념을 서로 다른 경제학의 관점에서 어떻게 설명하는지 확인해 보고자 한다. 이는 이러한 기본 개념에 대한 서로 다른 견해가 제 질서의 설명에도 그대로 이어지고 있으며, 나아가 경제와 사회에 관한 서로 다른 견해를 이해하는 데 중요한 역할을 하고 있다는 판단에 따른 것이다.

1. '노동'과 '생산'에 대한 다양한 견해

(1) 근대경제학적 견해

전술한 근대경제학적 입장을 취하는 논자들은 '노동'을 여가 대신에 택한 '노고'(勞苦) 내지 '고통' 또는 '비효용'(disutility)으로 파악하고 있다. 그리고 그 고통, 즉 비효용의 대가로 '임금'을 지급받는 것이니, 결국 '노동'이라는 것은 '임금'을 받기 위한 수단으로 이해되고 있는 것이다. '노동'에 관한 여러 학파의 견해를 비교해서 설명하고 있는 Clark(1998)에 의하면, 근대경제학적 논자들은 모두 사람은 일하는 것을 싫어한다는 가정을 받아들인 상태에서 노동으로부터 상대적인 편익과 희생을 평가함으로써 일을 할지, 어떤 일을 할지 여부를 결정하는 것으로 이해하고 있다. 그리고 그는 설명 과정에서 비록 일부 소수의 재능 있는 개인들이 스스로 만족스러워 하는 일을 수행할 수도 있을 것이나, 대부분의 사람들은 '노동'을 '비효용'으로 간주하고 있다고 하면서 노동에 대한 근대경제학적 입장을 이와 같이 정리하고 있는 것을 볼 수 있다.[27] 한마디로 근대경제학적 논자들은 노동시장의 관점에서 '노동'을 여가의 한계기회비용, 즉 한계고통과 단위당 임금의 교환활동, 즉 선택행위로 파악한다는 것을 의미한다. 그리고 그와 같은 노동은 대가를 받고 치르는 희생이기 때문에 균형상태에서는 노동 수요자나 공급자 모두가 만족하는 바람직한 상태에 이르게 되는 것으로 인식하고 있다.[28]

한편, 이들은 '생산'을 자연, 노동, 자본과 같은 제 요소를 투입하여 재화 또는 용역을 만들어 내는 행위를 의미하는 것으로 보고 있다. 주관가치론자들의 견해에 의하면 이 개념은 보다 더 높은 만족을 창출하는 일체의 행위로 정의하기도 한다. 이러한 정의는 현상적인 측면에서 보면 다른 입장을 취하는 사람들과 크게 다르지 않다고 볼 수도 있다. 그러나 위와 같은 현상적 정의 속에 내재되어 있는 의미를 보면, 근대경제학적 논자들은 '생산'의 개념도 합리적 선택을 중시하는 그들의 기본적인 인식에 바탕을 두고, 투입에 대한 대가로 산출물을 만들어 내는 '선택행위'로 파악한다는 점을 유념할 필요가 있다. 말하자면, 투입이라는 기회비용을 치르면서 산출물을 만들어 낸 행위로 파악한다는 것이다. 이러한 '생산'의 개념을 앞에서 본 '노동'의 개념과 관련해서 보면 이들은 생산을 생산요소 제공이라는 희생을 치르는 자에게 그 대가로 화폐적 보상을 하겠다는 원칙을 제시하면서 새로운 물건을 만들어 내는 과정 그 자체로 파악한다는 것이다.[29] 결국 근대경제학적 논자들의 '생산'에 관한 인식에는 생산 과정에 참여하는 사람들의 능력계발이라든가 장인정신과 같은 사고는 애초에 들어 있지 아니함을 알 수 있다.

한마디로 근대경제학적 논자들은 '노동'이나 '생산활동'과 관련된 문제에서 주된 관심은 노동이나 생산 과정에서 '합리적 선택'이 이루어지고 있는지, 그렇게 되게 하려면 어떻게 해야 하는지 등에 두고 있다는 사실을 유념할 필요가 있다. 이러한 사실을 인식하고 나면 근대경제학적 문헌에서 노동에 관한 부분이 왜 기업의 이윤 극대화 관점에서 서술되고 있는지, 생산활동에 관한 이론이 비용 극소화와 이윤 극대화 차원에서 서술되고 있는지를 쉽게 이해할 수 있으리라 생각한다.

(2) 정치경제학적 견해

정치경제학적 논자들은 앞에서 본 근대경제학적 논자들과는 달리 '노동'을 인간활동 중에서 가장 가치 있는 활동으로 파악한다. 구체적으로 이들은 노동을 인간의 육체적·정신적 능력을 외부에 존재하는 자연 대상을 변화시키기 위해 의도적으로 고안된 적극적 활동으로서, 근본적으로 '자기충족행위'로 파악하고 있다. 그리고 이와 같은 노동을 통해 획득하는 생산물은 자기자신의 창조적 활동의 물질적 표현으로 보고 있다. 말하자면, 자신의 노동성과를 받아들임으로써 노동자는 보다 큰 '자기의식'(self-awareness)을 얻게 되는 것으로 보고 있다.[30]

그런데 이들에 의하면 이와 같은 '노동'의 성격은 전술한 인간이 갖는 '유적 존재'로서의 보편적 능력이 제대로 발휘될 때 비로소 온전히 실현될 수 있는 것으로 본다.[31] 그럼에도 불구하고 자본주의 사회에서는 한 개인은 다른 개인을 '유적 존재'로서의 보편적 능력을 실현시키기 위해 상호 의존의 협력적 관계를 맺어야 하는 사회적 동반자로 대하지 않고 오히려 자신의 이익을 추구하는 수단으로 대함으로써 결국 인간이 노동을 통해서 자기가치를 실현시키지 못하는 소위 '소외'되는 상황을 맞이하게 되는 것으로 보고 있다. 구체적으로 이들은 인간은 자본주의적 생산 과정 속에서 한편으로는 자기가 만들어 내는 생산물로부터 소외되고, 다른 한편으로는 생산 과정으로부터 소외되며, 더 나아가 결국 '유적 존재'로부터 소외된다고 보고 있다.[32]

이와 같은 정치경제학적 입장에서 '노동'이 갖는 현실적 성격을 좀 더 구체적으로 이해하기 위해서는 '노동'과 '노동력'을 구분해서 이해하는 것이 중요하다. 먼저 '노동력'이란 '물질적 재화를 생산할 수 있는 육체적·정신적 능력 그 자체'를 일컬으며, '노동'이란 그중에서 그러한 능력을 갖고 있는 노동자가 '실제로 투입한 육체적·정신적 에너지'를 일컫는다. 여기서 자본가가 구입하고자 하는 것은 '노동'이 아니라 '노동력'이라고 보고 있다. 무릇 노동자는 자신의 노동력을 재생산하여 노동자 본인과 가족의 생활을 유지하기 위해서는 생활수단을 필요로 한다. 이렇게 보면 자본주의하에서 자본가가 노동력의 대가를 주고 노동력을 구입한다는 것은 곧바로 그러한 노동력을 유지하는 데 필요한 생활수단의 가치를 지불하고 노동력을 구입한다는 것이며, 그들에게 지급하는 이 생활수단의 가치가 곧바로 '임금'으로 나타나는 것으로 보고 있다. 이들은 '상품의 가치'는 특정 상품의 생산에 지출된 에너지의 양에 의해 결정된다(소위 가치법칙)고 보는데, 같은 맥락에서 상품으로서 노동력의 가치 또한 그것을 유지하는 데 필요한 생활수단을 생산하는 데 소요되는 에너지의 양에 의해 결정된다고 본다. 그것을 '필요노동'(가령 4시간)이라 하며 노동자가 투입하는 '총노동'(가령 8시간) 중에서 이러한 필요노동을 제외한 것을 '잉여노동'(가령 4시간)이라 한다. 말하자면, 자본가는 '임금'을 주고 '노동력'을 구입하여 '노동'을 시킴으로써, 노동자의 생활에 필요한 필요노동을 넘어서는 '잉여노동'을 투입하게 함으로써 그를 통해 '잉여가치'를 만들어 내게 되는 것으로 보고 있다. 여기서 자본가가 지급하는 것은 실제로 투입된 에너지로서 '노동'의 대가가 아니라 노동할 수 있는 능력을 유지시키는 대가, 즉 '노동력'의 대가라는 점을 인식하는 것이 중요하다.

한편, 이들은 자본주의하의 '생산'은 생산수단을 소유한 자본가가 상품으로서 노동력을 구입하여 새로운 가치를 만들어 내는 과정을 의미한다. 이렇게 보면 생산 과정 그 자체가 곧바로 노동자의 '필요노동'을 넘어서는 '잉여노동', 그를 통한 '잉여가치'를 획득하는 과정이라는 사실을 알 수 있다. 이들에 의하면 '노동'에도 생산적 노동과 비생산적 노동이 있는데, '생산적 노동'은 잉여가치를 만들어 내는 데 기여하는 노동을 의미하고, '비생산적 노동'은 잉여가치를 만들어 내는 데 기여하지 못하는 노동을 의미한다.

결국 정치경제학적 논자들은 자본가가 잉여가치를 만들어 내는 생산적 노동을 고용해서 생산활동에 투입하여 노동력 재생산비(생활자료 구입비)만큼만 임금으로 지불하고 생산 과정에서 노동자가 만들어 낸 잉여가치를 착취해 간다고 본다. 이렇게 하여 결국 자본주의에서 노동자는 전술한 '유적 존재'로서 인간이 갖는 보편적 능력을 제대로 실현시키지 못하는 '소외' 상태에 빠지게 되는 것으로 본다. 한마디로 정치경제학적 논자들은 자본주의하의 '노동'은 노동자의 자기가치 실현의 기회로 작동하지 못하고 오히려 생계수단으로 전락하고 있는 것으로 보고 있다.[33]

(3) 제도경제학적 견해

우리는 앞에서 제도경제학자들이 '경제'를 '사회적 욕구충족행위'로 인식하고 있다는 사실을 본 바 있다. 그래서 이들은 경제 관련 문제를 고려함에 있어서도 단순히 개별 경제주체의 활동 그 자체에 초점을 맞추는 것이 아니라 거기에 영향을 주는 다양한 제도의 역할을 중시하는 것을 볼 수 있었다. 이러한 인식을 갖고 있는 논자들은 그와 같은 경제생활에서 중요한 의미를 갖는 '노동'도 이와 같은 '사회적 욕구충족행위', 즉 '생활 과정'의 하나의 과정으로 인식하고 있다.[34] 말하자면, '노동'도 개별적인 물적 욕구 충족행위가 아니라 기업, 나아가 한 사회 전반의 행동관행, 습관, 전통, 법, 규제 등 각종 제도 속에 체화되어 있는 사회문화적 내지 제도적 행위로 파악한다.[35] 이 경우 노동자는 이미 노고와 그 대가를 비교하면서 극대화를 추구하는 존재가 아니라 주어진 각종 제도적 배경 속에서 사람들 간의 관계를 고려하면서 자신의 생활상의 물적 욕구을 충족하고자 하는 존재로 파악된다. 그래서 이들은 노동시장도 서로 다른 조합의 제도화된 규칙이 지배하고 있는 것으로 파악하며, 결국 대부분의 노동시장에는 기업의 특성 내지 지역적·산업적 특성, 나아가 국가적 특성 등이 반영되어 있는 것으로 파악하고 있다.[36] 한마디로 이들은 '노동'의 문제도 단순히 화폐적 보상을 대상으로 하는 노고라든가 그래서 경쟁을 통한 균형의 달성과 같은 관점에서 다루기보다는, 오히려 노동이 행해지는 사회문화적 관행이나 제도적 특성과 더불어 인간의 창조적 욕구를 충족시키는 행위의 일환으로 파악하고 있다.

그런데 이들에 의하면 앞에서 설명한 바와 같이 인간의 본성은 다차원적인데, 이와 같은 노동활동에는 무엇보다 그와 같은 인간의 다차원적인 본능 중에서 현실에서 '제작정신본능'(instinct of workmanship)에 충실하여 인간의 욕구충족 과정(생활 과정)에 기여하는 소위 '생산적 노동'행위가 있다고 본다. 그런가 하면 다른 한편으로는 현실적으로 특정 사회의 노동행위를 둘러싸고 있는 제도적 여건이 그러한 생산적 본능에 부응하지 못하고 오히려 약탈, 모방 내지 착취본능에 의한 활동이 행해짐으로써 인간의 생활 과정에 기여하지 못하게 되는 '비생산적 노동'행위도 있다는 점을 중시하고 있다.[37] 그런데 이들은 특히 인간의 노동행위는 일반 상품과는 다른 기준을 가지고 있는데도 불구하고 자본주의 사회에서는 다른 상품과 같이 취급되고 있다는 점을 중시한다.[38] 결국 이들은 자본주의하에서 노동력 구입자가 하나의 상품으로서 생산적 노동자를 마음대로 처리함으로써 노동자는 갖가지 문화적 제도라는 보호막이 벗겨진 채 사회에 알몸으로 노출되어 결국 노동의 창조성이 훼손되는 것으로 이해하고 있다.

한편, '생산활동'을 인식함에 있어서도 근대경제학적 논자들이 기업이 가지고 있는 생산요소들의 결합활동이라는 점을 중시하는 데 비해, 제도경제학적 논자들은 기업이 가지고 있는 생산요소뿐 아니라 기업의 생산 과정에 영향을 주는 기업 내의 문화라든가 더 나아가 보다 폭넓게 사회적 여러 요인이 어우러져 이루어지는 복합적 행위로 파악하고 있다. 이런 연유로 근대경제학적 논자들은 생산 과정에서 유형적이고 현상적인 생산요소, 그중에서 특히 공장,

기계, 설비 등과 같은 유형적인 생산도구로서 자본을 중시하는 데 비해, 제도경제학적 논자들은 생산활동을 단순한 생산도구의 문제로만 파악하지 아니하고 특정 사회 구성원들이나 그들 집단의 생산방식, 나아가 생활방식, 사고방식 등이 오랜 기간 어우러져 축적된 과거와 현재의 경험의 산물이라는 점을 중시한다.[39] 이와 관련하여 제도경제학자 중의 한 사람인 Dugger(1996)는 근대경제학자들이 생산활동을 기업이 소유하고 있는 자산에 초점을 맞추어 파악함으로써 생산활동을 기업 자체 활동으로 환원시키고 있다는 점을 중시한다. 그래서 궁극적으로 생산활동을 생산함수와 일련의 제약조건 속에서 이윤 극대화를 추구하는 합리적 선택행위의 일환으로 귀결시키고 있다고 보고 있다. 그러면서 자신들은 기업의 생산활동은 위에서 설명한 것처럼 기업 내의 자산뿐 아니라 기업의 생산 과정에 긍정적·부정적 영향을 미치는 한 사회 전반의 생산방식뿐 아니라 사회 구성원들의 생활방식, 사고방식 등도 크게 영향을 준다는 점을 중시한다. 구체적으로 생산수단의 소유관계, 작업장의 조직, 가족 구성원들 및 성별 관계, 나아가 국가정책과 이들 모든 관계에 대해 끊임없이 이루어지는 사회적 통제 등도 포괄하는 보다 광범한 사회적 활동으로 파악해야 한다는 점을 강조하고 있다.[40]

이렇게 제도경제학적 논자들은 생산활동을 기업주와 피고용자 사이의 계약활동이라는 사적 활동의 영역으로 파악해서는 안 되며, 기업과 해당 생산활동이 행해지는 사회 제 조직들과의 사이에서 형성되는 행위로서 '사회중심적'으로 파악해야 하는 것으로 보고 있다. 한마디로 근대경제학적 논자들은 생산활동을 자연·노동·자본 등의 생산요소접근법을 취하는 데 비해, 제도경제학적 논자들은 개인과 생산도구 및 그러한 관계에 영향을 주는 개인, 기업, 그리고 사회 전반의 생활관행 등의 유기적 관련성에 바탕을 둔 생산의 개념을 제시하고 있다는 점에 차이가 있다.

2. '자본'과 '투자'에 대한 다양한 견해

이하에서는 한 나라 전체의 경제규모와 경제구조에 양적으로나 질적으로 중요한 의미를 갖는 '자본'과 '투자'의 개념과 그들 사이의 관계를 살펴보고자 한다. 이 개념 또한 전술한 근대경제학, 정치경제학 및 제도경제학적 입장이 서로 다르다는 사실에 유념해서 이들 개념을 이해해 둘 필요가 있다.

(1) 근대경제학적 견해

근대경제학적 견해에서는 전술한 바와 같이 생산활동을 자연·노동·자본과 같은 여러 요소들의 현상적인 결합행위로 이해하고 있다. 이들 입장에서는 먼저 '자본'은 한마디로 "인간이 만들어 낸 생산요소로서 생산활동에 사용되는 것"을 일컫는 개념으로 정의된다. 이러한 자본이 경제활동에서 중요한 의미를 갖는 것은 자본이 생산성의 제고에 결정적으로 중요한 역할을 수행한다는 점이다. 이러한 상황은 로빈슨 크루소(Robinson Crusoe)가 물고기를 맨손으로 잡을 때와 그물을 만들어서 잡을 때 잡히는 물고기 양을 생각해 보면 충분히 짐작이 가리라 믿는다. 이때 '그물'이 바로 '자본'에 해당된다. 다른 예로 국화빵을 만들어 파는 가게 주인에게 '국화빵 만드는 기계'가 바로 '자본'에 해당된다.

한편, 경제 문제를 다룰 때 흔히 일컫는 '투자'의 개념은 바로 이 '자본'의 개념과 관련지어 이해해야 한다. 말하자면, '투자'란 "자본을 구입하러 가는 화폐의 흐름"을 의미한다. 이 '투자'가 경제활동과 관련해서 중요한 의미를 갖는 것은 바로 자본을 사고자 하는 돈의 흐름으로서 투자가 있어야만 자본이 형성되고 축적되기 때문이다. 그런데 앞에서 본 것처럼 자본이 곧바로 생산력 제고를 위한 원동력이기 때문에 궁극적으로 투자가 한 사회의 생산능력을 제고시키는 데 결정적 역할을 한다는 사실을 이해하는 것이 중요하다.

이제 이러한 '자본'의 개념을 좀 더 구체적으로 이해하기 위해 서로 다른 자본의 유형을 이해해 둘 필요가 있다. 먼저 우리는 다 같은 자본이라 하더라도 '물적 자본'과 '인적 자본'으로 구분하여 사용되는 것을 자주 볼 수 있다. '물적 자본'(physical capital)이란 생산활동에 필요한 생산요소로서 인간이 만들어 낸 기계, 도구, 집기 등을 말하는데, 전통적으로 자본이라 하면 물적 자본을 일컫는 것으로 보아도 좋다. 이와는 달리 요즘 자주 들을 수 있는 '인적 자본'(human capital)이라는 개념은 물적 자본의 개념과 마찬가지 맥락에서 "인간이 만들어 낸 생산물로서 교육이라는 서비스가 생산물을 만드는 데 사용되는 것"이라고 정의할 수 있다. 이러한 인적 자본이 투입되면 물적 자본이 투입되어 생산성을 제고시키는 역할을 하는 것과 마찬가지로 생산 과정에서 생산 성과를 올리는 역할을 하게 된다. 말하자면, 보통의 인간이 행하는 생산 과정이 아니라, 인간이 만들어 낸 생산요소로서 교육이라는 서비스가 투입된 인간이 생산 과정에 투입되면 생산성이 상대적으로 더욱 높아지게 된다는 것을 의미한다. 이렇게 보면 인적 자본의 개념도 물적 자본으로서의 자본 개념과 큰 틀에서 맥을 같이하는 것으로 볼 수 있다.

한편, 우리는 '실물자본'과 '화폐자본'의 구분도 자주 접한다. 먼저 '실물자본'(physical capital)은 위에서 언급한 물적 자본을 의미한다고 볼 수 있다. 이에 비해 '화폐자본 또는 금융자본'(money capital, financial capital)은 화폐 또는 유가증권을 일컫는다. 이렇게 화폐 또는 유가증권을 굳이 '화폐자본'이라 부를 때에는 "실물자본을 구입할 수 있는 근원"이라는 의미를 담고 있으며, 그래야 화폐자본도 위에서 정의한 '자본'의 범주에 포함시킬 수 있게 된다.[41]

이제 위의 구분과는 달리 사적 자본과 사회적 자본, 그리고 사적 투자와 사회적 투자라는 개념의 구분 또한 자주 사용되는 것을 볼 수 있다. 먼저 '사적 자본'이란 개인의 사적 생산활동에 사용되는 자본을 일컫고, 그러한 자본을 구입하기 위한 돈의 흐름을 '사적 투자'라 한다. 이에 비해 현실에서는 '사회간접자본'(social overhead capital; SOC)이라는 개념이 자주 사용되는데, 이 개념은 직접 생산활동을 하는 데 사용되는 자본이 아니라 민간인들의 생산활동을 (간접적으로) 돕는 데 사용되는 자본으로서 도로, 철도, 항만, 전력 등을 일컫는다. 여기서 '간접적'이라는 것은 해당 자본의 공적인 소유자가 직접 생산활동을 하는 데 개별적으로 사용하는 자본이 아니라 민간인들의 생산활동을 돕는 데 사용된다는 의미에서 더해진 수식어이며, 좀 더 구체적으로는 영어의 'overhead'가 시사하듯이 어느 특정 상품이나 작업에 배타적으로 사용되는 것이 아니라 서로 다른 상품이나 작업에 두루 활용된다는 의미를 담고 있다. 그리고 이러한 자본을 구입하기 위한 돈의 흐름을 '사회적 투자' 또는 '공적 투자'라 일컫는 것이다.[42]

(2) 정치경제학적 견해

이에 비해 정치경제학에서는 생산활동에서 생산관계를 중시하여 노동이 생산활동에서 주된 역할을 하면서 가치를 만들어 내는 근원은 노동인 것으로 파악하고 있다. 이런 입장에서 정치경제학적 논자들은 '자본'을 "운동 과정에서 자신의 크기를 키워 가는 가치"로 파악하고 있다.

정치경제학에서는 이렇게 '자본'을 자신의 가치를 키워 가는 운동 과정으로 파악하기 때문에, 그러한 운동 과정에서 자본은 현상적으로 다양한 모습을 띠고 나타나는 것으로 파악한다. 최초로 자본은 '화폐' 형태로 나타나며(이 경우 화폐를 '화폐자본'이라 함), 다음 단계로 자본은 '상품'의 형태를 띠고 나타난다(이때 상품을 '생산자본' 또는 '상품자본'이라 일컬음). 그런데 이처럼 자본운동 과정에서 자본의 최초의 현상 형태는 '화폐'로 나타나지만, 화폐 그 자체가 자본인 것은 아니며, 화폐는 '일정한 조건' 속에서 자본으로 전화하는 것으로 파악한다. 그 조건이란 바로 '자본의 본원적 축적'을 위한 조건이기도 하다. 여기서 '자본의 본원적 축적'(primitive accumulation of capital)이란, 한편에서는 화폐가 축적

〈그림 5-1〉 자본운동의 일반적 범식

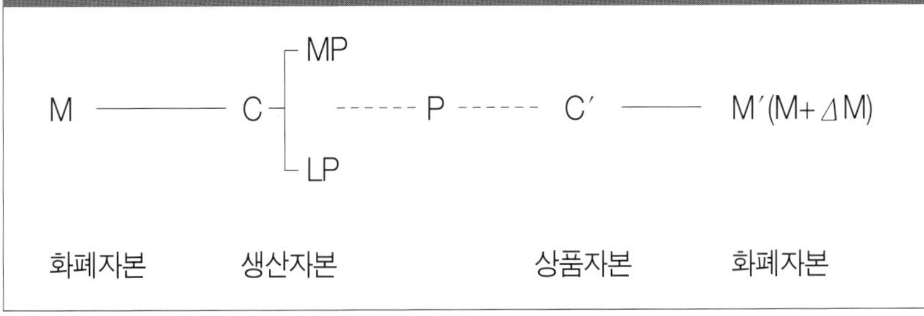

주: MP: 생산수단, LP: 노동력, P: 생산 과정, M: 화폐자본, ⊿M: 잉여가치

되고, 다른 한편에서는 임금노동자가 형성됨으로써 자본주의적 발전의 시초적 계기가 마련되는 과정을 말한다. 이와 같은 자본의 본원적 축적 과정에서 임금노동자가 형성되기 위해서는 직접생산자로서 노동자에게 "두 가지 의미에서의 자유"가 보장되어야 하는데, 하나는 '생산수단의 소유로부터의 자유', 즉 '생산수단으로부터 분리'이고, 다른 하나는 '노동력 처분의 자유'가 그것이다. 역사적으로 이 과정은 '농업혁명'(enclosure movement)을 통해서 주어진 것으로 이해되고 있다.

이제 이러한 자본과 그 축적 과정을 〈그림 5-1〉을 통해 이해해 보자. 그림을 보면 애초에 축적된 '화폐'(M)로 생산활동을 위한 '상품'(C)으로서 생산수단(means of production; MP)과 노동력(labour power; LP)을 구입하여 생산 과정(P)에 투입한다. 이어지는 생산 과정을 통해 새로운 '상품'(C′)을 만들어 내는바, 이 상품을 시장에 팔아 화폐를 획득하게 된다. 그런데 여기서 최종적으로 획득된 '화폐'(M′)는 최초의 화폐(M)보다 그 크기가 ⊿M만큼 커져 있다. 이때 ⊿M을 '잉여가치'라 부르고, 이렇게 잉여가치를 만들어 내는 데 투입된 화폐는 자신의 가치를 키우는 데 기여하였다 하여 '자본'으로 기능한 것으로 파악하는 것이다.

이와 같이 잉여가치를 만들어 내는 데 투입된 화폐를 '화폐자본',[43] 생산을 위해 구입해서 생산 과정에 투입된 상품을 '생산자본', 생산의 결과 얻어진 새로운 상품을 '상품자본'이라 일컫는다. 아울러 이와 같은 일련의 유통 과정을 거쳐 잉여가치가 발생하였다 하여 위의 유통 과정을 '자본유통'이라 하며, 위의 유통 과정 전반을 '자본운동의 일반적 범식'이라 일컫는다.

한편, 위와 같은 '자본유통'과는 달리 '상품-화폐-상품'(C-M-C)의 과정은 '단순상품유통'이라 불린다. 이러한 단순상품유통 과정에서는 어떤 상품 소유자가 자기의 상품을 팔고 그 판매대금으로 타인의 상품을 구매하고 있다. 이 행위의 목적은 상이한 '사용가치'를 가진 상품의 획득 그 자체에 있는 것으로서, 위의 자본유통에서는 나중의 화폐가 처음의 화폐보다 더 컸다는 점에서 차이가 있음을 유념하기 바란다. 이와 관련하여 '화폐-화폐'(M-M′)와 같은 유통 과정도 있을 수 있는데, 이 유통은 '고리대자본 유통'으로 위의 '산업자본 유통'과 유사하나 생산 과정이 빠져 있다는 점이 다르다. 이는 생산 과정이 빠져 있다는 점에서 '전(前)자본주의적 유통' 과정으로 분류된다는 점을 유념하기 바란다. 이렇게 불린 자본을 전자본주의적 축적방식을 통한 자본이라 하여 '전기적(前期的) 자본', 생산활동을 통하지 않고 형성한 자본이라 하여 '비생산적 자본' 내지 '천민적 자본' 등으로 불린다. 우리 주변에 흔히 볼 수 있는 부동산 투기를 통해 부(富)를 불리는 과정도 이 후자의 개념에 상응하는 것으로 이해할 수 있다.

(3) 제도경제학적 견해

제도경제학에서는 생산활동을 유·무형 자산의 결합활동의 산물로 파악한다. 그러면서 '자본'도 근대경제학적 논자들의 경우와 같은 공장, 기계, 설비 등과 같은 유형의 생산도구들뿐만 아니라, 그러한 도구들을 사용하는 데 필요한 지식, 기술 등과 함께 그것을 활용하는 노동자들 사이 또는 노동자와 생산자들 사이에 형성된 생산 관행 등 인간에 체화된 무형의 자산(활용능력)의 총체로 파악한다. 이처럼 제도경제학적 논자들은 유형의 생산도구들은 그 활용 방식이나 능력에 따라 생산활동의 규모나 형태에 미치는 영향이 달라진다는 점을 중시하여, 자본 개념에 유형의 생산도구뿐만 아니라 그러한 도구의 활용에 체화되어 있는 인간의 무형의 지식과 기술, 나아가 생산 관행 등을 강조한다는 점이 다르다.

한편, 앞에서 본 바와 같이 근대경제학적 논자들도 '인적 자본'이라 하여 인간에 부여된 자본적 성격을 강조하기도 한다는 사실을 설명하였다. 그런데 그들은 인적 자본의 개념을 사용함에 있어서 어디까지나 개인적 본성, 즉 사적 동기에 바탕을 둔 사적 활동의 범주에서 다루고 있다는 점에서 제도경제학적 논자들과 인식을 달리한다. 말하자면, 제도경제학적 논자들은 '인적 자본'의 개념을 사용함에 있어서도 특정 사회 구성원 개개인이나 구성원 집단들의 '관계' 속에 내재되어 생산력을 제고시키는 힘을 중시한다는 점에서 차별성을 보이고 있다. 전자의 인적 자본 개념이 개인적 차원의 양적인 개념으로서 기술과 능력을 늘려 가는 '개별 인간 내'의 변화를 일컫는 개념인 데 비해, 후자의 인적 자본의 개념은 '관계적 차원'의 다분히 질적인 개념이라는 점에 차이가 있다는 사실을 이해해 두는 것이 중요하다.

한편, 근래에 들어 기존의 '사회간접자본'이라는 개념과 달리 '사회자본' 또는 '사회적 자본'(social capital)이라는 개념이 널리 사용되고 있는 것을 볼 수 있다. 이 개념은 근대경제학적 논자들이 일반적으로 일컫는 '사회간접자본'이라는 개념과는 차원을 달리하는 개념으로서, 전술한 제도경제학적 논자들의 '자본' 개념의 맥락에서 파악되고 있다는 사실을 유념할 필요가 있다. 기존의 경제학자들과는 달리 제도경제학적 인식을 갖고 있는 논자들은 '사회적 자본'을 "사회 구성원들이 공통적으로 접하는 문제를 해결하여 공동의 이익을 제고시키기 위해 구성원이나 집단 간의 이해를 조정하고 협동을 촉진하는 규범 내지 네트워크"를 일컫는 것으로 이해한다. 여기서 '규범'은 한 집단의 구성원들이 가지는 (공식적·비공식적) 행동규칙이나 기준 및 공유된 가치(문화 내지 전통 등을 포함) 등을 말하는 것으로서, 신뢰 및 호혜성 등을 포함하는 개념으로 사용된다. 한편, '네트워크'는 개인 간 또는 집단 내 사회적 관계와 상호작용을 의미한다. 여기서 특정 사회의 '규범'과 그 사회의 '네트워크'는 둘 다 특정 사회구조에 배태되어 있으며, 상호 의존적인 것으로 동전의 양면과 같은 역할을 한다. 한편, 이와 같은 사회적 자본의 개념이 대두된 것은 사회 구성원들이 협동하면 사회가 보다 나아질 수 있다는 전제 위에서, 구성원들 사이나 집단 간의 '관계'를 중시하게 된 데서 기인한 것이라는 사실도 유념할 필요가 있다. 이와 같이 정의된 '사회적 자본'의 개념은 앞에서 제시한 근대경제학적 '사회간접자본'의 개념과는 생산성을 제고시킨다는 점에서는 그 성질을 같이 하는 것으로 볼 수 있다. 그러나 근대경제학적 범주에서는 민간의 생산활동을 돕는 생산수단이라는 '양적' 개념을 일컫는 데 비해, 제도경제학적 논자들의 '사회(적)자본'은 다 같이 민간의 생산활동을 돕는다는 점에서는 마찬가지이지만, 특히 사회 구성원들 사이의 관계(인간관계) 내에 존재하는 '질적' 개념을 의미한다는 점에서 차이가 있다는 사실을 이해해 두는 것이 중요하다.

주

1. '사회과학'에 대한 이러한 개념 규정을 두고 사회과학은 특히 행동의 주체인 사람(개인)들로 구성된 인간공동체에 관한 과학이기 때문에 단순히 이와 같은 '법칙'뿐만 아니라 '도'(道)도 아울러 탐구 주제가 되어야 하는 것으로 정의하는 견해도 있다(김낙중, 1986: 49-50). 그러나 여기서 '도'라는 것은 김낙중(같은 책: 37) 스스로도 기술하고 있듯이 '주체적·당위적인' 일종의 '가치'에 관한 사항이기 때문에, 이에 대한 견해는 앞에서 본 '사회'에 대한 서로 다른 개념 규정 속에 포함되는 것으로 보아, 본서에서는 '사회과학'의 개념을 본문에서와 같이 "사회현상에 대한 '법칙'을 추구하는 과학"으로 정의하기로 하였다.
2. 가령 본서 집필 과정에 직·간접적으로 참고문헌으로 활용하고 있는 문헌을 중심으로 보면, 高島善哉(1978(1982))의 『사회과학 입문』, 淺野榮一 · 古賀英三郞(1982)의 『어떻게 社會科學을 할 것인가』, 안석교(1984)의 『현대 사회과학의 방법론』, 김낙중(1986)의 『사회과학원론』, Benton and Craib(2010(2014))의 『사회과학의 철학』, 우석훈(2011)의 『나와 너의 사회과학』 등의 저서를 들 수 있다.
3. 이와 같이 사회의 제 과학이 사회과학으로 불리기 위한 조건에 대한 보다 자세한 이해를 위해서는 후술하는 사회과학적 사고방식과 연구대상에 대한 설명 부분을 참고하기 바란다.
4. 이러한 견해는 다른 분야 연구가들로부터 '경제학 제국주의'라는 비판을 받기도 하고 있다. 사회학적 관점에서 이러한 비판을 하고 있는 저술로는 Udehn(1996)을 참고할 수 있다. 한편, 이와 같은 비판에 대해 국내에서 공공선택론자로 분류될 수 있는 황수연(2014)은 오히려 경제학의 이러한 성향을 긍정적으로 평가하는 견해를 소개하고 있다. 그는 대표적인 공공선택론자 중의 한 학자로 평가받고 있는 털록(G. Tullock)에 대해 "그의 방대한 관심으로부터 성공적인 경제학적 제국주의가 탄생"한 것으로 기술하고 있는 것을 볼 수 있다. 그뿐만 아니라 같은 맥락에서 그는 인적 자본에 관한 연구로 유명한 시카고 경제학자 베커(G. Becker)는 "이전에는 사회학, 인구학, 그리고 범죄학과 같은 다른 사회과학 분야들이 취급해 왔던 인간행동 측면들에다가 경제이론의 영역을 확대"하였다면서, "이런 식으로 베커는 다른 사회과학 분야들을 성공적으로 침투했고 합리적 선택 접근방법을 인간 행동의 이해를 증진시키는 데 사용했다"고 평하고 있는 것을 볼 수 있다(이 내용은 우명동(2016: 11)이 사회과학방법론의 맥락에서 지방재정학의 학습방법을 분석하는 자리에서 제시하였던 내용으로 황수연(2004: 5)에서 인용한 것임).
5. 특히, Capra(1984(2007): 238) 같은 이는 이와 같은 접근이 갖는 문제점은 이론의 차원을 넘어서서 "이 단편화된 접근은 정부 정책에도 반영되어 사회정책과 경제정책이 분열되며, 특히 미국에서는 이들 정책이 논의되는 의회의 각종 위원회 및 소위원회의 분규에서 잘 반영되고 있다"는 점까지 지적하고 있는 것을 볼 수 있다. 단학문적 접근을 하는 사람들에게 주의를 요하는 비판이라 생각되어 소개한다.
6. 초학제 간 접근이 갖는 이러한 성격에 대한 보다 자세한 논의에 대해서는 우명동(2016: 7-8)을

참고하기 바란다.

7. "마르크스는 자신이 경제학자로 지칭되는 것을 거부하고, 경제학자는 현존하는 자본주의 질서의 단순한 변호인일 뿐이라고 주장하면서 자신을 (경제학자로서가 아니라) 사회비평가로 보았다"(Capra, 1984(2007): 238 참고. 단, 괄호는 강조를 위해 저자가 삽입)는 사실은 경제학에 대한 위와 같은 그의 견해를 반영하고 있는 것으로 볼 수 있다.
8. Myrdal(1967(1990): 24)을 참고.
9. 그는 '누적적 상호인과관계 원리'를 정립하여 다양하게 경제현실을 분석하였는바, 대표적으로 Myrdal(1968, 1875; 1957: 13)을 참고하기 바란다.
10. 이하 설명은 高島善哉(1978(1982): 15-17), 淺野榮一・古賀英三郎(1982: 18) 등에 바탕을 두고 본서의 맥락에 맞추어 보강한 것임을 참고하기 바란다.
11. 최민자(2010)의 『통섭의 기술』은 인문사회과학과 자연과학의 통섭 등 경계선 없는 '통합 학문'의 길을 제시하고 있으니 참고하기 바란다.
12. 이와 같은 문제는 명시적 또는 묵시적으로 경제학을 비롯한 많은 사회의 제 과학의 이면에 내재해 있는 관심사항이라 할 수 있을 것이다. 특히, 사회과학에 대한 관심을 위와 같이 명시적으로 나누어 설명하고 있는 문헌으로는 김낙중(1986: 13-16)의 내용을 참고하기 바란다.
13. 이는 '초고도 기술사회'라는 불리는 오늘날에도 생계를 이어가기 힘든 나라나 구성원들이 주위에 있다는 사실을 고려해 보면 이해되고도 남음이 있다 할 것이다.
14. 사회과학의 연구대상을 문제 중심으로 평면적으로 서술할 수도 있을 것이나 사회과학의 연구대상도 시대적 상황의 변화에 따라 변해 간다는 점을 중시하여 이와 같은 방식으로 설명하고자 한다. 이러한 설명방식과 아래 설명내용은 淺野榮一・古賀英三朗(1982: 19-22)의 내용에 바탕을 두고 독자들의 가독성을 높이기 위해 보완・가필한 것임을 밝혀 둔다.
15. 여기서 '중세의 일반적 위기'라는 것은 토지에 대한 소유권은 영주가 갖고 있으면서 점유권은 직접생산자인 농노가 가지고 있다는 사실을 일컫는다. 관련된 내용은 제4장 자본주의 체제에 관한 정치경제학적 관점을 설명한 부분에서도 다루고 있으니 같이 참고하기 바란다.
16. 이와 같은 맥락에서 조선 후기 17, 18세기 영조・정조 시대의 사회 변화상과 그 뒤를 이은 실학의 개화를 놓고 우리나라 사회과학의 출범으로 해석하는 견해들이 있어 소개하고자 한다. 이는 사회의 변화와 사회과학의 출현 사이에 존재하는 상관성을 이해하는 데 도움이 될 것이라는 판단에서이다. 이러한 견해를 갖는 사람들은 당시 우리나라 사회는 농업, 상업, 수공업, 그리고 정치 및 문학 등 사회 전반에 커다란 지각변동이 일어나고 있었던 것으로 보고 있다(이하 논의는 주로 유원동(1970)을 참고한 것임). 먼저 농업 부문에서 생산력 수준이 높아지면서 그동안의 '자급자족적인 농업활동'으로부터 시장을 상대로 한 상품으로서 농업생산, 즉 상품생산농업이 전개되어 나간 사실에 주목한다. 나아가 이와 같은 사회 전반의 생산력 고양에 따라 상업활동에 대한 요구가 늘어나면서 상업 부문에서도 지난날 상품의 독점판매권을 갖고 있었던 '육의전 특권상인'이나 '시전'에 비해 특권이 없는 일반인들 사이에서 보부상이나 여각, 객주 등 '난전상인'들이 등장하였다. 이러한 난전이 점점 그 세를 넓혀 가면서 1791년 정조 15년에는 '신해통공령'

(辛亥通共令)이 내려져 시전의 금난전권(禁亂廛權)이 폐지되어 상업활동이 보다 폭넓게 확대되고 있었다. 이와 같은 난전이 점점 확대되는 한편, 수공업 부문에서도 종래의 '관영공업'이 쇠퇴하고 민간 부문에서 임금을 주고 사람을 고용하여 생산활동을 하게 하는 '사공임용제'(私工賃用制)가 등장하였으며, 나아가 종전의 '반농반공' 상태를 벗어나서 '독립수공업'이 양적으로 확대되고 질적으로서 성숙되어 갔다. 이러한 산업 부문의 변화는 정치·사회 부문에서도 큰 변화를 가져오게 하는 유인이 되었던바, 구체적으로 납속면천(納粟免賤), 납속수직(納粟受職)과 같은 형태로 양반자리가 매매되는 등 신분사회의 질서가 동요되고 있었으며, 급기야 1801년 순조 원년에는 공노비를 공식적으로 해체하기에 이른다. 그뿐만 아니라 이러한 사회 전반의 변화는 문학활동에도 영향을 미쳐 지난 시기 '귀족양반문학'으로부터 평민 내지 서민대상의 문학이 등장하여 확대되었는데, 우리에게 친숙한 『춘향전』, 『흥부전』, 『양반전』, 『허생전』 등이 그러하다. 아울러 회화 분야에서 김홍도와 신윤복의 풍속도 또한 이러한 사실을 반영한 것으로 해석된다.

이처럼 조선 중반기를 넘어서면서 그동안 강력한 집권적 질서와 고착된 신분질서에 얽매어 사회 구성원들이 자신들의 역량을 제대로 발휘해 오지 못하고 있던 것이 직접생산자들의 경제적 잉여 창출 및 그 거래에 있어서 점점 자유의 폭이 커져 가면서 조선 사회 전반에 아래로부터의 커다란 변화가 일어나고 있었다. 조선 후기에 등장한 '실학'은 바로 이와 같은 당시 사회변동과 그에 따른 조선 백성들의 생활상의 문제를 분석하고 그 극복방안을 찾고자 노력하는 과정에서 등장하였던 것으로 볼 수 있다. 물론 위에서 설명한 조선 후기 사회변화상에 대해서 다른 견해도 제시되고 있으며(이영훈(1996)의 'II. 자본주의맹아론 재고' 내용 참고), 또한 실학이 근대학문으로 자리매김할 수 있는지 등에 대해서 서로 다른 견해가 제시되고 있는 것도 사실이다(정호훈(2019)을 참고). 그럼에도 불구하고 당시 실학의 존재 자체는 조선 후기 사회가 내적으로 강렬한 변화의 동력을 드러내고 있었음을 보여 준다는 점을 부정할 수 없을 것이다. 이러한 맥락에서 보면 사회과학의 탄생이 그 사회의 모순이 깊어지면서 아래로부터의 변화의 힘이 응집되어 사회 전반으로 확산될 때 나타나게 된다는 사실을 우리나라의 역사적 사실에 비추어 다시금 이해하는 계기가 될 수 있을 것이다.

17. 이와 관련된 논의는 Rifkin(2014), Dunlop(2016) 등을 참고할 수 있다. 그리고 기본소득에 대한 많은 문헌들도 참고가 될 수 있다. 이러한 상황을 고려하여 우명동(2018)은 사회의 지속 가능성이라는 맥락에서 공공 부문의 역할을 다루는 글을 쓴 적이 있다.
18. 흔히 정치경제학자들은 이러한 상태를 생산 과정에서 나타나는 인간의 '소외' 현상으로 설명하고 있다. 이에 대해서 본장 제3절 '노동'에 대한 정치경제학적 논의 과정에서 상술하고 있으니 참고하기 바란다.
19. Marx(1894(1981): 956)와 이 내용을 해설적으로 소개하고 있는 Fine and Harris(1979: 6-7), Parekh(1982: 54) 등의 내용을 참고하기 바란다.
20. Fine and Harris(1979: 6-7)를 참고.
21. Marshall(1890: 1)을 참고.
22. 마르크스는 인간이 개별적으로 고립되어 생산활동을 하는 것으로 보지 않고, 일정한 역사적 발

전 단계에 부응하는 특수한 생산관계 속에서 활동하는 사회적 개인들을 분석해야 한다는 긴 설명 속에 인간에 대한 연구가 중심이 되어야 함을 간접적으로 나타내고 있다. 이에 대해서는 칼 마르크스 지음, 김호균 옮김(1988: 15-17)을 참고하기 바란다.

23. Kirzner(200: 14)를 참고.

24. 이러한 내용은 Kirzner(2000)가 현대 자유주의 경제학의 대표적인 인물 중의 한 사람인 미제스(Ludwig von Mises) 경제이론의 인식론적 성격을 연구한 논문의 모두에서 밝히고 있는 내용이다.

25. 경제행위를 구성하는 각각의 행위들에 대한 설명은 김수행 외(1991: 19-21)의 설명을 참고할 수 있다.

26. Ricardo(1817(1970): 5)를 참고.

27. 이와 같은 그의 설명내용은 Clark(1998: 184, 195)를 참고하기 바란다.

그는 자신의 책에서 고전적 자유주의와 현대적 자유주의로 구분하고 있으나, 그 내용을 보면 전자는 우리들이 알고 있는 신고전파 경제학적 견해를 지칭하며 후자는 케인스 경제학적인 개입주의적 견해를 지칭함으로써(Clark, 1998: 41-48, 89-97), 결국 전반적으로 본서에서 구분하고 있는 근대경제학적 입장에서 '노동'의 개념을 위와 같이 설명하고 있는 것으로 볼 수 있다.

28. Ramstad(1993: 197-198)에 의하면 '노동'에 대한 근대경제학적 인식은 바로 노동시장의 균형이 갖는 이와 같은 기본적 인식 틀과 연결되어 있다는 사실을 강조하고 있는 것을 볼 수 있다.

29. 클라크(Clark)는 노동을 설명하는 자리에서 불쾌함과 화폐적 보상이라는 '원리를 강제'(the threat of discipline)하는 것이 생산을 불러오는 필수적인 기제임을 밝히고 있다(Clark, 1998: 195).

30. 이상 내용은 Clark(1998: 187)를 참고하기 바란다. 클라크는 자신의 저서에서 이들의 견해를 Radical Perspective라고 표현하면서 마르크스 등의 정치경제학적 논자들과 베블렌 등의 제도경제학적 논자들까지 포함하여 포괄적으로 이해하고 있는바(Clark, 1998: 55-63), 여기서는 그중에서 마르크스적 견해를 정치경제학적 논자들의 견해로 분류하여 소개하고, 베블렌의 견해는 후술하는 제도경제학적 견해로 별도로 구분하기로 하니 참고문헌의 독해 시 유념하기 바란다.

31. 제4장 제2절의 정치경제학적 논자들의 인간 본성 부분에 대한 설명을 참고하기 바란다.

32. 구체적으로 그는 "노동자는 대상들을 보다 많이 생산하면 할수록, 소유할 수 있는 대상이 더욱더 적게 되며, 더욱더 그의 생산물의 지배, 즉 자본의 지배하에 놓이게 된다"면서 생산물로부터 소외되는 현상을 설명하고 있으며, 다른 한편 "노동자에 대한 노동의 외적 성격은 노동이 노동자의 것이 아니라 다른 어떤 사람의 것이라는 것, 노동이 노동자에 속하지 않는다는 것, 노동자가 노동 속에서 자기자신에게가 아니라 다른 사람에게 속한다는 것에서 나타난다. … 노동자의 활동은 그의 자기활동이 아니다. 노동자의 활동은 다른 어떤 사람에게 속하며 그 자신의 상실이다"라고 하면서 또 한 측면의 소외현상을 설명하고 있다. 그리고 이러한 두 측면의 소외로 인해 결국 의식적이며 자유로운 활동을 하는 유적 존재로서의 인간을 "소외된 노동이 이 관계를 전도시켜서 급기야 인간을 자신의 생존을 위한 수단으로 만들어버린다"고 하고 있는 것을 볼 수 있다(칼 맑스, 1844(1991): 73, 76, 78을 참고).

33. Clark(1998: 188)에 의하면, 자본주의하의 노동자들은 이와 같이 생산 과정에서 소외를 경험하면서 노동을 결코 자기충족수단으로 대하지 못함에 따라 결국 먹고, 마시고, 재생산하는 것과 같은 단순히 생물학적 기능에 집중하게 되며, 더 나아가 이와 같은 노동과 관련된 불만족은 비노동시간의 활동에까지 영향을 주어 이혼, 마약남용, 가정폭력과 같은 문제를 낳기까지 한다는 사실을 지적하고 있다.

34. Todorova(2015: 2, 5, 7-8)를 참고하기 바람.

35. Ramstad(1994: 1-2)의 내용을 참고하기 바람.

36. Ramstad(1993: 199)를 참고하기 바람.

37. 이들은 이러한 인간의 본성을 규정짓는 것은 생물학적인 유전적 요인과 사회문화적 요인이 있는데, 이 두 요인은 상호작용관계에 놓여 있으나, 대부분의 생물학적 요인에 의한 행위도 실은 관습이나 그것이 응축되어 제도화된 규범(사회문화적 요인)들에 기반을 두고 있는 것으로 파악한다. 아울러 이들은 인간을 진화하는 생명체로 파악하며 그들의 행동을 규정짓는 사회문화적 요인도 진화하는 생명체와 같은 것으로 보고 있다(Veblen(1899(1919): 108-109), Jensen(1994: 338-339) 등을 참고할 것).

38. 폴라니를 비롯한 제도경제학자들은 이렇게 상품이 되지 말아야 할 것이 상품으로 취급되는 것을 '허구적 상품'이라 부르고 있는데, 이러한 허구적 상품에는 노동 이외에 자연(토지)도 누가 만들어 낸 것이 아니며, 화폐라는 것도 금융구조 속에서 생겨난 구매력의 징표에 지나지 아니한 것으로서 다른 상품과 같을 수 없는 것인데도 허구적으로 상품으로 취급되고 있어 사회가 질곡으로 빠져들고 있는 것으로 파악하고 있다(Polanyi(1944: ch. 6)의 내용을 참고하기 바람).

39. 이와 관련하여 제도경제학자들은 '자본'의 개념 자체도 근대경제학적 관점에서의 유형의 생산도구에만 국한시키는 것이 아니라 이와 같은 생산관행 등 인간에 체화된 무형의 자산을 포함한 보다 포괄적인 개념으로 정의하고 있다는 점에 차이가 있다. 이에 대해서는 이어지는 '자본'에 대한 설명 부분을 참고하기 바란다.

40. Dugger(1996: 39-40)의 설명을 참고하기 바란다.

41. 화폐자본 내지 금융자본도 후술하는 정치경제학적 입장에서는 다른 의미로 사용된다는 사실을 유념해 둘 필요가 있다.

42. 여기서 말하는 '사회간접자본'과 '사회적 투자'의 개념은 후술하는 제도주의 경제학적 입장에서 사용하는 '사회(적) 자본'과 '사회(적) 투자'와 그 개념을 달리한다는 사실을 유념하기 바란다. 말하자면, 다 같이 '사회적 투자'라 하더라도 사용하는 논자나 사용되는 상황에 따라 다르게 사용된다는 점을 이해해 두는 것이 중요하다.

43. 이렇게 정치경제학적 논자들의 '화폐자본'의 개념은 전술한 근대경제학적 논자들이 화폐 또는 유가증권을 '화폐자본 또는 금융자본'이라 불렀던 것과는 다르며, '금융자본'의 개념도 정치경제학적 논자들은 은행 수중에 있는 독점적인 화폐자본과 산업의 독점자본이 결부함으로써 성립된 (최고 형태의) 독점자본을 일컫는다는 점에서 근대경제학적 논자들과 그 용법을 달리하고 있다.

제3부

'주요 가치'를 통해서 본 '경제와 사회'

제6장　경제 문제 평가 기준 – 가치 문제

제7장　효율성

제8장　공평성

제9장　경제적 자유

제10장　종합

Chapter

6

경제 문제 평가 기준 - 가치 문제

본 장에서는 먼저 경제와 사회의 문제를 다룰 때 등장하는 '가치로부터의 자유'와 '가치판단의 자유'에 대한 이해를 통해 경제학을 비롯한 사회과학 연구에서 연구자의 자세를 점검한다. 이어서 경제 내지 사회질서를 평가하는 '가치 기준'이 다양하게 제시된다는 점을 밝히고, 본서에서 다룰 가치 기준의 범위를 밝힌다.

제1절 가치판단에 대한 문제

어떤 특정 사회현상을 놓고 그 질서를 파악하고자 하거나, 문제를 인식하고 그 원인을 찾아 대응방안을 강구하고자 하는 경우 우리는 흔히 '가치판단'의 문제에 직면한다. 이러한 문제를 다루어 나감에 있어서 '가치로부터의 자유'와 '가치에 대한 자유', '가치의 중립성', '몰가치성' 등과 같은 개념을 이해해 두는 것이 중요하다.

1. 가치로부터의 자유

무릇 '과학'이라 하면 "연구대상으로서의 사물들을 관찰하여 그들 사이에 존재하는 질서 내지 법칙을 구명하는 것"을 일컫는다고 할 수 있다.[1] 그런데 이와 같이 사실들에 존재하는 법칙성을 구명하는 과정에 과학자 개인의 주관적인 가치판단이 개입되면 연구 과정을 통해 얻어진 법칙의 객관성이 훼손될 가능성이 있다. 이러한 맥락에서 흔히 과학이 엄격하게 자리매김하기 위해서 법칙의 구명 과정에 주관적 가치판단이 개입되어서는 안 된다는 당위적 요구가 제기되어 오고 있다. 이렇게 과학에서 '가치 자유' 또는 '가치 배제'를 주장하는 견해는 가치판단에서 자유로운 과학의 이상으로 인식되어 '가치 자유 과학의 이상'이라 불리기도 하였으며, 경우에 따라서는 '가치 자유의 교의(教義)'라 불리기도 한다. 흔히 '가치로부터의 자유' 또는 '가치중립성' 내지 '몰가치성'이라고 일컫는 것도 이러한 주장을 일컫는다. 이러한 주장의 이면에는 "가치판단은 그 자체가 주관적이고 자의적일 뿐 아니라 그러한 주관이 과학에 개입하면 편향이나 오류를 낳을 수 있다"거나, "과학의 사실 진술에 대해서는 경험적으로 그 진위를 검증할 수 있지만, 가치판단은 인간 주체의 주관적이고 정서적인 반응의 문제이므로 그것의 진위에 대한 검증은 불가능하다"는 인식

이 내재되어 있다.[2]

이와 같은 가치 자유에 대한 주장은 과학의 역사에서 오래된 '경험론'에 바탕을 두고 있는 견해로서, 소위 경제학 분야에서는 실증주의적 입장을 취하는 신고전파 경제학적 논자들이 이러한 견해를 따른다. 이들에 의하면, 연구자의 가정에서 출발하여 논리적 추론을 거쳐서 가설 내지 과학적 명제를 만든 다음, 이러한 가설을 현실에서 발견되는 자료에 의해 검증하는 절차를 거쳐 이론을 만들어 내는 방법을 택한다. 가정에서 가설을 만드는 과정에서는 엄밀한 연역적 추론의 과정을 거치며, 이렇게 만들어진 가정을 갖고 이론을 만들어 내는 과정에서는 철저하게 주관적 요소의 개입을 배제함으로써 과학적 지식을 확보하는 것으로 보고 있다. 경제학에서는 Friedman(1953)이 일찍이 실증주의적 경제학방법론에 관한 논문을 발표한 이래 오늘날까지도 근대경제학적 견해를 취하는 대부분의 논자들이 이 견해를 따르고 있는 것으로 알려져 있다.

이와 같은 가치로부터 자유를 주장하는 입장은 사실과 가치의 구분을 강조함으로써 잘못된 가치반영적인 주장을 비판하는 데 기여하였다는 평가를 받기도 한다. 이와 관련하여 Doppelt(2007)는 "사실과 가치의 구분은 사회과학에서 이데올로기적 왜곡과 정치적 조작을 폭로하는 강력한 도구를 제공함으로써 비판과 계몽에 기여하였다"면서, 구체적으로 "이 이분법은 예컨대 인종차별적이거나 성차별적인 가치판단에 대해 사실의 왜곡에 대한 경험과학의 비판을 기초로 … 의문을 제기하는 과정에서 중요한 역할을 수행하였다"고 주장하고 있다.[3] 이 내용은 인종차별주의자나 성차별적인 인식을 가진 자들이 소위 과학의 이름을 빌려 자신들의 주장을 전개하는 데 대해, 가치 자유를 주장하는 사람들이 경험 자료를 바탕으로 비판하면서 과학적 주장에는 가치가 개입되어서는 안 된다고 주장한 것으로 볼 수 있다.

2. 가치판단의 자유

무릇 사회현상은 그것을 바라보는 개개인의 인식에 따라 서로 다르게 보인다. 이것은 논리적으로나 현실적으로 전혀 이상한 일이 아니다. 오히려 사회현상에 대한 사람들의 인식 자체가 다른 것은 매우 당연하다. 그것은 우리 인간은 개개인이 처한 개인적·사회적 여건 등에 따라 사회를 바라보는 인식이 달라지기 마련이기 때문이다. 이렇게 우리 인간은 누구나 나름대로의 주관을 갖고 사물을 바라본다. 주관이 없이는 사회와 경제 문제에 대해 한마디도 할 수 없다. 무언가를 말하고 있다면 의식적이든 무의식적이든 이미 나름대로 주관이 형성되어 있다는 사실을 인식할 필요가 있다.

이와 같은 맥락에서 보면 사회과학이라는 것도 사회 문제에 관심 있는 자들이 자기자신의 가치에 바탕을 두고 사회현상의 질서를 구명하는 것을 일컬으며, 그 가운데서 문제를 찾아내고 더 나은 사회를 위한 나름대로의 대응책을 내놓곤 하는 것이다. 이렇게 보면 결국 사회과학은 사회적 존재인 인간들에 의해 수행된다는 점에서 '주관적'이고 '가치반영적인'(value-laden) 성격을 띠고 있다고 인식하게 된다. 말하자면, '가치 비중립적인' 성격을 띠고 있다는 것이다. 사회과학 연구가 갖는 이러한 성격을 두고 우리는 흔히 '가치판단의 자유' 또는 '가치판단을 할 자유'라고 일컫는다.

사회과학의 이러한 성격에 대해서는 일찍이 북유럽 복지국가의 이론적 틀을 마련하는 데 기여했다는 평가를 받는 스웨덴 경제학자 뮈르달(G. Myrdal)의 견해를 보면 보다 분명해진다. 그는 자신의 친구에게서 받은 한 편지글을 인용하면서 사회과학 연구에서 "가치판단이 없다면 우리는 아무런 관심도 없고, 중요하다거나 의미 있다는 느낌도 갖지 못하여 결과적으로 아무런 (연구) 대상도 가질 수 없다"고 주장하고 있는 것을 볼 수 있다. 이어서 그는 오히려 사회과학자들이 "관점을 분명히 하지 않으면 편견의 여지"를 남기게 된다면서 "아무리 범위가 제한된 사회 문제 연구일지라도 연구는 가치판단에 의해 결정되며 또 마땅히 그래야만 된다. '몰가치'의 사회과학이란 존재해 본 적이 없으며 또 논리상 존재할 수도 없는 것이다"라는 결론을 내리고 있다.[4] 뮈르달의 이러한 지적은 제도경제학의 특성을 반영하고 있는 것으로 볼 수 있다. 그러나 『가치자유 경제학의 환상』(*Die Illusion wertfreier Ökonomie*)이라는 책에서 에간 크리거(T. Egan-Krieger)는 "가치자유 경제학은 존재하지 않는다. 정통경제학이든 비판적 경제학이든 모든 경제학은 가치로부터 자유롭지 않다"라고 밝히고 있는 것을 보면,[5] 이러한 사실은 방법론의 차이를 넘어서는 사실임을 알 수 있다. 같은 맥락에서 McMullin(1982)은 보다 일반적으로 "과학이 가치반영적이라는 주장은 더 이상 논란거리가 아니다"라고까지 하고 있다.[6] 이기홍(2015)은 이러한 논의들을 요약하여 "가치판단은 적절한 과학 수행에서 중심적이고 필수적이다. 과학은 '가치자유적'인 것이 아니라 '가치지향적', '가치반영적', '가치지속적' 활동이다"라고 밝히고 있다.[7]

이러한 사실은 간단한 사례를 통해서도 확인할 수 있다. 이기홍(2015)은 해방 정국에서의 백범 선생이 암살당한 사실과 나치 치하에 유대인들이 학살당한 사실을 예로 들면서 가치배제적이라는 진술에도 이미 가치가 반영되어 있으며, 오히려 그러한 진술로 인해 편견을 낳고 사실에 대한 정확한 판단을 더 흐리게 할 수 있다는 사실을 설명하고 있다. 그는 설명을 위해 해방 정국에서 백범이 암살당한 사실을 두고 "백범은 암살당했다"는 진술 대신에 "백범은 죽었다"라고 진술하는 경우와 나치 치하에서 수백만의 사람들이 학살당한 사실을 두고 '나라의 인구가 줄었다'라든가 '수백만의 사람들이 죽었다'는 식으로 진술하는 경우를 예로 들고 있다. 이 예에서 제시된 명제가 분명히 '참'이고 가치배제적인 진술로 보이기는 하나 오히려 이러한 진술들은 당시 혼란한 해방 정국에서 백범이 부당하게 정치적인 희생양이 되었다든가 나치 치하에서 인종차별정책으로 인해 수백만의 유대인들이 학살당하였다는 역사적 사실을 은

폐하고자 하는 의도가 담겨 있는 것으로 볼 수 있다는 것이다.[8] 이러한 사례를 통해 사회현상에 대해 가치로부터 자유로운 진술이라는 것은 성립되기 어려우며, 가치배제적이라 하는 경우에도 이미 그 명제 속에는 가치가 반영되어 있다는 사실을 알 수 있다. 더 나아가 가치배제적이라면서 가치를 숨기려 하는 것이 오히려 사회적 실체에 대한 이해를 더욱 어렵게 할 수 있다는 뮈르달의 주장을 다시금 유념해 둘 필요가 있다.

3. 종합

그러나 '가치로부터의 자유'를 주장하는 논자들의 경우도 사실은 과학적 명제의 설정 과정에 주관이 개입되고 있음을 부정하기 어렵다. 특히, 실증주의자들이 이론을 만들기 위해 문제를 설정하고 가정을 내세우는 과정에서 이미 연구자의 주관이 반영되기 마련이다. 예를 들어, 인간이 합리적 선택행위를 한다는 가정 자체도 벌써 모든 인간은 외적 제약 없이 자유롭게 선택행위를 할 수 있다는 전제를 깔고 있는 것이다. 그들은 일단 그렇게 설정된 가정에 바탕을 두고 엄밀한 연역적 추론 과정을 거쳐 가설을 설정하고, 이어서 그 가설을 현실에서 발견되는 자료에 의해 검증함으로써 실재 존재하는 사실을 관류하는 법칙으로서 이론을 만들어 낸다. 그들은 이렇게 이론을 만들어 내는 과정에서 철저한 검증 과정을 거친다고 해서 그들의 과학을 가치로부터 자유로운 실증과학이라고 부르고 있는 것이다. 그러나 엄격하게 보면 이들도 주관이 전혀 개입되지 않았다고 말할 수는 없는 것이다.[9]

이러한 입장은 일찍이 이 문제를 다룬 막스 베버(Max Weber)의 경우에서도 엿볼 수 있다. 흔히 베버는 분명히 '가치자유'의 필요성에 관해 이야기하였으며, 사회과학자들이나 철학자들은 그의 견해가 실증주의적 견해와 상당히 대등한 것을 말하고 있다고 받아들여 왔다.[10] 그러나 베버는 한편으로 과학에 연구자의 “가치판단은 유해한 것이므로 배제되어야 한다”면서 ‘몰가치성’ 내지 ‘가치중립성’을 주장하면서도, 연구대상으로서 문제의 선택에서는 가치판단을 포함한다는 점을 수용하고 있는 것을 볼 수 있다.[11] 그에 의하면 “우리는 명시적이든 묵시적이든, 의식적이든 무의식적이든, 특정하고 일변적인 관점에 의거하지 않고서는 사회현상을 연구대상으로 선택하고 분석하고 서술적으로 분석할 수 없다”고 하고 있다. 그러면서도 그는 그렇게 선택한 특정 문제에 대한 규명 과정에서는 과학자는 자신의 모든 가치판단을 보류하고 ‘가치자유적으로’ 수행해야 한다고 보고 있다. 즉, 그는 “논리적 규명과 경험적 사실 확인 이외에 개인적인 세계관이 과학적 논증에 개입하여 그 논증의 순수함을 해치지 않도록 하라”고 하면서 가치로부터 자유로울 것을 제시하고 있는 것을 볼 수 있다.[12] 요컨대, 베버는 연구대상의 선택에서는 가치에 바탕을 두고 행해질 것을 인정하면서, 단지 그와 같은 가치반영적인 문제와 명제로부터 이론을 만들어 내는 과정에서는 철저하게 가치중립적으로 접근하여야 하는 것으로 보고 있다.[13]

한편, 처음부터 ‘가치판단을 할 자유’를 주장하는 논자들의 경우에도 자기의 주관에 따라 임의로 사회현상의 질서를 서술할 것을 주장하는 것은 아니라는 사실을 인식할 필요가 있다. 그들의 경우는 전자의 경우와 달리 문제를 선택하고 과학적 명제를 만들어 내고 구체적으로 이론을 정립해 가는 과정에서 주관이 들어간다는 것을 명시적으로 밝히되, 그렇게 만들어진 명제를 현실에서 발견되는 자료에 의해서 끊임없이 검증함으로써 자신의 주관의 객관화 과정을 거치고 있다. 단지 그 과정과 내용면에서는 실증주의자들과 견해를 달리한다. 실증주의자들은 현상적으로 드러난 사실들 사이의 인과관계로부터 가설을 설정하고 검증을 해나가는 방식을 택한다. 이와는 달리 가치판단의 자유를 주장하는 논자들의 경우에는 현상에서 사실들을 움직이는 모든 법칙이 다 찾아질 수 있다고 보지 아니하고 그러한 현상을 움직이는 내재된 질서의 실체를 찾아서 법칙화해 나가는 방법을 택한다. 이런 연유로 이들은 자신의 가치에 바탕을 두고 현상과 그 이면에 현상을 움직이는 내재된 법칙을 찾는 실증 과정을 거친다.[14] 중요한 것은 이들은 명시적이고 구체적으로 자신의 가치에 바탕을 두고 이론화 과정을 거치고 있다는 점이다.

한마디로 가치자유 내지 가치배제를 주장하는 논자들이나 가치반영적 입장을 주장하는 논자들 모두 명시적으로 인정을 하는지 여부를 떠나서 사회현상의 질서로부터 이론을 만들어 내는 과정에서 자신의 가치에서 출발하고 있다는 점을 인식하는 것이 중요하다. 그리고 더욱 중요한 사실은 이렇게 가치가 개입되고 있다는 사실을 수용한다고 해서 사회과학을 하는 사람들이 자신의 인식에 따라 임의로(자유롭게) 사회현상의 질서를 서술해도 좋다는 것은 아니다. 어떤 연구가이든지 자기 주관을 가지고 사회현상을 설명하기 위해서는 그러한 자신의 '주관적 인식에 대한 객관화 과정'이 필요하다는 사실을 인식하는 것이 중요하다. 말하자면, 자신의 인식에 바탕을 두고 사회현상의 질서를 구명해 내는 과정에서는 자신의 가치에 대한 객관화 과정이 필요하며, 그와 같은 객관화 과정에서는 자신의 "가치판단으로부터 자유"로울 수 있어야 한다. 이는 자신의 가치를 가지고 발견되는 사물을 설명함에 있어서 자신의 가치에 얽매여 사물들 사이에 존재하는 법칙성을 놓쳐서는 안 된다는 사실을 일컫는다.[15]

이에 대한 구체적인 이해를 위해서는 사회과학에서 '객관성'을 어떻게 이해할 것인가 하는 문제를 다룰 필요가 있는데, 이와 관련된 내용은 마지막 장에서 다루기로 한다. 여기서는 경제현상을 비롯한 사회현상을 지배하는 질서를 다루는 경우에 연구자의 '가치'가 중요하게 제기된다는 점을 지적하는 선에서 머무르고자 한다.

제2절 가치 기준의 다양성과 본서의 취급 범위

앞 절에서의 사회과학에서 가치가 갖는 위상에 대한 이해에 바탕을 두고, 여기서는 가치가 주관적 인식의 문제로서 논자에 따라 다양하게 제시될 수 있음을 밝히고, 더 나아가 가치의 다양성에 대한 인식이 왜 중요한지를 밝힌다. 이어서 본서에서는 경제현상과 경제활동 과정에 대한 평가를 위한 '가치 기준'으로 효율성, 공평성, 그리고 경제적 자유 등을 들고 있음을 밝힌다.

1. 가치의 다양성과 서로 다른 가치 기준

앞에서 우리는 경제현상 내지 사회현상을 연구하는 사람들은 사물에 대한 자신의 주관적 인식에서 출발하고 있다는 사실을 확인하였다.[16] 이로 인해 연구자는 후술하는 바와 같이 자신의 주관, 즉 자신의 가치를 객관화하기 위해 노력하는 경우에도 자기의 주관으로부터 온전히 자유롭기가 쉽지 않다.[17] 이렇게 연구자의 주관, 즉 주관적 인식이 달라지면 우리가 앞에서 지금까지 다루어 온 것처럼 '경제' 개념이라든지, 더 근본적으로 '인간'을 바라보는 관점, 나아가 그로 인해 경제 문제를 다루면서 중요하다고 판단하는 핵심 논점에 차이가 나타났던 것이다. 그리하여 결국 경제현상의 질서를 다루는 경제학의 내용에 차이를 보였던 것도 바로 그 속에 내재되어 있는 이 문제를 다루는 사람들의 '가치', 즉 주관적 인식의 차이에서 비롯된 것이었음을 다시금 인식할 필요가 있다.[18]

그런데 이렇게 사물에 대한 인식이 달라지면, 사물의 당위적 위상을 평가하는 '가치 기준'도 달라질 수 있으며, 설령 같은 '가치 기준'을 놓고도 구체적으로 추구하는 내용이 다를 수 있다. 이러한 맥락에서 지금부터는 개인의 주관적 인식의 차이가 가져오는 경제현상이나 경제 문제에 대한 견해의 차이를 넘어서서 경제활동의 성과를 평가하는 '가치 기준'의 선택도 달라진다는 사실을 살펴보고자 한다. 예를 들어, '효율성'을 중시하는 논자들은 대부분의 경제 문제를 효율성이라는 가치 기준을 가지고 사물을 바라보려 할 것이며, '공평성'을 중시하는 논자들은 주로 공평성이라는 관점에서 경제 문제를 파악하려 한다는 것이다. 그뿐만 아니라 같은 '효율성'이라 하더라도 구체적으로는 서로 다른 의미의 효율성이 있을 수 있고, '공평성'이라 하더라도 서로 다른 의미의 공평성이 있기 때문에, 동일한 가치 기준을 가지고도 사람들에 따라서 같은 사회를 대상으로 찾아내는 문제점이 서로 다르게 나타난다는 것이다. 그뿐만 아니라 이렇게 문제점을 파악하는 것이 사람에 따라 달라지면 자연히 현실의 문제에 대한 대처방안도 근본적으로 달라지게 되는 것이다.

'가치 기준'이 가지는 이러한 속성을 이해할 때 비로소 우리는 특정 사회가 안고 있는 문제를 파악하고 그 문제들을 풀어 가면서, 그 시대를 살고 있는 사람들의 생존과 발달에 기여하게 될 것이라는 사실을 인식하는 것이 중요하다. 이것이 경제현상과 경제 문제를 파악하는 과정에서 '가치 기준'에 대한 문제를 다루어야 하는 이유이다.

2. 본서의 취급 범위

그동안 많은 사람들이 한 사회의 경제현상 내지 경제행위의 적절성 여부를 평가하는 많은 기준들을 제시해 왔다. 지금부터 본서에서는 이와 같은 경제행위의 적절성 여부를 평가하는 기준으로 어떤 것들이 있는지를 확인하고, 각각의 가치 기준이 어떠한 의미로 정의되고 활용되는지를 살펴보고자 한다.

경제행위의 적절성 여부에 대한 평가 기준이라 하면 '경제행위의 성과'라는 측면에서 논하는 경우가 일반적이다. 많은 사람들이 제시하고 있는 '효율성'이라든가 '공평성'과 같은 기준들이 이에 해당된다 할 수 있다. 그런데 다음

장에서부터 설명하고 있듯이 다 같이 '효율성'이라 하더라도 구체적으로는 시대나 사회 또는 논자들에 따라 서로 다른 의미로 사용되고 있으며, 나아가 '공평성'이라는 가치 기준도 그러하다.

그러나 이러한 성과의 적절성 여부를 평가하기 이전에 '경제행위 과정' 자체가 바람직한지 여부를 평가하는 것도 중요하다. 말하자면, 경제주체들의 경제행위가 얼마나 자유롭게 영위되고 있는지, 그래서 그들이 가지고 있는 능력을 충분히 발휘하고 있는지 여부를 들 수 있다. '경제적 자유'라는 가치 기준이 그것이라 할 수 있다. 흔히 근대경제학에서는 당연한 것으로 받아들여지고 있는 '경제적 자유'라는 기준도 논자에 따라 구체적으로 그것이 의미하는 바가 서로 다르게 이해되고 있으며, 그에 따라 경제행위 질서의 적절성 여부에 대한 평가도 달라지고 있다. 물론 경제이론 자체가 달라지는 것도 이에 대한 인식의 차이에 기인하는 바 크다.

이와 같은 맥락에서 본서에서는 먼저 경제행위의 성과를 평가하는 기준으로서 '효율성'과 '공평성'이라는 가치 기준을 그동안 제시되어 온 서로 다른 견해를 중심으로 정리해서 보여 줌으로써, 이러한 성과 기준이 갖는 사회경제적 의미를 파악해 보고자 한다. 아울러 이어서 경제행위 자체의 적절성을 평가하는 기준으로서 '경제적 자유'를 흔히 시장질서의 기초를 제공해 준다고 평가받는 '소극적 자유'와 시장질서에 대한 정부 개입의 논리적 기초를 제공해 준다고 평가받는 '적극적 자유'로 나누어, 그 개념과 그것이 갖는 사회경제적 의미를 살펴보고자 한다. 이 밖에도 경우에 따라서는 얼마나 많은 사람들이 경제활동 과정에 '참여'하는지 또는 그 과정에서 '사회적 통합'을 일구어 내고 있는지 등의 여부도 중요한 평가 기준으로 제시되기도 한다. 경제를 앞에서 본 실체적 개념으로 파악하고 특히 경제 문제를 파악함에 있어서 경제적 성과 자체보다 경제활동 과정에서 사회 구성원들의 물질적 욕구가 얼마나 원활하게 충족되고 있는지 여부를 중시하는 논자들의 경우에는 이러한 기준들을 중요한 기준으로 제시하고 있는 것을 볼 수 있다.[19] 그러나 본서에서는 이러한 견해가 있다는 사실을 소개만 하고, 경제활동 과정의 적절성 여부에 대해서는 '경제적 자유'의 개념과 그 의의를 소개하는 선에서 멈추고자 한다.

본서에서는 이렇게 경제행위의 성과나 경제행위 과정 자체를 평가하는 다양한 가치 기준의 개념과 그것이 갖는 서로 다른 의미를 폭넓게 살펴보고자 한다. 그것은 특정 가치에만 초점을 맞추어 경제현상의 질서를 해명하려 하거나 더 나아가 문제에 대한 해결책을 어느 하나의 관점에서만 강구하고자 하는 경우 범할 수 있는 오류를 줄여 줄 수 있다는 판단에 기인한다. 뿐만 아니라 서로 다른 논리를 이해하지 않은 상태에서 하나의 가치 기준에 매몰되어 사회를 설명하려 하거나 문제를 풀어나가는 경우 서로 다른 주관을 가진 논자들이나 시민들 사이에서 소모적인 논쟁들만 반복될 따름일 것이기 때문이다. 그러나 무엇보다도 앞에서 본서의 집필 취지에서 밝힌 바와 같이, 특정 가치 기준에 경도되어 서술된 경제학 교재나 관련 문헌을 접하는 독자들에게 그 문헌에 담겨 있는 가치 기준의 객관적 위상을 이해하는 데 도움을 줌으로써 해당 문헌에 대한 의문이나 혼란을 줄여 주고자 하는 데 더 큰 뜻을 두고 있다.

주

1. '과학'의 개념에 대한 위의 정의는 본서의 맥락에서 압축적으로 정의한 것인바, 많은 논자들의 개념을 종합해 보면 보다 일반적으로 "우리가 살고 있는 세상이 어떻게 움직이는지를 이해하고 설명하기 위해 관찰과 실험을 통해서 얻어 낸 지식 또는 그 체계"를 의미하는 것으로 정의할 수 있다.
2. 이기홍(2015: 262-263)을 참고.
3. 이기홍(2015: 301)이 Doppelt(2007: 188)의 주장을 인용해서 소개하고 있는 내용을 참고하기 바란다.
4. Myrdal(1967(1990): 61-62, 65)에 이 내용과 더불어 관련 내용이 자세하게 소개되고 있으니 참고하기 바란다.
5. 에간 크리거(Tanja von Egan-Krieger)의 저서 『가치자유의 경제학』(*Die Illusion wertfreier Ökonomie*)을 논평하는 글에서 Söderbaum(2015: 7)이 밝히고 있는 내용임을 참고하기 바란다.
6. McMullin(1982: 3(이기홍, 2015: 283))에서 재인용한 것임.
7. 이기홍(2015: 283)을 참고. 단, 인용 과정에서 독자들의 가독성을 제고하기 위하여 이기홍의 '가치적재적'이라는 표현을 '가치반영적'으로 바꾸었다.
8. 이기홍(2015: 282)의 내용을 참고하기 바람.
9. 말하자면, 주관에 따라 문제의 설정이나 가정이 달라지며 과학적 명제도 서로 다르게 유도될 수 있다. 나아가 이에 따라 동일한 사회를 설명하는 서로 다른 이론이 만들어질 수도 있다는 점을 유념할 필요가 있다. 그뿐만 아니라 과학적 명제로서 가설을 검증하기 위해 선택하는 자료도 주관에 따라 서로 다른 자료가 사용되기도 한다. 이에 대해서는 마지막 제12장의 주관의 객관화 과정에 대한 설명에서 상술하고 있으니 참고하기 바란다.
10. Benton and Craib(2010(2014): 143)를 참고.
11. 베버는 이와 같은 가치 문제를 '이상형적 인식론'에 결부시켜 설명하고 있는바, "베버는 일정한 관점에서 현실을 정리하는 것을 가치에 관계지운다고 하여 '이상형적 인식'이라고 불렀다. 여기서 '이상형'이란 현실 속에서 특정한 가치에 관계되는 점만을 뽑아 순수화한 것이다." 그러면서 "과학은 항상 현실의 한 단면을 단편적으로 파악할 수밖에 없고 (이상형적) 인식 기준으로서의 '가치'를 외부에서 받아들일 수밖에 없는 것"이라고 하면서, 과학에서의 가치반영성을 주장하고 있음을 참고하기 바란다(水田洋 外(1982: 164)를 참고. 단, 따옴표와 괄호는 독자들의 가독성 제고를 위해 저자가 첨부한 것임).
12. 위의 내용은 베버(1997)를 인용해서 서술하고 있는 이기홍(2015: 265)을 참고한 것임.
13. 이와 관련하여 베버는 누구나 "각자의 이해에 기초한 이상을 갖겠지만 그것은 과학과 관계없는 것이고, 그러한 이상의 정당성 여부는 과학적으로 증명되어야 할 사항이 아니다"라고 보고 있다. 말하자면, 가치판단은 수용하되 과학이 "가치의 정당성을 입증할 수는 없다"고 생각하면서

가치와 과학과의 관계를 구분짓고 있었음을 유념하기 바란다(水田洋 外(1982: 162-163)를 참고).

14. 이와 관련된 논의는 소위 기술적 방법론에 해당되는 논의로서 보다 구체적인 내용은 우명동(1997)을 참고하기 바란다.
15. 물론 밖으로 나타나는 '현상'을 중시하는지 아니면 내재된 '본질'을 중시하는지 등에 따라 구체적인 방법론적 견해에는 차이가 나고 있다는 사실은 유념해 둘 필요가 있다. 이러한 내용에 대한 개괄적 이해를 위해서는 우명동(1997)을 참고할 수 있다.
16. 이와 같이 연구자가 갖는 주관적 인식은 연구자의 태생적 배경이나 성장 과정을 비롯한 개인적 배경에 의해 차이가 날 뿐 아니라, 연구대상이 갖는 사회적·역사적 성격에 의해서도 영향을 받는다. 이에 대해서는 후술하는 제11장에서 구체적으로 다루고 있으니 참고하기 바란다.
17. 주관의 객관화와 그 어려움에 대해서는 본서 마지막 장에서 다루고 있으니 참고하기 바란다.
18. 이렇게 주관적 인식이 달라지면 위에서 본 것처럼 경제학에서 사용되는 제 개념들이 서로 다르게 정의될 뿐 아니라, 경제 문제의 연구방법이 달라지며, 더 나아가 경제학에서 다루는 기본적인 명제들에 담겨 있는 윤리적 견해가 달라지고, 윤리적 가치나 도덕적 규범을 어떻게 담아낼 것인지도 달라진다. 이와 관련해서는 Boumans and Davis(2016: 190-192)의 내용 및 이어지는 관련 설명내용을 참고하기 바란다.
19. 대부분의 제도경제학적 논자들은 이와 같이 사회 구성원들의 '참여'를 중시하는 입장을 보이고 있다. 관심 있는 독자들은 이에 대한 구체적인 내용의 이해를 위해 제도경제학 관련 문헌을 참고하기 바란다.

Chapter 7

효율성

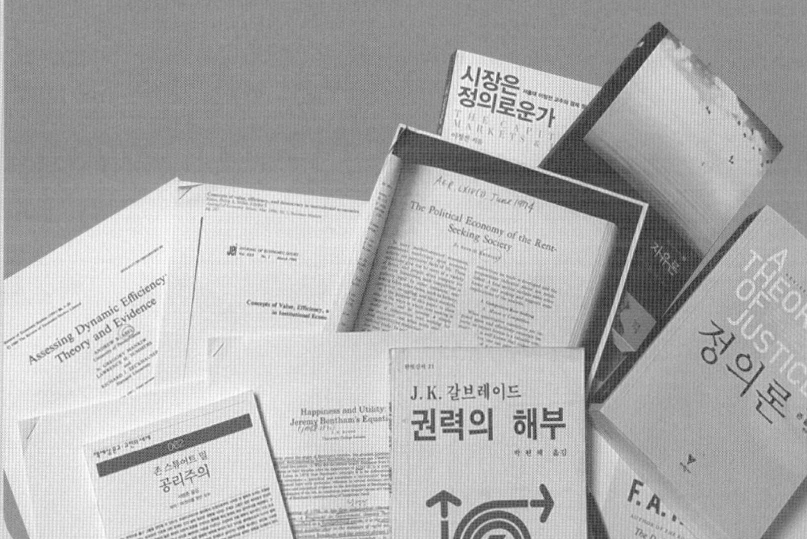

경제 문제를 다룰 때 자주 등장하는 '효율성'이라는 가치 기준도 다양한 유형으로 사용되기도 하며, 같은 유형으로 사용되는 경우에도 논자들에 따라 서로 다른 의미로 사용되는 경우도 있다. 본 장에서는 이러한 점을 유념하면서 먼저 개념을 개관하고, 나아가 경제적 효율성과 경영상 효율성으로 나누어 이 개념을 좀 더 구체적으로 이해하고자 한다.

제1절 개념과 분류

여기서는 먼저 도입부로서 '효율성'의 개념과 그것이 갖는 성격을 개관한다. 이어서 이 개념이 크게 '경제적 효율성'과 '경영상의 효율성'으로 나누어 고찰할 수 있음을 밝힌다. 그 과정에서 특히 '경제적 효율성'의 경우 앞에서 본 경제학의 관점에 따라 서로 다른 의미로 사용되고 있음을 보인다.

1. 개념과 성격

일반적으로 '효율성'이라는 개념은 주로 근대경제학적 입장에서 사용되는 것으로서, "자원배분이 바람직하게 이루어진 상태"를 일컫는 개념으로 사용된다. 그런데 우리는 앞에서 '자원배분'이란 특정 사회가 직면한 기본적인 경제 문제가 해결되는 것을 의미하며, '기본적인 경제 문제'란 한 사회가 어떤 물건을 얼마나 어떻게 만들어 내며, 나아가 그러한 성과를 누가 가져가는지와 관련된 선택의 문제를 의미한다는 것이라고 본 바 있다. 이렇게 보면 결국 '효율성'이란 기본적인 경제 문제가 잘 해결된 상태, 즉 특정 사회가 바람직하다고 생각되는 방향으로 보다 많은 물건이 만들어지고 그 성과가 배분된 상태를 의미하는 것으로 볼 수 있다.

이렇게 '효율성' 개념은 주로 양적인 관점에서 제시되기 때문에 흔히 산술적으로 객관적 지표화가 가능한 개념으로 이해되고 있다. 말하자면, 어떤 물건을 얼마나 어떻게 만드는 상태인지 등은 산술적으로 측량이 가능하기 때문에 '효율성' 여부는 가시적으로 제시될 수 있는 것으로 인식되고 있다. 이렇게 이 개념은 근대경제학적 관점에서 양적인 경제적 성과를 나타낼 때 주로 사용되는 개념이나, 다른 경제학적 관점에서도 사용되기도 한다. 그러나 다른 경제학적 입장에서 사용되는 경우에는 근대경제학적 관점에서와는 사뭇 다른 의미를 내포하고 있음을 유념해 둘 필요가 있다. 그러한 의미의 차이는 앞에서 본 바 있는 개인과 사회의 관계를 보는 견해 차이에서 기인하고 있다. 그러한 의미의 차이에 따라 효율성의 객관적 지표화가 어려울 수도 있다는 점을 유념해 둘 필요가 있다. 이제 이하에서는 효율성 개념이 주로 근대경제학적 관점에서 사용되는 개념이라는 점을 고려하여 주로 근대경제학적 관점을 중심으로 설명하되, 필요한 경우 다른 경제학적 관점과 대비를 통해 그 의미의 차이를 보이고자 한다.

2. 개념의 분류

그러나 다 같이 '효율성'이라 하더라도 구체적으로 '효율성' 개념은 크게 '경제적 차원에서의 효율성'과 '경영상의 효율성'으로 구분된다.

먼저 '경제적 효율성'(economic efficiency)은 경제행위가 물질적 생활에 필요한 재화 또는 용역의 생산·교환·분배·소비 행위를 일컫는다는 점에서 미루어 보면, 이와 같은 경제행위 과정에서 나타나는 효율성을 의미한다고 볼 수 있다. 단순하게 보면, 예를 들어 X재와 Y재 사이의 선택과 그 선택을 통해 나타나는 만족 수준이라든가 또는 요소로서 노동과 자본 사이의 선택과 그 선택을 통해 나타나는 생산물의 수량 등의 적절성 여부를 나타내는 개념이라는 사실을 알 수 있다. 그런데 이러한 '경제적 효율성'의 개념도 관점이나 구체적인 상황에 따라 서로 다르게 사용되고 있는바, 경제행위의 적절성 여부를 판단하기 위해서는 이 개념이 어떻게 서로 다르게 사용되고 있는지 그 다양한 의미를 확인해 둘 필요가 있다.

먼저 부존자원과 기술 수준이 주어진 상태에서의 효율성을 의미하는지, 아니면 그러한 부존자원과 기술 수준 자체가 변화하는 상태를 상정한 효율성 개념인지의 여부에 따라 '정태적 효율성'과 '동태적 효율성'으로 구분된 개념이 사용된다. 한편, 경제활동 과정에서 나타나는 물량적 관점에서 파악하는지 아니면 화폐적 관점에서 파악하는지에 따라 '기술적 효율성'과 '비용 효율성'으로 구분해서 사용하기도 한다. 그런가 하면 제도경제학적 논자들은 그들의 가치를 담아 사적·개인주의적·양적인 차원에서의 효율성과 공적이고 사회적이며 질적인 차원에서 파악하는지 여부에 따라 '낮은 의미의 효율성'과 '높은 의미의 효율성'으로 구분하여 사용한다. 뿐만 아니라 대부분의 경제학자들은 경제활동 과정에서의 '효율성' 개념을 '사적 효율성'과 '사회적 효율성'으로 구분하여 설명한다. 물론 이 경우 사회적 효율성을 어떻게 이해하는가는 논자들에 따라 크게 차이가 있음을 유념해 둘 필요가 있다.

한편, '경영상 효율성' 개념은 '경영'이 갖는 개념에 바탕을 두고 인사, 생산 및 물류 시스템 등에 대한 관리 측면에서의 효율성을 의미하는 '관리상 효율성'(X-efficiency)이라는 개념과 회계학적인 차원에서 사용하는 '재무적 효율성'이라는 개념으로 나누어서 살펴본다. 이제 이하에서 이러한 구분들에 유념하면서 효율성이 갖는 다양한 의미를 살펴보고자 한다.

제2절 경제적 효율성

여기서는 경제적 효율성의 개념을 살펴본다. 다 같이 경제적 효율성이라 하더라도 '정태적 효율성'과 '동태적 효율성', '기술적 효율성'과 '비용효율성', 더 나아가 '사적 효율성'과 '사회적 효율성' 등으로 구분되어 사용된다는 점과 그 의미의 차이를 보인다. 아울러 각각의 개념을 설명하는 과정에서 독자들의 이해 제고를 위해 관련된 개념도 추가적으로 소개한다. 특히, 사적 효율성과 사회적 효율성 개념을 설명함에 있어서는 서로 다른 경제학적 입장이 대립되어 있다는 사실을 보이고 있음을 참고하기 바란다.

1. 정태적 효율성과 동태적 효율성

경제적 측면에서의 효율성은 흔히 부존자원과 기술 수준의 변화 여부를 기준으로 '정태적 효율성'과 '동태적 효율성'으로 나누어 설명한다.

(1) 정태적 효율성

먼저 '정태적 효율성'(static efficiency)이란 생산요소와 산출물과 같은 부존자원이 주어져 있고 아울러 기술 수준도 주어진 상태에서 사회 구성원들이 자유로운 교환을 통해서 모두의 만족이 보다 높아진 사회 상태를 일컫는 개념으로 사용된다. 누군가가 자신은 덜 원하지만 다른 사람은 더 원하는 것이 있다고 할 때, 이 두 사람이 서로가 가진 것을 다른 사람이 가진 것으로 바꿈으로써 전체적으로는 그 사회에 물건의 양은 똑같더라도 두 사람 모두가 더 만족스러운 상태에 도달할 수 있게 된다. 이러한 상황은 생산요소와 생산물의 관계에서도 그대로 적용될 수 있다. 어떤 기업은 생산 과정에서 노동이 더 필요한데도 자본을 더 많이 가지고 있으나, 다른 어떤 기업은 자본이 더 필요한 생산활동을 하는데 노동을 더 많이 가지고 있는 경우를 상정해 보면, 이 두 기업이 노동과 자본을 서로 교환함으로써 그 사회의 노동과 자본의 양은 주어져 있지만 두 기업 모두 더 많은 생산물을 만들어 낼 수 있는 것이다.

경제학에서는 위와 같은 맥락에서 주어진 부존자원(생산요소, 산출물)을 가지고, 주어진 기술 수준하에서 자유로운 교환을 통해서 구성원의 만족이 가장 높아진 사회 상태를 '파레토 효율'(Pareto efficiency) 상태라 일컫는다. 이 개념은 구체적으로 사회 구성원 중 어느 한 사람의 만족을 떨어뜨리지 아니하고는 다른 어떤 사람도 만족을 더 높일 수 없는 사회 상태를 일컫기도 하며, 달리 표현하여 사회 구성원 모두의 만족을 높일 수 있는 데까지 높인 사회 상태를 일컫는 것으로 정의하기도 한다. 이 파레토 효율성 개념은 자원과 기술 제약하에서

〈그림 7-1〉 생산가능곡선

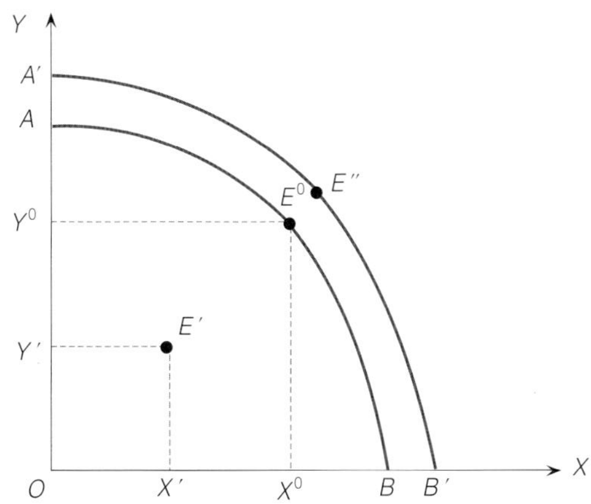

의 만족 여부를 따지는 것이기 때문에 앞에서 바로 위에서 설명한 '정태적 효율성'이 제일 높아진 사회 상태를 일컫는 것으로 볼 수 있다.

한편, 이러한 효율성 여부를 경제학에서는 '생산가능곡선'(production possibility curve)을 가지고 설명하기도 한다. 먼저 '생산가능곡선'이란 어떤 사회가 복수의 생산물을 만들어 낸다고 할 때, 한 사회의 부존자원과 기술 수준이 주어진 상태에서 최대로 만들어 낼 수 있는 서로 다른 생산물의 조합을 나타내는 곡선을 일컫는다. 〈그림 7-1〉에서 AE^0B로 나타나는 곡선이 그것이다.[1] 이 그림의 안팎을 보면 한 사회가 가지고 있는 부존자원을 어떻게 조합해서 그 사회가 필요한 물건을 얼마나 효율적으로 사용해서 만들어 내고 있는지, 얼마나 만들어 낼 수 있는지 여부를 보여 준다. 만약 어떤 이유에서 생산요소를 적재적소에 배치하지 못해서 생산가능곡선의 안쪽, 예를 들어 E'점에서 (X', Y')을 생산하고 있다면 생산활동이 비효율적으로 행해지고 있음을 말해 준다. 이 경우 그 사회에 주어진 전체 부존자원을 가지고 생산요소의 투입 비율을 조절하면 생산가능곡선이 우상방으로 이동하게 하여 생산가능곡선에 가까운 점, 더 나아가 생산가능곡선상의 점, 예를 들어 E^0로 옮아가서 (X^0, Y^0)를 생산할 수 있으면 여기서 말하는 '정태적 효율성'이 더 나아진 것으로 볼 수 있다는 것이다.[2]

한편, 이와 같은 정태적 효율성은 앞에서 기술한 바와 같이 생산요소와 생산물 등 부존자원이 주어져 있고 기술 수준이 주어진 상태에서 보다 높은 만족을 누리는 사회 상태를 일컫는 개념인바, 좀 더 구체적으로 세분하여 이러한 상태를 생산면에 적용시킬 경우 생산자의 생산량이 더 늘어난 사회 상태를 '생산면의 효율성'이라 하고, 이와 달리 소비면에 적용시켜 소비자의 만족이 더 늘어난 사회 상태를 '소비면의 효율성'이라 일컫기도 한다.[3]

이제 이러한 정태적 효율성과 정부 개입의 관계를 살펴보자. 무엇보다 현실에서 시장 기능이 제대로 작동하고 있어, 위와 같은 정태적 효율성이 확보되는 경우에 시장 기능을 중시하는 나라에서는 정부가 별도로 개입할 여지가 없다. 그럼에도 불구하고 정부가 다른 정책적 목적을 위해 개입하고자 한다면 기존에 이미 경제주체들 사이에 가장 만족스러운 거래가 이루어지면서 그들 사이에 상대적인 관계가 형성되고 있기 때문에, 정부는 시장 기능에 '중립적'으로 개입함으로써 자본주의하의 효율적인 민간의 경제행위를 왜곡시키지 않는 것이 바람직한 것으로 받아들여진다. 이 말은 경제주체들 사이에 형성되어진 제 관계를 차별적으로 개입해서는 안 된다는 것을 의미한다. 그러나 만약 현실에서 시장 기능이 제대로 작동하지 않아 경제주체들 사이에 상대적인 관계가 수요·공급의 상태를 제대로 반영하지 못하고 있는 경우에는 정부가 비중립적으로 개입하여 시장 기능을 제대로 작동하게 함으로써 다시금 파레토 효율 상태에 도달하게 하기도 한다.[4] 예를 들어, 어떤 기업이 생산 과정에서 주변의 농산물을 망가뜨리는 폐수를 흘러내리면서도 그 대가를 지불하지 않고 있는 상태에서 형성된 그 기업 생산물의 가격은 시장의 수요·공급에 반영된 가격으로 보기 어렵다. 이런 경우에는 정부가 개입하여 정당한 대가를 지불하게 함으로써 파레토 효율 상태에 도달하게 할 수 있다는 것이다.[5]

(2) 동태적 효율성

같은 효율성이라 하더라도 '동태적 효율성'(dynamic efficiency)이라 하면 한 사회의 부존자원, 즉 생산요소나 생산물이 양적으로 증가하고 기술 수준이 진보하여 사회 전체적으로 생산능력이 증가하는 사회 상태를 일컫는다. 이렇게 생산능력이 증가하게 되면 사회 구성원의 선택 가능 범위가 확대됨으로써 전체적으로 사회 구성원들의 만족이 높아지게 된다. 이 동태적 효율성의 개념도 전술한 정태적 효율성의 경우와 마찬가지로 생산면에서의 효율성과 소비면에서의 효율성으로 나누어 파악할 수 있다.

한편, 이 개념도 정태적 효율성의 경우처럼 '생산가능곡선'으로 설명하기도 한다. '정태적 효율성'은 한 사회에 부존자원과 기술 수준이 주어진 상태에서 교환이 자유롭게 이루어지지 못함으로써 가능한 생산량마저 못 만드는 경우 교환을 통해서 보다 많은 생산량을 만들어 낼 수 있는 상태로 변화되는 상태를 일컫는 개념이었다. 이에 비해 '동태적 효율성'은 부존자원이 양적으로 증가하고 기술 수준도 진보하게 되어 생산가능곡선 자체가 우상방으로 이동하게 되는 현상을 일컫는 개념으로 사용된다. 앞의 〈그림 7-1〉에서 보면, 예를 들어 생산가능곡선이 종전에 AE^0B였던 것이 이제 새롭게 $A'E''B'$로 확장되어, 점 E'' 같은 곳은 종전에는 만들어 내지 못하였지만, 이제 부존자원이 늘어나거나 생산기술 수준이 높아짐으로써 전체적으로 생산 가능 영역이 더 넓어지면서 그 사회가 도달할 수 있는 생산물조합이 된 것이다. 이렇게 종전에 일정하다고 전제하였던 부존자원이 많아지거나 기술 수준이 높아지면 생산가능곡선 자체가 밖으로 이동하게 되어 그 사회의 생산 가능 영역 자체가 더 넓어지고 그로 인해 사회 구성원들의 만족이 종전보다 더욱 높아지게 되는 상태를

'동태적 효율성'이 제고되었다고 일컫는 것이다.

이러한 동태적 효율성은 단기적으로 생산요소나 생산물의 선택 조건의 변경을 통해서 달성될 수 있는 것이 아니다. 오히려 장기적으로 저축을 제고시켜 투자를 증가시킴으로써 자본을 축적하거나, 연구개발(R&D) 투자를 통해 기술개발을 촉진하는 등의 적극적인 노력을 통해서 달성할 수 있다. 그뿐만 아니라 대외적으로는 새로운 시장개척을 위한 수출지원정책이 필요할 수도 있다. 예전에 제국주의 국가들이 식민지 개척에 나섰던 것도 크게 보면 한 나라가 자신이 갖고 있는 부존자원의 제약을 풀어서 생산이나 소비 가능 영역을 더 넓히고자 한 일환으로 볼 수도 있다. 이와 같이 동태로 효율성을 제고시키기 위해서는 해당 사회가 가지고 있던 기존의 부존자원이나 기술 수준의 제약으로부터 벗어나 생산능력을 제고시킨다든지 또는 새로운 생산능력을 창출함으로써 해당 사회의 생산 및 소비 가능 영역을 인위적으로 확대시킬 것을 필요로 한다.

이제 효율성 개념과 시장 기능의 관련성을 보면, 앞에서 본 정태적 효율성은 현실에서 시장이 원활하게 작동하는 경우 시장에 내버려두어도 달성되는 것이었다. 그러나 여기서 다루는 동태적 효율성은 현실의 시장 기능에 의한 자원 배분이 앞에서 본 정태적 효율성을 달성하고 있음에도 불구하고, 정부가 그러한 상태에 안주하지 않고 민간경제에 비중립적 내지 차별적으로 개입하여 그 사회가 가진 부존자원과 기술 수준의 제약을 해소시킴으로써, 궁극적으로 한 나라 전체의 생산능력을 넓히고자 정책적 개입을 통해서 달성되는 경향을 갖고 있다.[6] 우리나라가 경제개발계획기에 정부가 높은 이자율정책으로 저축을 장려하고 정책금융을 통해 투자를 촉진하였던 일이나, 기술 개발을 촉진하기 위해 각종 조세우대 조치를 취했던 일, 나아가 수출장려정책을 펼쳤던 일 등을 두고 효율 중심의 경제성장정책을 전개해 나갔다고 하기도 한다. 이 경우 '효율성'은 앞에서 본 '정태적 효율성' 개념이 아니라 바로 여기서 설명하는 '동태적 효율성'의 개념에 해당된다는 사실을 유념할 필요가 있다.

(3) 관련 개념

먼저 앞에서 설명한 '파레토 효율성' 개념과 관련해서 우리가 자주 접하는 '잠재적 파레토 효율성'이라는 개념을 소개하고자 한다. 아울러 정태적 효율성 개념을 언급할 때 자주 같이 등장하는 '중립성'이라는 개념이 효율성과 관련해서 어떤 의미를 갖는지도 소개해 두고자 한다.

1) 잠재적 파레토 효율성

앞에서 설명한 파레토 효율성 개념은 모든 사람의 만족이 증가되거나 어느 한 사람의 만족도 떨어뜨리지 아니한 상태에서 다른 사람의 만족이 높아질 대로 높아진 사회 상태를 일컫는 것이었다. 그런데 현실적으로는 어느 한 사람에게도 손해를 주지 않으면서 어떤 바람직한 변화를 가져올 수 있는 변화는 기대하기 어렵다. 이렇게 보면 '파레토 효율성'이라는 기준으로 사회의 어떠한 변화도 평가하기란 쉽지 않음을 알 수 있다.

현실적으로는 어떠한 사회의 변화도 누군가는 그 변화를 통해서 이득을 얻지만, 다른 누군가는 손해를 보기 마련이다. 바로 이러한 상황의 변화를 평가하기 위해 만들어 낸 효율성 개념이 '잠재적 파레토 효율성'(potential pareto efficiency)이라는 개념이다. 구체적으로 어떤 사회 상태의 변화로 인하여 발생하는 사회적 이익의 크기가 그 변화로 인하여 발생하는 사회적 손실의 크기보다 큰 경우를 '잠재적 파레토 효율성' 기준으로 볼 때 더 나은 사회로 변화한 것으로 평가한다는 것이다. 다시 말하면, 어떠한 사회의 변화로 인해 이득을 보는 사람이 손해를 보는 사람의 손해를 보상해 주고도 남음이 있다면 그러한 사회로의 변화는 바람직한 것으로 판단한다는 것이며, 그 경우 잠재적 파레토 효율성이라는 기준에서 보면 더 나은 사회로 변화된 것으로 본다는 것이다. 이러한 사회후생 평가 기준을 '보상원리'(compensation principle)라 부르기도 한다. 예컨대, 독점기업에 대한 규제는 당해 기업에게 손실을 발생시키지만, 그 결과 시장의 경쟁성 제고로 인하여 사회 전체적으로 얻은 이익이 그 손실보다 크다면 그 규제는 잠재적 파레토 효율 기준으로 보면 더 우월한 정책 수단으로 본다는 것이다.

그러나 이 잠재적 파레토 효율성 개념은 이득을 본 계층의 이득의 크기와 손해를 본 계층의 손실의 크기를 정확하게 측정할 수 없다면 적용하기 어려운 기준이라 할 수 있다. 뿐만 아니라 사회 전체적인 이득이 전체적인 손실보다 많다는 것을 전제로 이득을 본 계층이 손해를 본 계층의 손실을 보상해 준다고 전제하고 있지만, 현실적으로 이득을 본 계층이 손해를 본 계층에게 실제로 보상을 해주는지 여부는 따지지 않고 있다는 문제점이 있음을 유념할 필요가 있다.

2) 효율성과 중립성

효율성, 특히 정태적 효율성 개념은 사회 구성원들이 자유로운 교환을 통해서 만족이 더 높아진 상태를 일컫는 것이었다. 여기서 우리는 이와 같은 개념의 효율성이 달성되기 위해서는 당연히 사회 구성원 모두가 보다 높은 만족을 추구하는 것이 가능해야 하고, 그 과정에서 자유로운 교환이 보장되어 있어야 한다는 사실에 유의할 필요가 있다. 그래야만 교환 과정에서 형성된 재화와 재화 사이의 가격 비율이나 요소와 요소 사이의 가격 비율이 바람직한 비율이 되고, 그러한 비율에 의해 이루어진 선택행위의 결과는 가장 만족스러운 결과를 낳게 되는 것이다.

이러한 초기 상태를 전제로 사회 구성원들의 선택행위에 정부가 어떠한 정책적 목적에서 개입해야 할 필요성이 있는 경우, 그들 사이의 선택 과정에서 형성되어 있는 상대가격 비율에 변화를 주지 않으면서 개입하여야 사회 구성원들 각자 자신의 선호에 따라 형성되어진 최선의 선택을 방해하지 않을 수 있다. 정부 개입 시에 요구되는 이러한 성질을 흔히 '중립성'이라 일컬으며, 이러한 개입을 '중립적 개입'이라 부른다. 예를 들어, 세금을 징수하더라도 이 물건과 저 물건 사이에 같은 세율로 조세를 징수함으로써 두 물건에 대한 구성원들 스스로의 평가 비율 자체에는 영향을 주지 않도록 징수하여야 한다는 것을 일컫는다. 이러한 조세를 '중립적 조세'라 일컫는 것이다.

이러한 '중립성'이라는 성질은 개개인의 선택을 중시하는 근대경제학 체계에서는 중요하게 취급되는바, 그것은 근대경제학이 합리적 경제인을 전제로 개별적 본성에 충실한 경제학이기 때문이다. 그러나 근대경제학적 입장에서 중시되는 이와 같은 '중립성'이라는 개념은 정부 등 외부 개입이 행해지기 이전에 모든 종류의 시장이 누구나가 동질적으로 참여하는 완전경쟁시장이어서 자원배분이 가장 효율적으로 이루어지고 있다는 사실이 전제되어 있음을 유념할 필요가 있다. 이 말은 외부 개입 이전의 시장거래 당사자들 모두가 자유롭고 평등하고 동등한 균질적인 사람들로 전제되어 있다는 사실을 유념할 필요가 있다.

이에 비해 제도경제학적 논자들은 현실의 시장은 완전경쟁적이 아니며, 모든 구성원들이 동질적이지 않다는 사실에 주안점을 두고 이 문제에 다르게 접근하고 있다. 만약 외부의 개입 이전에 사회 구성원들이 이질적이며, 따라서 구성원들의 부(富)의 수준이나 경제적 세력의 분포가 서로 다른 상태였다면, 위에서 설명한 '중립성'의 원칙을 고수하게 되면 오히려 바람직하지 못한 현상을 더욱 고착시키는 결과를 가져올 수 있게 된다. 이러한 입장에서 제도경제학적 논자들은 일방적으로 기존의 상대가격체계에 중립적인 개입을 요구하기보다는 먼저 기존의 상대가격체계가 형성된 바탕으로서 시장이 경쟁적인지 아닌지, 나아가 시장 참여주체들이 동질적인지 여부를 확인할 필요가 있다는 사실을 강조한다. 만약 그들이 이질적이라면 구체적으로 특정 경제주체들의 행위가 사회 자원의 생산적 활용에 도움을 주는 활동을 하는지 아닌지 여부를 확인하여 비생산적이고 낭비적인 주체와 생산적인 경제주체들의 서로 다른 활동에는 오히려 비중립적으로 개입하는 것이 해당 사회의 생산능력 제고에 기여할 것으로 보고 있다. 앞에서 설명한 바 있는 정치경제학적 논자들도 사회 구성원들의 이질성 파악방식에는 차이가 있지만, 이 점에서는 제도경제학적 논자들과 맥을 같이하는 것으로 볼 수 있다.

2. 기술적 효율성과 비용효율성

지금까지 살펴본 정태적 효율성과 동태적 효율성의 구분만큼 흔하게 사용되는 구분은 아니지만, 기술적 효율성과 비용효율성으로 구분하여 설명하는 경우도 있다. 이제 그 개념과 의미를 살펴보자.

(1) 기술적 효율성

먼저 '기술적 효율성'(technical efficiency)이란 일정 생산요소를 투입하여 얼마만큼의 생산물을 얻을 수 있는가를 나타내는 물량적 개념으로 사용된다. 구체적으로 보면, 일정하게 주어진 생산함수($y = f(L, K)$)에서 노동 또는 자본 한 단위의 투입을 증가시켰을 때 얼마나 많은 산출물이 증가하는지($\frac{\Delta y}{\Delta L}, \frac{\Delta y}{\Delta K}$)를 나타내는 개념이다.[7]

이 개념에 의하면 어느 기업이 똑같은 생산요소를 사용하여 다른 기업보다 많은 산출물을 얻었다면, 그 기업은 다른 기업보다 기술적 효율성 면에서 우월한 것으로 평가한다는 것을 의미한다. 이와 같은 기술적 효율성은 생산요소의 잠재적 능력을 활성화한다든가 생산요소의 배합을 달리하여 종전에 비해 제고될 수도 있으며, 다른 한편 지속적인 기술진보에 의해서도 개선될 수 있다. 전자의 경우는 '정태적 효율성'이 제고된 경우인 데 비해, 후자의 경우는

'동태적 효율성'이 제고된 경우에 해당된다.

(2) 비용효율성

한편, 기술적 효율성과 같은 투입을 물량적 관점이 아니라 화폐적 관점에서 파악하여 '비용효율성'(cost efficiency)이라는 개념을 사용하는 경우도 있다. 이 경우 '비용효율성'은 어느 정도의 비용을 투입하여 어느 정도의 산출 또는 수입을 가져왔는지를 측정하는 지표로 사용한다고 볼 수 있다. 구체적으로 비용을 한 단위 더 투입하였을 때 산출물이 얼마나 더 만들어지는지, 또는 수입이 얼마나 더 늘어나는지의 정도($\frac{\Delta y}{\Delta C}$ 또는 $\frac{\Delta R}{\Delta C}$)를 나타내는 개념으로 사용된다.

여기서 후자, 즉 $\frac{\Delta R}{\Delta C}$ 는 후술하는 '재무적 효율성'이라는 개념과 유사하면서도 차이가 있는 개념이라는 사실을 유의하기 바란다.[8]

3. 사적 효율성과 사회적 효율성

우리는 '효율성'이라는 가치 기준으로 경제현상을 평가할 때 흔히 '사적 효율성'과 '사회적 효율성' 내지 '사적 가치'와 '사회적 가치'를 구분하는 경우를 볼 수 있다. 그런데 이 단계에 이르게 되면 지금까지 살펴본 '효율성' 개념과는 달리 논자들에 따라 견해가 크게 달라지고 있음을 보게 된다. 그것은 앞에서 본 '효율성' 개념은 크고 작은 구분이 있었음에도 불구하고 전반적으로 '양적인 관점'에서 정의되는 기준이었는 데 비해, '사회적 효율성' 내지 '사회적 가치'에 대한 논의로 나아가면 논자에 따라 또는 사회에 따라 서로 다른 '질적인 관점'도 더해지기 때문이다. 지금까지 살펴본 '효율성'의 개념이 '양적인 관점'에서 정의되고 있었다는 것은 가치중립적으로 객관적 측정이 가능한 것으로 전제되어 있었다는 것을 의미한다. 그러나 그러한 정의 과정에도 '가치판단'이 개입되어 있음을 인식할 필요가 있다. 말하자면, 다른 사람의 후생 수준을 떨어뜨리지 않고 어떤 사람의 상태가 좋아지면 사회의 후생이 증가한다는 사실도 경우에 따라서는 그러하지 않을 수도 있다. 그뿐만 아니라 지금까지의 효율성 개념 정의에는 개인들의 후생 상태가 좋아지는지 아닌지에 대한 최종 판단자가 개인이라는 사실이 전제가 되어 있는데, 사회에 따라 반드시 그러하지 않을 수도 있다. 이러한 사실을 고려해 보면 앞에서 정의한 효율성 개념에도 가치판단이 개입되어 있음을 알 수 있다.[9]

이제 이러한 점을 유념하면서 사적 효율성과 사회적 효율성 두 개념에 대한 다양한 견해의 차이를 살펴보고자 한다. 그런데 '사회적 효율성' 내지 '사회적 가치'는 '공공성'이라는 개념으로 논의되기도 하는바, 이렇게 보면 이 논의는 곧바로 '공공성'에 대한 논의가 되기도 한다는 사실을 유념할 필요가 있다.

(1) 근대경제학적 견해 – 개인 중시 견해

1) 개념과 특성

근대경제학적 논자들은 '사회적 효율성'도 '사적 차원'에서 파악한다. 말하자면, 이들은 사적인 순편익의 단순한 합을 사회적인 순편익으로 인식함으로써 그 크기가 곧바로 사회적 효율성을 나타내는 것으로 본다.

우리는 민간의 경제활동 과정에서 특정 경제주체가 다른 경제주체에게 긍정적 또는 부정적인 영향을 미치면서 그 대가가 거래되지 않는 '외부성'(externality), 구체적으로 외부경제 또는 외부불경제라는 현상이 나타나기도 한다는 사실을 알고 있다. 이러한 '외부성이 없는 경우'에는 거래 과정에서 나타나는 개별 경제주체들의 비용 또는 편익을 합치면 사회 전체의 비용 또는 편익이 되고, 그 경우 나타나는 효율성이 '사회적 효율성'으로 파악된다. 이렇게 보는 논자들의 경우 '사회적 효율성' 문제를 '사적 효율성' 개념과 구분해서 논의하는 것이 큰 의미가 없어지게 된다. 아울러 근대경제학적 논자들은 이와 같은 '사회적 효율성'이 달성되면 소위 '공공성'도 확보된 것으로 본다는 점을 유념해 두기 바란다. 이와 관련된 내용은 다음 식으로 나타낼 수 있다.

사회적 효율성(사회적 가치) = Σ사적 효율성(사적 가치)

- 사회적 효율성은 사적 효율성의 단순 합.

그러나 만약 '외부성이 존재하는 경우'에는 위와 같이 거래 과정에서 파악되는 개개인들의 사적 편익 또는 비용을 모두 더하는 것만으로 사회 전체의 편익 또는 비용이 되지 않게 된다. 이 말은 사적 편익 또는 비용을 모두 더한다고 해서 해당 경제행위가 사회에 끼친 편익 또는 비용을 다 파악할 수 없게 된다. 결국 이 경우에는 사적 효율성의 단순한 합이 사회적 효율성으로 나타나지 않게 된다. 이 경우에는 거래 과정에서 파악되는 사적인 편익·비용뿐 아니라 거래 과정에서 나타나지 않는 외부적 편익·비용까지 고려하여 모두 합쳐야만 실질적으로 사회 전체에 미친 편익·비용을 파악할 수 있게 되는 것이다. 말하자면, 사회적 효율성은 거래 과정에서 나타나는 사적 효율성에 외부적인 편익·비용까지를 고려하여 파악하여야 한다는 것이다. 경제학적으로는 사회적 한계편익과 사회적 한계비용이 일치하는 점에서 자원배분이 이루어질 때 사회적 효율성이 주어진 것으로 인식한다. 이러한 상황은 다음 식으로 명료하게 파악할 수 있다.

사회적 효율성(사회적 가치) ≠ Σ사적 효율성(사적 가치)

사회적 효율성 = Σ(사적 효율성 ± 외부성)

- 사회적 효율성은 사적 효율성 합에 외부성 부분을 보정함.

그러나 이러한 인식은 단순히 양적인 차원에서 사적으로 발생시킨 사적인 비용·편익에 그치지 않고 사적으로 발생시킨 외부적인 비용·편익을 모두 계산에 포함하였다는 점에서 사회적 효율성이 달성되었다고 파악하는 것이다. 그러나 이러한 차원의 사회적 효율성 개념은 결국 사적으로 발생시킨 양적인 비용·편익을 모두 계산에 넣었다는 것이지, 특정 사회가 처한 특별한 상황은 별도로 고려된 것이 아니라는 점을 인식하는 것이 중요하다. 사적인 효율성 개념 자체를 사회적으로 확대시켰다는 점만 다르다. 말하자면, 근대경제학적 논자들의 '사회적 효율성' 개념에는 '개인 중시 철학'이 밑바닥에 내재되어 있다는 사실을 알 수 있다. 이 점이 후술하는 다른 경제학적 논자들과 차이가 나는 점임을 유념할 필요가 있다.

그런데 이 설명 과정에서 나오는 외부성 부분과 관련해서 현실적으로 이러한 사회적 효율성이 달성될 수 있도록 외부적인 비용·편익을 어떤 형태로든지 해당 행위를 발생시킨 주체에게 귀속되게 하는 제반 조치를 흔히 '외부성의 내부화'(internalization of externality)라 일컫는다. 그런데 이 외부성 부분이 내부화되어 사회적 효율성이 달성되는 과정에 대해서는 근대경제학적 논자들 내에서도 서로 견해가 갈라지고 있음을 알아두면 관련된 문헌을 읽는 데 도움이 될 것이다.

시장질서를 중시하는 소위 '자유주의적 견해'를 가진 논자들은 이러한 외부성이 있는 경우에도 재산권을 명확화하는 등의 조치를 취한 후에는 시장질서에 그대로 맡겨 두기만 해도 저절로 사회적 효율성이 달성된다고 보는 견해를 취한다. 말하자면, 이들은 외부성이 있는 경우, 재산권의 설정과 같은 신호등 역할이라는 '조정자'로서의 정부의 공적 개입을 통해 사회적 가치, 즉 공공성을 제고시키는 것이 가능한 것으로 파악한다.

이와는 달리 보다 일반적으로 '개입주의' 내지 '개혁주의적 견해'를 가진 논자들은 이와 같은 외부성이 발생하는 경우에는, 정부가 조세 또는 보조금 등의 수단을 통해서 보다 적극적으로 시장질서에 개입하여 그와 같은 외부적인 편익과 비용을 그 발생주체에게 귀속시키는 조치를 취할 때 사회적 효율성이 달성된다고 보는 견해를 보인다. 이뿐 아니라 이와 같은 외부성이 없고 시장에서 경쟁조건이 주어지는 경우에도 거래주체들 사이에 정보가 같지 못하여, 즉 대칭적이지 못하여 '역선택'(逆選擇, adverse selection)이 행해지는 경우 등에도 정부 개입을 통해 사회적 가치(공공성)의 제고가 가능한 것으로 인식하고 있다.[10] 이들은 이처럼 이와 같은 외부성 등이 있는 경우에는 정부가 보다 적극적인 '관리자' 내지 '계획자'로서 공적 개입을 통해 사회적 가치, 즉 공공성을 제고시키는 것이 가능한 것으로 본다.[11]

2) 관련 개념

이와 같은 근대경제학적 논자들의 사회적 효율성 인식과 관련해서 세간에 자주 회자되는 '도덕적 해이'(moral hazard) 개념이 갖는 오해의 소지를 줄여줄 것이라는 판단에서, 그 경제학적 의미와 일상적인 의미의 차이를 구분해 두고자 한다. '일상적으로' 이 개념은 "도덕적으로 잘못된 행동"이라는 의미로 흔히 사용되고 있는 것을 볼 수 있다. 그러나 '경제학적으로' 이 개념은 "주어진 제도적 틀의 범위 내에서 특정 경제주체가 개인적 차원에서 합리적(효율적)인 행위를 하였으나 사회 전체적으로 볼 때 효율성이 저하되는 행위"를 일컫는 데 사용되는 개념이다. 이러한 경제학적인 개념에는 행위자의 부도덕성 같은 점은 전혀 내재되어 있지 아니하다. 근대경제학적 차원에서는 도덕성 여부를 다루지 않는다. 말하자면, 근대경제학적으로 '도덕적 해이' 현상은 도덕적으로 잘못된 행동이라는 의미보다는 개별 경제주체가 합리적으로 행동했음에도 불구하고 다른 경제주체 또는 사회 전체적으로 손실을 끼치는 행위라는 점을 유념할 필요가 있다.

예를 들어, 자동차보험을 가입한 사람은 보험에 가입하였다는 이유로 합리적으로 주의 의무를 덜 기울이게 되고 그 결과 사회적으로는 자원의 손실을 불러오는 경우가 있는바, 이러한 경우가 도덕적 해이의 대표적인 사례라 볼 수 있다. 기업이 정부가 국가경제 사정을 고려하여 큰 기업이 망하도록 내버려 두지 않는다는 점을 믿고 대기업이 방만한 회사 운영으로 경제위기가 초래되는 경우 사회 전체 생산능력의 저하를 가져올 수 있다는 점에서 도덕적 해이의 일종으로 볼 수도 있다. 이러한 점을 유념하면, 도덕적 해이 문제에 대해서는 도덕적이고 윤리적인 질타보다는 제도적인 틀의 정비가 더 중요하다는 사실을 유념할 필요가 있다.

(2) 정치경제학 및 제도경제학적 견해 – 관계 중시 견해

정치경제학적 논자들과 제도경제학적 논자들도 앞에서 본 개혁주의적 논자들처럼 사회적 효율성은 단순히 사적 효율성을 합으로 나타나는 것이 아니라고 본 점에서는 견해를 같이한다.

사회적 효율성(사회적 가치)≠**사적 효율성**(사적 가치)

- 사회적 효율성은 사회에 따라 서로 다른 특성을 가짐.

전술한 개혁주의자들의 경우에는 개개인들이 경제활동 과정에서 발생시킨 비용 또는 편익을 개인 차원에서만 더해서는 사회 전체적인 비용·편익이 제대로 산정되지 않는 점을 고려하여, 해당 경제행위가 발생시킨 비용과 편익을 개인 차원을 넘어서 사회 전체적인 차원에서 모두 계산에 넣어야 사회적 순편익으로서 사회적 가치를 측정할 수 있는 것으로 보았었다. 그러나 여기서 설명하는 정치경제학이나 제도경제학적 입장에서는 개혁주의자들과는 달리 개개인이 발생시킨 비용과 편익을 모두 더한다고 해서 사회적 가치가 측정되는 것이 아니라, 사회적 가치는 사회에 따라 서로 다르게 측정되어야 하는 독특한 특성이 있는 것으로 파악하고 있다는 점이 다르다. 말하자면, 이들은 공히 '사회적 효율성'은 사회에 따라 서로 다른 독자적인 특성을 갖고 나타나는 소위 '출현적 속성'(出現的 屬性; emergent property)을 띠는 개념으로 파악한다.[12] 이 특정 사회가 갖고 있는 출현적 속성이라는 것은 곧바로 '개인들 사이의 관계'의 특수성 내지 그것이 반영된 '사회경제구조'의 특수성에서 유래되는 것으로서, 이들의 '사회적 효율성' 개념에는 이와 같이 개인들 사이의 '관계 중시' 내지 '사회 중시' 철학이 근저에 깔려 있다는 사실을 유념할 필요가 있다.

이처럼 이들은 개혁주의자들을 포함한 어떤 근대경제학적 논자들과도 달리 공히 사회적 효율성 내지 사회적 가치와 사적 효율성 내지 사적 가치를 본질적으로 다른 개념으로 파악한다. 구체적으로는 두 논자들 사이에 일정한 차이를 보이는바, 그 차이의 핵심은 다음과 같다.

1) 정치경제학적 입장

정치경제학적 논자들은 큰 틀에서는 위와 같은 맥락을 취하면서도, 특히 이들은 사적 효율성과 사회적 효율성의 괴리를 생산수단에 대한 소유관계에서 찾고 있다. 먼저 이들은 한 사회는 생산수단의 소유계급과 소유하지 않은 계급으로 이루어진 특수한 생산관계에 기초를 두고, 그 위에 법, 정치, 더 나아가 의식이 자리를 잡게 되면서 그 사회의 구조적 특성을 드러내 보이는 것으로 보고 있다. 그런데 구체적으로 이들은 생산수단이 사적으로 소유되는 경제체제하에서는 생산수단의 소유계급과 소유하지 못한 계급 사이의 갈등으로 인해 필연적으로 소외 상태가 나타나게 되는 것으로 보고 있다. 결국 그러한 사회에서는 이와 같은 '소외' 상태로 인해 '사회적 효율성' 내지 '사회적 가치', 즉 공공성이 저절로 주어지지 못하는 것으로 파악하고 있다.

위와 같은 맥락에서는 사회적 가치라는 것은 근대경제학적 논자들처럼 개개인의 가치를 산술적으로 더한다고 주어지지 못한다. 결국 이들은 생산수단이 사회화되고 계급이 없는 사회가 되어야 소외가 없어짐으로써 사회적 가치가 제고될 수 있는 것으로 파악하고 있다. 그래야만 공공성이 확보될 수 있는 것으로 보고 있다.

2) 제도경제학적 입장

이들은 사회 구성원들의 생활상의 습관 내지 관습과 그것이 응집된 문화 등이 반영되어 제도가 만들어지고, 그 제도가 사회 구성원들의 다원적 본성에 영향을 주어 그 사회의 특성을 규정짓는 것으로 보고 있다. 말하자면, 제도가 그 사회 구성원들의 다원적 본성에 영향을 주고 사회 제 부문에 영향을 줌으로써 궁극적으로 해당 사회의 독특한 유기체적 구조를 변화시켜 간다고 보고 있다. 앞에서 본 정치경제학적 논자들이 사회의 특성을 생산관계의 차원에서 파악하고 있는 데 비해, 이들은 한 사회는 제도가 인간의 본성에 영향을 주어 생산적 행위와 비생산적 행위가 복합적으로 뒤섞여 있는 하나의 유기체적 구조로 파악하고 있다는 점에서 차이를 보이고 있다.

이러한 제도경제학적 논자들은 제도가 사회 구성원의 생활상의 습관, 관습, 문화 등을 제대로 반영하여 만들어지면 그 제도들이 사회 구성원들의 생산적 본성을 촉진시킬 수 있는 것으로 보고 있다. 이렇게 생산적 본성을 촉진시키게 되면 결국 생산적 행위가 행해지게 되어, 사회 구성원들의 '사회적 욕구 충족 과정'(social provisioning)으로서의 '생활 과정'(life process)이 제고되어 사회적 가치(공공성)가 제고되는 것으로 파악하고 있다.[13]

이제 이러한 제도경제학적 논자들의 사회적 효율성 개념과 관련하여 이들이 효율성 개념을 설명할 때 보이는 특별한 분류방식으로서 '낮은 차원의 효율성'과 '높은 차원의 효율성'의 개념을 이해해 두는 것이 도움이 될 것이다. 이 구분은 제도주의 경제학적 논자들이 효율성을 보다 구체적으로 현실과의 관계라는 맥락에서 제시하고 있다는 점에서 그 의미하는 바가 크다 하겠다. 이제 이들에 대해 개관해 두고자 한다.[14]

먼저 제도경제학적 논자들은 '낮은 차원의 효율성'(narrow efficiency)을 근대경제학적 논자들이 사용하는 양적인 효율성 개념을 지칭하는 데 사용하고 있다. 구체적으로 어느 사회가 "최고의 용도에 자원을 배분하는 것"을 의미하는 것으로 사용하고 있다. 말하자면, 이들이 일컫는 '낮은 차원의 효율성'이라는 개념은 다분히 사적이고 개인주의적 기준에 의한 양적인 효율성을 의미한다.

한편, 이들은 이와는 대조적으로 '높은 차원의 효율성'(higher efficiency)이라는 개념을 더불어 사용하고 있다. 이 개념은 제도주의적 논자들이 자신들의 인식에 부응하는 개념으로 개발한 것으로서, 위에서 본 '낮은 차원의 효율성' 개념에 안정, 공평, 자유, 공감과 같은 특정 사회가 공유하는 사회적 가치를 포함시켜서 나타낸 효율성을 의미하는 것으로 사용되고 있다. 이 개념은 근대경제학적 효율성 개념, 즉 자신들이 일컫는 '낮은 차원의 효율성'은 사적이고 개인주의적 기준에 따른 양적인 효율성을 의미하는 데 비해, 해당 사회의 사회적 가치 기준을 중시하는 질적인 효율성을 의미한다는 점에서 차이가 있다. 이 개념을 보면 '효율성'을 구성원 개개인의 만족 여부가 아니라 유기체 전체에 영향을 주는 조직적 개념으로 파악하고, 유기체 전체에 영향을 주어 구성원들의 질적인 '생활 과정'을 제고시키는 정도를 의미하는 것으로 파악된다. 말하자면, 이들은 한 사회의 자원이 그 사회 구성원들의 질적인 '생활 과정'을 제고시키기 위해 사용될 때 '높은 차원의 효율성'이 제고된 것으로 파악한다는 것이다.[15] 효율적인지 아닌지 여부는 실제 생활 과정에서 구성원들의 생활상의 욕구가 얼마나 어떻게 충족되고 있는가 하는 것이 중요한 기준이 된다는 것을 의미한다.

여기서 이들은 자신들이 추구하는 '사회적(집단적) 가치'의 기준은 사회 구성원의 집단적 의사결정 과정을 통해 제시되는 것으로 본다. 이 과정에서 이들이 집단적 사회적 가치를 이끌어 내기 위한 원칙으로 사용하는 '윤리적 체계'는 "개별 인간의 잠재적 존재가치를 실현시킬 수 있는 기회를 가능한 한 최대로 줄 수 있는지" 여부에 두고 있다. 이들이 말하는 '생활 과정'의 진전이란 바로 이런 의미를 말한다. 아울러 이들은 위와 같은 사회적 가치 기준을 선정하는 작업 자체도 일과성의 작업이 아니라 '지속적 활동'으로 나타나는 것으로 보고 있다. 그것은 제도주의적 논자들이 원래 진화론적 접근에 바탕을 둔 실용적·과정적 측면을 중시한다는 데 기인한다. 말하자면, 이들은 사회적 가치에 대해 그 당위적 상태를 미리 예단하지 않고, 특정 시기의 주어진 상황에서 사회 구성원들이 추구하는 사회적 가치는 서로 다르게 나타난다는 점을 중시한다.

(3) 관련 개념

앞에서의 설명 과정에서 보여 주고 있듯이 경제학적 논의에서는 '사회적 가치'에 대한 논의가 곧바로 '공공성'에 대한 논의의 형태로 나타난다. 그런데 이 '공공성'과 관련해서 경제학 문헌에 자주 등장하는 공공재라는 것과 공공성이 갖는 관계를 이해해 두는 것이 사회적 가치 내지 공공성의 이해에 중요한 역할을 한다는 점에서 이와 관련된 주요한 논점 몇 가지를 소개해 두고자 한다. 아울러 '효율성' 논의와 관련해서 자주 등장하는 '지대추구행위'라는 개념도 단순하게 사적 효율성의 차원을 넘어서 사회적 효율성과 관련해서 갖는 의미가 크다는 점에서 추가로 소개한다.

1) 공공재와 공공성

먼저 대부분의 경제학적 문헌, 특히 근대경제학적 문헌에 의하면 '공공재'라는 개념은 재화가 갖는 물리적 속성을 중심으로 설명하고 있는 것을 볼 수 있다. 말하자면, 공공재는 특정 재화가 '비경합성'(non-rivalry)과 '비배제성'(non-excludability)을 가지고 있는 재화를 의미한다. '비경합성'이란 해당 재화가 여러 사람에 의해 공동으로 소비될 수 있는 성질을 의미하며, '비배제성'은 대가를 지불하지 않는 사람에게도 해당 재화의 소비를 배제하는 것이 물리적으로 힘들거나 배제 가능하더라도 배제비용이 많이 들어 배제시키지 않는 성질을 일컫는다. 어떤 재화가 '비경합성'을 띤다는 말은 '공동소비' 또는 '집단소비'가 행해진다는 것을 뜻한다. 이는 해당 재화에 대해 소비자가 추가되더라도 해당 재화를 추가적으로 생산할 필요가 없이 공동으로 소비한다는 의미이기 때문에 소비자의 추가에 따른 추가되는 한계비용이 없다는 것을 의미한다. 더구나 비배제성으로 인해 해당 재화에 대한 선호를 드러내지 않아도 재화소비로부터 배제되지 아니하니까 어떠한 소비자도 해당 재화에 대한 선호를 드러내지 않는, 말하자면 '무임승차'(free rider) 문제가 발생한다. 따라서 이 재화는 시장을 통해서 공급될 수 없다. 그런데도 사회 구성원 모두의 생활이나 생산활동을 위해 해당 재화가 꼭 필요하다면 정부가 공적으로 공급하게 된다는 것을 의미한다.

그런데 위와 같은 정의를 충족하는 재화는 '논리적으로' 정부가 공적으로 공급하는 것이 바람직하다는 의미이지, '현실적으로' 반드시 정부가 공적으로 공급한다는 것을 의미하는 것은 아니라는 사실을 유념할 필요가 있다. 그것은 '비경합성'이라는 성질은 물리적으로 공동소비 내지 집단소비가 가능하다는 의미이지 반드시 공동으로 소비하여야 한다는 것은 아니며, '비배제성'이라는 것도 배제시키는 것이 어렵다는 이야기이지 반드시 배제시키는 것이 불가능하다는 것을 의미하는 것은 아니다. 따라서 위와 같은 성질을 상대적으로 많이 가지고 있는 재화도 현실에서는 사회에 따라서 정부가 공적으로 공급하기도 하고 민간이 공급하기도 하며 민관이 혼합으로 공급하기도 한다. 예를 들어, 우편 서비스는 미국에서는 사적 서비스로 제공되는데, 우리나라에서는 아직도 기본적으로 우체국에서 공적 서비스 형태로 주로 담당하고 있다. 한편, 프리드먼(David Friedman)과 같은 '극단적인 자유주의자'는 소위 순수공공재, 예를 들면 국방이나 경찰까지도 민간이 생산해서 민간이 공급해야 한다고 주장하기도 한다.[16] 물론 정부가 공적으로 공급하는 경우에도 반드시 비시장 논리에 따라 공급하는 경우만 있는 것이 아니고 시장 논리에 따라 공급하는 경우도 있을 수 있다.

나아가 이와 관련하여 더욱 중요한 것은 이렇게 개념상 위와 같은 물리적 속성을 띠고 있는 재화를 정부가 공급하는 경우에도 그 재화를 반드시 정부가 생산해서 공급해야 한다는 의미는 아니라는 사실을 이해하는 것이 중요하다. 말하자면, '공적 공급'(public provision)이 곧바로 '공적 생산'(public production)을 의미하는 것은 아니다. 이런 재화는 정부가 공적으로 생산하여 공적으로 공급할 수도 있지만, 민간에게 생산을 의뢰하여 정부가 공급할 수도 있으며, 또 어떤 경우에는 민간과 정부가 공동으로, 소위 '제3섹터'[17]를 통해서 생산하여 정부가 공급할 수도 있다는 사실을 이해해 둘 필요가 있다.

더 나아가 설령 공공재가 정부에 의해서 공적으로 공급되고 있다고 해서 반드시 '공공성'이 보장된다는 것을 의미하는 것은 아님을 유념할 필요가 있다. 특히, 사적으로 생산해서 공적으로 공급하는 군수산업 같은 경우에는 설령 공적으로 공급되더라도 민간산업으로서의 군수산업의 이익에 맞게 생산되고 그들의 이익에 맞게 공급될 수 있다는 사실을 유념할 필요가 있다. 한마디로 근대경제학적 논자들의 주장과 같이 물리적 속성에 의해 공공재를 정의한다고 해서 반드시 공적으로 공급한다는 것도 아니고, 공적으로 공급한다고 해서 반드시 공적으로 생산하는 것도 아니며, 더 나아가 공적으로 공급한다고 해서 사회적 가치 내지 공공성이 저절로 충족되는 것도 아니라는 사실을 유념해 둘 필요가 있다.[18]

2) 지대추구행위

'지대추구행위'(rent-seeking behaviour)란 정부가 허가나 규제에 의해 경제활동을 제한할 때 정부의 허가를 얻거나 규제에서 제외되어 이윤을 얻고자 하는 로비행위 내지 뇌물수수행위 등을 지칭한다. 이 개념을 이해하기 위해서는 먼저 '지대'와 '경제적 지대'의 개념을 이해해 둘 필요가 있다. 원래 '지대'(rent)란 주지하는 바와 같이 "토지용역 제공에 대한 대가"를 일컫는다. 한편, '경제적 지대'(economic rent)란 '지대'가 독점적 토지 공급으로부터 얻어지는 추가적인 이득이라는 점에 착안하여 이를 요소 공급 일반으로 확장시킨 개념으로서, 생산요소의 종류에 관계없이 어떠한 생산요소의 공급이 고정(독점)되어 있어서 추가로 얻게 되는 수입을 일컫는다.[19]

이러한 맥락에서 볼 때 정부의 허가나 규제 등의 행위는 독점적인 행위이며, 그와 같은 독점적인 정부의 허가나 규제를 통해서 얻는 이익은 일종의 '경제적 지대'에 해당된다. 그리고 이러한 경제적 지대를 획득하기 위해 벌이는 각종 로비행위를 우리는 흔히 '지대추구행위'라 일컫는 것이다. 여기서 문제는 이와 같은 지대를 추구하는 과정, 즉 로비 과정에서 허가를 통해 얻을 수 있을 것으로 예상되는 경제적 지대가 '낭비'된다는 사실이다. 그런데 이와 같은 정부의 허가나 규제 등의 행위가 야기하는 비생산성을 놓고 논자들 사이에서 다양한 설명이 이루어지고 있다. 이러한 사실을 이해하는 것은 지대추구행위가 갖는 비생산성을 이해하는 데 도움이 될 것으로 판단되어 이에 대한 서로 다른 견해를 소개하고자 한다.

먼저 전통적인 신고전파 경제학에서는 정부가 허가제를 도입하여 공급을 감소시키면 가격이 증가하고 시장에서 공급과 소비량은 줄어든다는 점을 강조한다. 〈그림 7-2〉에서는 수요곡선을 D로 나타내고, 공급곡선은 설명의 편의상 비용불변 산업을 가정하여 S로 나타내고 있다. 이 경우 초기 균형은 P^0와 X^0가 만나는 E^0에서 나타나고 있다. 이때 정부가 일정한 정책적 목적을 위해 이 산업의 생산량을 X'으로 규제한다고 가정하면 새로운 균형점은 E'에서 나타나게 된다. 이 경우 사회후생의 변화를 살펴보면, 먼저 소비자들의 잉여는 원래 P^0AE^0이던 것이 $P'AE'$으로 줄어든 대신에 기존에 없었던 생산자 잉여가 추가로 $P^0P'E'C$만큼 늘어나고 있는 것을 볼 수 있다.[20] 이 부분이 바로 공급자들

〈그림 7-2〉 초과부담과 지대추구행위

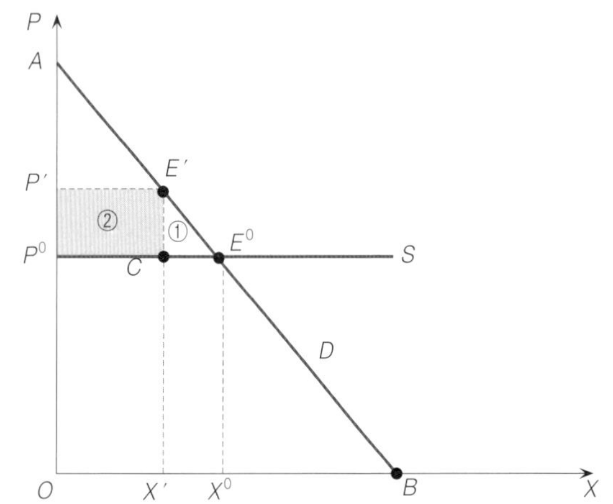

이 추가로 얻게 된 이윤인 것이다. 이렇게 보면 소비자 잉여가 줄어든 대신에 생산자 잉여가 새로 늘어났다. 그러나 이러한 사실을 감안하더라도 사회 전체적으로 보면 경제 전체 잉여가 삼각형 $CE'E^0$만큼 줄어든 것을 볼 수 있다. 이러한 손실(①)이 흔히 신고전파 경제학이 강조하는 규제가 주는 '초과부담'(excess burden) 또는 '사중손실'(dead weight loss)이라 불리는 것이다.

그런데 문제는 공급자들이 추가로 획득하게 된 이윤 부분(②), 즉 사각형 $P^0P'E'C$ 부분을 차지하기 위해 공급자들이 허가권을 따내려 치열한 로비활동을 벌인다는 사실이다. 문제는 바로 이러한 로비활동 과정에서 자기들에게 돌아갈 늘어나는 생산자 잉여 부분을 비생산적으로 낭비하게 된다는 점이다. 이 부분이 바로 지대추구행위의 비생산성적 성격을 드러내는 부분으로서, 바로 이러한 성격 때문에 지대추구행위가 사회적 효율성을 떨어뜨린다는 명제를 낳게 되는 것이다. 소위 신자유주의자들은 위와 같은 정부 규제는 그 경제적 타당성에 관계없이 일정한 이익집단의 이권추구행위를 초래하여 전통적으로 알려진 손실(①) 이상의 사회적 손실을 가져온다는 사실을 중시한다. 말하자면, 이처럼 경제적 지대를 추구하는 행위에 소요되는 비용은 사회 전체적으로 볼 때는 자원의 낭비가 되기 때문에, 이러한 낭비를 불러오는 어떠한 형태의 정부 규제도 거부하는 것이 바람직하다는 견해를 보이고 있다.

또 다른 논자들은 여기서 한 걸음 더 나아가 위와 같은 지대추구행위의 비생산적 성격에 멈추지 아니하고, 그와 같은 비생산적 성격이 생산활동 전반을 더욱 비생산적인 방향으로 유인하는 경향을 보인다는 점을 중시하기도 한다. 말하자면, 그와 같은 비생산적인 지대추구행위가 만연하게 되면 누구나 그러한 지대를 추구하는 데 몰두하는 나머지 생산적 활동이 오히려 위축될 수 있다는 것이다.[21] 이러한 사실을 강조하는 것은 '제도'가 인간의 비생산적 본성을 촉발하는 작용을 할 수 있다는 점을 강조하는 제도경제학적 논자들의 견해에 해당된다. 이와 같이 생산활동을 통하지 아니하고 이득을 취하고자 하는 행위를 흔히 '천민적 축적' 성향이라 일컫기도 한다.[22] 이러한 논점은 특히 사회부패 연구가들에 의해 많이 지적되는 내용임을 유념해 둘 필요가 있다.[23]

한편, 정치경제학적 논자들은 이러한 지대추구행위의 사회적 폐해를 설명함에 있어서 그 자체가 갖는 낭비적 성격을 넘어서서 그것이 '국가의 상대적 자율성'을 제약하게 된다는 사실을 강조하는 견해를 보이고 있다는 점에 유의할 필요가 있다.[24] 영국의 저명한 정치경제학자 중의 한 사람인 해리스(L. Harris)는 이 문제와 관련하여 "국가가 뚜렷한 정책목적을 가지고 사회경제구조를 생산적인 쪽으로 방향을 틀고자 해도 '지대추구'를 가능하게 한 왜곡된 사회경제구조 그 자체가 그러한 정책을 수행할 수 없게 국가정책의 자율성을 보다 심각하게 저해시키는 결과를 가져오게 된다"는 견해를 피력하고 있는 것을 볼 수 있다.[25] 이렇게 그는 지대추구가 규제자로서의 국가의 힘을 저해하는 측면이 있다는 사실에 주의를 기울이고 있음을 볼 수 있다. 여기서 '국가의 상대적 자율성'이란 국가활동이 사회경제구조에 의해 영향을 받기만 하는 것이 아니라 거꾸로 영향을 주는 측면도 있는데,[26] 이러한 지대추구행위로 인해 그와 같은 국가의 사회경제구조 변화에 줄 수 있는 영향력이 줄어들게 된다는 것을 의미한다. 결국 이들은 지대추구행위를 설명함에 있어서도 그것이 갖는 사회의 구조적 성격을 강조하는 경향을 보이고 있음을 참고하기 바란다.

제3절 경영상 효율성

'경제' 개념과는 달리 '경영'이라는 개념이 기업 내의 인적·물적 자원을 동원하여 이윤을 추구하는 활동을 의미한다는 점에서 볼 때,[27] 그 활동의 성과를 측정하는 척도를 '경영상 효율성'이라 할 수 있을 것이다. 이제 이하에서는 이러한 경영 과정에서 제기되는 효율성을 조직과 그 관리 측면에서의 '관리상의 효율성'과 회계적 측면에서의 '재무적 효율성'으로 나누어 살펴보고자 한다.

1. 관리상 효율성

(1) 개념과 성격

근대경제학적 논리에 의하면 비용을 최소화하고 이윤을 극대화하는 차원에서 기업을 경영해 나가는 것을 가정하고 있다. 이러한 가정하에서 경제적 효율성 개념이 도출되고 있는 것이다. 이러한 경제적 효율성 개념에서 볼 때 시장의 독점적 운영 등으로 완전경쟁을 이루지 못하면 경쟁의 결여로 비효율적인 생산기법을 채택할 수 있어 생산면에서 비효율이 발생하게 된다. 그러나 이와 같이 불완전 경쟁적 요인이 있는 경우뿐만 아니라 다양한 이유로 조직이 이완되는 경우에도 비효율이 발생할 수 있다. 이와 같이 기업 내부의 조직의 이

완으로 인사, 생산 및 물류 시스템 등의 관리상에 문제가 생겨 기업이 생산에 필요한 이상의 자원을 사용하는 경우 나타나는 비효율을 'X-inefficiency'라 부른다.[28] 이 효율성 개념은 기업 내부의 조직이완으로 인한 관리 측면에서 발생한 효율성 문제라 하여 흔히 '내부 효율성'이라 부르기도 한다.

이렇게 본서에서는 이러한 'X-(in)efficiency'가 경제적인 이윤 극대화 내지 비용 극소화 차원이 아니라 기업 내부 조직의 관리 측면에서 발생한 (비)효율이라는 점에 착안하여 '경영상 효율'의 범주로 분류하고, 특히 '관리상 효율성'이라 부르면서 지금까지 살펴본 '경제적 효율성'의 개념과 구분짓기로 하였다. 이러한 구분은 각각의 비효율에 대한 대응의 차이를 불러온다는 점에서 그 구분의 실익이 있다 하겠다.

이와 같은 'X-(in)efficiency'는 기업 경영 과정에서 나타나는 소위 '주인-대리인 문제'(agent-principal problem)에 의해 설명된다. 원래 민간기업은 주인인 주주가 대리인인 경영자를 주주총회라든가 이사회 등을 통해 기업의 경영 상태를 적절히 통제함으로써 주주 이익 극대화를 실현해 내는 것으로 설정되어 있다. 그러나 기업의 소유와 경영이 분리되어 있어도 현실적으로는 주인이 대리인을 제대로 관리하지 못하는 경우가 있어 대리인으로 하여금 주주의 이익을 추구하기보다는 대리인 자신의 이익 극대화를 추구하게 하는 상황이 나타나기도 한다. 예를 들어, 경영자들이 이사회를 지배하여 자신의 급여 수준을 높인다거나 자신들의 경영 부담을 줄이기 위해 참모들을 추가로 고용하는 방법 등을 취하는 경우를 들 수 있다. 이렇게 주인인 주주에 의한 대리인에 대한 규제장치가 제대로 작동하지 못하게 되면 기업 경영상 인사, 생산, 물류 등 관리적 측면에서 비효율이 발생할 수 있게 된다.

(2) 정태적 효율성과의 차이와 효율성 제고 정책

우리는 〈그림 7-1〉을 통해 생산가능곡선으로 정태적 효율성을 설명할 때

한 사회가 정태적 효율성이 제대로 발휘되지 못한 경우 E' 같은 비효율적인 점에서 생산활동이 일어날 수 있다는 사실을 본 바 있다. 그 경우 비효율은 수요·공급에 상응하는 자유로운 선택행위가 이루어지지 못해 생긴 비효율이라는 점에서, 이러한 비효율을 극복하기 위해서는 시장 관련 각종 정보 소통을 원활하게 해주거나 수요·공급자들의 선택행위를 억제하는 요인을 제거하여 경쟁질서를 촉진시켜 주는 방안을 강구해야 함을 본 바 있다.

마찬가지로 이러한 'X-(in)efficiency'도 하나의 기업 차원에서 앞에서 본 생산가능곡선으로 설명할 수 있다. 예를 들어, 지금 어느 기업이 주어진 자원과 기술 상태에서 가장 효율적으로 생산해 낼 수 있는 서로 다른 재화의 조합이 〈그림 7-1〉에서 본 바와 같이 AE^0B로 나타나고 있는데, 현재 관리상의 이유로 비효율성이 발생한 경우 가령 E' 같은 생산가능곡선 내부 어느 한 점에서 생산활동이 이루어지고 있을 수 있다. 이 경우 인사, 생산 및 물류 시스템 등 관리적 측면에서 기업 경영을 쇄신하여 경영상의 비효율을 제거하게 되면 그 기업이 달성할 수 있는 최대생산물조합을 나타내는 생산가능곡선 AE^0B상의 어느 한 점에서 생산활동을 할 수 있게 된다. 이런 노력을 '내부 효율성 제고 정책'이라 부르기도 한다.

이러한 관리상의 비효율 문제는 민간기업보다 공기업에서 보다 자주 지적되고 있다. 흔히 공기업은 민간기업에 비해 '주인-대리인 문제'가 더욱 심한 것으로 알려져 있다. 말하자면, 민간기업의 경우는 주인인 주주가 주주총회를 매개로 해서 대리인인 경영자를 감시할 메커니즘이 갖추어져 있지만, 공기업의 경우는 주인인 국민이 다수인데다 대리인이 공기업 경영자, 그를 임명하는 정부 관료로 이어지는 복층구조로 되어 있어 주인이 대리인을 감시하는 것이 민간기업에 비해 부실한 것으로 알려져 있다.[29] 사실이 그러하다 보니 공기업의 경우 조직의 관료화로 인해 인사 문제를 비롯하여 다양한 측면에서 관리상의 비효율성이 증대되고 있는 것으로 주장되고 있다. 사실이 이러하다고 판단되는 경우 공기업 소유를 민간 부문으로 이전함으로써 경영상의 효율성을 제고시키자는 주장이 자연스럽게 제기되는 것으로 볼 수 있다.

2. 재무적 효율성

(1) 개념과 성격

앞에서 본 '관리상 효율성'(X-efficiency) 개념 이외에 경영상 효율성 개념으로는 보다 전형적으로 '재무적 효율성'을 들 수 있다. '재무적 효율성'(financial efficiency)은 기업활동의 성과를 재무적 측면에서 파악한 효율성을 의미하는 것으로 볼 수 있다.

이와 같은 재무적 측면에서의 기업의 경영 성과는 다양한 재무 비율을 통해서 파악되지만,[30] 한마디로 '재무적 효율성'이라 하면 재무적 차원에서 기업의 경영 성과를 알려주는 모든 측면을 통합한 보다 폭넓은 개념이라 할 수 있다.[31] 이러한 '재무적 효율성'은 구체적으로 어떻게 측정하더라도 궁극적으로는 주어진 회계 기준에 따라 얼마를 투입하여 어느 정도 벌어들이고 있는지를 나타내는 회계학적 차원의 '화폐적인 개념'이라는 사실은 틀림이 없다.

(2) 유사 개념과의 차이

이러한 '재무적 효율성' 개념은 앞에서 경제학자들이 종종 사용하는 '비용효율성' 개념에 견주어 볼 수도 있다. 그러나 무엇보다 '재무적 효율성'은 '특정 기업'의 재무 상태를 나타내는 것인 데 비해, 경제적 효율성 범주에서 다루는 '비용효율성'은 '사회 전체'의 차원에서 비용과 편익의 관계를 나타내는 개념이라는 점에서 큰 차이가 있다.

아울러 같은 맥락에서, 경제적 효율성의 범주에서 비용효율성을 다루는 경우의 '비용'이나 '수입'은 재무적 효율성 측정 시 사용하는 것과는 차이가 있다. 경영학적 차원에서 '재무적 효율성' 측정을 위해서는 회계학적·화폐적 차원의 비용과 편익을 사용하지만, 경제학적 차원에서 '비용효율성'을 측정하는 과정에서는 경제학적 차원의 비용, 즉 기회비용의 관점에서 파악된다는 점에서 차이가 있음을 유념할 필요가 있다.

주

1. 생산가능곡선은 그림에서 보듯이 밖으로 볼록한 형태를 취하고 있다. 이는 X재를 더 많이 만들수록 X재 한 단위 더 만들기 위해 포기해야 하는 Y재의 양(즉, X재 한 단위 만드는 데 소요되는 기회비용)이 점점 더 많아진다는 사실을 나타낸다. 좀 더 자세한 내용은 경제원론이나 미시경제학 관련 교재를 참고하기 바란다.
2. 여기서는 설명을 위해 정태적 효율성이 보장되는 점으로 E^0만을 나타내고 있지만, 이와 같은 점은 E^0만 있는 것이 아니라 생산가능곡선 AE^0B 위에 무수히 많은 점들이 있다는 것을 유념하기 바란다.
3. 이러한 상태를 수학적으로는 다음과 같이 간단하게 나타낼 수 있다.

$$\text{Max } U^A = U^A(X^A, Y^A) \ \text{ s.t.: } F(X, Y) = 0, \bar{U}^B = U^B(X^B, Y^B)$$

$$\text{Max } W = W(U^A, U^B) \ \text{ s.t.: } F(X, Y) = 0$$

단, 여기서 U^i는 개인 i의 효용함수, W는 개인 A와 B로 이루어진 사회 전체의 후생함수, $F(X, Y) = 0$은 위에서 설명한 생산가능곡선을 의미한다. 그러면 위의 식은 한 사회에서 생산가능곡선, 즉 기술과 부존자원이 주어져 있는 상태에서 개인 B의 만족이 일정한 상태에서 개인 A의 만족이 가장 높아진 사회 상태를 나타내는 식을 일컫는다. 한편, 아래 식은 한 사회에 생산가능곡선이 주어진 상태에서 두 사람의 만족 상태에 의해서 주어지는 그 사회 전체의 사회후생이 가장 높아진 상태를 일컫는다. 두 상태 모두 개념상 '파레토 효율' 상태를 나타내는 것임을 참고하기 바란다.

이 효율성 개념이 전통적 의미의 효율성에 해당하는바, 위의 식을 통해 얻어지는 최적 조건은 부분균형의 경우 MB=MC, 일반균형의 경우 $MRS^A_{XY} = MRS^B_{XY} = MRT_{XY}$으로 나타난다. 여기서 MB는 한계편익, MC는 한계비용을 일컬으며, MRS_{XY}는 소비자의 X와 Y 사이의 한계대체율을 의미하고, MRT_{XY}는 생산 과정에서의 X와 Y 사이의 한계변환율을 의미한다. 여기서는 독자의 궁금증을 해소한다는 차원에서 이 정도로 설명하고 자세한 내용은 경제원론이나 미시경제 이론서를 참고하기 바란다.

이 조건이 달성되면 (경쟁 상태하에서) 생산면에서 효율성이 주어지며(생산가능곡선상의 자원배분 상태: 이윤 극대화 상태), 소비면에서도 효율성이 주어져서(효용가능곡선상의 자원배분 상태: 효용 극대화 상태) 경제 전체적으로 효율성이 달성된다. 보다 자세한 내용은 미시경제학이나 후생경제학의 관련 부분 내용을 참고하기 바란다.

4. 이러한 정부의 작용을 근대경제학에서는 흔히 '후생경제학의 제2최적정리'라 일컫는 것이다. 이 정리는 혼합경제체제 내지 수정자본주의의 논리적 정당성을 제공해 주는 중요한 정리로 취급되고 있음을 참고하기 바란다.
5. 이 내용은 후술하는 '사적 효율성과 사회적 효율성' 부분에서 상술하고 있으니 뒷부분을 참고하기 바란다.

6. 매 순간 자원배분이 효율적으로 이루어지며, 생산자가 실제가격이나 그 변화율을 즉시 안다고 가정하면 '동태적 효율성'도 '완전경쟁시장'을 통해서 달성될 수 있는 것으로 알려져 있기도 하다. 그러나 '동태적 효율성'은 일반적으로 혁신을 지원하고 기술을 확산하거나 새로운 투자를 적절히 배치시킬 수 있는 능력에 의해 영향을 받는데, 그것은 상당 부분 한 나라 경제의 제도적 구조에 의해 영향을 받게 된다(Balassa(1964: 490-492)를 참고). 다시 말하면, 이는 '동태적 효율성'은 보다 일반적으로 정부의 적극적 개입을 통해 달성되는 것으로 볼 수 있다.

7. 여기서 Δy, ΔL, ΔK는 각각 산출물(y)의 증가분, 노동(L)의 증가분, 자본(K)의 증가분을 의미한다.

8. 그러나 그 경우에도 여기서 말하는 비용은 경제학에서 말하는 비용, 즉 기회비용을 의미하는 데 비하여, 후술하는 '재무적 효율성'에서 비용은 회계학적 비용, 즉 화폐적 비용을 의미한다는 점에서 차이가 있음을 유념할 필요가 있다. 두 개념의 구체적인 차이는 후술하는 '경영상 효율성' 부분을 참고하기 바란다.

9. Le Grand(1984: 41 및 50의 각주 1))의 내용을 참고하기 바란다.

10. '역선택'이란 거래당사자가 서로 다른 수준의 정보, 즉 비대칭적 정보를 갖고 있어서 사회적으로 효율적인 선택이 이루어지지 못하는 상황을 일컬음을 참고하기 바란다.

 더 나아가 이러한 견해를 가진 논자들은 위와 같이 거래 과정에서의 외부성이나 시장의 불완전성뿐 아니라 경기가 불안정한 경우라든가 소득분배가 불공평한 경우 등에도 정부가 관리자로서 공적 개입을 통해 사회적 가치(공공성)를 제고시키는 것이 가능한 것으로 판단한다.

11. 이처럼 자유주의적 논자들은 '공공성'을 시장질서에 대한 '잔여적' 위상으로 인식하는 데 비해, 개혁주의적 논자들은 '보완적·협조적' 위상으로 인식하고 있다는 점에서 차이를 보이고 있다. 공공성 문제와 관련해서는 우리나라 공공성 관련 연구를 집대성한 윤수재 외(2009)에서 그 개념과 경제학을 비롯한 서로 다른 학문에서 갖는 의미를 참고할 수 있다.

12. '출현적 속성'이란 "개별적으로는 소유하지 않지만, 그것들이 일정한 조건하에서 결합함으로써 생기는 합성체로서의 사물이 갖는 속성"을 일컫는 개념임을 참고하기 바란다(송현호, 1992: 238).

13. '사회적 욕구 충족 과정', '생활 과정'의 개념은 제3장 제1절에서 설명하고 있는 제도경제학적 '경제' 개념 부분을 참고하기 바란다.

14. 이하 내용은 Klein(1994b: 196), Klein and Miller(1996: 267-268)를 참고한 것임을 밝혀 둔다.

15. 제도경제학적 논자들이 말하는 '생활 과정'이란 단순한 양적인 '성장'보다 사회 구성원의 욕구와 필요에 부응하는 질적인 생활의 향상 과정을 지칭한다는 점을 유념하기 바란다.

16. Friedman(2009), Rothbard(2009) 등을 참고할 것. 이러한 '극단적 자유주의'를 '자유지상주의'(libertarianism) 또는 '시장근본주의'(market fundamentalism)라 부르기도 한다.

17. '제3섹터'란 민간과 공공 부문이 공동으로 일정한 공공재를 공급하는 경우를 지칭한다.

18. 이와 관련하여 정부가 공공재를 공급하고 관리하는 행위를 흔히 '재정'(public finance, state finance, government finance)이라 일컫는바, 그 영어 표현을 보면 'public finance'로 되어 있는

것을 볼 수 있다. 그러나 위의 맥락에서 보면 정부의 공공재 공급행위가 반드시 '공공성'을 보장하는 것은 아니다. 논자에 따라서는 이 점을 중시하여 '재정'을 'public finance'라 해서는 안 되며 현실적으로 행해지는 현상에 초점을 맞추어 'state finance'라 하는 것이 더 바람직하다고 주장하고 있는 것을 볼 수 있는데(O'Connor, 1973(1990): 12-13), 이러한 주장은 본문의 논점을 이해하는 데 도움이 되리라 생각된다. 이 말은 일단 현상에 초점을 맞추어 'state finance' 또는 'government finance'라 해놓고, 그러한 행위가 얼마나 공공성에 부합하는지 또는 공공성에 부합하게 하려면 어떻게 해야 하는지 등을 논의하는 것이 더 사실에 가깝다는 의미로 풀이된다.

19. 흔히 '경제적 지대'는 "어떤 생산요소가 특정 생산활동에 쓰여지도록 하는 데 필요한 최소한의 비용, 즉 기회비용 내지 전용수입(transfer payment)을 넘어서는 수입"을 일컫는다. 이 경제적 지대는 요소공급의 가격탄력성이 비탄력적일수록 커지게 되며, 극단적으로 가격탄력성이 0이 되면 모든 수입이 '경제적 지대'가 된다. 요소공급이 독점적으로 고정되어 있는 경우가 이에 해당된다. 본문에서 제시한 '경제적 지대' 개념은 후자를 지칭하고 있음을 유념하기 바란다. 아울러 이와 유사한 개념으로 '준지대'(quasi-rent)라는 개념이 있는바, 이 개념은 한 생산요소가 단기간 동안 고정되어 있기 때문에 존재할 수 있으나 시간이 흐름에 따라 사라지는 (경제적) 지대를 일컫는다. 공급이 고정되어 있기 때문에 생기는 수입이라는 면에서 'rent'이나, 그 요소가 단기간 동안에만 존재하고 시간이 흐름에 따라 사라진다는 점에서 'quasi-rent'라 칭하는 것임을 참고하기 바란다.

20. 수요·공급 곡선이 갖는 의미와 소비자 잉여 및 생산자 잉여 개념에 대해서는 경제학원론 또는 미시경제학 관련 문헌을 참고하기 바란다.

21. 우명동(1996: 234-235)은 일찍이 "재정적자정책의 전달 메커니즘에 관한 연구"에서 준지대가 기존의 사회경제구조를 더욱 비생산적인 것으로 왜곡시킨다는 점을 지적한 바 있는데, 위와 같은 맥락의 지적임을 참고하기 바란다.

22. 이러한 성향은 역사적 맥락에서는 '전기적 축적 성향'이라 일컫기도 한다. 말하자면, 생산을 통하지 아니하고 유통을 통해서 이득을 취하고자 하였던 자본주의 이전 시기의 축적 성향이 이에 해당한다. 이러한 축적 성향도 생산활동을 통하지 않은 축적 성향이라는 면에서 크게 보면 위의 경우와 맥을 같이하는 것으로 볼 수 있다. 이와 관련된 보다 자세한 내용은 제5장의 자본에 대한 정치경제학적 견해 부분을 참고하기 바란다.

23. 지대추구행위를 부패의 관점에서 이해하고 있는 진종순(2009), 김시원(2013), 이혁구(2014) 등의 연구를 참고하기 바란다.

24. 우명동(1996: 235)을 참고.

25. Harris(1992: 13)를 참고. 단, 원문의 '준지대'를 전후 맥락을 고려하여 '지대추구'로 바꾸었다.

26. 원래 전통적인 정치경제학자들은 자본주의 사회에서는 사회 변화의 원동력이 생산관계, 즉 사회경제구조에 있기 때문에 국가가 주도적으로 사회경제구조에 영향을 줄 수 있다고 보지 않았다. 그런데 후일 현실의 자본주의 사회 변화를 관찰하면서 네오마르크스주의자들에 와서 상부구조와 사회경제구조가 서로 영향을 주고받는다는 사실을 수용하기에 이르렀다. 이런 맥락에

서 국가가 사회경제구조에 영향을 주는 측면을 '국가의 자율성'이라 하는데, 이 경우 국가가 사회경제구조를 전적으로 변화시킬 수 있는 것이 아니라 일정한 정도 국가의 의지에 따라 영향을 줄 수 있다 하여 '상대적 자율성'이라 부르고 있다. 본문의 논의는 바로 '지대추구행위'가 국가가 사회경제구조에 줄 수 있는 이와 같은 '상대적 자율성'을 제약한다는 것을 의미하고 있는 것이다.

27. '경영'도 경우에 따라서는 다양하게 사용될 수 있을 것이나, 여기서는 '경영주체'를 영리조직인 기업으로 한정하여 내린 정의임을 유념하기 바란다.

28. Leibenstein(1966: 1)은 이러한 형태의 효율성을 'X-efficiency'라 부른 이유는 일반적으로 경제학자들에게 익숙한 효율성 개념은 '자원배분상의 효율성', 즉 앞에서 설명한 경제적 효율성 개념인데, 이 효율성은 현실적으로 경제적 효율성 개념으로 설명할 수 없는 기존에 알려져 있지 않는 다른 어떤 형태의 효율성 개념이라는 점에 착안한 것이라고 이 용어 사용의 이유를 밝히고 있는 것을 볼 수 있다.

    한편, 그는 이와 같은 'X-efficiency' 개념은 자신이 1966년 논문에서 처음으로 제기한 이래 경제학자들이 자신이 제시한 관리상의 이유로 비효율이 발생하는 것을 수용하지 않으려는 경향을 보여 왔는데, 비록 일부이지기는 하지만 점차 자신의 이와 같은 새로운 비효율의 개념을 수용하는 경향을 보이고 있다는 사실을 밝힌 바 있다(Leibeinstein(1982) 참고).

29. 그러나 현실에서는 공기업의 경우 대리인의 부실을 관리·감독하는 정부의 감사기관, 국회를 비롯한 각종 정치집단, 나아가 각종 시민단체, 언론기관들이 작동되고 있으며, 이에 비해 민간기업, 특히 대기업의 경우도 대리인이 공기업만큼은 아니더라도 여러 층의 위임구조로 되어 있을 뿐 아니라 주주에 의한 경영자의 감시·감독이 반드시 원활하게 이루어지지 않을 수 있다는 점에서 민간기업이 공기업보다 더욱 부실할 수 있다는 주장도 있음을 유념하기 바란다(장하준(2003: 381-386) 참고).

30. 재무적 차원에서 기업의 경영 성과는 다양한 재무 비율을 통해서 나타나는바, 그 구체적인 내용을 다루는 것은 본서의 주제가 아니어서 여기서는 앞에서 다룬 경제적 효율성과의 차이를 보이는 선에서 머무르고 있으니, 관련 내용이 더 필요한 독자들은 경영학의 재무관리 관련 문헌을 참고하기 바란다.

31. Gupta(2018: 13)를 참고하기 바란다.

Chapter

8

공평성

본 장에서는 경제현상 내지 사회현상의 적절성 여부를 평가하는 또 하나의 기준으로 널리 받아들여지고 있는 '공평성'에 대해 살펴본다. 이 개념은 앞에서 살펴본 효율성 기준에 비해 보다 다양한 견해 차이를 보이고 있는바, 여기서는 서로 다른 견해의 핵심적인 차이를 확인하는 데 초점을 맞추고자 한다.

제1절 개념과 유사 개념

이 절에서는 먼저 앞에서 본 '효율성' 개념과 구분되는 '공평성'의 개념을 정의하고 그 성격을 개관한다. 이어서 공평성 개념과 유사한 개념이면서도 약간씩 그 개념을 달리하는 유사 개념과의 차별성을 살펴봄으로써 개념상의 혼란을 줄이고자 하였다. 이어서 다 같이 '공평성'이라 하더라도 논자들의 인식에 따라 서로 다른 의미로 사용되고 있다는 점을 밝힌다.

1. 개념과 성격

전술한 '효율성'은 "자원배분이 바람직하게 이루어진 상태"를 일컫는 개념이었다. 이에 비해 '공평성'은 서로 다른 사람들이나 집단들이 "소득이나 재산을 바람직하게 나누어 갖는 상태"를 일컫는 개념으로 사용된다. 특히, 이 '공평성' 개념은 개개인이 애초에 생산 과정에 참여해서 그 성과를 나누어 갖는 논리나 상태의 적절성 여부를 일컫는 것이 아니라, 일단 그렇게 나누어 가진 성과 몫을 여러 사람들 사이의 '관계', 즉 상대적 관점에서 바람직함 여부를 나타내는 개념이라는 사실을 유념하기 바란다.

무릇 생산 과정에 참여해서 애초에 그 성과물을 나누어 갖는 논리는 경제체제에 따라 다르게 나타난다. 근대경제학적 관점에서는 이렇게 성과물을 나누어 갖는 문제는 무엇을, 얼마나, 어떻게 만드는가 하는 문제와 더불어 '기본적인 경제 문제'의 하나로 파악되며, 이러한 기본적인 경제 문제가 해결되는 상태를 '자원배분'이라 부른다는 것을 앞에서 본 바 있다. 이런 맥락에서 근대경제학에서는 자본주의 경제체제에서 이러한 기본적인 경제 문제의 하나로서 생산 과정에서 성과의 몫은 시장에서 능력에 따라 나누어 가지며, 그러한 상태를 가장 '효율적'인 상태라 지칭하고 있다. 다 같은 분배 상태를 지칭하더라도 개개인이 애초에 성과 몫을 나누어 갖는 상태는 '효율성' 여부로 평가하고, 그러한 성과 몫의 상대적인 분배 상태의 바람직성 여부는 '공평성'이라는 개념으로 구분해서 부르고 있으니 이 점을 혼동하지 않기 바란다.[1]

그런데 '효율성' 개념은 특히 개인주의적 사회관에 바탕을 두고 있는 근대 경제학적 논자들의 경우는 선험적으로 규정된 '가치배제적인(value-free) 개념'으로 이해되고 있다. 이에 비해, '공평성' 개념은 모든 논자들의 가치체계와 다루고자 하는 사회에 따라 그 구체적인 개념이 달라지는 '가치반영적인(value-laden) 개념'임을 유념할 필요가 있다.

2. 유사 개념과의 차별성

구체적인 논의에 들어가기 전에 독자들의 혼란을 피하기 위해 '공평성'의 개념과 이와 유사하게 사용되는 개념들의 차별성을 확인해 두고자 한다. 먼저 '공평성'(equity)은 "분배 내지 분포의 바람직한 상태"를 일컫는 개념으로서 가치반영적인 개념인 데 비해, '평등성'(equality) 내지 '균등성'(equality)은 "분배가 동일하게 이루어진 상태"를 의미하는 개념으로서, 논자에 따라 그 의미가 달라지지 않는 가치배제적인 개념으로 사용된다. 한편, 공평성과 유사한 의미를 담고 '형평성'(衡平性; balance)이라는 용어가 사용되는 경우도 있으나, 전자는 가치판단적 의미, 후자는 사실적 의미가 다소 강한 것으로 약간의 차별성이 있음을 유념할 필요가 있다. 그리고 경우에 따라서 이러한 '공평성'은 '공정함' 또는 '정의로움'(justice)과 더불어 사용되기도 하나, 후자는 분배 상태의 적절성을 넘어서는 보다 광범한 의미로 사용된다는 점을 유념하기 바란다. 아울러 '평등'이라 하더라도 '기회의 평등'과 '결과의 평등' 등으로 나누어 사용되기도 한다.

구체적으로 공평성 개념은 논자들의 사회 문제에 대한 인식이나 사회의 특성에 따라 서로 다르게 사용되고 있어 보다 폭넓게 살펴볼 필요가 있다. 그러나 여기서는 본서에서 초점을 맞추고 있는 '관계와 구조'의 맥락에서 크게 '개인 중시' 견해와 '관계 중시' 견해, 그리고 이와는 약간 성격을 달리하는 '사회문화 중시' 견해로 나누어 소개하고자 한다. 먼저 '개인 중시' 견해로는 자유주의적 견해와 공리주의적 견해를 소개하고, '관계 중시' 견해로는 평등주의적 견해와 그 특수한 한 형태로서 롤스(Rawls)의 최빈자우대형 견해를, 그리고 마지막으로 '사회문화 중시' 견해로는 제도주의 경제학적 견해를 살펴보고자 한다. 물론 현실에서는 각 사회나 시대가 처한 상황에 따라 다양한 기준이 적용될 것이나, 이러한 다양한 견해에 대한 논의는 그와 같은 현실의 상황에 대한 논의의 '준거 틀' 구실을 할 수 있을 것으로 판단된다.

제2절 개인 중시 견해

여기서는 공평성에 대한 '개인 중시' 견해를 살펴본다. 구체적으로 '자유주의적 견해'와 '공리주의적 견해'를 중심으로 각 견해에서 제시하는 '공평성'에 대한 개념과 성격을 살펴본다.

1. 자유주의적 견해

(1) 개념

일단의 논자들은 모든 사람이 정당하게 가질 '권리'가 있는 것을 소유하는 분배 상태, 즉 개개인에게 주어진 요소의 양과 시장평가(자유로운 시장의 힘)에 의한 분배 상태를 바람직한 분배 상태, 즉 공평한 상태로 보는 견해를 취한다. 이러한 견해를 흔히 '자유주의'라 부른다.[2] 그러나 구체적으로 이 견해는 극단적으로 무정부주의로부터 다른 한편으로는 야경국가적인 소극적 개입주의에 이르기까지 다양한 스팩트럼을 보이고 있다. 불리는 것도 다양하여 '자유지상주의'(libertarianism), '신자유주의'(neoliberalism), '자유주의'(liberalism)뿐만 아니라 '시장근본주의'(market fundamentalism) 등이 이에 해당한다.[3]

일찍이 이익설적 관점에서 사회계약설을 주창하면서 '개인'을 중시한 로크(J. Locke)와 같은 철학자의 견해도 이 견해와 맥을 같이한다고 볼 수 있다. 경제학자로는 구체적으로는 약간씩 내용에 차이를 보이고 있지만 프리드먼(M. Frideman), 하이에크(F. Hayek) 등과 같은 대부분의 자유주의자 내지 시장주의자 또는 시장근본주의자들이 이러한 견해를 가진 것으로 볼 수 있다.

(2) 성격

이들은 어떠한 경우에도 개인의 자유가 침해되는 일이 없어야 한다고 하면서, 개개인들의 자유가 사회의 어떠한 집단적 가치보다 더 우선하여야 한다고 보는 입장을 취하고 있다. 구체적으로 노직(R. Nozick)은 이와 같은 내용을 '소유권리론'(entitlement theory)을 통해서 설명하고 있다. 그에 따르면, 정당한 권리에 따라 획득한 소유물에 대해서는 소유 권리를 가지며, 정당한 원칙에 따라 이전(移轉)받은 소유물에 대해서도 소유 권리를 가진다. 한마디로 누구나 정당한 권리를 갖고 보유하는 상태는 바람직한 분배 상태로 본다는 것이다.[4] 이들은 어떠한 경우에도 개인의 자유가 침해되는 일이 없어야 한다고 하면서, 바람직한 분배 상태의 결정에서 가장 중요한 것은 개개인의 노력에 따른 결실의 천부적 권리를 인정하는 것이라고 보고 있다.

나아가 이들은 이러한 상태는 시장 기능을 통해서 가장 잘 달성되는 것으로 파악한다. 이들은 시장 기능이 자유롭게 작동되면 주어진 가격하에서 생산자나 구매자들이 거래를 할지 여부에 대한 자유로운 선택권을 발휘하게 한다는 점을 중시하여, 그러한 시장 기능 작동의 결과 나타나는 시장균형 상태에서는 모두가 가장 만족스러운 상태에 도달하게 되는 것으로 본다는 것이다. 결국 그 상태에서의 분배 상태가 가장 바람직한 분배 상태, 즉 공평한 분배 상태가 되는 것으로 본다는 것이다.[5]

2. 공리주의적 견해

(1) 개념

우리들에게 벤담(J. Bentham)의 '최대 다수의 최대 행복'(the greatest happiness of the greatest number)이라는 명제로 잘 알려져 있는 '공리주의'(utilitarianism)는 보다 많은 사람들이 행복한 사회를 바람직한 사회로 보는 견해를 일컫는다.[6] 이 말은 사회 전체의 만족(후생)은 개개인의 만족(효용)의 단순한 합으로 나타내진다고 본다는 것으로서, 수학적으로는 $SW = U_1(Y_1)+U_2(Y_2)+\cdots+U_n(Y_n)$로 표시된다.[7] 여기서 중요한 것은 '공리주의'는 개개인의 만족을 합산하는 과정에서 개별 구성원의 만족이 사회 전체의 만족에 주는 가중치가 동일하게 취급된다는 특징을 갖고 있다는 사실을 유의할 필요가 있다. 이러한 사실에 대해 벤담 자신은 "모든 사람은 하나로 간주되어야 하고, 어느 누구도 하나 이상으로 간주되어서는 안 된다"고 하면서 개개인 가치의 동등성을 주장한 적이 있다.[8] 이러한 사실은 공리주의가 당시 소수의 특권층에 대항하는 다수의 시민계급을 보호하는 사상으로서 출발하였다는 역사적 의미와 연결된다는 사실을 유념하기 바란다.[9]

나아가 위와 같은 견해에서는 '바람직한 분배 상태', 즉 '공평성'에 대한 견해도 같은 맥락에서 사회 전체의 만족 수준, 즉 개개인 효용 수준의 총합이 가장 높아지도록 개인들 사이에 소득이 분배되어 있는 상태를 의미하는 것으로 보게 된다. 구체적으로 이러한 상태는 수학적으로 위의 식의 값을 극대화시키는 조건을 구해 보면, 각각 주어진 소득 수준하에서의 소득의 '한계효용'이 동일할 때 주어진다. 즉, $MU_1(Y_1) = \cdots = MU_n(Y_n)$이 성립되도록 각자의 소득이 나누어질 때 사회 전체의 후생 수준이 극대가 되어 사회적으로 바람직한 분배 상태가 주어진 것으로 판단한다는 것이다.[10]

이 사실이 말해 주는 바를 이해하는 것은 크게 어렵지 아니하다. 만약 개인 1의 단위소득의 한계효용이 개인 2의 그것보다 더 크다면, 개인 2로부터 소득을 한 단위 빼내서 개인 1에게로 나누어 주면 사회 전체적으로는 총만족 수준은 더 높아질 수 있다. 이렇게 해서 개인 1의 소득 수준이 높아지면 한계효용 체감의 법칙에 따라 개인 1의 한 단위 소득으로부터 얻어지는 추가적인 만족인 한계효용 수준은 줄어들게 된다. 결국 위 식이 나타내는 바와 같이 개개인들의 단위소득당 한계효용 수준이 모두 동일해질 때 이러한 조정 과정은 멈추게 되고, 그 순간 사회 전체의 후생 수준 극대화가 달성된다. 이 말은 공리주의에서는 사회 전체의 후생을 극대화하는 데 관심을 가지고 있어서 사회 전체 후생 수준이 극대가 되도록 소득이나 부가 개인 간에 분배되는 것을 바람직한 것으로 본다는 것을 의미하지, 결코 개인들 사이의 소득이나 부의 분배 상태에 대해서는 관심을 갖고 있는 것이 아니라는 사실을 이해하는 것이 중요하다.

(2) 성격

앞에서 지적한 것처럼 이 견해는 개개인의 만족을 합산하는 과정에서 개개인의 효용 수준이 전체의 후생 상태에 주는 가중치가 동일하게 취급된다고 하였는데, 바로 이러한 사실로부터 공리주의는 누군가가 더 크거나 작은 비중으로 사회의 만족에 영향을 주는 것을 거부함으로써 '평등'하다는 관념이 개입된 견해로 이해되기도 한다. 그렇다고 해서 '공리주의'가 균등 내지 평등을 추구하는 '평등주의'와 같은 것은 아니라는 사실을 이해하는 것이 중요하다. 이렇게 모든 구성원의 효용에 동일한 가중치를 부여한다는 점에서 얼핏보면 분배면에 평등주의를 나타내는 것처럼 보이기는 한다. 그러나 비록 개개인의 가중치가 동일해도 개개인이 주어진 소득 수준으로부터 효용을 추구할 수 있는 능력이 동일하지 아니하면, 동일한 경우와 비교해 볼 때 바람직한 분배 상태가 달라질 수 있다는 사실을 이해하는 것이 중요하다.

만약 어떤 개인이 동일한 소득 수준에서도 다른 개인보다 소득으로부터 효용을 추구하는 능력이 크다고 할 때, 공리주의에 의하면 그 사람이 그렇지 않는 사람보다 더 높은 소득을 분배받아야 전체적으로 총만족 수준이 더 높아지게 된다.[11] 일반적으로 부유한 사람들은 본인들이 가지고 있는 생활여건들로 인해 주어진 소득 상태로부터 가난한 사람들보다 더 큰 만족 수준을 얻어낼 수 있는 힘을 가지고 있는 것으로 인식되고 있다. 이렇게 보면 결국 부유한 사람이 보다 높은 소득을 분배받아야 전체적으로 그 사회의 후생 수준이 더 높아지게 된다. 이렇게 되면 사회 전체의 후생을 극대화시키는 소득분배 상태는 균등분배 상태와 더욱 거리가 멀어질 수 있다는 사실을 알 수 있다. 이러한 사실에 대해 르 그란드(Le Grand)가 인용한 Sen(1973)의 사례와 자신의 사례를 통해 이해해 보기로 하자.[12] 먼저 센(A. Sen)은 이 상황을 건강한 사람과 장애를 가진 두 사람의 경우를 예로 들면서 설명하고 있다. 장애인은 장애로 인해 자신이 가진 소득으로부터 건강한 사람이 이끌어내는 '효용'만큼 이끌어내기가 힘들다. 이 말은 동일한 소득이 주는 가치가 장애인에게는 더 적다는 것을 의미한다. 이러한 점을 고려해 볼 때, 공리주의적 견해에 의하면 소득이 동일한 같은 출발점에서 소득을 재분배하는 경우에 장애인들로부터 소득을 더 가져다가 건강한 사람에게 나누어 주어야 사회 전체의 만족을 더 늘릴 수 있게 된다는 사실을 알 수 있다. 아울러 르 그란드 자신은 교육 서비스를 부유한 가정의 아이와 가난한 집 가정의 아이에게로 분배하는 경우를 예로 들어 설명하고 있다. 그에 의하면 이 경우도 부유한 가정의 아이들이 동일하게 주어진 교육 서비스로부터 가난한 가정의 아이들보다 더 큰 편익을 이끌어낸다는 사실로 인해 공리주의적 견해에 의하면 교육 서비스는 가난한 아이들보다 부유한 아이들에게 더 초점을 맞추어 공급되어야 한다는 사실을 알 수 있다. 이처럼 공리주의적 분배는 다음에 설명하는 평등주의에서의 바람직한 분배와는 다르다는 사실을 알 수 있다. 그것은 공리주의가 추구하는 것은 개인 간 소득이나 부의 공평한 분배에 있는 것이 아니라 개인효용의 단순한 합을 극대화하는 데 있다는 사실을 고려해 보면 놀랄 일이 아니라는 것을 알 수 있다.

다른 한편으로 이와 같은 공리주의적 분배는 앞에서 본 자유주의적 견해와도 다르다는 사실을 알 수 있다. 자유주의는 개개인의 만족 자체에 초점을 맞추고 있는 데 비해, 공리주의는 개인의 이익에 앞서 사회 전체의 후생 수준 극대화에 초점을 맞추고 있으며, 그러한 사회를 위해서는 분배 상태 조절을 위한 정부 개입도 수용하는 입장이라는 점이 다르다 할 것이다.[13]

한편, 이와 같은 전체 만족의 증대에 초점을 맞추는 공리주의적 견해는 앞에서 본 '파레토 효율' 상태와 맞닿아 있음도 이해해 두는 것이 서로간의 개념의 이해에 도움이 될 것이다. 앞에서 본 '파레토 효율' 기준으로 볼 때 최적 사회 상태는 사회 전체의 후생 수준이 극대화되어 어느 한 사람의 후생을 떨어뜨리지 아니하고는 다른 어떤 사람의 후생 수준도 더 늘릴 수 없는 상태를 일컫는 것이었다. 그런데 여기서 보고 있는 '공리주의'에 의한 최적의 사회 상태도 어느 누구의 분배 상태를 변화시켜서도 사회 전체의 만족이 더 이상 높아질 수 없는 상태를 의미한다는 점에서 보면 그 맥을 같이하는 것으로 볼 수 있다. 한마디로 파레토 효율 기준에서의 최적 상태나 공리주의 기준에서의 최적 상태는 어느 개인의 만족 수준이 높고 다른 어떤 개인의 만족 수준이 낮은지를 문제 삼는 것이 아니라 오로지 사회 전체의 후생 상태에만 관심을 갖고 있다는 점에서는 맥을 같이한다는 점을 유념해 둘 필요가 있다.[14]

제3절 관계 중시 견해

이 절에서는 '공평성'을 인식함에 있어서 개인 내지 집단들 사이의 '관계'를 중시하는 견해를 살펴본다. 먼저 평등주의적 견해에서 제시하는 '공평성' 개념과 그 성격을 살펴본다. 이어서 평등주의적 견해의 특수한 형태라 할 수 있는 롤스(J. Rawls)의 '빈자우대형 견해'를 살펴본다.

1. 평등주의적 견해

(1) 개념

앞의 견해들과는 달리 개인들 사이의 분배 상태가 '균등'할수록 '공평'한 것으로 간주하는 견해가 있는바, 이러한 견해를 우리는 흔히 '평등주의'(egalitarianism)라 일컫는다. 이 견해는 사회는 개인들의 단순 합이라든가 평균적인 개인들로 구성되어 있는 것이 아니라 서로 다른 개인들로 구성되어 있기 때문에, 분배 문제의 핵심 사항은 개인들 사이의 '관계', 즉 그들 사이의 '상대적인 상태'라고 보는 입장이다.

이러한 견해는 철학적으로는 개개인의 균등한 가치에 대한 인본주의적 견해에 바탕을 둔 루소(J. J. Rousseau)나 마르크스(K. Marx)와 같은 평등주의적 사상의 근저를 이루고 있다. 특히, 루소는 사회계약설 중에서도 '일반의지' 내지 '사회의 통합된 의지'를 강조함으로써 홉스(T. Hobbes), 로크(J. Locke) 등과는 다른 견해를 취하고 있었다. 이러한 철학적 견해는 경제학적으로는 능력설적 관점에 해당되는바, 경제학자들 중에는 효용이론에 근거를 두고 재분배의 필요성을 역설한 피구(A. C. Pigou)를 들 수 있다. 후술하는 롤스는 재분배의 필요성을 주창했다는 점에서 피구와 견해를 같이한다고 볼 수 있지만, 그는 피구와 달리 '윤리적 공준'에 입각하고 있다는 점에서 차이점을 보이고 있다.

(2) 성격

다 같이 평등주의라 하더라도 크게 무엇을 균등하게 하자는 것인지에 따라 '자원 기준' 평등주의와 '만족 기준' 내지 '효용 기준' 평등주의로 나뉘기도 한다. 먼저 '자원 기준'은 그것이 소득이나 재산과 같은 물질적 자원이든 다른 어떤 형태의 권리이든 자원 자체가 모든 개인들에게 균등하게 분배되는 상태가 바람직한 분배 상태라고 보는 견해이다. 이에 비해 '만족 기준' 내지 '효용 기준' 평등주의는 물질적인 자원의 분배 상태와는 관계없이 개개인들이 향수하는 만족, 즉 효용 수준이 균등하도록 분배될 때 공평한 분배 상태라고 보는 견해이다.[15]

특히, '효용 기준' 평등주의는 개개인의 주관적인 만족을 중시하는 논자들이 선호하는 견해이다. 앞에서 본 '공리주의'가 개인들 사이에서 단위화폐당 한계효용의 크기가 같게 되도록 소득을 나누어 가질 때 사회 전체의 후생 수준이 극대가 되며, 그때 분배 상태를 공평한 분배라고 보았다. 이와는 달리, '평등주의'는 개인들 사이에서 총효용의 크기가 모두에게 같도록 소득을 나누어 가질 때 사회 전체의 효용 수준도 극대가 되면서 그때 개인들 사이의 분배 상태도 공평한 것으로 본다는 견해를 일컫는다. 수식으로 나타내면 다음과 같다.[16] $TU_1(Y_1) = TU_2(Y_2) = \cdots TU_n(Y_n)$.[17]

물론 이와 같이 '자원 기준'이든 '효용 기준'이든 모든 개인에게 균등하게 나누어지는 것이 바람직한 분배 상태라고 바라보는 평등주의적 공평관은 많은 논자들로부터 개인들이 투입활동에 기여할 유인을 배제시킨다는 점에서 비판을 받고 있다. 특히, 큰 틀에서 이러한 견해를 지지하는 정치경제학적 논자들의 경우에도 자본주의 이후의 사회주의 단계에서는 공평분배의 원리로 기여에 따른 분배원리를 수용하고 있다는 사실은 유념할 만하다.[18]

2. 최빈자우대형 견해

앞에서 설명한 '평등주의적 견해'의 특수한 한 형태로서 '최빈자우대형 견해'가 있다. 이 견해는 미국의 정치철학자 J. Rawls(1971)가 그의 유명한 저서 『정의론』(*A Theory of Justice*)에서 '사회정의'를 실현하기 위해 가장 가난한 사람의 상태를 개선시키는 분배가 필요하다면서 제시한 견해로서, 다른 견해와는 그 성격을 달리하고 있다. 이제 그의 견해가 어떻게 유도되고 있으며, 그 성격은 앞의 다른 견해들과 어떠한 차이가 있는지 살펴보도록 하자.[19]

(1) '원초적 상태'와 '정의의 원칙'

롤스는 공정한 사회 상태(사회제도)를 도출하기 위해 '원초적 상태'를 가정하고, 이어서 이러한 원초적 상태에서 적용할 '정의(正義)의 원칙'을 유도해서 이 원칙에 따라 사회를 평가하는 방식을 채택하고 있다. 먼저 원초적 상태의 개념을 살펴보고, 이어서 그러한 가정하에서 제시한 '정의의 원칙'을 살펴보자.

1) 원초적 상태

롤스는 분배에 대한 윤리적 공준을 도출하기 위해 '사회계약론적 방법'을 택하였다. 구체적으로 그는 모든 사람이 타인의 입장에 서서 사회정의를 생각하게 하는 방법으로 먼저 '원초적 상태'(original position)라는 개념을 도입하였다. 이 '원초적 상태'는 롤스가 공정한 사회라는 가설적 조건을 설정하여 그러한 조건 속에서 사회 구성원들이 '정의의 원칙'을 만들어 내기 위해 사용한 사회계약 틀이라 할 수 있다.

구체적으로 그의 '원초적 상태'에서는, 첫째 개인은 합리적이며, 타인에 대하여 질투나 이기심을 가지지 않고, '상호 무관심한' 입장에서 자기의 이익을 추구한다. 둘째, 개인은 사회 제반 상태에 대해서는 충분한 지식을 가지고 있지만 "아무도 자신의 사회적 지위나 계층상의 위치를 모르며, 누구도 자기가 어떠한 소질이나 능력, 지능, 체력 등을 천부적으로 타고났는지 모른다"는 점에서 '무지의 장막'(veil of ignorance)에 가려져 있는 것으로 보고 있다.

그의 논리체계에서 이와 같은 '무지의 장막'은 구성원들로 하여금 논리적으로 타당하고 그들 모두에게 도움이 될 것으로 판단되는 '정의의 원칙'을 만들어 내도록 유인하는 역할을 수행한다. 그러한 장막이 가려져 있는 상태에서 사회계약 참여자로서 사회 구성원들은 가난한 상태에 놓일 수도 있다는 우려 때문에 결코 전적으로 부유한 사람에게만 편익을 주는 사회 상태를 선택하지 않을 것이라는 것이다. 결국 원초적 상태에서 사회계약 참여자로서 구성원들은 동일한 입장에서 개인의 권리와 의무에 관한 사회계약에 합의하는 것으로 보고 있다.

2) 원초적 상태에서의 '정의의 원칙'

그는 '원초적 상태'에서는 사회계약 참여자들은 '무지의 장막'이라는 조건 속에 있기 때문에 다음과 같은 두 가지의 '정의의 원칙'을 선택하게 될 것으로 보고 있다.

첫째 원칙에서는 모든 개인들은 '기본적 자유'(basic liberties)를 요구함에 있어서 '동등한 권리'를 가질 것을 필요로 한다. 기본적 자유란 "정치적 자유, 언론과 결사의 자유, 양심의 자유와 사상의 자유, 인신의 자유, 사유재산을 소유할 권리와 체포와 구금으로부터의 자유" 등을 일컫는다. 그리고 이러한 자유와 권리들은 보편적이고 절대적이어야 한다.

둘째 원칙에서는 사회적·경제적 불평등이 인정되는 두 개의 조건을 제시하고 있다. 첫째는 기회균등과 관련된 조건으로서, "직위와 직책이 모든 사람들에게 열려 있어야 한다". 둘째는 '최소극대원리'(maximin principle; 최빈자우대원리)를 제시하고 있다. 이 원리는 한 사회에서 가장 불우한 처지에 있는 사람들의 편익을 최대화할 때 그 사회 전체의 후생 수준이 극대화가 달성된다는 원리를 일컫는다. 말하자면, 한 사회에서 공평한 분배는 그 사회에서 가장 가난한 개인의 만족이 조금이라도 더 높아지도록 분배가 이루어진 사회를 더 바람직한 사회로 파악한다는 것이다.[20] 이 원리에 의하면 한 사회의 소득이나 부의 불균등은 그 사회에서 가장 취약한 참여자들의 상태를 개선시키는 데 도움을 주는 한 정당한 것으로 수용되어야 한다. 이것을 롤스는 '차등의 원칙'(the difference principle)이라 불렀다. 경쟁의 편익을 볼 수 있기 위해서는 불균등이 허용되어야 하지만, 그와 같은 불균등은 사회경제적으로 상층부의 참여자들만이 아니라 모든 참여자들에게 편익을 주는 경우에만 수용되어야 한다. 바로 이 원칙으로 인해 부(富)에 대한 엄격한 재분배가 요구되는 것이다.

(2) 성격

앞에서 본 공리주의적 견해에서는 사회 전체 행복의 총량을 기준으로 제도나 정책의 도입 여부를 결정하는 것으로 보고 있었다. 이에 비해 롤스는 위와 같은 '원초적 상태'의 '무지의 장막'에 가려진 사회계약 참여자로서 개인들은 그와 같은 공리주의에 동의하지 않을 것이라고 보면서, 원초적 상태에서 일종의 사회계약 형태로 모두가 동의할 원칙으로서 자신의 '정의의 원칙'을 제시하고 있는 점이 다르다. 이러한 맥락에서 롤스는 공리주의가 소득분배를 무시한 채 결과 중심의 전체 사회후생의 극대화만을 추구하는 공평을 주장하고 있다고 비판하고 있다. 그에 의하면 제도의 바람직성 여부는 벤담의 '최대 다수의 최대 행복'과 같은 결과로 평가될 수 없다. 이러한 기준에 따라 제도나 정책의 도입 여부를 결정한다면 인간의 행위를 도구적 관점에서 평가하고 유용성으로 정의의 개념을 규정짓게 된다고 본다는 것이다. 이렇게 볼 때, 그의 견해는 엄격한 평등주의를 고집함으로써 벤담식의 공리주의적 견해와 바람직한 분배면에서 대조를 이루고 있는 것으로 볼 수 있다.

한편, 우리는 교과서들에서 피구를 비롯한 근대경제학적 논자들이 효용이론에 바탕을 두고 재분배 필요성을 설명하는 것을 자주 볼 수 있다. 이 견해도 일종의 평등주의적 사고에서 제시되는 것으로 볼 수 있다. 그러나 롤스의 견해는 이들과 달리 자신이 제시한 윤리적 공준, 즉 '원초적 상태'와 '정의의 원칙'에 입각하고 있다는 점에서 차이가 난다는 점도 유념해 둘 만하다.

아울러 이와 같은 롤스 견해에 대한 이해도를 제고시키는 차원에서 이 견해에 대한 주된 비판 몇 가지를 소개한다. 이 견해는 무엇보다 극단적인 위험기피적 행동양식을 가정하고 있다는 점에서 비판을 받기도 한다. '무지의 장막'에 가려진 개인이 자기에게 닥쳐올지도 모르는 최악의 상태가 반드시 발생할 것처럼 최악의 상태에 집착하는 것은 극단적인 위험기피적 태도이고, 그러한 위험기피 태도를 모든 사람에게 일반화하는 것은 무리이다.[21] 한편, 롤스의 최소극대원리는 사회적으로 공평한 상태에 대한 관심에서 유도된 것이 아니라 오로지 사회 속에서 자신들의 이해에 대한 관심으로부터만 유도되고 있다는 점을 유념할 필요가 있다. 말하자면, 이 원칙에서의 사회계약 참가자들의 극빈자에 대한 관심은 극빈자들이 불공평으로 인해 고통을 받는다는 관점에서 유도된 것이 아니라 그들 자신이 극빈자가 될 수도 있다는 불안으로부터 유도되고 있다는 점이다.[22]

이와는 달리 방법론적 관점에서의 비판도 제기되고 있다. 말하자면, 그의 원초적 상태에 대한 가상은 사회철학의 한 방법이 될 수는 있으나 현실 사회와는 거리가 먼 개념이라는 것이다. 현실 사회에서 개인은 다양한 기득권을 가지고 있으며 자기의 장래에 대하여 무관심하지 않다. 공정한 사회의 구도가 이상적인 혁명가의 청사진이 아니고 현실 사회의 개선을 위한 것이라면, 초기 상태에서 이해관계가 현저하게 다른 사람들을 어떻게 하여 변화에 합의하도록 할 것인가 하는 어려운 문제를 피할 수 없다. 이 문제는 넓은 의미에서 정치적 과정을 통하여 해결되어야 할 성질의 것이다.[23] 뿐만 아니라 그의 정의의 원칙

중 첫째 원칙에서 보여 주는 바와 같이 기본적 자유를 위한 권리들에 대한 절대적인 우선권을 요구하고 있다는 점에서 롤스의 요구가 지나치게 추상적이라는 비판을 받기도 한다는 점도 유념해 둘 필요가 있다.

아울러 이러한 비판과 크게 상관없이, 이 견해에 대한 대응되는 견해로 적어도 논리적으로나 현실적으로 소위 '엘리트 우대형 견해'가 제시될 수도 있다는 사실을 부기해 두고자 한다. 이 견해는 롤스의 경우와는 달리 사회 구성원 중에서 후생 수준이 높은 사람의 후생 수준이 조금이라도 더 높아지는 사회를 더 바람직한 것으로 파악하는 견해에 해당된다.[24] 우리는 현실에서 엘리트들이 사회후생 수준을 결정할 수 있다거나 그래야 한다는 주장을 간혹 접하기도 하는데, 극단적인 경우에는 사회의 후생 수준이 독재자에 의해 결정될 수 있다는 점을 유념해야 할 것이다.

제4절 사회문화 중시 견해 - 제도경제학적 견해

여기서는 분배의 적절성 여부를 판단함에 있어서 한 사회의 전통 내지 문화적 특성을 중시하는 '제도경제학적 견해'를 살펴본다. 먼저 이들 입장에서 '공평성'을 어떻게 정의하는지를 살펴보고, 이어서 이들 입장에서 '공평성' 개념이 갖는 성격을 이해하고자 한다.

1. 개념

제도경제학적 논자들은 다른 제 개념에 대한 그들의 인식과 맥을 같이하여 사회 구성원들이 물질적 생활을 위한 '사회적 욕구 충족(social provisioning) 과정'에서 자신이 가지고 있는 잠재적 가치를 실현시킬 수 있도록 소득이나 부가 나누어져 있는 상태를 바람직한 분배 상태, 즉 공평한 상태로 보고 있다. 구체적으로 사회 구성원들의 잠재적 가치를 제고시키는 데 기여한 활동을 공공이익을 증가시키는 행위로 간주하여 그와 같이 공공이익을 증가시키는 능력이 큰 사람에게는 더 많은 몫이, 공공이익을 감소시키는 사람에게는 더 적은 몫이 나누어지는 것을 공평한 분배 상태로 인식하고 있다.[25] 코먼스(J. R. Commons)는 이와 같은 공평성을 조세 납부와 연계시켜 다음과 같은 의견을 제시한 바 있다.[26] 그에 의하면 "공공이익, 즉 사회적 효용이라는 관점에서 보면 두 종류의 '능력'이 있는데, 하나는 공공이익을 증가시키는 능력이고, 또 하나는 공공이익을 감소시키는 능력이다. 여기서 우리는 전자를 '기여의 능력'(ability to serve), 후자를 '지불능력'(ability to pay)이라 할 수 있을 것인바, … 조세는 지불능력에 상응하게 부과되고, 기여능력에 대해서는 역의 관계로 부과되어야 한다." 조세의 공평한 부담 배분에 관한 이와 같은 코먼스의 지적은 베블렌(Veblen)의 전통을 잇는 전형적인 제도경제학적 논자들의 공평관을 보여 주는 것이라 할 수 있다.

그런데 이와 같이 사회 구성원들의 잠재적 가치 실현 여부는 특정 사회의 생활관습이나 생산현장에서의 작업규칙, 법률 내지 신념 체계 등에 의해 크게 영향을 받는 것으로 보기 때문에, 제도경제학적 논자들은 분배의 공평성 또한 하나의 현상적인 결과물이 아니라 하나의 '제도화된 과정'(instituted process)의 산물로 본다.[27] 구체적으로 이들은 공평한 분배의 전제로서 특정 계층의 빈곤 문제는 해당 사회의 자원이 부족하거나 기술 수준이 부족하여 일어나는 것이 아니라, 그와 같은 제도적 틀이 그 사회의 잠재적인 생산력의 활성화에 부응하지 못하기 때문에 일어나는 것으로 파악하고 있다.[28]

나아가 이들은 특정 사회의 관습이나 규칙 내지 신념 체계 등에 바탕을 두고 행해지는 물질적 보상 과정에는 권력, 즉 정치적인 세력관계가 결정적 요인으로 작용하는 것으로 보기 때문에, 이들은 분배의 '공평성'을 다루는 과정에서 '권력'의 향배에 대한 고려 또한 중요한 요인으로 보고 있다. 말하자면, 해당 사회에서 권력은 어떻게 형성되고 확대 또는 축소되기도 하며, 어떻게 재분배되고 행사되며, 나아가 어떻게 그 권력의 정당성 여부가 결정되는지를 끊임없이 관찰하지 않고는 분배의 공평성 문제를 다루기 힘들다는 견해를 보이고 있다.[29]

2. 성격

앞에서 본 자유주의나 공리주의적 논자들은 공평성 개념을 정의함에 있어서 기수적 효용(효용의 개인 간 비교, 한계효용 또는 총효용), 가치로부터의 자유 등을 전제로 하고 있었음을 볼 수 있었다. 물론 그들이 가치로부터 자유롭다고 해도 사실상은 그들 또한 사회 구성원들이 개별적으로 합리성을 추구하는 것을 당연한 것으로 받아들이고 있다든가, 총효용 수준이 가장 높으면 가장 바람직한 사회가 된다는 등의 강력한 가치의 전제 위에 있음은 여전히 주의를 요하는 사실이다. 단지 그러한 자신들의 가치를 은폐하고 있을 따름이었다. 그러나 제도경제학적 논자들은 그와 같은 주관적인 가치의 세계에 매몰되어 있거나 가치로부터 자유롭다고 전제하지 않는다. 오히려 그들은 공평성 문제도 각 사회가 갖는 특수성을 직접 수용하면서, 그 사회가 갖고 있는 가치의 전제 위에서 평가되어야 함을 주장하고 있다는 점에서 결정적인 차이를 보이고 있다. 이와 같이 그들은 공평성을 논함에 있어서도 특정 사회가 가지고 있는 '사회적 가치'를 수용한 상태에서 그 사회 구성원들로 하여금 그들 각자가 가지고 있는 잠재적 가치를 활성화할 수 있는 조건을 찾는 데 초점을 맞추고 있다.

그런데 여기서 유의해야 할 점은 제도경제학적 논자들이 말하는 '가치'라는 것은 근대경제학적 논자들이 제시하는 '파레토 효율성' 기준 내지 공평분배와 관련해서 제시하는 한계생산력설과 같은 불변의 물리적 기준을 가지고 제시되는 것이 아니라는 점이다. 이들이 제시하는 '가치'라는 것은 기존의 가치를 끊임없이 평가하고 재평가하는 과정을 통해서 사회 구성원들의 전반적인 실제 '생활 과정'의 일부분으로서 형성되고 변해 가는 개념으로 파악되고 있다.[30] 이러한 맥락에서 이들은 사회적 가치 제고를 위한 공평한 분배 상태라는 것도 고정된 개념이 아니라 시간이 흐름에 따라 변해 가는 개념으로 파악한다. 물론 그렇다고 제도경제학적 논자들이 현실에 존재하는 분배 상태에 대한 가치판단을 하지 않는다는 것은 아니다. 오히려 이들은 보다 적극적으로 분배 문제에 대한 가치판단을 하고, 또 하면서 분배상의 시사점을 찾을 수 있는 정책적인 권고를 해나간다는 점을 유념하기 바란다.[31]

아울러 같은 맥락에서 그와 같은 '사회적 가치'도 특정 사회집단에 의해 일방적으로 제시되는 것이 아니라, 해당 사회 구성원들의 '참여'에 의해서 끊임없이 찾아지고 제시되는 것으로 인식하고 있다. 요약컨대, 위와 같은 이유로 제도경제학적 논자들은 어떠한 분배 상태도 공평한 상태라고 선험적으로 제시할 수 있는 것은 없다는 견해를 보이고 있다.[32]

주

1. 경우에 따라서는 '효율성'이나 '공평성' 모두를 자원배분 상태의 바람직함 여부를 나타내는 가치로 파악하는 경우도 있다. 말하자면, 자원배분이 효율적으로 배분되어 있는지 여부를 '효율성'이라 하고, 공평하게 배분되어 있는지 여부를 '공평성'이라 부르기도 한다(Le Grand, 1984: 39). 그러나 본서에서는 용어 사용상 혼동을 피하기 위해 본문에서와 같이 '효율성'과 '공평성'을 구분하여 정의하기로 한다.
2. 이러한 분배적 관점을 넘어서 보다 일반적인 '자유주의' 개념에 대해서는 후술하는 제9장 제3절에서 설명하고 있는 '자유'의 개념 부분을 참고하기 바란다.
3. '자유주의'의 다양한 스팩트럼과 그 명명에 대해서도 후술하는 '자유'의 개념 부분이 참고가 될 것이다.
4. 물론 그는 부당한 이전에 대해서는 '부정의의 교정의 원칙'(the principle of rectification of injustice)에 따라 교정될 필요성은 인정하고 있음을 참고하기 바란다(위의 내용과 더불어 Nozick, 1973: 46-49를 참고하기 바람).
5. Hodgson(2010: 9)을 참고.
6. 벤담(Jeremy Bentham) 연구가 Burns(2005: 46)에 의하면 벤담의 이 명제는 1776년 그의 첫 역작 *A Fragment on Government*에서 처음으로 '기본공리'로 서술된 이래 널리 알려지게 되었다고 하고 있다.

   '공리주의'는 한자어로는 '公利'가 아니라 '功利'라고 나타내는데, 이 말은 공리주의가 '공공의 이익'을 추구한다는 의미가 아니라, 개별 구성원들이 '각자의 이익'을 추구할 때 행복이 늘어난다는 견해를 함축하고 있음을 의미한다.
7. 이 식에서 SW는 사회후생, $U_i(Y_i)$는 개인 i의 소득이 Y_i일 때 그 개인이 얻게 되는 총효용을 나타낸다.
8. 이러한 사실은 그의 제자 Mill(1861(1957): 76)이 'Bentham's dictum'이라면서 소개하고 있는 것을 볼 수 있다.
9. 이러한 내용과 앞으로 관련된 설명에 대한 좀 더 구체적인 이해를 원하는 독자들을 위해 경제학 문헌에 자주 등장하는 '사회후생함수'의 개념을 소개해 두고자 한다. 먼저 '사회후생함수'(social welfare function)란 여러 명으로 이루어진 사회에서 개개인들의 만족 상태가 전체 사회의 만족 상태에 어떻게 반영되는지를 나타내 주는 식을 일컫는다. 특정 사회 상태나 특정 정책에 대해서는 사람들마다 만족의 정도가 서로 다르기 마련이다. 구체적으로 말하면 '사회후생함수'란 특정 사회 상태 또는 특정 정책에 대한 복수의 구성원들의 선호가 서로 다른 것을 전제로, 서로 다른 사람들의 선호를 어떻게 합쳐야 그 사회 전체가 그 상태를 얼마나 원하는지를 알아낼 수 있는지를 나타내 주는 식을 일컫는다. 간단한 수학적 기호를 원용하면 가장 일반적인 사회후생함수는 $SW = W(U_1, U_2, \cdots, U_n)$으로 나타낼 수 있다(이 식은 n명으로 이루어진 사회에서, 주어진

특정 사회 상태에서 각 개인 i가 소득 Y_i를 얻는다고 볼 때 각 개인이 얻는 만족 상태를 각각 $U_1(Y_1)$, $U_2(Y_2)$, …, $U_n(Y_n)$으로 표시하고, SW는 사회 전체의 만족 상태(후생 수준), 우측의 W는 함수 기호를 나타낸다).

일반적으로 사회후생함수는 위와 같이 나타내지만, 이를 달리 $SW = U_1^{\alpha}+U_2^{\alpha}+ \cdots +U_n^{\alpha}$로 나타내어 설명하기도 한다(이 식에 의한 이하 설명은 이만우(1985: 110)에서 소개하고 있는 앳킨슨(Atkinson)의 일반적인 사회후생함수를 본서의 취지에 맞게 보완·가필한 것임). 이 식에서 우측의 개개인들의 효용 수준에 더해져 있는 지수값 α가 의미하는 바가 바로 서로 다른 개인들의 만족 상태가 사회 전체의 만족 상태에 주는 중요도를 나타낸다. 이 중에서 $\alpha=1$인 경우가 본문에서 보여 주고 있는 공리주의적 사회후생함수에 해당하는바, 개별 구성원들의 만족이 사회후생에 미치는 영향력, 즉 그 비중이 동일하다는 사실을 나타낸다는 것이었다. 한편, $\alpha>1$로 나타나는 경우가 바로 벤담이 비판한 소수 특권층이 사회적으로 우대받는 상황을 나타낸다. 부유한 특권층이 사회적 지배계층으로 행세를 하여 그들의 만족 여부가 사회에 주는 중요도가 큰 사회에서는 위의 식에서 각 개인의 효용함수가 동등하게 더해지는 것이 아니고 지수값이 1보다 큰 값을 갖는 형태로 나타나게 된다. 이는 개인들 중에서 만족, 즉 U값이 큰 사람의 값이 전체 사회후생에 더 큰 비중으로 영향을 준다는 것을 의미한다. 이와는 대조적으로 $\alpha<1$인 경우에는 가난한 사람의 만족이 사회후생에 더 큰 비중으로 반영되는 경우이다. 여기서 α값이 $-\infty$로 수렴하는 경우는 후술하는 롤스의 극빈자우대형 사회후생함수를 나타내고, $+\infty$에 수렴하는 경우는 소위 엘리트우대형 사회후생함수를 나타낸다. 구체적인 내용은 본문의 해당 부분의 내용 속에 함축되어 있으니 참고하기 바란다.

10. 본문의 식에서 $MU_i(Y_i)$는 개인 i의 소득 Y_i가 한 단위 늘어날 때 늘어나는 효용의 증가분, 즉 한계효용을 나타냄을 참고하기 바란다. 아울러 본문의 사회후생 극대화의 조건은 경제학원론의 앞부분에 나오는 '한계효용 균등의 법칙'을 생각해 보면 쉽게 이해되리라 믿는다. '한계효용 균등의 법칙'이라는 것은 어떤 개인이 주어진 소득으로 여러 종류의 재화를 소비하는 경우, 각 재화 1원어치의 '한계효용'의 크기가 동일하도록, 즉 $\frac{MU_1}{P_1} = \frac{MU_2}{P_2} = \cdots = \frac{MU_n}{P_n}$이 성립되도록 각 재화의 구매량을 결정하면 주어진 소득으로 가장 높은 만족 수준을 얻을 수 있다는 사실을 의미하는 것이었음을 참고하기 바란다(이 식에서 P_i는 재화 i의 가격 수준을 나타내고, MU_i는 재화 i를 한 단위 추가 소비했을때 늘어나는 효용, 즉 한계효용을 나타낸다).

11. 근대경제학자들은 동일한 소득 수준에서 각자가 만족을 추구할 수 있는 능력을 흔히 소득의 한계효용곡선으로 나타낸다. 여기서 소득의 한계효용곡선이 같게 나타난다는 말은 소득 수준이 동일하면 각자가 주어진 소득으로부터 만족을 추구할 수 있는 능력이 같다는 것을 의미하며, 다르다면 사람에 따라 달라진다는 것을 의미한다. 이렇게 개인별로 소득의 한계효용곡선이 다르면(효용 획득의 크기가 다르면) 사회후생 극대화를 가져오는 소득분배 상태는 균등분배 상태와는 거리가 생기게 된다는 점을 유념하기 바란다.

Musgrave and Musgrave(1989: 78-80)는 위와 같은 상황을 보다 일반화하여 두 사람의 효용향수 능력이 같은 경우와 다른 경우로 나누어서 설명하고 있는 것을 볼 수 있다. 그는 이러한 상황을 소득의 한계효용곡선의 차이로 나타내면서 공평한 분배 조건의 차이를 보여 주고 있다. 먼저 주어진 소득에 대한 효용향수 능력이 모두 동일한 경우는 균등분배가 공리주의적 관점에서도 공평한 분배 상태가 됨을 보여 주고 있다. 그러나 주어진 소득에 대한 효용향수 능력이 다른 경우에는 더 큰 사람에게 보다 더 많은 분배가 이루어져야 공리주의적 관점에서 공평한 분배 상태가 달성된다는 사실을 보여 주고 있다.

12. 이 내용은 Le Grand(1984: 45)를 참고.
13. Hodgson(2010: 11)을 참고.
14. Hodgson(2010: 12)을 참고.
15. Hodgson(2010: 14)을 참고.
16. 공리주의 부분에서 설명한 것과 같이 모든 개인들이 동일한 소득 수준으로부터 효용을 향수하는 능력이 동일하다면 효용 기준 평등주의에 의한 바람직한 분배 상태는 공리주의에 의한 바람직한 분배 상태와 같은 결과를 가져온다. 그러나 개인들 사이에 소득으로부터 효용을 향수하는 능력이 다르면 두 견해에 의한 바람직한 분배 상태는 서로 다른 결과를 나타내게 된다는 사실을 유념하기 바란다.
17. 이 식에서 $TU_i(Y_i)$는 개인 i의 소득이 Y_i일 때 해당 개인이 얻게 되는 총효용을 나타낸다.
18. 정치경제학자들은 생산수단의 사회화를 수용하나 여전히 소비재는 사적 소유를 허용하는 사회주의 단계에서는 구체적으로 "능력에 따라 일하고 생산에 기여한 정도, 즉 노동을 투입한 정도에 따른 분배"를 바람직한 분배 상태로 보고 있다. 물론 이 경우의 성과에 따른 분배는 생산수단이 사회적으로 소유된 상태에서 주택, 교육, 의료 등 기본적인 생활욕구가 보장된 상태에서의 제한된 범위에서의 성과 보상이라는 의미에서 자본주의적 사회에서의 성과 보상과는 차이가 있음은 유념할 필요가 있다. 그러나 이들은 생산력 수준이 비약적으로 발전한 공산주의 단계로 들어가면 분배상의 공평원리를 "능력에 따라 일하되 필요 내지 욕망에 따른 분배"로 바꾸고 있다. 이 단계에서는 생산활동에 대한 기여의 유인을 어디에서 찾을 것인지에 대한 물음에 대해 이들은 생산력이 비약적으로 발전된 상태에서는 노동은 단순한 생존수단의 차원이 아니라 생활상의 인간의 기본적인 욕구로부터 나오는 것으로 설명하고 있다(이와 관련된 보다 자세한 논의는 김윤환(1986: 95-98, 206-211)을 참고하기 바란다).
19. 이하 설명내용은 Rawls(1971(2003))를 참고한 것이며, 일일이 쪽수는 제시하지 않고 직접 인용한 부분은 따옴표 처리를 하였음을 밝혀 둔다. 단, 'original position', 'veil' 등 몇 가지 용어와 서술방식은 저자가 일부 바꾸었다.
20. 이 견해는 앞의 각주에서 사회후생함수 일반식에 관한 설명에서 보여 주고 있듯이 지숫값 α가 $-\infty$로 수렴하는 경우로서, $SW = \min\{U_1, U_2, \cdots, U_n\}$의 형태가 될 것이다. 이 함수는 가난한 사람의 효용 수준이 사회적 효용 수준으로 선택된다는 것을 나타낸다. 이 견해서는 이 함숫값이 극대가 되도록 개인들 사이에 소득이 분배되면 바람직한 것으로 보게 되는 것이다.
21. 정세호(1992: 91)를 참고.
22. Le Grand(1984: 45)를 참고.

23. 정세호(1992: 91)를 참고.

24. 이 견해는 위의 최빈자우대형의 경우와는 반대로 앞에서 본 사회후생함수의 일반식에서 지숫값 α가 $+\infty$로 수렴하는 경우로서, $SW = \max\{U_1, U_2, \cdots, U_n\}$로 나타낼 수 있다. 여기서도 이 함숫값이 극대가 되도록 개인들 사이에 소득이 분배되면 바람직한 것으로 보게 된다. 결과적으로 이 함수에서는 부유한 사람의 효용 수준이 사회 전체의 후생 수준으로 선택되는 것이다.

25. Sen(1979: 217-219)이 개개인의 잠재적 능력의 활성화를 중시하면서 '기본적 잠재능력의 균등'(basic capability equality)을 주창한 것도 이와 맥을 같이하는 것으로 볼 수 있다.

26. 이하 설명내용은 Commons(1934: 819)를 참고.

27. Brown(2005: 920)을 참고.

28. Peach(1994a: 170)를 참고.

29. Brown(2005: 920)을 참고.

30. 이러한 맥락에서 제도경제학자들의 가치에 관한 이론을 '도구적 가치론'(instrumental value theory)이라 부른다(Peach, 1994a: 169).

31. Peach(1994a: 169)를 참고.

32. Brown(2005: 915)을 참고.

Chapter

9

경제적 자유

‘자유’ 개념도 크게 ‘소극적 자유’와 ‘적극적 자유’로 구분되어 사용된다. 본 장에서는 이 두 구분에 따라 ‘자유’의 개념과 성격을 살펴보되, 본서 전체의 ‘관계’의 맥락에 따라 ‘개인 중시’ 견해와 ‘관계’ 중시 견해로 나누어 살펴본다. 이어서 이러한 개념에 바탕을 두고 ‘자유주의’에 대한 서로 다른 견해를 살펴본다.

제1절 소극적 자유 - 개인 중시 견해

다 같이 '자유'[1]라 하더라도 시대나 사회에 따라, 그리고 논자들에 따라서 서로 다른 의미로 쓰이고 있다. 대표적으로 '소극적 자유'와 '적극적 자유'가 그것인데, 이러한 구분은 Berlin(1969)이 처음 구분한 이래로[2] 많은 사람들에 의해 사용되어 오고 있다.[3] 먼저 제1절에서는 그중 '소극적 자유'의 개념을 살펴보고, 구체적인 정의 사례를 통해 이 개념에 대한 이해를 제고시킨다. 이어서 이 개념이 갖는 다양한 성격을 살펴본다.

1. 개념

'소극적 자유'(negative freedom)는 "어떠한 외부의 간섭이나 규제도 받지 아니한 상태", 다시 말하면 "어떠한 외부의 간섭이나 규제를 '거부'(negate)함으로써 각자가 자기 뜻대로 행동할 수 있는 상태"를 일컫는다. 이런 맥락에서 '소극적 자유'는 '부정적 자유'라 일컫기도 한다. 처음으로 이러한 구분을 시도한 벌린(I. Berlin)에 따르면, '소극적 자유'란 "어떤 개인 또는 집단이 타인의 간섭을 받지 않으면서 할 수 있는 것을 할 수 있고, 또는 될 수 있는 것은 될 수 있는 상태"를 일컫는 것으로 보고 있다. 이어서 그는 "어떤 사람도 나의 활동을 간섭하지 않는 상태"를 자유롭다고 말할 수 있다고 하고 있다.[4] 한마디로 이 개념의 자유를 주장하는 논자들은 외부의 간섭을 거부하고 자기 뜻대로 행동할 수 있을 때 비로소 인간은 진정한 자유를 누릴 수 있다고 본다. 이런 의미를 반영하여 이 '소극적 자유'는 '외부의 간섭이나 규제로부터의 자유(freedom from~)' 또는 '외적 제약(external limits)으로부터 해방' 등의 형태로 표현되기도 한다.

예를 들어, 몸이 아파서 병원에 가고자 하는 사람이 있다고 하자. 그러기 위해서는 병원에 가야 한다. 이러한 상황을 '소극적 자유'의 입장에서 보면 누군가가 그로 하여금 병원에 가지 못하도록 막지 않는 한 병원에 갈 자유가 있다. 만약 누군가가 그로 하여금 병원에 가지 못하도록 감금한다거나 병원에서 그가 가지고 있는 신체적 특징을 이유로 치료를 거부하는 등의 경우에는 이 사람의 소극적 자유는 침해되는 것으로 본다는 것이다.

위와 같은 정의에 비추어 볼 때 이 개념은 그 이면에 오직 개인만이 자신의 판단에 따른 올바른 선택을 할 수 있다는 믿음에 기초를 두고 있는 개념이라는 것을 알 수 있다. 그리고 이 과정에서 자신의 행동을 제약할 수 있는 것은 오로지 자신의 양심에만 의지한다는 것을 의미한다. 같은 맥락에서 '소극적 자유'의 개념은 '개인의 자유로운 선택'을 '자유의 본질'이라고 봄으로써 성립되는 개념이라 할 수 있다.

2. 정의 사례

경제학의 아버지로 불리는 스미스(A. Smith)는 자신의 경제학 내용 전개 과정에서 핵심적 개념으로 '보이지 않은 손'과 더불어 '자연적 자유'의 개념을 들고 있다. 구체적으로 그는 "특혜를 주거나 제한을 가하는 모든 제도가 완전히 제거되면, '명백하고 단순한 자연적 자유의 체계'(the obvious and simple system of natural liberty)가 저절로 확립된다고 하고 있다. 모든 개인은 정의의 원칙을 훼손하지 않는 한 자신의 이익을 자기방식으로 추구할 자유를 온전하게 가질 수 있으며, 또한 자신의 열정적 노력과 자본을 가지고 다른 어떤 사람들과도 온전히 자유롭게 경쟁을 할 수 있다"고 함으로써,[5] 자유의 개념을 외부의 간섭이 없는 상태에서 "남에게 피해를 주지 않는 경우 자신이 하고자 하는 바대로 신체를 자유로이 사용할 수 있는 권리"로 인식하고 있다.[6] 이러한 입장에서 그는 "자유로운 경제활동의 허용은 경쟁을 통해 분업과 기술진보를 촉진시키고 시장의 확대를 수반함으로써 장기적·동태적으로 경제성장을 촉진할 것으로 보

고 있었다.[7]

한편, 『자유론』(*On Liberty*)으로 유명한 밀(Mill)은 '자유'의 개념과 관련해서 "인간이 어느 구성원의 행위의 자유에 개인적으로든 집단적으로든 개입하는 것을 정당화해 주는 유일한 것은 자기보호를 목적으로 하는 경우뿐", 즉 "오직 다른 사람들에 대한 위해를 막고자 하는 경우뿐"이라고 하면서, "자기자신의 이해관계에 속하는 부분에서 개인의 독립성은 당연한 권리로서 절대적이다. 자기자신에 대해서, 즉 자신의 몸과 마음에 대해서는 그 주권이 개인에게 있다"고 함으로써,[8] 그의 '자유'의 개념이 '소극적 자유'의 입장이라는 것을 분명히하고 있는 것을 볼 수 있다.

대부분의 시장주의자들은 '소극적 자유' 개념을 옹호한다. 그것은 그들이 '소극적 자유'를 시장 성립의 전제로 보는 데 기인한다. 여기서는 대표적 시장주의자인 프리드먼(M. Friedman)과 하이에크(F. A. Hayek)의 견해를 중심으로 살펴보고자 한다. 먼저 미국의 자유주의의 대변자라 해도 과언이 아닌 프리드먼은 '소극적 자유' 입장을 담은 견해를 여러 군데에서 제시하고 있다. 특히, 그의 대표적인 저작(1962(1986))이라 할 수 있는 『자본주의와 자유』(*Capitalism and Freedom*)에서 "개인을 사회에 있어서의 궁극적인 존재"[9]로 보고, "자기의 이익을 증진시키고 또한 자기의 가치관에 따라 자신의 삶을 영위하려는 수백만의 사람들의 시도"[10]라고 결론짓고 있는 것을 볼 수 있는데, 이러한 견해는 바로 앞에서 말한 '소극적 자유'의 개념을 대변하는 것이라 할 수 있을 것이다.

한편, 하이에크도 자신의 저서가 "사회에서 사람들이 타인들에 의해 당하는 강제를 줄일 수 있는 조건에 관심을 기울이고 있다"고 하면서, 자유를 "사람들이 다른 사람들의 의지나 또는 다른 요인들에 의해 강제를 당하지 않는 상태"로 정의하고 있다. 나아가 그는 이러한 정의가 '자유'에 대한 고전적(original)인 의미라고 하면서, "어떤 사람이 다른 사람의 의지에 따라 할 수밖에 없는 상태가 아니라 자신의 의사결정에 따라 행동을 할 수 있는 가능성"을 의미하는 것으로 보고 있다.[11] 그리고 이러한 정의는 역사적으로 뿌리 깊은 전통적인 정의라고까지 하고 있다. 한편, 그는 자신의 정의가 '소극적'(부정적)인 것이라는 비판이 있다는 사실을 밝히면서, 자신이 정의한 자유 개념이 특별한 장해, 즉 다른 사람으로부터의 강제의 결여를 의미하는 것이기 때문에 '소극적 자유'가 맞다고 분명히 밝히고 있는 것을 볼 수 있다.[12]

특히, 하이에크는 경제적 자유가 갖는 의미를 설명하는 자리에서, '자유'의 개념을 제대로 이해하기 위해서는 역으로 '강제'가 갖는 의미를 이해해야 한다면서 '강제'의 개념과 의미를 설명하고 있다. 그에 의하면 '강제'란 "어떤 개인의 환경이나 상황이 다른 사람에 의해 통제되는 것을 의미한다"고 하면서, "더 큰 강제를 피하기 위해 개인이 자기자신의 일관된 계획에 의해서가 아니라 다른 사람의 목적에 봉사하기 위해 행동이 강제되는 상태를 의미한다"고 정의하고 있다. 그러면서 이와 같은 '강제'는 "개인으로 하여금 생각하고 가치를 부여하는 행위를 못하게 하고, 나아가 오로지 다른 사람의 목적을 달성시키는 단순한 도구가 되게 한다"고 하면서 그 해악을 규정짓고 있다.[13]

3. 성격

(1) 개인에 초점을 맞춘 자유

소극적 자유는 개인행동의 주관자를 '개인' 자체로 보고 개인을 중심으로 자유의 개념을 정의하고 있다는 점을 먼저 유념할 필요가 있다. 이는 소극적 자유를 주장하는 논자들이 사회를 단순한 개개인들의 집합체, 즉 일종의 메커니즘으로 파악하는 그들의 인식에서 유래된 것으로 볼 수 있다.

이와 관련해서 물론 하이에크가 '자유'를 정의함에 있어서 "자유는 전적으로 어떤 개인과 다른 개인과의 관계를 가리키는 개념으로서, 자유에 대한 유일한 침해는 다른 개인에 의한 강제이다"라면서 '사람과 사람 사이의 관계'

를 중시하고 있다.[14] 그뿐만 아니라 프리드먼도 그의 저서에서 "자유는 사람들 사이의 상호 관계에 관한 것이어야 한다. 고도(孤島)에 살고 있는 로빈슨 크루소에게는 자유가 아무런 의미를 갖지 못한다"[15]고 하면서 하이에크와 같은 맥락에서 사람들 사이의 '관계'를 중시하고 있다. 그러나 프리드먼이나 하이에크가 말하는 '사람과 사람 사이의 관계'는 모두를 일 대 일의 균질적인 관계로 놓고 상대방에 의해 간섭을 받지 않기만 하면 된다고 보는 입장을 보이고 있다. 여기서 이들이 '관계'를 중시하고 있다고 되어 있지만, 이는 특정 개인의 행동이 이질적인 사람들 사이의 관계에서 우월적 지위를 갖는 사람들로 인해 만들어진 사회적 제약을 의미하는 것은 아니라는 점을 유념할 필요가 있다. 한마디로 '개인'과 '관계'의 구분을 중시하는 본서의 맥락에서 보면, 이들이 주요 가치를 정의함에 있어서 '관계'를 중시한 것으로 보기는 어렵다는 사실을 유념할 필요가 있다.

(2) 내용과 무관한 자유

'소극적 자유' 개념에 의하면, '자유'는 행위주체의 양심에 따른 선택의 대상이 선한가 아닌가에 관심을 두지 않는다. 이 개념에서는 오로지 형식적으로 선택대상이 그것을 추구하는 행위자에 의해 자율적으로 선택되느냐 아니냐에 따라서만 정당화되는 것으로 인식되고 있다. 이런 뜻에서 흔히들 '소극적 자유' 내지 '부정적 자유'를 '내용과 무관한 자유' 또는 '형식적 자유'라고도 한다.

(3) 국가와의 관계

앞에서 설명한 '소극적 자유'의 개념에서 유추해 보면, 소극적 자유를 주장하는 논자들은 개개인의 자유를 보장하기 위해 국가는 어떠한 제약도 가하지 않은 상태를 최선의 상태로 보게 된다는 사실을 알 수 있다. 굳이 국가가 필요한 영역이 있다면 외부의 간섭을 배제하는 역할 정도에 국한하는 것이 바람직하다고 보는 입장임을 알 수 있다.

대표적인 자유주의자로 알려져 있는 하이에크는 '자유'의 의미를 앞에서 본 바와 같이 소극적 의미로 정의하면서, 그러한 의미의 자유를 확보하기 위한 국가의 역할도 밝히고 있다. 먼저 그는 "다른 사람들과 섞여 사는 사람들로서는 자신이 앞에서 정의한 바와 같이 남들로부터 강제를 당하지 않는 상태를 희망하지만 온전히 그러한 상태를 실현하기는 힘들다"고 하고 있다. 그러면서 그는 이러한 "강제로부터 벗어나는 것은 또 다른 강제를 불러오기 때문에 온전히 벗어나기 힘들다. 자유로운 사회에서는 이 문제를 국가에 독점적 권한을 부여함으로써 대처해 왔는데, 이때 국가의 권한은 다른 사람에 의한 강제를 받지 않게 하는 데 필요한 만큼만 행사하도록 제한시키려 해왔다"고 지적하면서 소극적 자유를 지키기 위한 국가의 역할을 분명히 하고 있는 것을 볼 수 있다.[16] 이러한 국가의 역할을 앞에서 본 환자의 사례를 통해서 보면, 국가는 개인의 소극적 자유를 제고시키기 위해 원칙적으로 할 일은 없다는 것을 알 수 있다. 필요하다면 누구든지 원하기만 하면 병원에 갈 수 있는 기회를 균등하게 가질 수 있도록 누구도 사람의 행동을 억압하거나 병원이 사람을 가려서 받지 않도록 하는 역할만 하면 된다. 말하자면, 국가의 역할은 개개인의 자유로운 선택을 위해 외부의 간섭을 막아 주는 역할에 국한되어야 한다.

이러한 '소극적 자유'의 개념에 바탕을 두고 이와 같이 국가가 개개인의 자유로운 행동을 방임하는 입장을 택해 모든 개인에게 다른 어느 누구의 어떠한 간섭도 거부할 수 있는 자유를 주는 경우를 상정해 보자. 이러한 국가의 역할은 현상적으로는 모두에게 자유를 누리게 하는 것같이 보여도 사실상 누군가는 다른 어느 누군가의 간섭을 받는 경우가 발생할 수 있다는 모순에 봉착할 수도 있다는 비판을 받기도 한다. 그것은 외형적으로 어느 누구의 간섭도 거부할 수 있게 해둔 경우 상대적으로 보다 유리한 입장에 있는 개인들이 우월적 지위를 가지고 자기가 하고자 하는 바를 추구하려 할 것이기 때문에, 그러한 지위를 갖지 못한 개인은 우월적 지위를 가진 사람의 사실상의 방해 때문에 자기가 하고자 하는 바를 이루어 낼 수 없는 상황이 발생할 수도 있다. 현실적으로 구멍가게와 슈퍼마켓이 경쟁하는 경우 어떠한 외부의 제약도 가해지지 않을 경우 구멍가게는 사실상 슈퍼마켓으로부터 행동의 제약을 받기 마련이다. 그런데 이러한 상황은 슈퍼마켓 입장에서도 마찬가지이다. 구멍가게와의 경쟁에서는 다른 외부의 제약이 없을 때 자신은 자유롭게 활동할 수 있는 것같이 보이지만, 만약에 거기에 대형 마트들이 끼어들면 더 이상 슈퍼마켓은 자유로운 활동을 할 수 없게 되고 만다. 이러한 상황은 지속적으로 전개될 수 있다. 이처럼 철저하게 소극적 자유를 주장하는 경우 결국에 가서는 어느 누구도 온전히 자유로울 수 없게 되는 모순된 상황이 발생할 수 있다는 점을 유념할 필요가 있다.[17]

(4) 역사적 성격

'자유'의 개념도 다른 제 사회현상과 마찬가지로 역사발전 단계에 따라 서로 다른 의미를 내포한다. 이러한 맥락에서 여기서 설명하고 있는 '소극적 자유'라는 개념도 규제와 통제가 일반화되어 있던 중세 절대왕권 시기에는 기존의 억압과 통제를 벗어나 개개인의 실질적 자유를 보장하는 혁명적인 개념이었을 것으로 이해하는 것이 중요하다. 여기서 제시하고 있는 '소극적 자유' 개념은 이와 같은 역사적 상황에서 보면 논리적으로도 상당 부분 사실이며, 현실적으로도 충분한 증좌를 보이고 있는 역사적 개념이라 할 수 있다.

제2절 적극적 자유 – 관계 중시 견해

이 절에서는 소극적 자유와는 달리 구성원들 사이의 '관계'를 중시하는 '적극적 자유'의 개념을 먼저 살펴본다. 여기서도 이러한 입장에서 자유 개념을 수용하고 있는 다양한 정의 사례를 소개함으로써 이 개념에 대한 이해를 제고시킨다. 아울러 이 개념의 자유가 갖는 다양한 성격을 검토한다.

1. 개념

한편, '적극적 자유'(positive freedom)는 인간이 진정으로 자유를 누릴 수 있기 위해서는 보다 적극적으로 자기가치 실현에 몰두할 수 있어야 한다고 보는 데서 등장한 개념이다. 이 개념의 자유를 주장하는 논자들은 단순히 외부의 간섭을 거부할 수 있는 자유만으로는 인간은 실질적으로 자유로울 수 없다고 보고, 각자가 실질적이고 보다 적극적으로 자기가치 실현에 몰두할 수 있는 자유가 있어야 진정 자유로워질 수 있다고 본다. 단순히 무엇인가를 거부할 수 있는 '부정적 자유'가 아니라 거꾸로 보다 적극적으로 '무엇을 할 수 있는 자유'가 있어야 한다고 본다. 이와 관련하여 벌린(I. Berlin)은 '적극적 자유'를 "개개인이 어떤 유형의 외부적 힘에도 의지하지 아니하고 스스로 자신의 생활이나 결정을 내릴 수 있는 상태"를 의미하는 것으로 보고 있다. 한마디로 '적극적 자유'란 "각자가 보다 적극적으로 자기가치 실현에 몰두할 수 있는 상태"를 일컫는 개념이다.[18] 이러한 '적극적 자유'는 전자의 '소극적 자유'를 '부정적 자유'라 일컫기도 하는 것과 유사한 맥락에서 '긍정적 자유'라 일컫기도 한다. 이런 의미를 반영하여 이 '적극적 자유'는 '자기가 하고자 하는 것을 실현할 수 있는 능력(capacity to)' 또는 '내적 제약(internal limits)으로부터의 해방' 등의 형태로 표현되기도 한다.

앞에서 본 환자의 예를 다시 한번 보자. 이번에는 앞에서 본 것과 같은 외부로부터의 장애는 없으나 병원에 갈 돈이 충분하지 않아 갈 수 없는 상황에 처해 있다고 하자. 이 경우에는 어느 누구도 이 사람으로 하여금 병원에 가지 못하도록 막지 않고 있기 때문에 '소극적 자유'는 보장되고 있다. 그러나 그는 비싼 병원비를 마련할 수 없어서 병을 치료하고자 하는 욕구, 더 나아가 건강한 몸으로 하고자 하는 일을 실현시킬 수 있는 능력을 상실하는 상황에 처하게 된다. 이 경우 이 사람의 '적극적 자유'는 침해되는 것이다.

위와 같은 정의에 비추어 볼 때, 이 '적극적 자유' 개념은 각 개인이 자신의 의지와 행동의 주관자가 되려 하는 욕망에 기인한다는 사실을 알 수 있다.[19] 나아가 그와 같이 개개인이 자기행동의 주관자로서 자기가치를 적극적으로 추구해 나갈 수 있기 위해서는 그리할 수 있는 '여건이나 능력'이 갖추어져 있을 때 가능해진다는 사실을 인식하는 것이 중요하다. 그러기 위해서는 외부, 특히 국가로부터 그와 같은 '여건이나 능력'이 주어질 필요가 있다는 사실을 중시한다. 아울러 '적극적 자유' 개념에서는 개인 선택의 윤리적·이성적 성격을 중시한다.[20] 이러한 입장에서 보면 윤리적으로 잘못된 선택은 오히려 자유의 상실을 의미하며, 따라서 개인의 자유를 위해서는 국가와 법에 의한 간섭과 복종이 정당화될 수도 있는 것으로 보고 있다.[21] 요컨대, '적극적 자유' 개념에 의하면 개개인들은 '여건이나 능력'이 주어진 상태에서 사회적으로 마련된 '일정한 규범' 아래서 실질적으로 자기가치의 실현을 위해 몰두할 수 있게 되어, 궁극적으로 자기에게 주어진 능력을 최대한 발휘하여 자기가치를 실현시켜 갈 수 있는 것으로 보고 있다.

2. 정의 사례

적극적 자유를 최초로 주장한 정치사상가는 루소(J. J. Rousseau)이다. "그의 자유는 도덕적 자율성인데, 개인의 이성이 모아진 일반의지(general will)가 확립될 수 있는 정치사회에서만 이것이 가능하다. 루소에 의하면 이 일반의지는 언제나 옳기 때문에 이것에 복종할 때 인간은 자유롭고, 개인의 특수의지를 따를 때 인간은 부자유하고 개별적 의지의 노예가 된다."[22] 말하자면, 모든 사회구성원들이 상호 계약을 통해서 일정 부분 각자의 '개인의지'를 포기하고 스스로 사회의 통합된 의지(일반의지)에 복종하면, 자연적 자유는 포기한 것이지만, '법적·도덕적' 자유의 형태로 실질적인 자유를 얻게 되는 것으로 봄으로써 '적극적 자유' 개념을 수용하고 있는 것을 볼 수 있다.

한편, 『정의론』으로 우리에게 익숙한 철학자이기도 하고 경제학자이기도 한 롤스(J. Rawls)의 견해도 적극적 자유 개념에 해당한다. 그도 '공평성'에 대한 원칙을 유도하기 위한 전제로서 '기본적 자유'를 제시하고는 있으나, 그러한 자유도 결국 사회적·경제적 평등을 원칙으로 제시한 '최소극대원리'가 적용되는 것을 전제로 한 것으로 볼 수 있다. 이러한 그의 견해는 그의 다른 작품에서도 제시되고 있는 것을 볼 수 있는바, 그는 "질서가 잘 잡혀 있는 사회에서는 개인의 자존심은 모든 사람들의 평등한 시민권에 대한 공적 확인에 의해 지켜질 수 있다"든가, "사람의 자존심은 … 기본적 권리와 자유를 다른 모든 시민들과 똑같이 향유하는 평등한 자격을 누리고 있느냐 않느냐에 달려 있다"[23]고 주장하는 것을 볼 수 있는바, 이러한 그의 견해를 보면 그에게서 자유는 앞에서 본 '적극적 자유' 개념에 해당한다는 것을 알 수 있다.

경제학자들 중 '적극적 자유'의 개념을 본격적으로 수용한 학자로는 『일반이론』으로 신고전파 경제학적 흐름에 혁명적 변화를 가져다주었던 케인스(J. M. Keynes)가 대표적이라 하겠다. 케인스는 1924년 영국 옥스퍼드와 1926년 베를린 대학에서 강연한 내용을 다듬어 『자유방임의 종언』(*The End of Laissez-Faire*)이란 소책자를 발간하여, 기존의 자유방임적 자유의 개념을 비판하였다. 그 자리에서 케인스는 "개인들은 그들의 경제활동 과정에서 전형적인 '자연적 자유'를 갖고 있다는 것은 사실이 아니다. 가진 자나 취득하는 자들에게 영구히 권리를 부여할 수 있는 '협약'은 존재하지 않는다." "이기심이 늘 현명하다는 것은 사실이 아니다. 오히려 자기자신의 이익을 위해 행동하는 개인들은 너무나 무지하고 취약해서 자신의 목적을 달성하지 못한다. 경험에 의하면 개인들이 사회적 조직을 형성해서 행동하는 경우가 개별적으로 행동하는 경우에 비해 보다 더 정확하게 사물을 바라볼 수 있다는 사실을 보여 준다"[24]고 하면서, 실질적 자유를 제고시키기 위해서는 자유방임을 종식할 것을 주장하고 있다. 이 또한 전형적인 '적극적 자유' 개념에 해당한다고 볼 수 있다.[25]

한편, 노벨상 수상자로 불평등과 빈곤 문제 연구의 대가로 알려져 있는 인도 출신의 경제학자 센(A. Sen)은 '자유'와 관련해서 "가치 있다고 여기는 삶을 선택할 수 있는 자유"를 주장하고 있다. 그는 이러한 자유를 '역량'(capibility)이라 부르고, 이 '역량'을 "성취할 수 있는 기능들의 다양한 조합"을 가리키는 것으로 보았다. 그리고 이러한 자유를 가질 때 "우리 자신의 의지를 실현하는 한편, 우리가 살아가는 세계와 상호작용하며 영향을 끼침으로써 우리가 더 완전한 사회적 인간이 되도록 한다"는 입장을 밝히고 있다.[26] 결국 그는 인간이 잠재적 능력을 활성화할 수 있을 때 실질적 자유를 갖게 되는 것으로 보고 있다. 이러한 견해는 전형적인 적극적 자유의 개념에 해당한다고 하겠다.

이들과는 경제를 바라보는 눈이 크게 다른 마르크스도 '자유'라는 관점에서는 '적극적 자유'를 수용하고 있다는 점에서 그들과 궤를 같이한다고 볼 수 있다. 앞에서 우리는 마르크스에 의하면 '의식적이면서 자유로운 활동'을 하는 '유적 존재'로서 인간이 갖는 보편적 능력이 자본주의적 생산 과정에서 결국 '소외' 상태에 빠지게 된다는 것을 본적이 있다.[27] 그러한 인식에 바탕을 두고 결국 마르크스는 "인간이 실질적 자유를 실현시키는 유일한 방법은 소외된 노동을 소외로부터 해방시키는 것"이라고 보고 있다.[28] 이렇게 보면 마르크스에게서 '자유'라는 것은 노동이 소외로부터 벗어나는 것을 일컬으며, 이것은 소극적 자유에서 말하는 외적 간섭을 거부함으로써 주어지는 것이 아니라 노동의 소외를 불러온 자본주의 체제 자체의 변화를 통해서만 가능하다고 보고 있다. 마르크스의 자유에 대한 이러한 관점은 그의 경제학방법론에 입각한 마르크스 특유의 '적극적 자유'에 해당된다고 볼 수 있다.

한편, 마르크스에 있어서 이러한 자유 개념을 '강제'와의 관계에서 보면, 앞에서 하이에크가 '강제'를 개인이 외부의 다른 사람에 의해 통제되는 것으로 파악하고 그러한 통제가 없는 상태를 자유라고 본 것과 다르다는 것을 알 수 있다. 노동자 입장에서 보면 하이에크를 비롯한 근대경제학적 논자들은 노동자의 노동은 스스로 자신이 남의 간섭 없이 자유롭게 선택된 행동으로 보는 데 비해, 마르크스를 비롯한 정치경제학적 논자들은 생산수단이 없어 생산 과정으로부터 소외되고 있는 노동자의 입장에서 생존을 위해 노동을 택하지 않을 수 없다는 차원에서 일종의 '강제'로 파악하고 있다는 점이 다른 점이다. 이들에 의하면 중세 농노제 사회에서 직접생산자들이 영주에 귀속되어 노동을 하지 않을 시에는 영주재판권 등 중세의 지배층이 갖고 있는 권력의 행사라는 보이는 '강제'에 의해 노동을 했던 것과는 달리 자본주의 사회에서의 노동은 합리적 선택이라는 외피를 두르고 나타나는 것이 다르다는 사실을 강조하고 있다.[29]

3. 성격

(1) '관계'에 초점을 맞춘 자유

소극적 자유와 달리 적극적 자유는 개인의 행동이 그 개인이 처한 사회의 각종 제약으로 인해 진정 자유로워지기 어렵다는 사실을 중시하면서 자유의 개념을 정의하고 있다는 점을 유의할 필요가 있다. 이러한 견해 또한 이들이 사회를 보는 견해의 차이로부터 유도된 것으로 볼 수 있다. 소극적 자유론자들이 주로 사회 메커니즘에 의지하고 있는 데 비해, 이들은 구체적인 내용면에서는 논자들에 따라 차이를 보이고 있지만 전체적으로는 사회를 일종의 유기체로 바라본다는 점에 차이가 있다.

구체적으로 앞에서 본 케인스의 경우 궁극적으로 개인의 자기목적 달성을 위해서는 개인과 사회의 관계 속에서 파악되어야 한다는 점에 초점을 맞추고 있었던 것으로 볼 수 있다. 더 나아가 개개인의 자유를 개인이 갖는 역량을 발휘할 수 있는 상태로 파악한 센의 경우도 개인과 사회의 상호작용 관계를 파악하여야 하는 것으로 보고 있다. 무엇보다 마르크스에게 자유의 개념은 자본주의적 생산관계, 즉 자본가와 노동자의 관계로부터 노동자가 생산 과정에서 겪는 소외로부터 벗어난 상태로 인식하고 있었다. 이들은 '자유'의 개념을 인식함에 있어서 모두 각자의 방법론적 틀의 차이에 따라 크고 작은 차이를 보이고 있으나, 소극적 자유론자들과 달리 개인과 개인의 유기적 '관계' 속에서 형성되는 사회의 구조적 제약을 중시하고 있다는 점에서는 궤를 같이하는 것으로 볼 수 있다.

(2) 내용 의존적 자유

'소극적 자유'와 달리 '적극적 자유'는 각 개인이 윤리적으로나 이성적으로 옳게 행동할 때만 '자기실현'이 가능한 것으로 보고, 그러한 상태를 '적극적 자유'의 상태로 파악한다는 점에 그 특징이 있다. 물론 이 개념도 개개인이 선택대상을 추구하는 자유를 인정하기는 하지만, 그때의 자유는 외부의 간섭을 받지 않는다는 차원에서 개인의 자율성을 실현하기 때문이 아니라, 개개인이 적극적으로 선한 것을 추구한다는 차원에서 개인의 자율성을 실현하는 것으로 보고 있다. 말하자면, 이 개념은 선하지 않은 것을 추구할 자유는 없지만, 선한 것을 추구하고 행할 자유는 적극적으로 인정한다는 것을 의미한다. 이런 뜻에서 '적극적 자유'를 '내용에 의존하는 자유' 또는 '실질적 자유'라고도 한다.

(3) 국가와의 관계

앞에서 본 '적극적 자유'의 개념에 비추어 보면, 개개인들이 보다 적극적으로 자기가치 실현에 몰두할 수 있기 위해서는 국가가 그들의 그러한 행위가 가능하도록 해주기 위해 보다 적극적으로 여건이나 능력을 갖추어 주는 역할을 수행할 필요가 있다는 사실을 알 수 있다. 뿐만 아니라 개개인의 잘못된 윤리적 선택이 오히려 개개인의 자유를 옭아매는 일이 없도록 일정한 규범을 설정하는 역할이 요구된다는 사실도 보았다. 한마디로 개개인의 실질적인 자기가치 실현을 가능하게 하기 위해서는 개인의 자아실현에 장애가 되는 사회구조나 세력을 제거하기 위한 국가의 적극적 개입이 수용되는 것으로 인식하고 있다는 사실을 이해할 필요가 있다.

이와 같은 적극적 자유와 관련된 국가의 역할을 앞의 사례에 비추어서 살펴보자. 몸이 아픈 사람이 가난해서 병원에 가고 싶어도 가지 못하는 상황에서는 국가가 단지 누구나 병원에 갈 수 있게 하고, 어떠한 병원도 신체적 조건에 따라 환자를 가려서 받지 못하게 관리해 준다고 해서 그 사람이 병원에 갈 수 있는 것은 아니다. 이때 국가가 평소에 누구나 기본적인 병원 서비스는 받을 수 있는 사회보장제도를 운영하는 등의 방법을 강구할 수 있다. 물론 보다 근원적인 방법으로 일상생활 과정에서 국민들이 건강관리를 잘할 수 있도록 건강관리 프로그램을 운영한다든지 건강친화적인 주변 환경을 유지하는 등의 활동을 해나갈 수 있다. 국가에 의한 이와 같은 보다 적극적인 조치가 취해질 때 비로소 국민들이 보다 건강한 삶을 유지하는 것이 상대적으로 더 용이해지고, 특히 이 환자 같은 경우 치료를 받고자 하는 의지를 현실적으로 실현시키고 더 나아가 건강한 몸으로 자신이 하고자 하는 욕구를 실현시킬 수 있는 기회를 갖게 될 것이다. 이처럼 '적극적 자유'를 위해서는 국가에 의한 보다 적극적인 외적 개입을 필요로 한다는 점을 유념할 필요가 있다.

그러나 이와 같은 적극적 자유 개념이 수용되는 경우 개개인의 적극적 자유 추구를 위한 사회적 규범이나 질서를 설정하는 과정에서 자칫 국가가 권위주의적으로 변해서 오히려 사회 구성원들의 자유를 옥죄는 결과를 가져올 수도 있다는 비판이 있음을 유념할 필요가 있다.[30] 그뿐만 아니라 이러한 비판은 나치 정권의 등장 등의 사례에서 보았듯이 역사적으로도 입증된 사례가 여럿 있다는 사실도 유념할 필요가 있다.

(4) 역사적 성격

시민사회 성립기로부터 자본주의 초기 단계에는 앞에서 본 것처럼 '소극적 자유'가 사회 구성원들의 실질적 자유를 제고시키는 데 기여해 온 것으로 평가될 수 있었다. 그러나 자본주의적 사회 운영이 성숙되어 가면서 독점적 자본주의적 성격을 띠는 시기를 맞이한 이래로 사회에는 부와 소득의 편재가 심화되어 사회구조 내지 사회경제구조가 단층화·파편화되는 현상이 가속화되어 갔다. 이러한 역사발전의 추세 속에서 외형상의 자유, 즉 '소극적 자유'만으로는 개개인의 실질적 자유를 보장하지 못하는 상황이 나타나게 되었다. 이에 따라 개개인의 실질적 자유를 보장하기 위해서 논리적으로 '적극적 자유'가 요구되고, 역사적으로도 그러한 상황이 전개되고 있었다.

제3절 자유와 자유주의

이 절에서는 먼저 앞에서 살펴본 '자유' 개념의 맥락에서 서로 다르게 정의되고 사용되고 있는 '자유주의'의 개념에 대해 살펴본다. 이어서 자본주의 역사발전 과정에서 이러한 '자유' 내지 '자유주의' 개념이 어떠한 변화 과정을 거치면서 현실적으로 사용되고 있는지 그 경향성을 확인해 본다.

1. '자유' 개념과 '자유주의'의 다원성

'자유'를 핵심 가치로 하는 철학적 관점 내지 정치적 입장으로 '자유주의'(liberalism)가 있다. 이 개념에 대한 구체적인 정의는 서로 다른 철학적 관점, 역사적 관점 등에 의해 한마디로 정의하기 어려우며, 그래서 서로 다른 사람에게 서로 다른 의미로 사용된다.[31] 본서는 이와 같은 철학적·정치적 논의에 직접 참여하지 아니하고 그것이 갖는 경제적 의미에 초점을 맞추어 앞에서 살펴본 '자유'의 서로 다른 의미와 경제적 의미에서의 '자유주의'가 갖는 관련성을 살펴보는 데 관심을 두고자 한다. 경제적 의미에서 자유주의, 즉 '경제적 자유주의'(economic liberalism)는 개괄적으로 "'자유'를 핵심 가치로 해서 경제 문제를 해결해 나가는 틀로서의 경제체제 내지 그러한 사상"을 의미한다고 정의할 수 있다. 좀 더 구체적으로는 "'개인'을 사회 문제의 최종적 판단자로 파악함으로써 사회 분석의 기본적인 단위를 개인으로 보고, 궁극적인 목적을 '자유'로 보는 인식론"을 일컫는다.[32] 그런데 다른 분야에서도 그러하지만, 경제적 관점에서도 '자유주의'는 사람들에 따라 서로 다른 의미로 사용되고 있다. 그것은 앞에서 설명한 '경제적 자유'의 두 유형이 갖는 서로 다른 내용을 반영하고 있는 것으로 해석된다.

먼저 경제적 자유를 '소극적 자유'로 해석하는 쪽에서는 '자유주의'란 '유럽식 자유주의'를 의미한다. 이 경우 자유주의는 '소극적 자유'를 궁극적인 목적으로 하면서 원칙적으로 국가의 개입을 부정하는 입장을 보인다. '고전적 자유주의'(classical liberalism), '자유지상주의'(libertarianism), '신자유주의'(neoliberalism), 그리고 경제체제와 관련해서는 '시장근본주의'(market fundamentalism) 등이 이러한 견해를 따르는 명칭들이라 할 수 있다.

한편, 경제적 자유를 '적극적 자유'로 해석하는 쪽에서는 '자유주의'란 '미국식 자유주의'를 의미한다.[33] 이 경우 자유주의는 '적극적 자유'를 궁극적인 목적으로 하면서 국가의 적극적인 개입을 수용하는 입장을 택하고 있다. 논자에 따라서는 이러한 입장을 '행동적 자유주의'라 부르기도 한다.[34] 흔히 일컫는 '개혁주의'(reformism), '개입주의'(interventionism) 등이 이러한 의미의 자유를 수용하는 견해라 할 수 있다.

다 같이 '자유주의'라 부르는 경우에도 어느 사회인가에 따라 그 의미를 이렇게 다르게 하고 있다는 사실을 인식하는 것이 중요하다. 그 차이를 모르면 같은 자유주의라 불리는 철학에 바탕을 둔 정책이라 하더라도 그 구체적인 내용에 차이가 크다는 사실을 이해하기 힘들 것이기 때문이다.

2. 자본주의 역사발전 과정과 자유주의

'자유주의'는 지금까지 살펴본 바와 같이 논자들에 따라 서로 다르게 불리기도 하고 서로 다른 의미를 담기도 한다. 뿐만 아니라 역사발전 과정에 따라서도 서로 다른 의미의 '자유'가 받아들여지는 경향이 있다.

일반적으로 자본주의 성립기와 초기 단계에는 주로 '소극적 자유'를 수용하는 경향을 나타낸다. 그것은 자본주의 초기 단계에는 개별 구성원들의 자유로운 활동이 논리적으로나 현실적으로 보다 긴요한 시대적 상황을 반영하는 것으로 이해된다. 한편, 이러한 자본주의적 운영 과정에서 경제체제로서 자리를 잡고 한 걸음 더 나아가 독점자본주의 이후 단계로 들어가면서 크고 작은 많은 문제들이 분출되어 나오는 상황을 맞게 된다. 그런데 여기서 문제는 그러한 문제들이 기존 체제의 운영방식만으로는 해결해 내기 힘든 문제들이 전반적이고 항상적으로 발생된다는 데 있다. '경제적 자유'와 관련해서도 이 단계에 이르게 되면 주로 '적극적 자유'를 수용하는 입장으로 전환되는 경향을 보이는 것으로 나타난다. 이 또한 논리적으로도 수용되는 상황이며, 경험적으로도 역사적 사실이 보여 주는 대로이다.

그런데 1980년대를 거쳐 1990년대 초 구소련 붕괴 이후 소위 '탈냉전 시대'에 이르러 소위 세계화가 가속화되면서 기존의 개입주의적 사고에 대응되는 철학적·정치적 흐름으로서 '신자유주의적 사고'가 그 세를 넓혀 가기에 이르렀다. 이러한 시대 상황을 반영하여 경제적 자유면에서도 다시금 '소극적 자유'에 대한 평가가 새롭게 부상되는 경향을 보였다. 그러던 것이 1990년대 후반 이래의 세계적 차원의 '경제위기'를 몇 차례 거치면서 세계는 다시금 '적극적 자유'의 중요성에 대한 인식이 제고되는 경향을 보이고 있다.

한마디로 '자유'라는 것도 각 나라가 처한 역사적 상황에 따라 그 사회 구성원들의 실질적인 자유를 제고시키는 방향으로 그 구체적인 의미가 끊임없이 새롭게 해석되어지는 동적인 개념으로 이해하는 것이 바람직하다는 것을 알 수 있다.

주

1. '자유'를 영어로 'freedom' 또는 'liberty'라 부르는데, Hayek(1960: 57), Berlin(1969: 3)을 비롯한 많은 논자들이 이 두 단어를 구분 없이 사용하고 있음을 참고하기 바란다.
2. 일반적으로 이렇게 알려져 있으나 Hayek(1960: 69의 각주 29)에 의하면, '자유'의 개념을 이렇게 구분해서 사용한 것은 벌린보다 먼저 Thomas Hill Green(1880)의 "Lecture on Liberal 'Legislation and Freedom of Contract'"이었다고 밝히고 있으니 참고하기 바란다.
3. '자유'에 대한 이러한 구분에 대해서는 각각 긍정적·부정적 평가가 다양하게 제시되어 오고 있다(문지영(2004: 175-178), 임정아(2010: 31-36) 등을 참고). 그러나 여기서는 그러한 평가에 관심을 갖기보다는 경제행위 과정을 다 같이 '경제적 자유'라는 관점에서 그 적절성 여부를 평가하더라도 이와 같은 두 가지 서로 다른 관점에 따라 그 적절성 여부에 대한 판단이나 대안의 설정이 크게 달라질 수 있다는 사실을 보여 주는 데 그 뜻을 두고 있음을 밝혀 둔다.
4. Berlin(1969: 3)을 참고.
5. Smith(1776(1965): 651)를 참고.
6. Smith(1978: 8(김광수, 2005: 175))를 참고.
7. 김광수(2005: 176)를 참고.
8. Mill(1859(2018): 46-47)을 참고.
9. Friedman(1962(1986): 14)을 참고.
10. Friedman(1962(1986): 260)을 참고.
11. Hayek(1960: 57-59)를 참고.
12. Hayek(1960: 69-70)를 참고.
13. Hayek(1960: 61, 71)를 참고.
14. Hayek(1960: 60)를 참고.
15. Friedman(1968(1986): 22)을 참고.
16. Hayek(1960: 59, 71-72)를 참고.
17. 후술하는 '적극적 자유의 역설'과 더불어 가히 '자유의 역설' 현상이라 할 수 있을 것이다.
18. Berlin(1969: 8)을 참고. 이와 관련하여 이정전(2002: 131)이 이러한 자유를 '자기계발의 자유'라 일컫는 것도 적극적 자유 개념이 갖는 위와 같은 의미에 기인하는 것으로 볼 수 있다.
19. Berlin(1969: 8)을 참고.
20. 이와 관련하여 Berlin(1969: 8)도 적극적 자유 개념에서는 "인간은 자신에게 영향을 주는 외부 요인에 의해 행동하려 하지 아니하고 이성이나 의식적인 목표에 의해 행동하려 한다"는 점을 그 특성으로 설명하고 있는 것을 볼 수 있다.
21. 임정아(2010: 31-32)를 참고.
22. 임정아(2010: 32)(Jean-Jacque Rousseau, *The Social Contract*, Oxford University Press, 1962: 184-

186)를 참고.

23. 노명식(2015: 302)(John Rawls, *A History of Justice*, Clarendon Press, 1972: 544)을 참고.

24. Keynes(1926(1972): 287-288)를 참고.

25. 그러나 케인스는 후술하는 센이나 마르크스와는 달리 어디까지나 개개인이 자기의 이해와 욕구를 잘 알고 그것을 추구해 나가는 합리적인 존재로 보고 있다는 점에서는 개인주의적 철학에 기반을 두고 있었다. 단지 그는 그와 같은 개인의 합리성 추구행위가 사회적으로는 바람직한 상태를 가져오지 못하는 경우가 있다는 점을 받아들여 개개인에게 경제활동의 자유를 주되 사회적 합리성을 고려하여 정부의 개입을 수용하고 있다는 것이 기존의 신고전파적 견해와 차이를 보이고 있다는 점을 유념할 필요가 있다.

26. Sen(1999(2013): 57, 132-133)을 참고. 아울러 김원기는 Sen(1999(2013))에서 센의 capability를 '역량'으로 번역하고 있으나, 내용으로 보면 개개인의 잠재적 능력을 활성화할 수 있는 능력을 의미하는 것임을 알 수 있다.

27. 제5장 제3절의 '노동'에 관한 정치경제학적 논자들의 설명 부분을 참고하기 바란다.

28. Ding and Lu(2017: 584)를 참고.

29. 이와 관련된 내용은 제5장의 '현상과 본질의 차이와 경제학의 임무'를 설명할 때 자세히 다루고 있으니 참고하기 바란다.

30. 이러한 사실을 혹자들은 '적극적 자유의 역설'(paradox of positive freedom)이라 부르기도 한다. Hayek(1944)가 『노예로의 길』(*The Road to Serfdom*)에서 정부 개입의 예속적 귀결을 경고한 것은 대표적인 비판 사례라 할 수 있다.

31. Mulhall and Swift(1992(2001): 11-13), 노명식(2011) 등을 참고. 특히, 노명식(2011: 37-38)은 복잡한 '자유주의'의 개념을 구체적으로 밝혀 나가기 위한 전제로서, 자유주의의 철학적 핵심을 '개인주의'로 보고, 자유주의를 "개인주의적인 인간관과 사회관을 포괄하는 일관성 있는 세계관"으로 정의하고 있다.

32. 우명동(2005: 27)을 참고.

한편, Chang(2014: 75)은 경제학적인 관점에서 '자유주의'를 "개인이 자신의 재산을 이용할 권리, 특히 돈을 벌기 위해 재산을 이용할 권리를 보호하는 것"을 의미하는 것으로 정의하고 있다.

33. Chang(2014: 76)이 "미국에서는 '리버럴'이라는 용어가 좌편향적인 견해를 가리킨다"고 한 것도 위와 같은 이해에 근거하고 있는 것으로 해석된다.

한편, 미국의 전형적인 자유주의자 Friedman(1962(1986): 15-16)은 위와 같은 명명에 대해 거부하면서, "자유주의라는 용어의 의미가 변조되었기 때문에 과거의 그 이름 아래서 통용되었던 견해가 지금에 와서는 때때로 보수주의자라는 딱지가 붙여지고 있다. … 자유를 파괴하는 제 수단의 지지자들에게 자유주의란 용어를 넘겨주기 싫고 또한 이 용어보다 좋은 낱말도 찾아볼 수 없기 때문에, 필자는 자유주의라는 용어를 그 본래의 의미로, 즉 자유인에게 합당한 교의로 사용함으로써 이 용어의 해석에서 발생하는 어려움을 해결하려 한다"고 하는 것을 참고하기 바란다.

34. Fusfled(1981(1983): 210)를 참고.

Chapter

10

종합

본 장에서는 '가치' 기준에 관한 지금까지의 논의를 종합하여 먼저 효율성과 공평성, 그리고 자유 등 주요 가치 기준들 사이의 관련성을 살펴본다. 이어서 경제와 사회 문제를 다루는 과정에서 '권력'이라는 개념이 갖는 의미를 서로 다른 경제학적 관점에서 살펴보고, 이와 같은 권력이 가치 기준의 설정에 주는 의미를 검토한다.

제1절 서로 다른 가치 기준들 사이의 관계

먼저 각 가치 기준에 대한 서로 다른 인식의 근원을 살펴보면서 이들에 대한 차별적 인식이 서로 유기적 관련을 맺고 있음을 밝힌다. 아울러 한 걸음 더 나아가 효율성과 공평성 사이의 경합관계의 존재 여부와 그 동행 가능성 여부를 살펴봄으로써 가치 기준을 둘러싼 오해를 극복하는 데 뜻을 두고 있다.

1. 효율성 및 공평성과 경제적 자유의 관계

지금까지 우리는 경제적 성과를 평가하는 가치 기준으로서 '효율성'과 '공평성', 그리고 더 근원적으로 경제활동 과정 자체의 평가 기준으로서 '경제적 자유'의 개념에 대해서 살펴보았다. 각각의 개념들이라 해도 하나의 기준으로 제시되는 것이 아니라 논자에 따라 크고 작은 견해 차이를 보이고 있음을 보았다. 그런데 설명 과정에서 우리는 그와 같은 각 가치 기준에 대한 서로 다른 견해들이 별개로 존재하는 것이라기보다는 서로 연계되어 있다는 사실을 알 수 있다.

(1) 각 가치 기준의 구체적 의미의 차별성의 근원

우리는 앞에서 '효율성' 개념이 크게 사적 차원에서 파악되는지 아니면 사회적 차원에서 파악되는지로 나뉜다는 사실을 볼 수 있었다. 나아가 사회적 차원이라 하더라도 특정 경제행위가 발생시킨 비용과 편익을 사회 전체적으로 단순히 합산해서 파악한 개념인지, 사회가 처한 여건에 따라 서로 다른 특성이 반영된 상태에서 파악된 개념인지에 따라 서로 다르게 정의된다는 사실을 볼 수 있었다. 말하자면, 개인과 개인, 집단과 집단들 사이의 관계를 단순히 일대 일의 양적이고 기술적인 관계로 파악할 것인지, 서로가 유기적인 영향을 주고받는 관계, 그래서 그러한 관계에 따라서 특정 개인이나 집단이 발휘할 수 있는 생산 능력에 차이가 있다고 보는지 여부가 중요한 의미를 갖는 것이었다. 이러한 견해에 따라 다 같은 사회적 효율성이더라도 근대경제학적 관점에서의 사회적 효율성과 정치경제학과 제도경제학적 관점에서의 사회적 효율성이 서로 다르게 파악되고 있음을 볼 수 있었다.

이러한 사실은 '공평성'의 개념에서도 그대로 사실로 나타나고 있었다. '공평성'이라는 가치 기준이 서로 다른 개인이나 집단들 사이의 분배 상태의 적정성을 나타내는 가치 기준이라는 사실을 고려해 보면, 이 가치 기준의 정의에서도 개인들 또는 집단들 사이의 관계를 어떻게 바라보는지가 견해 차이의 초점이었음을 알 수 있다. 말하자면, 개인들은 서로 독립된 주체로서 그들 사이의 관계는 단순히 일 대 일의 물리적 관계에 있다고 보는 경우에는 그들이 시장에서 형성한 성과배분 몫은 바람직한 것으로서, 그들 사이의 분배 상태가 바람직한지 아닌지 여부는 애초부터 따질 필요가 없다고 보는 견해가 있을 수 있다. 그러나 사회라는 것을 균질적인 사람들의 집합체로 보지 않을 경우에는 이질적인 구성원들이 서로 얼마나 어떻게 나누어 갖는 것이 바람직한지에 대한 기준도 사회에 따라 서로 다르게 나타날 수 있는 견해도 성립되는 것이다. 소위 말하는 평등주의적 견해라든가 극빈자 우대형 견해 등의 경우가 그러하다.

한편, '경제적 자유'라는 개념도 마찬가지이다. 다 같은 '경제적 자유'라도 구체적으로 어떤 상태가 개인들에게 실질적 자유를 부여함으로써 자신이 가지고 있는 능력을 마음껏 발휘할 수 있는 것으로 보는지는 크게 다르게 제시되고 있다는 사실을 알 수 있었다. 말하자면, 사회를 구성원 누구나 출발부터 기회가 동등하고 자신이 원하는 바를 마음껏 추구할 수 있는 구성원들의 단순한 집합체로 파악하는 논자들의 경우라면, 어떠한 누구도 개인들이 스스로 하고자 하는 바를 간섭하거나 규제하지 않을 때 그 사회 구성원들은 스스로 가지고 있는 능력을 마음껏 발휘할 수 있는 실질적 자유를 누릴 수 있다고 보는 견해가 제시될 수 있다. 그런가 하면 사회라는 것이 애초부터 그러하지 아니하고 서로 다른 이질적인 개인들이나 집단들이 모여서 형성된 유기체적 존재라고 보는 입장에서는 해당 사회의 구조적 관계, 즉 사람과 사람 사이의 관계, 집단과 집단 사이의 관계 여하에 따라 특정 개인 또는 특정 집단이 명시적인 외부의 간섭을 거부할 수 있더라도 그들이 가지고 있는 잠재된 능력을 마음대로 발휘할 수 있는 것은 아니라는 견해가 성립될 수 있다. 소위 사회 구성원들이 스스로의 의지에 따라 보다 적극적으로 자신이 하고자 하는 바를 추구할 수 있는 사회 상태가 주어져야 비로소 그들이 실질적인 자유를 향유할 수 있는 것으로 보는 견해가 제시되는 것이다.

한마디로 동일한 가치 기준이라 하더라도 그 구체적인 의미는 논자들마다 크고 작은 차이가 나타나고 있는데, 그 근원을 보면 개인과 개인 사이의 관계 또는 집단과 집단 사이의 관계를 균질적이고 대등한 관계로 보는지 아니면 이질적이고 차별적인 관계로 보는지에 대한 인식의 차이가 내재되어 있음을 알 수 있다. 그런데 그와 같은 관계에 대한 인식의 차이는 제2부 여러 곳에서 본 바와 같이 '사회'를 바라보는 관점의 차이에서 비롯되며, 더 근원적으로는 '인간의 본성'을 바라보는 인식의 차이에서 유래되는 것이었음을 유념할 필요가 있다.

(2) 각 가치 기준의 서로 다른 의미의 유기적 관련성

이제 각 가치 기준에서 서로 다른 견해가 제시되는 위와 같은 배경을 고려해 보았을 때, 각 가치 기준에서의 서로 다른 견해가 서로 독립적으로 제시되는 것이 아니라 매우 밀접하게 연계되어 있다는 사실을 발견할 수 있다. 말하자면, '효율성' 개념에서 개개인의 행위를 중심으로 그들 행위의 성과를 단순히 합쳐서 사회적 성과로 파악하는 견해와 '공평성' 개념에서 개개인의 경제적 성과를 중시하며 서로 다른 개인들 사이의 상대적 분배 상태의 적절성 여부 자체를 따지지 아니하거나 그 자체를 바람직한 것으로 파악하는 견해는 그 밑바닥에 사회 문제를 바라볼 때 다 같이 '개인'을 중시한다는 가치가 내재되어 있음을 알 수 있다. 그뿐만 아니라 이러한 견해는 '경제적 자유' 개념에 대한 견해에도 그대로 이어지고 있다는 사실도 알 수 있다. 말하자면, '경제적 자유'라는 가치 개념에도 개개인의 행위를 주관하는 자는 자기자신이라는 점을 강조하는 입장에서는 인간의 실질적 자유는 그와 같은 개개인의 행위에 관한 의사결정 과정이 외부에서 방해받지 않을 때 주어진다는 견해가 나오게 되는 것은 논리적으로 자연스러운 유추 결과라 할 것이다.

물론 그와 대립되는 경우도 마찬가지라는 사실을 알 수 있다. '효율성' 개념에서 사회에 따라서 어떤 사회는 개개인의 잠재된 자질이 충분함에도 불구하고 그것이 현실적으로 제대로 발휘되지 못하는 경우가 있을 수도 있다는 사실에 초점을 맞추는 경우가 있었다. 그 경우에는 사회적 효율성은 단순히 개개인 행위의 성과의 단순한 합으로 측정해서는 안 되며 사회가 갖는 구조적 제약점을 고려해 가면서 전체적인 효율성의 정도를 파악해야 한다는 개념이 등장하게 되는 것이었다. 마찬가지로 '공평성' 개념에서도 한 사회 구성원의 바람직한 삶의 상태를 단순히 물량적인 측면뿐 아니라 서로 다른 사람들의 상대적인 상태에 따라서 크게 달라질 수 있다고 보는 입장이 있었다. 이 경우에는 서로 다른 개인들 사이의 상대적 분배 상태의 적절성 여부도 그들 사이의 관계가 어떻게 형성되고 변화되어 가는지 여부가 중요하게 고려되지 않을 수 없게 된다. 나아가 '경제적 자유'의 경우도 마찬가지이다. 개개인의 행위를 주관하는 주체를 온전히 개인으로 보지 않고 개인들의 행위가 개인들 사이의 관계나 그것이 응집된 사회경제구조적 요인에 의해 크게 영향을 받는 것으로 보는 경우에는, 개개인들이 단순히 외부의 간섭으로부터 벗어난다고 인간의 실질적 자유가 확보된다고 보기 어렵다는 견해가 제시되는 것이다.

요약컨대, 다 같은 가치 기준이라 하더라도 그 기준이 구체적으로 의미하는 바가 다른 것은 사회를 '개인' 중심적으로 보는지 아니면 서로 이질적인 개인들 사이의 '관계'를 중심으로 보는지에 따라 서로 다르다는 것을 인식하여야 한다. 개인 중심적인 인식의 바탕 위에서 가치 기준을 보는 경우에는 효율성에서도 개인 중심적인 의미를 담기 마련이고, 공평성에서도 개개인의 성과를 중시하게 되며, 경제적 자유에서도 개개인의 자율적 행동의 가능성에 초점을 맞추게 된다. 그러하지 아니하고 이질적인 개인과 개인 사이의 '관계' 내지 '구조'를 중시하는 인식을 갖고 있는 경우에는 효율성에서도 관계 중심적인 의미를 담게 되고, 공평성에서도 이질적 구성원들 사이의 성과 몫의 상대적 분배 상태의 교정에 초점을 맞추게 된다. 마찬가지로 경제적 자유에서도 이질적 구성원들이 만들어 내는 구조적 제약을 어떻게 풀어낼 것인가에 초점을 맞춤으로써, 구체적으로 의미하는 바는 이와 같이 서로 유기적인 관련을 맺고 있다는 사실을 알 수 있다.

2. 효율성과 공평성의 관계

(1) 효율성과 공평성의 경합성

우리는 "'효율성'과 '공평성'은 경합관계(trade off)에 놓여 있다"는 말을 자주 듣는다. 이 명제는 사적(개인적) 가치의 차원에서 '효율성' 개념을 인식하는 근대경제학적 논자들이 보는 일반적인 견해이다. 말하자면, '사회적 효율성'을 사회 전체적으로 나타난 경제적 성과를 단순히 양적으로 합한 개념으로 인식하는 논자들이 주창하는 견해이다.

이러한 견해는 근대경제학적 논자들이 모든 개인을 균질적인 것으로 보는 데서 기인하는 견해라는 사실을 유념해 둘 필요가 있다. 이렇게 모든 개인들에게 소질에 따라 자신의 능력을 개발해 낼 수 있는 여건이 동일하게 주어져 있는 경우에 각자가 가장 잘 이루어 낸 성과를 모두 더한 것이 사회적 성과로 측정된다. 이 입장에서는 누구나 능력껏 생산능력을 발휘하여 그에 상응하게 성과를 나누어 갖게 되며, 그 합이 가장 큰 사회가 사회적 성과가 가장 큰 효율성이 보장된 사회가 된다는 것이다. 그런데 구성원들 가운데는 선천적 또는 후천적인 능력 자체가 크지 아니하여 자신의 생산활동으로부터 얻어지는 성과로는 기본적인 생활도 유지하지 못하는 경우도 있을 수 있다. 이런 상황을 고려해 보면 모두에게 능력껏 성과를 키우는 과정에서 사회적 효율성은 제고될 수 있지만, 그 과정에서 개인들 사이의 성과 몫, 즉 분배 측면에서 보면 불공평성이 심화될 수 있다는 사실을 알 수 있다. 만약 이 경우 능력이 취약한 어느 개인의 최선의 성과가 사회적으로 바람직한 수준이 못 된다고 해서 좋은 성과를 내고 있는 개인의 몫의 일부를 나누어 주어 공평성을 인위적으로 제고시키게 되면, 그 과정에서 능력이 큰 사람의 근로의욕이 줄어들어 궁극적으로 효율성이 떨어지게 된다. 결국 공평성을 제고시키기 위해서는 효율성에 손상이 가해지는 상황이 발생할 수밖에 없게 된다. 세간에 오가는 "'효율성'과 '공평성'은 경합관계에 놓여 있다"는 명제는 이러한 상황을 두고 일컫는 이야기라 할 수 있다.

위와 같은 견해는 근대경제학적 견해의 이론적 기초를 제공해 주고 있는 자유주의적 견해나 공리주의적 견해에 해당된다. 그런데 사실상 이들의 견해에서는 시장에서의 성과 몫의 분배 자체를 '효율적'이면서도 '공평한' 것으로 보기 때문에 애초부터 두 가치 기준 사이의 관계라든가 상대적 분배 상태의 적절성에 대해서는 논의 자체가 제기되지 않는다는 점을 참고하기 바란다.

(2) 효율성과 공평성의 동행성

위에서 본 효율성과 공평성의 경합관계는 모든 사회 구성원들이 동질적이어서 모두가 자기이익의 극대화를 제약 없이 추구할 수 있다는 전제 위에 성립되는 관계라는 사실을 유념할 필요가 있다. 만약 이질적인 개인들로 구성된 사회라면 효율성과 공평성의 관계는 위와 같이 획일적으로 이야기할 수 없다. 예를 들어, 사회의 어떤 계층 사람들이 '개인적으로' 선천적으로나 후천적인 여러 요인으로 인해 스스로 자신이 가지고 있는 능력을 충분히 계발해 낼 수 있는 여건을 갖추지 못한 경우도 있을 수 있다. 뿐만 아니라 '사회적으로'도 어떠한 구조적 요인이 있어서 개개인의 능력이 충분히 발휘될 수 없도록 제약이 가해지는 경우도 있을 수 있다. 이런 경우를 상정해 보면 어떤 사회이든 그러한 상황이 아니었더라면 발휘할 수 있었을 만큼 생산능력을 활성화하지 못할 수 있다. 주어진 기술 수준에서도 그러하지만 기술 변화 가능성까지 고려하는 경우에도 마찬가지 상황이 나타날 수도 있다. 이러한 상황을 고려해 보면 '공평성'의 관점에서 일정한 기준을 설정하여 그러한 취약한 상황에 처한 사람들에게 보다 많은 성과가 돌아갈 수 있는 사회적 조치를 취할 경우, 그러한 계층의 생산능력이 더 활성화되는 경우가 있을 수도 있다. 이렇게 되면 사회 전체적으로도 그러하지 않았을 경우에 비해 생산능력이 더 높아지는 상황이 전개될 수도 있는 것이다.

비판적 경제학자로 널리 알려진 미국의 경제학자 헌트(E. K. Hunt)는 셔먼(H. J. Sherman)과의 공저인 『가격과 빈곤』(*Economics: An Introduction to Traditional and Radical Views*, 1976)에서 시장경제에서의 자원배분의 실상을 가상적인 상태를 상정하여 설명하고 있는데, 이 사례는 효율성과 공평성의 동행 가능성을 보여주는 좋은 사례로 보여 소개한다.[1] 독립된 경제생활 단위로서 한 사회에 1,000명의 어린이가 살고 있는 곳에 전염률 80%의 전염병이 발생하였는데 현재 예방약이 1,000알 있다고 하자. 이 상황에서 한 알도 먹지 않으면 치사율이 90%이며, 한 알 먹으면 치사율이 10%로 줄어들고, 두 알 먹으면 8%, 세 알 먹으면 6%, 네 알 먹으면 5%로 떨어지지만 그 이상은 먹어도 약효가 없다는 전제에서 예방약을 어떻게 배분할 것인가 하는 문제를 가지고 효율성과 공평성 문제를 설명하고 있다. 이 경우 시장 논리에 따라 자원이 배분되면 우리는 자원이 효율적으로 배분되었다고 이야기하는 것이다. 이렇게 시장에 맡기면 보다 많은 대가를 지불할 용의가 있는 부유한 집 아이 250명이 네 알씩을 구입하며, 이 경우 위의 가정에 따라 그중에서 80%, 즉 200명이 전염되고, 치사율 5%이니까 10명이 죽고 나머지는 살아남게 된다. 그리고 나머지 소득 수준에서 구매 기회를 놓친 750명은 약을 복용하지 못하고 그중에 600명이 전염되었다가 540명이 사망하게 된다. 결국 모두 합쳐서 550명이 죽고 450명이 살아남게 된다. 그런데 만약 이 사회에 소득이 균등하게 분배되어 있거나 또는 이 예방약을 모두 균등하게 분배한다고 보면, 800명이 전염되어 치사율 10%로 결국 80명이 죽고 920명이 살아남게 된다. 헌트 자신도 이야기하고 있듯이 이러한 상황은 설명을 위해 과장된 측면이 없지 않으나 이 사례가 전달하고자 하는 요지는 분명하다고 볼 수 있다. 이 사례에서 보면 예방약 자체로 보면 보다 높은 가격을 지불할 의지와 능력이 있는 어린이에게 차례대로 공급되고 있기 때문에 효율적으로 공급된 것으로 볼 수 있다. 그러나 살아남은 아이들이 그 사회에 기여하게 될 장기적인 사회적 생산력을 고려해 볼 때 공평성을 제고시키는 것이 반드시 사회적 차원에서 효율성을 떨어뜨린다고 말할 수 없음을 알 수 있다.

한마디로 효율성과 공평성의 관계는 논의되는 사회가 어떤 상황에 놓여 있는지, 또는 그러한 특정 사회 상황을 어떻게 인식하는지에 따라 서로 다르게 파악될 수 있는 것이다. 물론 앞에서 서술한 바와 같이 경제학적 차원에서의 정태적·동태적 효율성의 개념은 '사적 차원'에서 사회적 효율성을 다루는 개념으로서, 그러한 맥락에서는 효율성을 높이면 공평성은 저하되는 기계적(산술적)인 관련성을 나타내는 것으로 볼 수 있다. 그러나 효율성의 개념에 '사회적 차원'에서의 효율성을 고려하는 경우에는 효율성과 공평성이 반드시 대립된 개념으로 파악되지 않을 수도 있으며 오히려 상호보완적이거나 동행적 관계도 성립될 수 있다는 사실을 유념할 필요가 있다.[2]

제2절 권력과 가치

이 절에서는 경제학에서 사용되는 '권력'의 개념을 살펴보고, 이 문제를 다루는 서로 다른 경제학적 입장을 개괄적으로 살펴본다. 이어서 이러한 '권력'이 주로 앞에서 다룬 '가치 기준'의 설정 과정에서 수행하는 역할을 다양한 각도에서 검토함으로써, 경제와 사회 문제를 이해하는 과정에서 권력이 갖는 의미를 이해하는 데 기여하고자 한다.

1. '권력'의 개념과 서로 다른 견해

(1) '권력'의 개념

우리가 흔히 접하는 근대경제학적 교재나 문헌들에서는 생소하지만 한 발만 물러나서 경제 관련 교재나 문헌들을 보면 '권력'이라는 개념이 중요하게 다루어지고 있는 것을 볼 수 있다.[3] 바틀릿(R. Bartlett) 같은 이는 "'권력' 문제가 경제 분석에 도입되어야 진정 경제 분석이 '권력'을 얻게 된다"[4]고 하고 있으며, 심지어 갤브레이스는 자신의 저서 머리말에서 "권력의 행사를 고려하지 않는 경제학은 의미가 없으며 분명히 적절하지 못할 것"[5]이라고까지 말하고 있는 것을 볼 수 있다. 그렇다면 이제 이렇게 중요한 의미를 갖는 '권력'의 개념은 경제학적 관점에서 어떻게 정의할 수 있으며, 이러한 '권력'이 경제성과나 경제행위의 적절성 여부를 평가하는 가치 기준과 관련해서 어떠한 의미를 갖는지 살펴보고자 한다.

먼저 '권력'이라는 개념은 논자에 따라 다소간 서로 다르게 정의되기도 하지만, 경제행위와 관련해서는 클라인(P. A. Klein)의 정의가 유용할 것으로 판단된다. 그에 의하면, '권력'이란 "의사결정 과정에 대한 서로 다른 통제력"으로서, "'권력이 있는' 사람들은 상호작용 과정에서 다른 사람들에 비해 보다 큰 통제력을 행사할 것이며, '권력이 없는' 사람들은 덜 행사할 것"이라고 하고 있다.[6] 이러한 정의를 지금까지의 '관계'라는 본서 논의의 맥락에서 다시 서술하면, '권력'은 "인간들 사이의 '관계' 내지 '상호작용' 과정에서 한 사람이 다른 사람에 대해 가지는 우월적 지위"를 일컫는 것으로 정의할 수 있다.

이와 같은 '권력'의 존재 여부와 그 기능에 대해서는 논자들에 따라 서로 다른 입장이 개진되고 있다. 대표적으로 근대경제학적 개념, 정치경제학적 개념, 그리고 제도경제학적 견해가 그것이다. 이제 이에 대해 개략적으로 소개해 두고자 한다.

(2) 서로 다른 견해

1) 근대경제학적 견해

우리는 앞에서 근대경제학적 입장에서는 개개인들은 각자가 자기자신의 욕구와 이해를 정확히 파악하여 그것을 추구함에 있어서 늘 최선을 다해 가는 합리적인 인간으로 바라본다는 점에서 '균질적인 존재'로 보고 있다고 하였다. 이것은 인간들 사이의 '관계' 측면에서는 서로 간에 '일 대 일'의 개별적이고 독립적인 관계로 파악하고 있다는 것을 의미하며, 더 나아가 그러한 개인들 사이의 상호작용 결과는 본질적으로 '조화롭다'고 보고 있다는 것을 의미한다. 클라인은 이러한 사실은 설령 그것이 인간들에게 내재된 본성의 결과가 아니라 하더라도 적어도 근대경제학적 논자들은 '보이지 않는 손'의 작용 때문에라도 그러한 것으로 본다고 지적하고 있다.[7] 이렇게 근대경제학적 논자들은 인간들 사이의 관계나 그들 사이의 상호작용을 위와 같이 보고 있기 때문에 앞에서 말한 '권력'의 문제를 경제행위나 경제 문제를 분석하는 과정에 본격적으로 도입하지 않는 입장을 보이고 있다. 흔히 일컫는 인간의 합리성을 온전하게 바라보는 소위 신고전파적 견해가 이에 해당한다.

우리는 근대경제학적 견해 중에서도 인간 본성의 개별적 합리성을 인정하지만 그것이 상대적으로 불완전하다는 점을 수용하여 개개인의 합리적인 경제활동의 결과로서 전체의 경제활동 성과는 바람직하지 않을 수 있다고 보는 견해가 있다는 사실을 본 적이 있다. 케인스를 비롯한 개입주의자들의 견해가 그러하다. 그러나 이러한 개입주의자들의 입장에서 정부가 개입하는 경우에도 개개인들 사이의 개별적이고 독립적인 상호작용 관계를 부정하는 것이 아니라 개개인들의 합리성이나 그들 사이에 존재하는 그러한 상호 관계는 그대로 인정하면서 소위 '구성의 오류'(fallacy of composition)[8] 부분에 대해서만 중립적으로 개입한다는 입장을 보이고 있다. 결국 이들 입장도 특정 개인의 경제행위가 다른 이들의 행위에 대해 우월적 지배력을 갖는다고 보는 것은 아니라는 점에서, 이들도 역시 권력의 문제를 경제현상 분석 과정에 수용하지 않고 있음은 앞의 논자들과 마찬가지라 할 것이다.

이뿐 아니라 근대경제학적 입장은 위와 같은 인간의 본성과 그에 바탕을 둔 경제현상에 대한 인식을 기본 틀로 함으로써, 현실적으로 독과점과 같은 경제권력의 작용에 관한 문제도 권력의 왜곡된 작용의 관점에서 보지 않는 경향을 보인다. 오히려 이들은 그러한 독과점 같은 문제도 공정거래 질서를 확립함으로써 독점력을 해소할 수 있는 지엽적인 문제로 보고 있거나, 심한 경우에는 양적인 효율성을 제고시키기 위해서는 오히려 그 필요성을 수용하는 경우까지도 볼 수 있다.[9] 그뿐만 아니라 현실에서는 존재할 수도 없고 존재하지도 않는 완전경쟁시장의 효율적 성과를 가지고 마치 현실에서 권력적으로 왜곡된 시장까지도 그와 같은 효율적 성과를 낳는 듯이 옹호하는 경향까지 드러내는 것을 볼 수 있다.[10]

2) 정치경제학적 견해

한편, 정치경제학적 입장에서는 개개인들이 스스로 인간으로서 가지고 있는 능력을 충분히 발휘할 수 있는지 여부는 '인간들 사이의 관계'에 따라서 달라진다고 보는 소위 '사회적 인간'관을 가지고 있었다. 나아가 이 입장에서는 자본주의 사회는 생산 수단을 소유한 사람들과 소유하지 못한 사람들, 즉 자본가와 노동자라는 서로 다른 계급으로 구성되어 있어서 자본가는 노동자들이 창출하는 잉여가치를 무상으로 가져가는 자본주의적 생산관계를 그 기본 틀로 하고 있는 것으로 보고 있다. 이러한 틀로 인해 자본주의에서는 생산과정에서는 사람과 사람들 사이의 관계가 협동하고 조화를 이루어 생산하는 관계가 조성되지 못하여 궁극적으로 노동자들로 하여금 소외 상태로 떨어지게 하고, 그와 같은 틀 속에서 경제활동이 지속되면 그러한 모순은 더욱더 깊어지는 것으로 보고 있다.

이렇게 인간들 사이의 관계를 자본가와 노동자 사이의 계급관계로 보는 입장에서는 그들 사이에 자본가가 노동자의 잉여를 가져가는 우월적 지위, 즉 잉여를 착취해 가는 권력을 갖고 있다고 본다. 이렇게 보면 정치경제학적 입장에서의 경제질서를 설명하는 과정에 '권력'이라는 개념이 근본적으로 내재되어 있다는 것을 알 수 있다. 그 권력의 작용에 의해 잉여가치가 만들어지고 잉여가치가 분배되면서 전반적으로 그 사회의 경제 규모나 구조가 결정되는 것으로 보고 있다. 이러한 연유로 정치경제학적 입장에서는 명시적으로 경제권력의 문제가 중요하게 다루어지게 되어 있다.[11] 특히, 앞의 근대경제학적 논자들의 경우에는 독점의 경우는 차치하더라도 경쟁시장의 경우에는 권력의 문제가 개입되지 않는 것으로 보고 있는 데 비해, 정치경제학적 입장에서는 경쟁시장의 경우를 포함하여 자본주의적 생산관계 틀 자체가 일종의 권력적 문제로 접근해야 하는 것으로 보고 있다는 점에서 차이가 있다는 사실을 유념할 필요가 있다.[12]

3) 제도경제학적 견해

제도경제학적 논자들도 정치경제학적 논자들 못지않게 '권력' 문제에 많은 관심을 보이고 있다. 그럼에도 불구하고 이들 사이에 정형화된 정의가 제시되어 있는 것은 아니다.[13] 제도경제학적 논자들은 일찍이 베블렌(T. Veblen)의 전통을 이어받아 인간의 본성을 다차원적인 것으로 보고, 그중에서 생산적 본성이 활성화되어 한 사회의 개개인들이 가지고 있는 능력이 잘 발휘될 수 있는지 여부는 그 사회의 제도적 틀에 따라 달라진다고 보는 견해를 갖고 있다. 구체적으로 그러한 제도적 틀이 그 사회의 생활 관행이나 문화적 전통 등이 제대로 반영되어 만들어진 경우에는 그러한 제도가 그 사회 구성원들의 생산적 본성을 부추기는 방향으로 작용하여 결국 그 사회의 경제활동은 생산적인 방향으로 나아가게 되는 것으로 보고 있다. 이와는 달리 그 사회의 여러 제도들이 그 사회 구성원들의 생산적 본성을 억압하고 약탈적이고 모방적인 비생산적 본성을 부추기도록 만들어져 있으면, 결국 그 제도는 그 사회 구성원들의 경제활동을 비생산적인 방향으로 이끌어 가는 경향을 나타내는 것으로 보고 있다.[14] 이런 식으로 제도경제학적 논자들은 늘 '제도'가 인간의 본성과 행동 동기, 나아가 인간들 사이의 상호 관계에 차별적인 영향을 주는 것으로 보고 있는데, 그러한 제도의 형성과 변화의 역사적 과정에 '권력'의 차별적인 영향이 가해지는 것으로 보고 있다.

이와 관련하여 제도경제학의 창시자로 알려져 있는 베블렌은 "충분히 활용할 수 있을 만큼 부(富)를 가지고 있는 사람들은 자신의 소득만 통제하는 것이 아니라 '일반인'(common man)의 소득까지도 통제할 수 있다"[15]고 한다. 이러한 그의 견해 속에는 경제활동 과정에 '권력'이 존재하며, 그 '권력'은 모든 사람에게 같은 정도로 주어진 것이 아니라는 인식이 깔려 있음을 말해 준다. 피치(J. Peach)는 베블렌의 이와 같은 견해를 소개하면서 다른 많은 제도경제학자들도 권력과 권력관계에 대해 이와 같은 전통을 따르고 있다고 밝히고 있다. 권력에 대한 이러한 입장에 바탕을 두고 제도경제학자들은 분배 문제 같은 경우도 시장활동 중심으로 결정되는 것이 아니라 권력을 가진 사람의 의식적인

의지에 의해 결정되는 것으로 보고 있다.[16]

한마디로 제도경제학적 입장에서도 정치경제학적 논자들과 같이 궁극적으로 개인들 행동의 상호작용 과정에서 누군가의 우월적 지위를 허용하는 소위 '권력'의 문제는 중요하게 다루어지고 있다. 이 입장에서는 한 사회의 여러 제도들 자체가 그 사회 구성원들을 차별적으로 대하여 누군가가 만들어 놓은 경제적 성과를 다른 누군가가 우월적 지위를 가지고 가져갈 수 있는 형태로 만들어지면, 그것이 그 사회 구성원들의 비생산적 본성을 더욱 부추기게 되어 전체적으로 한 사회 경제활동의 생산성을 위축시키는 결과를 낳는 것으로 보고 있다.

2. '권력'과 '가치 기준'

(1) '권력'과 '가치 기준' 설정의 관계

주요한 사회적 행위의 개념에는 그 정의 속에 해당 행위의 목적이 담겨 있기 마련이다. '권력'과 같이 경제적 생활에서 중요한 의미를 갖는 개념의 경우에는 더욱 그러하다.[17] 앞의 개념 정의에서도 보았듯이 권력은 무엇보다 우월적 지위를 이용하여 행위 당사자에 대해 자신 또는 자신이 속한 집단의 이익을 얻고자 하는 데 뜻이 있음은 물론이다.

그러나 현실적으로는 어느 경우에도 권력을 가진 사람들은 그러한 권력의 작용관계를 '은폐'하고자 한다는 특성을 가지고 있다. 이와 관련하여 마르크스를 비롯한 정치경제학적 견해에서는 자본가들은 자본권력에 바탕을 두고 노동자이 만들어 낸 잉여가치를 착취해 가는 사실을 '정당한 거래'의 형태로 '은폐'한다는 사실을 중시한다. 그러면서 이들은 이 사실을 현상과 본질의 괴리로 파악하고, 왜 그러한 괴리가 발생하는지 해명하는 것을 경제학의 학문적 목적으로 삼고 있다. 마르크스는 현상과 본질이 같으면 과학이 필요 없다고까

지 하면서 경제학의 목적을 그 괴리의 원인을 해명하는 데 두고 있었던 것이다.[18]

제도경제학적 견해에서도 다양한 권력주체들이 다양한 방식으로 지배 사실을 '은폐'하고자 한다고 보고 있는 점에서는 정치경제학적 논자들과 궤를 같이한다. 구체적으로 현대 미국의 대표적인 제도경제학자로 인정받는 Galbraith(1983(1984))는 "정치적 권력, 경제적 권력, 기업의 권력, 그리고 그 밖의 다른 권력은 모두 마찬가지로 다양한 상호 관계를 '은폐'시키고 있다. 이러한 권력들이 언급될 때 그들의 내부적 특성은 추구되지 않는다"[19]고 하면서 권력 발휘의 이와 같은 속성을 분명히 밝히고 그것을 해명해 내는 것을 그의 저서의 주된 과제로 삼고 있다.[20] 갤브레이스를 포함한 대부분의 제도경제학자들은 이렇게 제도의 작용관계를 해명하면서 숨겨진 그러한 사실을 해명하는 데 경제학의 학문적 목적을 담고 있다. 그렇게 함으로써 그들은 경제학을 통해서 실질적으로 사회 구성원들의 물질적 욕구가 충족되는 사회적 과정을 연구하고 있는 것이다.

이렇게 권력을 가진 자들은 자신들이 가진 권력을 통해 상대방에 주는 부당한 우월적 지위를 '은폐'하고자 한다. 그래서 그들은 실상으로는 자신들의 이익을 얻어 내고자 하면서도 현실적으로는 권력의 대가로 눈에 보이는 형태의 물질적 보상을 직접적으로 강제하는 형태를 취하지는 않는다. 오히려 그들이 추구하는 '가치'에 대한 보다 광범한 사회적 공감대를 얻으려 한다. 이러한 사실에 대해서 갤브레이스(Galbraith)는 권력이 추구하는 목적과 관련하여 "… 다른 사람들에게 그들 자신의 인격적·종교적·사회적 '가치'를 파급시키기 위해, 또한 공공의 이익에 대한 그들 자신의 경제적·사회적 '인식'을 지지받기 위해 권력을 추구한다. … 보수주의자들은 경제적·사회적 질서와 그와 결합된 다른 행동들에 대한 그들 자신의 '견해'를 위해 복종을 요구하고, 반면 자유주의자나 사회주의자들도 그들 자신의 '견해'를 위해 유사한 복종을 얻으려고 노력한다."[21] 이러한 갤브레이스의 지적은 권력을 가진 자들이 권력을 통해서 자신들이 추구하는 이익을 얻기 위해서 자신들이 믿는 '가치'를 파급시키는 데 초점을 맞춘다는 사실을 강조하고 있는 것으로 볼 수 있다. 특히, 제도경제학적 논자들은 현실을 지배하는 가치체계가 경제가 기능을 수행하는 방식을 결정짓는다고 보고 있는데, 이들 입장에서는 그와 같은 가치 기준을 만들고 변경시켜 가는 데 권력이 끼치는 영향을 중시하는 입장을 보이고 있다.[22]

이와 같은 현실에서의 권력의 작용을 보면 권력을 가진 자들은 직접적으로 가시적인 형태로 이익을 얻어 내려 하기보다는 오히려 본서의 중심 주제로 삼고 있는 경제적 성과나 경제활동 과정에 대한 '가치 기준'을 자신들에게 유리하게 만들고 변경시켜 가는 방식을 택한다는 사실을 알 수 있다. 물론 가치 기준만의 문제가 아니다. 가치판단의 대상으로 되고 있는 주요 현상을 지칭하는 용어나 그 개념에 대해서도 마찬가지라 할 것이다. 이제 이하에서 이러한 사실을 구체적인 사례를 통해 살펴보고자 한다.

(2) 구체적인 사례

사회가 달라지면 서로 다른 가치 기준이나 서로 다른 의미를 담은 가치 기준이 제시되는 것을 볼 수 있다. 그것은 그 사회의 권력 구도에서 서로 다른 집단들이 권력을 차별적으로 나누어 갖고 있는 데서 비롯된 것임을 유념할 필요가 있다.

현실적으로는 그러한데도 불구하고 근대경제학적 논자들은 어떠한 가치 기준의 설정에 있어서도 그 주체는 개개인 자신이라고 보고 있기 때문에 개개인의 물질적 삶의 과정에서 권력, 즉 남에게 우월적 지위를 가한다는 것 자체를 현상적으로는 수용하지 않고 있다. 예를 들어, 먼저 '효율성' 기준의 경우, 이들은 우리들의 경제생활 과정에서 자원이 희소하기 때문에 이렇게 유한한 자원을 어떻게 사용할 때 보다 많은 욕구를 충족시킬 것인지를 놓고 목표와 수단 사이의 합리성을 추구하는 것을 최고의 목적이라고 주장한다. 이러한 견해는 사회 구성원 누구나 균질적인 존재로 가정되어 있어서 가치 설정 과정에서 어느 누구도 다른 누구에게 우월적 지위를 행사하지 않는 것으로 전제되어 있다. 이 견해는 궁극적으로 총량적인 차원에서 효율성을 추구해 나가는 입장이기 때문에 현실적으로는 양적 팽창을 추구하는 대기업을 중심으로 하는 자본권력이 위와 같은 근대경제학적 논자들의 입장에서 명분을 얻어서 이러한 가치 기준의 설정을 전폭적으로 지지하는 입장을 보이게 되는 것이다. '공평성'의 경우도 마찬가지이다. 근대경제학적 입장에서는 생산에의 기여도에 따른 분배를 바람직한 것으로 인식하고 있다. 이러한 견해는 자유주의적 견해 내지 공리주의적 견해에 반영되어 있다. 바로 이러한 이유로 보다 많은 이윤 추구를 목표로 하는 기업 입장에서는 현실적인 명분으로 이 견해를 적극 수용하고 지지하고 있는 것을 볼 수 있다. '경제적 자유'도 물론이다. '경제적 자유' 중에서 '소극적 자유'는 '시장' 성립의 이념적 기초로 작용해 온 것으로 알려져 있다. 사실이 그러하다 보니 주로 기업, 특히 대기업의 경영자들은 이와 같은 근대경제학적 가치에 도움을 받아 끊임없이 '효율성'의 중요성을 홍보하고, 나아가서 자유주의적 내지 공리주의적 입장의 '공평성'이나 '소극적 자유'를 주장하고 또 그러한 가치 개발을 적극 지지하는 입장을 택하게 되는 것이다.[23]

이와는 달리 위와 같은 '개인' 또는 '사적 가치' 기준이 아니라 '관계' 또는 '사회적 가치'를 중시하는 논자들이 있다. 앞에서 설명한 정치경제학적 논자들과 제도경제학적 논자들이 이에 해당된다. 이들은 가치가 진정으로 사회 구성원들의 생존과 발달에 기여하기 위해서는 그와 같은 '관계' 중시적인 가치 기준이 설정될 필요가 있다는 사실을 강조해 왔다. 말하자면, 효율성이나 공평성, 더 나아가 경제적 자유 등의 가치 기준을 '관계' 중심적으로 설정할 것을 요구해 온 것이다. 그런데 이들 입장에서 보면 당위적으로 이렇게 '관계' 중심적인 가치 기준의 설정이 바람직한데도 불구하고 현실적으로 자본주의하의 기존 권력 구도에 따라 '권력을 가진 자'들이 자신들의 우월적 지위, 즉 권력을 이용하여 이와 같은 가치 기준의 설정을 수용하지 않는 것으로 보고 있다. 그리하여 궁극적으로 보다 많은 구성원들의 발달을 저해하고 사회적 갈등을 증폭시키는 문제가 나타나게 되는 것으로 파악하고 있다. 이렇게 보는 사람들은 어떻게 하면 권력을 갖지 못한 사람들이 우월적 지위를 가진 자들에게 대응하여 자신들의 발달을 제고시킬 수 있도록 경제활동 평가를 위한 가치 기준을 새롭게 설정하고 궁극적으로 더 나은 사회를 일구어 내기 위해서는 무엇을 어떻게 해야 할 것인지를 탐구하는 입장을 보이고 있다.

이러한 사실은 위에서 제시한 가치 기준들에서만 나타나는 현상이 아니라 그러한 가치 기준과 밀접한 관련을 갖고 있는 경제현상을 지칭하는 주요 용어 내지 개념들에도 빈번하게 나타난다. 말하자면, 경제현상을 묘사하는 주요 용어나 개념들에도 권력자들은 자신들의 사실상의 지배 사실이 드러나지 않게 하고자 새로운 용어나 개념을 개발해 왔다. 예를 들어, 이미 앞에서 '현상과 본질'의 차이를 설명하는 자리에서 밝힌 바 있듯이 자본주의 사회에서 생산수단을 갖지 못한 노동자로서는 노동력을 팔지 않고서는 생활을 꾸려 갈 수 없는 상태에서 어쩔 수 없이 행해지는 노동력의 거래(소위 '경제적 강제')를 두고 '자발적인 거래'라 주장하는 사례를 본 바 있다. 그뿐만 아니라 사실상 '자본'을 중심으로 작동되는 '자본주의'라는 개념 대신에 구성원들 사이에서 자발적인 거래가 이루어지는 틀이라는 의미를 담은 '시장경제체제'라는 개념을 사용함으로써 자본주의하에서 자본가가 갖는 우월적 지위라는 권력적 의미는 나타나지 않게 하려는 경향이 있다는 사실 등 여러 다른 사례도 본 바 있다.[24] 요컨대, 한 사회의 경제적 성과나 경제활동 과정의 적절성 평가를 위한 가치 기준이나 현상을 묘사하는 주요 개념들이라는 것도 이렇게 각 시대 주어진 사회로부터 지배적인 이익을 얻는 권력자들에 의해서 만들어지고 변해 간다는 사실을 유념할 필요가 있다.

주

1. 이하 내용은 Hunt and Sherman(1976(1983): 32-33)의 설명을 참고한 것임.
2. 물론 극단적인 자유주의적 견해를 가진 논자들은 효율성이 제고되는 과정에서 나타나는 분배 상태를 공평한 것으로 인식한다는 점에서 두 가치 개념을 동행적 개념으로 인식하고 있음도 다시금 유념할 필요가 있다.
3. 단행본만 보더라도 일찍이 Galbraith(1983(1984))는 *The Anatomy of Power*라는 저서를 통해 경제 분석 과정에서 권력의 중요성을 갈파한 적이 있으며, 그 이후에도 Takata(1995), Palermo (2016), Ozanne(2016) 등의 연구가 이어지고 있는 것을 볼 수 있다.

   이러한 사실과 관련하여, Rothschild(1996: 176-177)가 경제환경의 변화에 개인들이 수동적으로 적응해 나가기만 하는 것으로 보는 근대경제학적 견해에는 권력은 존재하지 않는 것으로 다루지만, 이들과 다른 견해를 갖는 모든 다른 학파에서는 차이가 있기는 하지만 권력의 문제에 보다 의식적이고 직접적으로 접근하고 있다고 밝히고 있는 것을 참고하기 바란다(단, 로스차일드(Rothschild) 원문에서 '신고전파 (균형)이론'으로 지칭하고 있는 것을 여기서는 전후 맥락과 본서의 취지를 고려하여 보다 광범하게 '근대경제학적 견해'로 표현하였다).
4. Bartlett(1989: 206)을 참고.
5. Galbraith(1983(1984))의 머리말 내용을 참고.
6. Klein(1994: 126)을 참고.
7. Klein(1994: 125)을 참고.
8. '구성의 오류'란 "부분에서 참이라고 해서 반드시 전체에서도 참인 것은 아니다"라는 사실을 일컫는 명제로서, '합성의 오류'라 부르기도 한다. 경제학에서는 개별 경제주체들의 행위 차원에서는 참인 것이 경제 전체적 차원에서는 참이 아닐 수 있다는 사실을 일컫는다. 경제질서를 설명하는 과정에서 이 명제가 성립되면 개별 경제주체들의 경제행위를 설명하는 논리와 전체적으로 집계된 경제현상, 즉 거시경제현상을 설명하는 논리는 다를 수 있다는 있다는 사실을 말해주는 것으로서 경제 문제 접근방식의 차이를 불러오는 중요한 의미를 갖는 것으로 이해될 수 있다. 전후 대표적인 케인지언으로 알려져 있는 새뮤얼슨은 그의 『경제학』(*Economics*) 앞부분에서 다양한 사례를 제시하면서 이 명제를 소개한 후(Samuelson(1980, 11th: 11)을 참고할 것), 여러 군데에서 이 내용을 중요하게 다루고 있는 것을 볼 수 있다.
9. Hayek(196: 382) 같은 이는 "독점이 나쁜 것은 아니다. 산업이나 교역에 대한 진입장벽이라든가 여타 독점적 관행들이 나쁠 따름이다. 희소성이 싫다고 피할 수 없듯이 독점도 피할 수 없는 것이다"라는 견해를 피력하고 있는 것을 볼 수 있다. 이는 인위적인 진입장벽이 생기면 막아 주면 되는 것이지 그 자체를 피할 필요도 없고 피할 수도 없는 것으로 인식하고 있다는 것을 말해 준다. Yao and Gan(2010) 같은 이들은 독점기업이라도 기술혁신이 있는 경우에는 사회후생이 더 늘어난다는 연구 결과를 발표하기도 하고 있다. 어느 경우이든 근대경제학적 입장에서는 독점

의 문제도 권력의 문제로 접근하는 것이 아니라 이윤 극대화를 추구하는 동질적인 경제주체의 문제로 대하고 있다는 점에서는 공통적이라 하겠다.

10. 이러한 경향과 관련해서 제3장의 시장유형 설명 시 제시하였던 주 31)의 내용을 참고하기 바란다.

11. Takata(1995: 186-187)는 “마르크스가 그토록 강조하고 있는 빈부격차 심화 문제는 ‘권력’ 문제를 다루지 않고는 설명할 수 없다”고 하면서, “마르크스 경제이론은 노동자와 자본가의 상대적인 권력에 의해 결정되는 것으로 보아야 한다”고 하고 있는 것을 참고하기 바란다.

12. 특히, Palermo(2016: 2)는 이러한 사실을 중시하여 자기 저서의 도입부에서 “마르크스가 경쟁과 등가교환이 이루어지는 이면에 내재해 있는 자본에 의한 착취의 본질을 설명했듯이, 나의 연구는 경쟁과 자유로운 상호 관계라는 현상 이면의 자본의 권력이 갖는 본질을 해명하는 데 있다”면서, 자신의 연구의 대전제를 “자본주의에서 권력과 경쟁은 서로 대립적인 입장에 있는 것이 아니라 오히려 자본주의적 생산양식하에서 자본의 현상과 본질의 관계로 나타난다”는 데 두고 있다고 밝히고 있는 것을 참고할 수 있다.

13. 이러한 사실에 대해서는 Bartlett(1994: 169)을 참고하기 바란다.

14. 이상 내용은 제4장 제2절에서 본 제도경제학적 논자들의 인간관에 대한 내용을 참고하기 바란다.

15. Veblen(1969: 160(Peach, 1994a: 167))을 참고.

16. Peach(1994a: 167)의 내용을 참고.

17. 이와 관련하여 Galbraith(1983(1984): 20)가 인용한 “아마도 전체 사회과학의 영역에서 ‘경제적 생활에 있어서 권력의 역할’이라는 주제만큼 중요한 주제는 없다”는 울머(Melville J. Ulmer)의 지적은 참고할 만하다 하겠다.

18. 제5장 제2절의 ‘현상’과 ‘본질’에 관한 부분의 설명을 참고하기 바란다.

19. Galbraith(1983(1984): 20). 단, 인용 구절 속의 따옴표는 저자가 첨가한 것임을 밝혀 둔다.

    아울러 여기서 ‘다양한 상호 관계’란 본서에 중시하는 사람과 사람 사이의 ‘관계’ 내지 ‘구조’를 뜻하는 것이 아니라 그가 자신의 저서에서 해명하고자 한 권력을 행사하는 수단과 권력의 다양한 근원과의 관계를 의미함을 참고하기 바란다.

20. 이 책에서의 그의 이러한 연구방향은 그의 마지막 유작(Galbraith, 2004)에도 그대로 반영되어 *The Economics of Innocent Fraud*라는 얼핏 보아 매우 모순적인 제목을 단 책을 집필하면서 실제로 작동되고 있는 권력관계가 현실에서 어떻게 은폐되고 있는지를 보여 주는 작업으로 연구를 마무리하고 있다.

21. Galbraith(1983(1984): 20-21). 단, 따옴표는 강조를 위해 저자가 첨가한 것이다.

    그와 같은 가치에 대한 복종과 관련하여 제도경제학적 논자들은 특정 사회가 요구하는 ‘가치’라는 것은 이미 해당 사회의 교육을 통해서 학습되어 지배적인 제도들 속에 스며들어 있는 것으로 보고 있다. 이때 특정 가치가 제도들 속에 자연스럽게 스며들어 있는 경우에는 그러한 가치를 지원하는 권력이 가장 확고하게 자리 잡고 있는 것으로 본다. 그러나 그러하지 못한 경우에는 가치창출을 위해 강제가 필요하게 되는 것으로 보고 있다(이와 관련된 내용은 Bartlett(1996: 172-173)을 참고하기 바란다).

22. Klein(1994: 138)을 참고.

23. 이와 관련하여 우리나라의 '자유경제원'이 2003년 이래로 각 대학에 "시장경제에 대한 오해를 바로잡아 경제현상에 대해 합리적으로 인식토록 하고자 함"을 목적으로 '시장경제의 이해'라는 강좌 개설 지원사업을 시행해 왔던 적이 있었음을 참고할 만하다(http://lecture.cfe.org/info/?cid=11004). 이러한 사실은 자유경제원이 전경련 산하 연구소인 한국경제연구원 부설기관으로 출범하였다가 후일 독립재단으로 형태를 바꾸었지만 사실상 전경련으로부터 지원을 받아 활동해 온 기관이었다는 점과 지원신청 공문에 예시된 강의 목적이 "대기업 억제는 성장 억제", "작은 정부는 … 시대적 과제", "교육은 공공재가 아님", "노동자의 단체행동은 특권" 등 시장가치 확산에 두어지고 있었다는 점은 본문의 맥락에서 시사하는 바가 크다 할 것이다(경향신문, 2016년 1월 16일자 기사(http://news.khan.co.kr/kh_news/khan_art_view.html?art_id=201601160600015; http://news.khan.co.kr/kh_news/khan_art_view.html?art_id=201601160600005), 그리고 2017년 9월 5일자 뉴스타파 기사(https://newstapa.org/43710) 등 참고).

24. 이와 관련된 보다 자세한 논의는 제5장 제2절에서 다룬 현상과 본질의 차이의 사례 설명 부분을 참고하기 바란다.

제4부

'다양성'의 근원과 학습 자세

Chapter

11

'개념'과 '가치 기준' 다양성의 근원

본 장에서는 경제 및 사회 관련 제 개념이나 가치 기준에 대한 차별적 인식의 근원을 연구주체의 인식의 다양성, 연구대상이 갖는 사회적·역사적 특성으로 나누어 살펴봄으로써, 이들 문제에 대한 이해를 제고시키는 계기를 마련하고자 한다. 마지막으로 이러한 논의에 바탕을 두고 경제와 사회 문제에 정부가 개입해야 할 필요성과 그 방향성을 검토해 본다.

제1절 인식의 다양성

본 절에서는 먼저 경제와 사회 제 현상에 대한 개념이나 그 적절성 여부를 평가하기 위한 가치 기준이 서로 다르게 제시된 것은 연구주체로서 연구자의 인식 차이에 근원을 두고 있다는 사실을 개관한다. 이어 이러한 사실을 주요 경제학자들의 실제 사례를 통해서 경제와 사회 문제나 가치 기준의 설정 과정에서 연구자의 인식이 갖는 의미를 확인하고자 한다.

1. 인식론과 그 의미

먼저 경제현상이나 사회현상에 대한 '개념'을 정의하는 경우에도 그 개념을 정의하는 사람이 있기 마련이다. 말하자면, 인간은 대상을 인식하지 않고서는 그 현상을 설명하거나 이해할 수 없다. 그런데 사람은 누구나 성장하면서 사물과 그 변화를 자기 식으로 '주관화하여' 인식하기 마련이다. 이와 같이 "세계(사물)를 '파악'하거나 '자기화'하는 여러 방법," 또는 "인간 지식의 본성과 범위에 관한 문제를 다루는 철학의 한 부문"을 우리는 흔히 '인식론'(epistemology)이라고 한다.[1]

이렇게 보면 인식론은 사회현상에 대한 구체적인 설명 또는 이해의 전제가 된다는 점에서 사회과학에서 중요한 의미를 갖는다는 사실을 알 수 있다. 본서에서 지금까지 설명해 온 경제와 사회와 관련 제 개념이나 다양한 가치 기준 등에 대한 서로 다른 견해는 결국 이렇게 인식주체로서 인간이 인식대상으로서의 객체에 대해 갖는 인식의 서로 다름에 바탕을 두고 있는 것이었다. 결국 이러한 견해 차이는 본격적으로 경제 문제나 경제와 사회 문제를 다루어 나가는 전제로서의 역할을 수행하는 것이라 할 수 있다.

2. 연구 주체의 인식의 다양성

(1) 인식 차이의 개인적 배경

그런데 그러한 개인의 사물의 주관화 과정에는 그 사람의 개인적인 태생적 배경이나 성장 과정, 나아가 그러한 개인적 환경을 둘러싸고 있는 자연적 환경이나 개인이 직면하는 정치적 상황 등을 비롯한 사회 전반의 상황이 영향을 주기 마련이다. 물론 논자들 중에는 이와 같이 연구자의 경험에 의해서 인식이 주어진다는 견해와 달리 태어나면서부터 존재한다는 '생득설'을 주장하는 경우도 있다.[2] 그러나 같은 시대와 사회라 하더라도 개인이 처한 위치에 따라 자신의 경제생활이나 사회생활이 크게 영향을 받아 왔다는 사실을 부정하기는 어렵다. 이렇게 보면 연구자 개인을 둘러싸고 있는 대내외적 제반 환경이 사물을 자기화하는 방식, 즉 사물에 대한 인식 수준이나 방법에 차이를 나게 만드는 것이라 할 수 있다. 바로 이러한 이유로 인식론은 "인간의 의식이 실제로 어떻게 발생하고 발전하는가를 탐구" 하게 되는 것이다.[3]

앞에서 논의해 온 '개념'을 다시 살펴보면 이러한 맥락에 대한 이해가 보다 용이해질 것이다. 너무도 명백해 보이는 '경제'라는 개념 하나만 놓고 보더라도 어떤 이는 균질적인 경제주체의 개별적 선택행위의 합리성 여부에 초점을 맞추는가 하면, 또 어떤 이는 이질적인 경제주체들의 실제 생활 과정에 초점을 맞추고 있는 견해 차이를 보이고 있었다. '경제와 사회'와의 '관계'에 대한 인식도 각 부문이 독자적으로 작동되는 별개의 현상으로 이해하는 견해가 있는가 하면, 또 어떤 이는 경제행위를 할 때마다 왜 그것이 정치나 문화적인 활동들과 그리 깊은 관련이 있는지 여부에 관심을 기울이는 견해가 제시되기도 한다. '자본주의'라는 개념을 놓고도 담백하게 경제 문제가 시장원리에 의해 해결되는 틀을 떠올리는 이가 있는가 하면, 또 어떤 이는 자본가와 노동자라는 차별적인 구성원의 집단으로 이루어져서 경제 문제를 꾸려 가는 틀이라는 것을 앞세우는 이도 있다.

이러한 사실은 '가치 기준'에서도 마찬가지이다. 먼저 '공평성'이라는 가치 기준을 놓고도 어떤 이는 '능력에 따른 분배'를 의미하기도 하고 또 어떤 이는 '균등한 분배'를 의미하기도 한다. 같은 맥락에서 정부활동에 소요되는 비용의 분담과 관련하여 어떤 이는 '이익에 따른 부담'을 공평한 부담이라 하는가 하면 또 어떤 이는 '능력에 따른 부담'을 공평한 부담이라 보기도 한다. '효율성'을 놓고도 어떤 이는 물량적으로 나타난 성과의 크고 작음을 따지는 개념으로 인식하기도 하고, 또 어떤 이는 효율성 개념에 단순한 물량적 합을 넘어서는 또 다른 차원의 의미를 부여하기도 하는 것이다. 마지막으로 '자유'의 개념을 놓고도 개인적 차원에서의 행동의 자유를 연상하는가 하면, 또 다른 이들은 그러한 개인적 행동의 자유를 제약하는 외적인 힘에 더 큰 의미를 두기도 한다. 이러한 인식 차이의 밑바닥에는 이 문제를 다루는 개인의 사회화 과정에서 개인이 겪은 경험적 상황들이 크게 자리를 잡고 있다는 사실을 이해할 필요가 있다.

(2) 인식 차이의 근원에 대한 사례

앞에서 우리는 경제현상이나 사회현상을 어떻게 인식하는지 여부는 사물을 바라보는 이의 태생적 배경을 비롯한 성장 과정, 나아가 자연적 환경이나 사회적 배경에 의해 형성되고 변해 가는 것이라 하였다. 이는 사회 문제를 실천적 관점에서 다루는 관료나 정치가뿐 아니라 그 질서 해명에 몰두하는 연구가, 더 나아가 생활인으로서 일반인들에 이르기까지 모두 사실이다. 여기서는 대표적으로 문헌을 통해서 확인할 수 있는 주로 저명한 연구자들의 인식 형성의 배경을 살펴봄으로써 이러한 사실을 확인해 보고자 한다.

먼저 왈라스(L. Warlas), 멩거(C. Menger), 제본스(W. S. Jevons) 등 한계효용 이론가들과 마셜(A. Marshall)을 거쳐 오랜 기간 이어져 온 개인을 중심으로 경제현상의 질서를 파악해 온 전통적인 신고전파 경제학적 사고방식에 혁명적 변화를 가져다준 케인스(J. M. Keynes)의 인식 틀은 어떻게 형성된 것인지를 살펴보자. 그는 영국 케임브리지의 명문가에서 태어나 귀족 출신들이 다니는 이튼(Eton) 학교를 졸업하고 케임브리지 대학에서 철학과 경제학을 공부하였다. 커서는 영국 지성인들의 문화예술 단체인 블룸즈버리 그룹(Bloomsbury Group)의 일원으로서 지적 활동의 폭을 넓혀 나갔다. 이러한 성장배경은 그를 엘리트 의식에 가득 찬 청년으로 성장시켰다. 이러한 성장배경이 바탕이 되어 합리적 개인활동의 불완전한 부분을 정부가 선한 관리자로 개입하여 전체적으로 더 나은 사회를 만들어 갈 수 있다는 『일반이론』의 배경이 되는 인식 틀이 형성되었던 것이다. 우리에게 해로드-도마 모형(Harrod-Domar model)으로 잘 알려진 대표적인 케인지언인 해로드는 케인스에 관한 그의 자서전에서 이와 같은 사실을 '하비가(街)의 가정'(presuppositions of Harvey Road)이라 불렀다.[4] 그에 의하면 "우리는 케인스가 이른바 하비가의 가정에 의해 완전히 물들어 있음을 보았다. … 영국 정부는 하나의 지적 귀족의 설득방법에 의해서 운행되었으며, 또 장래에도 그렇게 운행될 수 있을 것이라는 생각으로 표현될 수 있다"라고까지 하는 것을 볼 수 있다. 또 다른 이는 "케인스는 정부 당국을 자문하는 소수 현명한 사람들에 의해 수행되는 통화 및 재정 정책이 번영·공평·자유 그리고 평화의 조건을 보증할 수 있는 하나의 세계가 실현될 것을 희망했다"고 서술하고 있는 것을 볼 수 있다.[5] 이러한 사실은 사물에 대한 한 개인의 인식 틀이 개인적 성장 배경이라든가 사회적 배경에 의해 얼마나 강하게 영향을 받는지 보여 주는 대표적인 사례라 할 수 있다.

한편, 이와 대립되는 인식 틀을 가진 대표적인 연구자로 알려져 있는 뷰캐넌(J. M. Buchanan)의 성장배경과 그의 학문과의 관련성을 살펴보자. 그는 정부 개입의 정당성을 적극적으로 주장하였던 케인스와는 달리 개인주의적 사고의 바탕 위에 관료나 정치가들의 행위까지도 개별 민간 경제주체의 행위와 마찬가지로 자기이익 극대화라는 합리적 경제행위의 관점에서 분석할 것을 주장하였던 인물이다. 특히, 그의 학문 세계는 케인스와 대비해서 이해되는데, 그는 스스로 "모든 경제정책이 이른바 '공공이익'을 추구한다는 소수의 엘리트 집단에 의해서만 결정되어야 한다는 가정을 버리지 않으면 안 된다. 하비가의 가정 조건에 의해 더 이상 진실을 외면할 필요는 없는 것이며, 그 몽매로부터 속히 빠져나와야 할 것이다"[6]라고 지적하고 있는 것을 볼 수 있다. 이와 같이 개인의 자유를 존중하면서 정부 개입을 철저하게 비판하였던 그의 인식 틀이 형성된 개인적·사회적 배경을 그 자신은 이렇게 밝히고 있다. 그는 남북전쟁 이후 패배한 남부의 테네시주 주지사였던 그의 조부가 당시 연방정부가 전국의 정치질서를 통제하는 가운데 겪었던 각종 자료들을 찾아 읽으면서 유년 시절을 보냈다고 한다. 그 과정에서 그는 중앙정부의 권위에 배신감을 느끼면서 개인의 자유에 대한 정치적 제약이 최소화되어야 한다는 신념이 형성되었음을 밝혔다. 이어서 시카고 대학 시절에 당대 최고의 시장주의자 나이트(Frank Knight) 교수를 만나 시장의 자발적 조정 원칙을 이해하면서 정부 개입을 거부하는 철저한 자유주의적 시장주의자가 되었다고 회고하였다. 특히, 그의 이러한 인식은 전형적인 케인지언으로 인정받는 머스그레이브(R. A. Musgrave)와 대립되는 견해를 토론하는 자리에서 자신의 인식 틀이 형성된 배경을 회고하며 밝히고 있다는 점에서 의미가 크다 하겠다.[7] 그는 위와 같은 구체적인 개인적 성장배경과 교육환경을 설명하기 이전에 "우리들 모두는 일단 주어진 상황 속에서 존재하며, 그러한 상황이 4차원의 시공 속에서 우리의 위상을 결정짓고 있습니다. … 역사가 곧바로 우리가 관찰하고, 해석하고, 평가하는 것에 대한 인식과 지각을 결정짓는 것입니다"[8]라고 지적하고 있는 것을 볼 수 있다. 이러한 지적은 본서에서 경제현상이나 각종 가치 기준에 대해 서로 다른 견해가 나타나게 된 배경을 이해하는 데 많은 시사점을 주는 지적이라 판단된다.

제2절 연구대상의 사회성과 역사성

앞 절에서는 개인의 차별적 인식의 근원을 개개인이 처한 가정적·자연적·사회적 배경 등에 초점을 맞추어 살펴보았다. 여기서는 그러한 차별적 인식이 더 크게는 연구대상으로서 사회 자체가 갖는 성격과 역사적 성격에 의해 크게 영향을 받는다는 사실을 보이고자 한다. 물론 개인에 따라서는 자신이 갖고 있는 사물에 대한 인식 자체가 사회나 시대의 변화를 초월하는 소위 '초사회적' 또는 '초역사적' 인식이라고 강변하는 경우가 없지 않음은 사실이다. 그러나 자연적 법칙까지도 시간의 변화와 더불어 일정한 변화를 보이고 있다는 사실을 고려해 보면, 더구나 인간의 집합체로서의 사회에서 일어나는 현상들을 관류하는 질서가 초사회적이거나 초역사적이라고 인식하는 것은 무리라 하지 않을 수 없다.[9] 이러한 맥락에서 본 절에서는 그 차이의 또 하나의 중요한 근원으로서 연구대상이 갖는 사회성과 역사성을 앞에서 살펴본 주요 가치를 기준으로 살펴보고자 한다.

1. 사회성

무릇 특정 사회의 좋고 나쁨을 평가하는 가치 기준이라는 것은 해당 사회가 개인주의적 성향을 가진 사회인지 사회적 성향을 가진 사회인지에 따라 달라질 것이다. 다시 말하면, 개별적 합리성이 존중되는 사회인지 아니면 사회적 또는 집단적 합리성이 존중되는 사회인지에 따라 달라질 것이다. 그뿐만 아니라 그러한 차이에 따라 각각의 가치 기준이 구체적으로 의미하는 바도 서로 다르게 인식될 수 있다는 사실을 유념할 필요가 있다.

(1) 효율성

먼저 '효율성'이라는 가치 개념의 경우 그중에서도 (근대경제학에서 일컫는) '사적 효율성'의 경우 그 개념은 한계편익과 한계비용의 상대적 계산이라는 매우 산술적이고 단순한 과정을 거쳐서 파악되는 개념임을 알 수 있다. 그러나 그러한 산술적인 효율성의 가치를 추구하는 것이 바림직한지의 여부는 경제행위 주체인 특정 사회 구성원들이 살고 있는 사회의 여건에 따라 서로 다르게 평가될 수 있다는 사실을 인식하는 것이 중요하다. 말하자면, 보다 싼 값에 좋은 물건을 만들어 내는 소위 효율적인 노동자만 고용되고 그러하지 못한 노동자가 해고되는 경우 그 행위만을 놓고 산술적인 효율성이라는 가치 기준에서 보면 바람직한 행위라 판단할 수 있을 것이다. 그러나 거기서 방출되어 나온 노동자가 자신의 능력에 맞는 일을 할 수 있는 여건이 자연적으로나 사회적으로 주어져 있지 않거나 노동자가 잠재된 능력을 개발할 기회가 개인적으로나 사회적으로 주어져 있지 못한 상태라면 앞의 선택이 바람직한 것인지 여부는 단정적으로 판단하기가 쉽지 않다.

한편, '사회적 효율성'이라는 가치 기준으로 나아가면 특정 경제행위나 특정 사회가 사회적으로 효율적인지 여부는 더욱 그 사회의 특성에 따라 개념 자체가 다르게 정의될 수 있다는 사실을 유념할 필요가 있다. 말하자면, 사회가 구성원들의 단순한 합, 즉 일종의 메커니즘으로 파악되어 구성원들의 개별적 본성, 특히 이기적 행동이 존중되는 사회인지, 아니면 사회가 구성원들의 유기체적 총합으로 파악되어 유기체로서의 해당 사회의 고유한 특성(사회성)이 존중되는 사회인지에 따라 사회적 효율성이 의미하는 바가 달라질 수 있다는 것이다. 전자의 사회에서 사회적 효율성이라 함은 개별 경제주체가 발생시킨 사적 비용 또는 편익뿐만 아니라 해당 경제주체가 유발시킨 외부적인 편익 또는 비용까지를 포함하여 사회 전체적으로 비용 또는 편익을 모두 고려하여 해당 경제행위의 효율성 여부를 판단하여야 한다는 의미를 담고 있다. 이에 비해 후자의 사회에서 사회적 효율성이라 함은 개개인이 발생시킨 총 편익과 비용을 계산한다는 사적 차원이 아니라, 해당 사회 자체 입장에서 볼 때 어떠한 경제행위가 그 사회가 추구하는 가치에 근접한 행위인지 여부에 따라 사회적 효율성 여부가 다르게 파악된다는 사실을 유념할 필요가 있다.

(2) 공평성

매우 기계적인 개념으로 이해되고 있는 효율성 가치의 경우도 위에서 기술한 바와 같이 주어진 사회의 특성에 따라 서로 다르게 평가되는 점을 고려해보면, 애초에 주관적이고 사회적인 가치 개념이 전제가 된 '공평성'이라는 가치의 경우는 더더욱 사회성에 대한 인식이 중요해지기 마련이다.

상술하면 공평성의 경우도 다 같이 공평한 상태라 하더라도 개인 중심적인 사회인가 사회 중심적인 사회인가에 따라 그것이 의미하는 상태는 서로 다르게 인식되는 것이다. 개인 중심적인 사회일수록 개개인이 가지고 있는 선천적·후천적 능력에 따라 소득이나 부를 나누어 가지고 있는 상태를 공평하고 정의로운 상태로 파악하게 됨은 물론이다. 이에 비해 사회 중심적인 사회로 가면 해당 사회가 소득이나 부를 어떻게 나누는 것이 더 바람직하다고 볼 것인지는 해당 사회의 특성에 따라 다르게 파악되는 것이다. 해당 사회가 평등주의적 성향을 가진 사회이면 평등한 사회를 공평한 사회로 간주하게 될 것이다. 하지만 해당 사회가 공리주의적 성향을 가진 사회라면 총량 내지 전체적인 만족이 높아지도록 나누어 갖는 사회를 공평한 사회로 파악하게 되는 것이다.

(3) 경제적 자유

위와 같은 사정은 '경제적 자유'라는 가치 기준의 경우에도 마찬가지 사실이 적용된다 할 것이다. 개인 중심적인 사회일수록 '부정적' 내지 '소극적 자유'가 사회 구성원들의 실질적 자유를 제고시키는 경향을 가지게 될 것이다.

그러나 사회 중심적인 사회일수록 해당 사회 구성원들의 자유로운 활동을 옥죄고 있는 차별적인 사회적 조건을 해소해 줌으로써 사회 구성원들의 실질적 자유를 제고시키는 데 기여하게 될 것이다.

2. 역사성

무릇 경제 내지 사회현상과 관련된 제 개념이라든가 가치 기준은 자본주의 성립기라든가 독점자본주의 시기 내지는 그 이후 시기 등 변화하는 시대적 상황을 반영하기 마련이다. 이제 이러한 사실을 주요 가치 기준을 중심으로 살펴보고자 한다.

(1) 효율성

다 같이 효율성이라 하더라도 어느 시기의 어떠한 조건하에서 사용하느냐에 따라서 그것이 의미하는 바는 서로 다르다는 사실을 인식할 필요가 있다. 이에 대해서는 자본주의 성립기에 중시되는 효율성과 독점자본주의 시기에 중시되는 효율성의 개념이 현실적으로 서로 다른 의미를 띠고 있다는 사실을 보면 중요한 시사점을 발견할 수 있다.

먼저 초기 자유자본주의에서는 사회 구성원들이 어떤 외부 힘에 의해서도 통제나 규제를 받지 않는 상태에서 사회적으로나 개인적으로 주어진 여건하에서 서로가 최선의 선택을 통해서 경제행위를 할 때 모두의 만족이 높아질 수 있는 시기였던 것으로 파악되고 있다. 이러한 상태를 일컫는 효율성의 개념은 앞에서 살펴본 소위 '정태적 효율성'에 해당된다 할 것이다. 이 경우 정부는 중립적인 개입을 통해 민간인들 사이에 형성된 제 관계를 방해하지 않는 것이 중요한 시기였던 것이다.

한편, 자본주의 진행 과정에서 독점화가 일상화되고 주기적 순환변동이 빈번해지면서 민간 부문에 의해서는 저절로 완전고용 상태를 달성하는 것이 어려운 상황에 다다르게 되었다. 이런 상황에서는 민간인들의 자유로운 선택을 통해 효율성을 추구하는 것만으로는 사회 전반의 경제 문제를 풀어나갈 수 없게 되었다. 이 시기에는 위축되어 있는 구매력을 키울 필요가 있었으며, 그러기 위해서는 새로운 기술의 개발을 통한 새로운 작업장의 개발이 필요했고 새로운 시장이 필요했다. 그래서 불완전고용되고 있는 사회의 제 자원을 보다 많이 고용되게 할 때 사회 전반의 경제활동 수준이 제고될 수 있었던 시기로 볼 수 있다. 이러한 시기에는 정부 개입에 의해 보다 적극적으로 저축을 조절하고 투자를 촉진하며 새로운 기술을 개발하고 더 나아가 시장을 개척하는 일이 필요했던 것이다. 이러한 과정을 통해 한 나라 전체의 선택 가능 범위를 넓히는 것이 더 중요한 과제이었다. 전술한 '동태적 효율성'은 바로 이러한 자본주의 발전 과정의 역사적 맥락에서 등장하고 중요시된 개념임을 유념할 필요가 있다.

이러한 사실은 조세 납부와 관련해서 효율성에 부합하는 조세 원칙을 구사하는 과정에서도 적나라하게 드러나고 있다. 일찍이 자본주의 성립기에 형성되고 있던 사회를 바라보면서 새로운 경제질서를 체계적으로 설파한 스미스의 경우는 '효율성'을 '이익에 따른 대가'로 인식하고 그것을 조세 납부의 제1의 원칙으로 제시하고 있었음을 볼 수 있다.[10] 그런데 대불황을 겪으면서 주기적 순환변동의 피해를 온몸으로 겪으면서 국가활동을 연구해 온 현대 재정학의 아버지라 불리는 머스그레이브는 바람직한 조세의 종목이 가져야 할 조건을 설명하는 자리에서 "조세구조는 '안정과 성장'을 위한 재정정책의 활용을 도울 수 있도록 수립되어야 한다"는 원칙을 추가하고 있는 것을 볼 수 있다.[11] 물론 그도 이 원칙보다 앞에서 정태적 효율성과 관련된 원칙도 제시하고 있는 것은 사실이다. 그러나 그는 이렇게 '안정과 성장'을 국가가 보다 적극적으로 지원해야 한다는 사실을 명시적으로 제시함으로써 공식적으로 '동태적 효율성'의 중요성을 수용하고 있다는 점에서 다른 사람들의 조세 원칙과 다른 점을 보이고 있다. 이러한 조세 원칙의 변화를 통해 '효율성'이라 하더라도 시대에 따라서 어느 경우는 '정태적 효율성이 더 중요한 원칙으로 등장하기도 하지만, 또 다른 어떤 경우는 '동태적 효율성'이 더 중요하게 다루어지기도 한다는 사실을 인식할 수 있다.

요약컨대, 다 같이 '효율성'이라는 기준을 언급하더라도 구체적으로는 자본주의 성립기 또는 초기 자유자본주의 단계에서는 민간의 자유로운 선택을 통해 얻어지는 사회 상태라는 개념 내지 그러한 민간의 경제행위를 왜곡시키지 않아서 초과부담을 유발하지 않는 '중립성' 개념으로 파악된다. 하지만 독점자본주의 이래의 효율성의 개념에는 투자유인을 제고시키고 경제 전반의 변동을 조절하며, 궁극적으로 성장을 촉진시킨다는 의미까지를 포함하는 개념으로 사용된다는 사실을 유념할 필요가 있다.

(2) 공평성

공평성의 역사성과 관련해서는 스미스의 공평성과 바그너(Wagner)의 공평성이 갖는 시대적 차별성을 살펴보는 것이 시사점이 크다고 생각한다. 스미스의 경우는 효율성과 공평성을 동일시하였다. 그는『국부론』에서 조세 원칙을 설명하면서 "모든 나라의 국민은 정부활동에 대해 가능한 한 자신들의 '능력에 따라' 자신의 몫을 납부하도록 하여야 한다. '다시 말해'(that is), 그들 각자가 정부의 보호로부터 향수한 '수입에 비례해서' 납부하도록 하여야 한다"[12]고 주장하고 있다. 이러한 구절을 두고 혹자들은 스미스가 능력의 원칙을 따르고 있다고 하기도 하고, 또 다른 사람들은 능력의 원칙과 이익의 원칙을 모두 수용하고 있다고 해석하기도 한다. 그러나 글귀를 자세히 보면 앞부분과 뒷부분을 연결지으면서 'that is' 라는 표현을 사용하고 있는 것을 볼 수 있다. 이 표현은 앞에서 설명한 견해를 보다 분명히하고 자세하게 설명할 때 사용된다는 점을 고려해 보면, 스미스는 조세 납부와 관련하여 능력에 따른 부과라는 '공평성'을 이익에 따른 부과라는 '이익설', 즉 '효율성'의 관점에서 해석하고 있었던 것으로 볼 수 있다. 이러한 사실은 스미스가 자본주의 성립기를 거쳐 자본주의 초기에 자본주의 질서를 확립하고자 하였던 그의 시대적 배경이 반영된 것으로 해석된다.

이에 비해 스미스 이후 100여 년이 지난 시기에 활동했던 독일의 재정학자 바그너는 그의 『재정학』에서 조세 납부의 원칙을 설명하면서 과세의 공평성 부분을 다음과 같이 설명하고 있다. 즉, 그는 조세는 균등하게 부과되어야 하는데, 구체적으로 "소득이 높은 사람에게는 '누진세'로 과세하여야 한다"고 하면서 "순수하게 '비례세'에 의한 과세는 거부되어야 한다"고 강조하고 있다. 더 나아가 그는 "토지나 투자, 즉 재산소득은 근로소득의 경우보다 더 높은 비율로 부과되어야 한다"고까지 부연하고 있는 것을 볼 수 있다.[13] 바그너가 살았던 시기는 스미스 이래 자본주의적인 경제 운영이 100여 년이 지나 초기 자본주의 질서가 독점자본주의적인 틀로 변화되면서 사회에는 부와 소득의 편재가 만연하는 상황이 전개되고 있었다. 이러한 상황을 목격하였던 바그너는 국가에 보다 큰 역할을 주문하면서 조세 납부와 관련하여 지불능력에 따른 누진과세에 의해 '공평성'을 확보할 것을 주문하였던 것이다.

요컨대, 스미스는 '이익'에 따른 부담을 '공평'하다고 보았는데, 바그너는 '능력'에 따른 부담을 '공평'한 것으로 파악하였다. 이는 다 같이 '공평'한 사회라 하더라도 시대적 상황에 따라 현실에서 의미하는 구체적인 내용은 다를 수밖에 없다는 사실을 말해 준다 하겠다.

(3) 경제적 자유

자유 개념도 초기 자유자본주의에는 소극적 자유의 개념이, 독점자본주의 이후에는 적극적 자유의 개념이 사실상 자유의 증진에 기여한 것으로 평가

될 수 있음을 유념할 필요가 있다. 먼저, 규제와 통제가 일반화되어 있던 중세 절대왕권 시기에 '소극적 자유'라는 개념은 개개인의 실질적 자유를 보장하는 혁명적인 주장이었다. 이런 측면에서 보면, 소극적 자유는 논리적으로 상당 부분 당위성을 갖고 있으며, 역사적으로도 충분한 증좌를 보이고 있는 것으로 이해된다.

한편, 시민사회 초기 자유자본주의 시기로부터 독점자본주의 이후 시기로 감에 따라 사회구조 내지 사회경제구조가 단층화·파편화되면서 외형상의 자유, 즉 '소극적 자유'로는 개개인의 실질적 자유를 보장하지 못하는 상황이 나타나게 되었다. 이에 따라 개개인의 실질적 자유를 보장하기 위해서 논리적으로 '적극적 자유'가 요구되고, 역사적으로도 그러한 상황이 전개되었다. 이러한 맥락에서 보면 '적극적 자유' 또한 논리적으로나 역사적으로 그 위상의 정당성이 있는 것으로 볼 수 있다.

결국 '자유'의 개념에서 '소극적 자유'나 '적극적 자유'는 그 자체로서 옳고 그름을 가릴 문제가 아닌 것이다. 오히려 '자유'의 문제는 시대 상황에 따라 특정 시기, 특정 사회 구성원들이 생활 과정에서 어떠한 조건 속에서 실질적 자유를 누릴 수 있는지를 고려하여 평가하여야 할 문제라는 사실을 인식하는 것이 중요하다 하겠다.

제3절 정부 개입에 대한 시사점

여기서는 지금까지의 제 논의에 바탕을 두고 사회 구성원들의 경제활동 과정에 정부 개입이 필요한지 여부와 필요한 경우 정부 개입의 방향성을 검토한다. 먼저 정부 개입을 위해서는 바람직한 상태 여부에 대한 사회적 판단이 필요하다는 사실을 보이고, 이어서 개입의 방향을 어떻게 설정할 것인지 살펴본다.

1. 정부 개입의 필요성과 기준의 다양성

우리는 앞에서 경제적 성과나 경제행위 과정의 적절성을 평가하는 다양한 가치 기준에 대해 살펴보았다. 이제 어떤 사회의 현실 상태가 그 사회가 바람직하다고 판단되는 상태와 괴리되었음을 인지하였을 때 더 나은 사회를 위한 개선의 요구가 다양하게 제기될 수 있다. 이제 이러한 상황에서 지금까지 살펴본 가치 기준의 다양성 맥락에서 더 나은 사회로 향한 정부 개입의 필요성과 구체적인 방향성을 점검해 보자.

일반적으로 정부의 개입은 '덜 바람직한 상태'를 '더 바람직한 상태'로 바꿀 필요성이 인식될 때 그 정당성이 주어지는 것으로 볼 수 있다. 여기서 중요한 것은 이러한 필요성은 특정 개인의 판단에 따라 주어지는 '개인적 선택'이 아니라 사회 전체의 판단에 따라 주어지는 '사회적 선택'이라는 데 있다. 바로 이렇게 정부 개입의 필요성은 현재 상태의 적절성 여부에 대한 사회적 판단에 따라 결정되는 것이다. 흔히 일컫는 경제정책, 구체적으로는 재정정책이나 금융정책 또는 각종 규제정책의 수행을 위해서도 바로 이와 같이 사회적 판단에 따른 정당성이 주어져야 하는 것이다.

그런데 이렇게 더 바람직한 상태로 향한 정책적 개입을 위해서는 '바람직한 상태'에 대한 '가치 기준'의 설정이 요구되기 마련이다. 그 과정에서 다양한 기준이 제시될 수 있다. 대표적으로 지금까지 살펴본 '효율성'이라든가 '공평성' 또는 '경제적 자유'라는 기준이 제시될 수 있을 것이다. 그뿐만 아니라 본서에서는 명시적으로 다루지 않았지만 경우에 따라서는 사회 구성원들의 '참여'나 '통합'과 같은 가치 기준도 중요하게 제시될 수도 있다. 그런데 이와 같은 널리 알려진 가치 기준을 놓고도 오늘의 상황을 점검하려 구체적인 과정에

들어서는 순간, 우리는 효율성 기준을 더 중시해야 할지 공평성을 더 중시해야 할지, 아니면 경제적 자유나 다른 어떤 기준을 더 중요하게 다루어야 할지와 같은 선택의 문제에 봉착하게 된다.

그런데 더 중요한 것은 그렇게 널리 알려진 기준을 놓고도 연구자나 관료 또는 정치가들의 개인적인 인식에 따라 서로 다른 주장이 제시될 수 있다는 사실이다. 이들뿐만이 아니다. 보다 다양한 성향을 가진 사회 구성원들 입장에서는 더욱더 다양한 견해들이 산재해 있기 마련이다. 현실 상태에 대한 판단에 따라 어느 주장을 따를지가 달라지기 마련이며, 이에 따라 채택되는 정부의 개입 수단도 달라지기 마련이다. 이것은 전혀 이상한 것이 아니라 오히려 다른 것이 당연하다고까지 말할 수 있다.

2. 정부 개입의 방향성

문제는 특정 사회의 평가를 위한 가치 개념이 다양하다고 기술하는 것만으로는 현실의 정부 개입의 적절성에 대해 어떠한 시사점도 줄 수 없다는 데 있다. 어느 정부도 정책적 개입을 위해서는 어떠한 과정을 통해서든지 하나의 견해를 선택해야 한다. 문제는 어떤 가치 기준을 채택할지, 더 우선할지, 나아가 선택된 가치에 구체적으로 어떤 의미를 부여할지를 누가 어떻게 결정하는지가 중요한 문제로 남는다.

이 경우 논자들에 따라서는 대의제 민주제하에서 행정부나 입법부를 국민들이 선택한 것이니 정부의 결정에 맡기는 것이 바람직하다고 주장하기도 한다. 그것은 이들이 정부가 국민들의 뜻을 받들어 사회 전체의 부적절성을 정확히 파악하여 개입함으로써 전체적으로 더 나은 사회를 만들어 낼 수 있다고 보기 때문이다. 그러나 논자들에 따라서는 이 경우 자칫 정부가 자기주도적으로 사회 상태의 적절성 여부를 규정짓는 과정에서 국민들의 의사와 괴리되는 경우가 발생할 수 있다는 사실을 중시하는 경우도 있다. 정부가 공권력을 갖고 있어서 쉽게 권위주의적으로 변하는 경향을 갖고 있기 때문에 더욱 그러하다고 본다.[14] 이러한 견해를 갖는 논자들은 곧바로 정부 개입의 축소를 주장한다. 이들은 정부가 개입하는 경우보다 개개인들이 선택하는 사회 상태가 더 나은 상태일 뿐 아니라 심지어 가장 바람직한 사회 상태이니 정부가 개입하려 해서는 안 된다는 견해를 제시하기도 한다.

그런가 하면 이러한 문제에 직면해서 대의제 민주제하에서라도 주민들이나 주민들 집단에 의한 '참여 메커니즘'을 구축함으로써 그러한 제도적 틀의 부족한 부분을 보완해 나갈 점을 고민할 필요가 있다는 점이 강조되는 경우도 있다.[15] 이 입장에서는 선험적으로 정부 개입이 좋다거나 나쁘다고 단정지어서는 안 된다고 본다. 이 견해에서는 정부 개입의 적절성이나 개입의 방향성 문제는 해당 사회 구성원들의 '참여'를 통해서 결정할 문제라고 본다.[16]

우리는 앞에서 한 사회의 적절성 여부를 평가하는 가치 기준이라는 것이 그 문제를 다루는 사람들이나 시대와 사회에 따라 서로 다르게 제시된다는 사실을 보았다. 이러한 본서의 맥락에서 보면, 중요한 것은 어느 시기에 어떤 사람들이 모여 사는 사회인지에 따라 바람직한 사회에 대한 가치 기준이라는 것도 달라질 수밖에 없다는 것을 알 수 있다. 이렇게 보면 중요한 것은 해당 시기 특정 사회가 처한 여건에 맞는 가치 기준이 설정되고 그것이 정책 수립 과정에 반영되는 것이 중요하다는 것을 알 수 있다. 그러고 보면 바람직한 가치 기준이라는 것은 그 시기 그 사회에 살고 있는 사람들에 의해서 평가되고 규정되어야 할 성질의 것이라는 것을 알 수 있다. 그러기 위해서는 사회 구성원들의 다양한 의견이 항상적으로 광범하게 반영되는 통로가 제도적으로 마련되고 활성화되는 것이 중요하다는 사실을 알 수 있다. 그것은 그렇게 될 때 비로소 사회 구성원들이 스스로 가진 능력을 활성화하여 각자의 생존과 발달에 기여할 뿐 아니라 사회 전체적으로도 후생 수준이 높아질 수 있을 것이기 때문이다.

주

1. Benton(1975(1954): 28, 38)을 참고.
2. 이와 같은 인식 발생의 기원에 관한 논의는 Schaff(1984(1987): 48-49)를 참고하기 바란다.
3. Cornforth(1963(1984))는 자신의 저서 서문에서 인식론의 과제를 이렇게 밝히고 있다.
4. '하비가의 가정'에서 하비가(街)는 케인스가(家)를 비롯한 영국의 전통적인 귀족들이 살았던 케임브리지의 도로 이름으로서, 한마디로 이 가정은 "정부는 현명한 소수 엘리트들에 의해 운영된다"는 사실을 의미한다.
5. 여기서 제시하고 있는 해로드와 다른 경제학자의 서술내용은 Buchanan and Wagner(1977(1981): 123)를 참고한 것으로 관심 있는 독자들은 참고하기 바란다.
6. Buchanan and Wagner(1977(1981): 143)를 참고.
7. 위의 내용은 Buchanan and Musgrave(1999(2003): 16-18)를 참고한 것인데, 이 책에서는 그의 인식 틀과 학문 형성배경에 대한 보다 자세한 내용이 소개되고 있으니 참고하기 바란다.
8. Buchanan and Musgrave(1999(2003): 12)를 참고.
9. 프랑스의 경제학자 Rist(2010(2015): 43-48)는 『경제학은 과학적일 것이라는 환상』이라는 책에서 자연과학에서 뉴턴(I. Newton)을 중심으로 하는 고전역학 이론은 그 이론으로 설명할 수 없는 현상에 직면하면서 새로운 양자역학으로 변화해 왔다는 사실을 지적하고 있다. 이어서 그는 이미 고전적 역학 모형이 패권을 잃은 지 수년이 지난 후에 뉴턴의 고전역학에 근거를 두고 성립된 선고전주의 경제학은 오늘날에도 여전히 자신들의 학문적 위상의 변화를 거부하는 모습을 보이고 있다는 비판을 하고 있다. 이러한 비판은 오늘날 근대경제학의 시대성 결핍의 문제를 재인식하게 해주는 좋은 참고 사례라 할 수 있다.
10. Smith(1776: 777)를 참고.
11. Musgrave(1989: 216)를 참고. 단, 따옴표는 강조를 위해 저자가 삽입한 것이다.
12. Smith(1776: 777)를 참고. 단, 따옴표는 강조를 위해 저자가 삽입한 것이다.
13. Wagner(1890(1967): 11, 14)를 참고. 단, 따옴표는 강조를 위해 저자가 삽입한 것이다.
14. 이러한 견해를 취한 대표적인 저작으로 Hayek(1944)를 들 수 있다. 그는 자신의 저서를 통해 정부 개입을 허용하는 순간 '노예로의 길'로 들어서게 된다는 점을 경고하고 있다.
15. 대부분의 제도경제학적 논자들은 이와 같이 크고 작은 사회적 문제에 대해 해당 사회 구성원들의 '참여'를 통한 해결의 중요성을 강조하는 입장을 보이고 있다. 이에 대해서는 Whalen(1992: 68)을 비롯한 제도경제학적 문헌을 참고할 수 있다.
16. 그래서 이러한 입장을 택하는 논자들은 정부 규모 문제도 정부 규모가 크다고 나쁘고 작다고 반드시 좋은 것은 아니라고 보고 결국 중요한 것은 국가활동의 본질이라고 보고 있다(Whalen, 1996: 93). 이에 대해 Heilbroner and Thurow(1982(2009): 146)는 "이는 가치판단이 작용하는 문제"라고 주장하는 것을 볼 수 있다. 그리고 제도경제학자들은 이러한 가치판단은 주민에 의한

'참여'를 통해서 결정할 것을 주문하고 있다.

Chapter

12

학습 자세

마지막 장에서는 먼저 경제현상을 지배하는 질서나 경제 문제의 실체를 파악하기 위해서는 자신의 견해가 갖는 '주관성'을 '극복'하기 위한 노력이 필요하다는 사실을 밝힌다. 이어서 구체적인 학습 자세를 검토하면서 견해 차이를 극복하기 위한 전망을 제시한다.

제1절 '주관'과 그 '극복'을 위한 노력

이 절에서는 사회 문제를 다루는 사람들에게 주관과 객관이 갖는 의미를 살펴보고, 주관의 객관화 과정의 중요성과 그 어려움을 밝힌다. 이어서 그러한 어려움을 해소하는 방법의 일환으로 '상호주관성' 개념을 살펴보고 그 중요성을 검토한다.

1. 객관성의 개념과 그 주관성

(1) '주관의 객관화'와 그 중요성

우리는 앞에서 사회과학은 사회적 실체에 대한 객관적 기술이어야 한다는 점을 강조하였다. 여기서 사회과학에서 '객관성'이라 하면 "연구대상으로서의 객체가 연구주체로부터 독립되어 있는 상태"를 의미한다고 볼 수 있다. 그런데 우리가 다루는 사회과학은 연구자가 가진 주관에서 그 연구가 출발되기 때문에 연구자가 갖는 그러한 주관성이 '객관성'을 획득하기 위해서는 "연구대상으로서 객체를 지배하는 질서가 인식주체의 가치판단으로부터 독립해 있을 것"이 요구된다. 이렇게 볼 때 연구자에 의해 만들어지는 명제가 객관성을 확보하기 위해서는 연구대상으로서 현실에서 존재하는 경험적 사실로부터 '주관을 객관화시키는 과학적 실천의 과정'이 수반되어야 한다. 이러한 과정을 우리는 흔히 '실증' 과정이라 하는 것으로서, 연구자가 찾아낸 주관적 명제가 객관성을 획득하기 위해서는 이와 같은 실증 과정을 거쳐야 한다. 주관적 명제가 객관성을 획득할 때 '이론'의 자격을 얻는다는 점을 고려해 보면, 이와 같은 실증 과정은 곧바로 이론을 만들어 내는 중요한 과정이라 할 수 있다.

그런데 이와 같이 객관성 확보를 위해 실증 과정이 필요하다는 점은 사회과학뿐만 아니라 자연과학의 경우도 마찬가지라 할 수 있다. 말하자면, 사회과학이나 자연과학 모두 어떤 연구자가 어떠한 명제를 만들어 내어 거기에 이론의 자격을 부여하기 위해서는 존재하는 현실에 대한 설명력을 가져야 하는 것이다. 그런데 사회과학의 경우는 자연과학의 경우와 달리 그 연구대상인 사회현상에 행위자가 존재하며, 그 행위자가 여러 요소들 사이의 관계를 변화시키는 역할을 한다. 자연과학에서의 객관화 과정은 누구에게나 동일하게 관찰되는 존재하는 사실들 사이의 관계로부터 명제를 만들어서, 그 명제가 현상을 얼마나 잘 설명할 수 있는지 여부를 확인하는 과정을 일컫는다. 이에 비해 사회과학에서의 객관화 과정은 보는 이에 따라 서로 다르게 관찰되는 사회현상의 질서에 대해 주관적 명제를 만들어 내고, 그 명제를 현실에서 발견되는 자료를 통해 실증해 간다는 점에서 자연과학의 객관화 과정과는 차이를 보이고 있음을 유념할 필요가 있다.

바로 이러한 맥락에서 볼 때 사회과학 연구자들에게는 주관의 객관화 과정으로서 실증 과정이 더욱 중요하게 인식된다. 먼저 사회과학자들은 각자가 가지고 있는 인간과 사회에 대한 서로 다른 인식에 바탕을 두고 자신들의 입장에 따라 서로 다른 과정을 통해서 이론을 위한 명제를 만들어 낸다. 이어서 그들은 그러한 명제를 발견되는 사실들에 의해 실증을 통해 객관성을 획득하여 이론을 만들어 내는 데 몰두하고 있다. 이렇게 보면 주관의 객관화 과정으로서 실증 과정은 근대경제학, 정치경제학, 제도경제학 등 학문적 성향을 불문하고 모든 경제학 연구자에게 요구되는 과정이라 할 수 있다. 한마디로 경제현상의 질서를 어떻게 파악하는지 여부와 관계없이 '실증'은 피할 수 없는 중요한 과정이라는 사실을 이해할 필요가 있다.

(2) 객관성 확보의 어려움

1) 객관성과 그 주관성

그런데 사회과학 연구에서는 '객관성'의 성격을 미리 선험적으로 규정짓기가 어려우며, 심지어 객관화 과정 자체가 주관적 가치에 의해 왜곡될 우려가 제기되기도 한다. 흔히 그러한 우려가 제기되는 것은 현실에서 자료를 발굴하고 그 자료에 의해 객관화 과정을 거친다고 하나, 관련 개념의 정의나 명제의 설정에서부터 자료의 선정과 수집, 더 나아가 그 실증 과정 전반에 걸쳐 연구자가 자신의 주관으로부터 벗어나기가 쉽지 않다는 점 때문이다.

이 문제는 몇 가지 사례에 의해 보다 설득력 있게 설명될 수 있다. 먼저 일본의 한 고고학자가 자신의 주장을 입증할 만한 유물을 몰래 묻어 둔 뒤 발굴과정에서 우연히 발견한 것처럼 했다가 나중에 그 사실이 거짓임이 탄로난 적이 있었다.[1] 이 사건은 당시 일본은 물론 다른 나라에까지 알려져 세상을 떠들썩하게 하였는데, 주관의 객관화 과정에서 주관에 대한 집착이 만들어 낼 수 있는 극단적인 사례로 평가된다. 이 사건은 연구자 자신이 설정한 주관적 명제의 객관화 논의에서 주는 시사점이 크다 할 것이다. 또 다른 예로 공공선택론으로 유명한 뷰캐넌(J. M. Buchanan)은 머스그레이브(R. A. Musgrave)와의 세미나 장에서 방청석으로부터 “실증적 사실, 특히 실증경제학에 얼마만큼 영향을 받았는가”라는 질문을 받고 “많은 경우 사람들은 실증적 사실에 직면해서도 자기 이론을 포기하지 않고 완강히 저항한다고 생각합니다”라고 답한 것을 보더라도[2] 사회과학 연구에서 ‘객관성’이 얼마나 주관적 가치에 의해 좌우되는지를 짐작할 수 있다.

이와 관련하여 뮈르달(G. Myrdal)은 “어떤 문헌을 보든지 서두에서 가치판단을 해서는 안 된다는 것을 진술하고 있음에도 불구하고, (사실은) 가치판단에 물들어 있다. 물론 이러한 결론은 명시적인 가치전제로부터 추론된 것이 아니고, 사물의 성질상 자명하다고 주장하는 낡은 방식에서 나온 결론이다”[3]라고 기술하고 있는 것을 볼 수 있다. 이러한 지적은 실증주의자들이 스스로 연구자의 주관이 배제된 상태에서 사실들을 관찰하고 있다고 하는 경우에도 사실은 의식하든 안하든 스스로 자기가치에 매몰되어 있으면서도 객관성이라는 이름으로 자신을 합리화해 나갈 우려가 있다는 사실을 적나라하게 보여 주는 것으로 볼 수 있다.

2) 수량화 전략과 유의사항

한편, 사회과학 연구자들이 실증을 통해 자신의 주장을 객관화하는 과정에서 흔히 현상에서 발견되는 '수치'에 의지하는 경향을 볼 수 있다. 이것은 실증 과정에서 소위 '의미가 배제된' '가치중립적인' '숫자'에 의존함으로써 객관성을 확보할 수 있다고 믿는 데 기인한 것으로 볼 수 있다. 사회과학에서의 이러한 성향은 '수량화 전략'이라고까지 불린다.[4]

그러나 숫자로 표시되었다고 반드시 가치중립적이라고 볼 수는 없다는 점을 유의할 필요가 있다. 그것은 수량화 자체가 그것을 사용하는 세력들의 집합적 목표에 의해 이루어지는 경우가 있기 때문이다. 사회현상의 모습을 나타내는 숫자는 사회적으로 여러 가지 판단 기준에 의해 만들어졌으면서도 그것이 어떻게 만들어졌는지, 그 숫자가 사회 구성원들의 실질적인 생활과 관련해서 어떤 의미를 갖는 것인지 등이 은폐되고 있는 경우가 흔하다.[5] 말하자면, 숫자에는 그 숫자를 만들고 활용하는 사람들의 주관적 의지가 담겨 있는 경우를 흔히 볼 수 있다. 우리는 일제강점기에 일본으로 쌀이 얼마나 수출되었다든지, 당시 조선인들이 일본의 군수공장에서 임금을 얼마를 벌었다든지 등의 통계 지표에 의지하여 당시 생활상의 개선을 설명하는 경우를 가끔 볼 수 있다. 그러나 이런 지표를 활용하는 경우에는 '수출'이라는 것이 자유로운 산업활동이 가능한 나라들 사이에서 교역이 일어난다는 전제 위에서 의미를 갖는 지표라는 점, '임금'이라는 것은 고용주와 노동자들의 자유로운 계약관계가 전제가 된 상태에서 의미를 갖는 개념이라는 사실을 미리 염두에 두어야 한다. 사실은 식민지 피지배라는 사회구조적 제약 속에서 일방적으로 수출을 강요당하거나 노동을 강요당해 온 당시 사회적 실상에 대한 고려가 더해져야 한다. 그러한 고려가 수반되지 않은 상태에서 발표된 수출금액이라든가 임금액 등의 수치는 식민지 사회의 구조적 제약을 은폐하는 오류가 담긴 수치라는 사실을 유념할 필요가 있다.[6] 말하자면, 그 수치를 가지고는 당시 조선인들의 생활상을 설명해 내기는 무리라는 사실을 알 수 있다.

이러한 사실은 오늘날 사회에서도 그 맥을 같이한다고 볼 수 있다. 우리는 가끔 야당이 자신들의 견해에 상응하지 못한 통계자료를 정부가 발표하여 여론을 오도하고 있다면서 통계책임자에게 물러나라고 요구하는 상황을 볼 수 있다. 이러한 사례는 간접적으로 숫자에도 정부의 정책적 가치가 개입되어 있다는 사실을 웅변적으로 말해 주는 사례라 할 수 있다. 그뿐만 아니라 공공 부문 관련 연구를 하는 연구자라면 정부가 가지고 있는 수치 자료마저 어떤 연구자가 어떠한 내용의 연구를 하는지에 따라 해당 자료가 공급되기도 하고, 때에 따라 특정 자료만 공급되기도 하는 경우를 한두 번은 경험하였을 것이다. 이러한 사실은 발표되는 숫자를 비롯한 각종 정책 관련 자료들에는 이미 정부 내지 특정 정파의 견해가 내재되어 있음을 시사해 주는 것으로 볼 수 있다. 이것이 바로 실증 과정에서 자료가 갖는 사회적 맥락을 확인해야 하는 이유인 것이다.[7]

무릇 사회과학이라는 것은 한 사회에 살고 있는 사람들의 생활을 지배하는 질서 내지 법칙을 찾아내는 데 그 주된 목적이 있다고 한다. 사회과학이 갖는 이와 같은 목적에 부응하기 위해서는 사회과학을 하는 사람들이 시도하는 객관화 과정은 어떠한 방법을 활용하든 해당 사회에 살고 있는 사람들의 실제 생활을 설명해 줄 수 있는지 아닌지에 초점이 맞추어져야 하는 것이다. 시대와 사회를 불문하고 현상적으로 나타나는 '수치' 내지 드러난 관련 자료에만 의존해서 한 사회의 질서를 설명하고자 하는 것은 좋게 보아도 설명력이 떨어지는 것이며, 그렇지 않는 경우에는 오히려 특정 시기 그 사회의 질서를 왜곡시킬 우려가 크다는 점을 유념할 필요가 있다.

이런 맥락을 고려하여 사회과학에서 주관의 객관화를 위해서는 일반적으로 일컫는 현상적 자료에만 의지하는 '객관성' 대신에 '상호주관성'(간(間)주관성; intersubjectivity)이라는 개념을 사용할 것이 권유되고 있다. 이제 이하에서 그 개념과 그것이 사회현상 연구에서 갖는 의의를 살펴보도록 하자.

2. 상호주관성을 통한 객관성의 확보

(1) 개념과 의의

'상호주관성'(intersubjectivity)은 세상을 직접 경험하는 '주체'(subjectivity) 와 그들 사이의 '관계'(inter)가 합성된 개념으로서, 서로 다른 주체들 사이에서 "사물의 의미를 공유하는 것" 또는 "서로 의견을 교환하여 사물의 의미에 대한 견해를 일치시키는 과정"을 의미한다.[8] 구체적으로 이 개념은 서로 다른 개인들이 가진 주관성 중에서 "다른 사람들의 견해와 공유되는 주관성", "많은 주관(主觀)들 사이에서 서로 공동(共同)으로 인정하는 것"을 일컫는다. 한마디로 '상호주관성'이란 '공유적 이해'(shared understanding), '공동체적 자아'(communal self), '합의된 객관성' 등으로 정의되는 개념으로서, '객관성'에 대한 새로운 이해를 요구하는 개념이다.

무엇보다 이 개념은 사회현상 파악에서 모든 개념이나 사실은 연구자 개인의 주관적 인식에 의해 파악된다는 점을 전제로 성립된 개념이다. 그러면서 다른 사람들도 역시 자기처럼 주관을 가진 존재로서 서로 다른 사람들 사이에 견해가 다양하게 존재한다는 사실과 나아가 사회활동이라는 것은 이렇게 서로 다른 견해를 가진 다양한 구성원들 사이의 명시적 또는 묵시적인 상호작용에 의해 행해진다는 사실을 중시하여 등장한 개념이다. 이러한 사실을 전제로 하게 되면 사회현상 파악에서 객관적 사회질서라는 것은 연구자 개개인에 의해서 파악될 수 있는 개념이 아니라 서로 다른 사람들 사이의 '관계'를 중심으로 파악되어야 한다는 인식이 성립된다. 이러한 인식의 결과로 등장한 개념이 바로 '상호주관성'이라는 사실을 유념할 필요가 있다. 말하자면, 사회적 질서에 대한 객관성은 주관을 벗어난 상태에서 파악될 수 없고 서로 다른 개인들의 주관적 인식이 공감되는 영역을 객관성의 영역으로 파악하여야 한다고 보게 된 것이다. 가치논쟁에서 중요한 역할을 해온 베버(M. Weber)가 사회과학에서 지식으로 인정할 것인지의 여부는 '과학공동체'의 '상호 비판과 논쟁'에 의해 좌우된다고 본 것도 이와 같은 맥락이라고 볼 수 있다.[9]

(2) 성격

무엇보다 이러한 견해의 근저에는 가치와 사실은 애초부터 분리하기 힘들며, 외형적으로 드러난 사실이 곧바로 본질적 모습이 아닐 수 있기 때문에 현상과 본질을 동일시해서는 안 된다는 인식이 깔려 있다. 이러한 상태에서 겉으로 드러난 사실만으로 성립되는 객관성은 불완전할 뿐 아니라 보다 근본적으로 본질을 왜곡시킬 수 있다고 인식하는 것이다. 말하자면, 객관성이라는 것은 밖으로 나타나는 사실판단을 통해서 파악되어지는 것이 아니라 사회 구성원들의 실재하는 삶을 지배하는 구조적 사실의 설명에 더 부합하는지 여부를 확인하는 데서 찾아야 한다고 보게 된 것이다. 이러한 맥락에서 '상호주관성' 개념은 사회과학 일반에서 '핵심적인 개념'(core concept)으로서, 모든 사회과학에 있어서 '근본적'(fundamental)인 의미를 갖는 것이라는 평가가 내려지기도 한다.[10] 이러한 평가는 이 개념이 갖는 위와 같은 중요성을 반영한 것으로 판단된다.

이 개념에 의한 객관성 확보방법은 바로 이와 같은 인식의 바탕 위에 복잡하게 얽힌 사회현상을 서로 다른 연구자들이 견해를 공유하는 데서 찾는 방법으로, 사회 문제를 특정 주체나 객체 자체에서 찾는 다른 방법들과 다르다는 특징을 갖고 있다. 무엇보다 이 개념은 구체적으로 이론을 만들어 내는 방법론으로 널리 활용되어 오고 있는 '실증주의'와는 견해를 달리한다는 점을 유념할 필요가 있다. '실증주의'(positivism)란 사회현상 내지 경제현상을 지배하는 법칙을 찾아냄에 있어서 밖으로 나타나는 현상들 사이에 존재하는 인과관계로부터 그러한 현상을 지배하는 법칙을 만들어 내는 입장을 일컫는다. 이러한 '실증주의'는 연구자의 주관에서 출발하되 연구자의 주관이 배제된 상태에서 현상에서 나타나는 사실들 사이의 인과관계 확인을 통해서만 '객관성'을 확보하여야 한다는 입장으로서, 경제학 분야에서는 주로 근대경제학적 논자들이 취하는 견해이다.[11] 이러한 견해는 인간의 주관성을 비과학적이라고 비판하면서, 현상들 사이에서 발견되는 질서를 찾아냈을 때만 객관성을 신뢰할 수 있다는 생각에서 비롯된 것이다. 이에 비해 '상호주관성'이라는 개념은 일방적인 '주관성'도 비과학적이라고 비판하지만, 주관성이 배제된 '객관성'만이 신뢰할 만하다는 '실증주의'에 바탕을 둔 '객관성'도 비판한다. 그러면서, "개개인이 가지고 있는 '주관성'이 현실에서 발견되는 사실에 의해 '공동으로 받아들여질 때'만 '객관성'을 확보한다"는 새로운 차원의 객관성을 주장한다는 점에 그 의의가 있다. 오로지 인간들의 주관성이 포함된 명제가 '합의'에 도달할 때 객관성을 확보할 수 있음을 강조하는 것이다.[12]

그뿐만 아니라 이 개념은 개인과 개인의 '관계'를 중요시하는 것으로, '개인' 자체를 중시하는 서구의 개인주의와 다른 개념이라는 것을 이해하는 것이 중요하다. 서구의 개인주의는 개별 연구자가 자신의 주관을 현실에서 발견되는 자료에 의해 스스로 객관화해 낼 수 있다는 데 초점을 맞추지만, '상호주관성'은 상대적으로 '관계'와 '균형성'을 강조하는 동양사상에 그 근거를 두고 있다는 점에서 차별성을 보이고 있다.

이러한 주관과 객관의 관계 내지 '상호주관성'에 대한 견해는 경제학방법론에도 그 취지가 암묵적으로 반영되어 있는 것으로 볼 수 있다. 근대경제학에서는 이론을 만들어 내는 방법으로 "가정-가설-검증 방법"을 택함으로써 소위 개개인의 '관계'가 개입될 여지가 없는 실증주의적 견해를 취하고 있다. 이러한 견해의 이면에는 인간은 고립되어 개별적으로 행동하는 '합리적 인간'이라는 전제가 내재되어 있다. 이 견해를 따르는 논자들은 바로 이러한 전제 위에 자신들의 주관을 실증하는 과정에서 경제현상 이면에 내재해 있는 인간에 대해서는 더 이상 다룰 필요 없이 밖으로 나타나는 현상들 사이의 관계를 찾아내는 데만 몰두하게 된 것이다. 이에 비해, 정치경제학 입장에서의 '변증법적 방법'을, 제도경제학 입장에서의 '다양한 방법'을 수용하고 있다. 이것은 전자가 경제현상을 지배하는 법칙을 만들어 내는 과정에서 경제현상들 이면에 내재해 있는 인간과 인간 사이의 관계를 중시하고 있으며, 후자는 문화나 제도에 의해 다르게 발현되는 인간의 본성과 경제현상의 관계를 중시한다는 차이점에서 비롯된 것이다. 결국 이들 입장에서는 자신들의 주관을 이론화하기 위한 실증 과정에서 근대경제학적 견해와는 달리 사람들에 따라 서로 다르게 파악되고 변화하는 '관계'를 실증하기 위한 크고 작은 다양한 방법을 수용하게 된 것이다.[13]

제2절 구체적인 학습 자세

경제와 사회현상을 학습하는 과정에 자주 등장하는 '엄밀성'과 '적절성' 문제, 그 과정에서 제시되는 현상에 대한 '설명'과 '예측' 및 '이해'와 '해석'이 갖는 의미의 차이를 살펴본다. 이어서 경제학 학습 과정에서 자주 등장하는 '수학'이 갖는 의미를 서로 다른 경제학적 맥락에서 살펴본다. 마지막으로 이러한 제반 이해에 바탕을 두고 본서를 관통하는 견해의 차이를 극복하기 위한 방향성을 제시하면서 마무리한다.

1. '엄밀성'과 '적절성'에 대한 고려

우리는 앞에서 사회현상을 다루는 경우 누구나 '주관'을 갖고 대하지만, 주관 자체에 머무는 것이 아니라 그 주관을 '객관화하는 과정'을 거치는 것이 필요하다 하였다. 그런데 이러한 객관화 과정에서는 '엄밀성'과 '적절성'이 요구되는 것으로 알려져 있다. 그런데 이 두 견해 중 어느 것이 더 옳은지에 대해서는 어떤 주어진 기준이 있는 것이 아니라 연구자의 인식 틀에 따라 크게 다르게 제시되고 있다는 사실을 인식하는 것이 중요하다. 이제 이들에 대해 좀 더 자세히 살펴보자.

(1) '엄밀성' 중시 견해

어떤 이들은 사회현상을 다루는 사회의 제 과학도 과학으로 성립되기 위해서는 '엄밀성'이 우선적으로 요구된다고 주장하고, 학습 과정에서 '엄밀성'을 추구하는 경향을 보인다. 여기서 이들이 '엄밀성'(rigor)을 중시한다는 것은 연구자가 가설을 설정하고 그것을 가지고 실증을 통해 이론을 만들어 내는 과정에서 무엇보다 가설이 가정을 통해서 얼마나 엄밀한 논리적 일관성을 가지고 연역적으로 추론된 것인지 여부를 중시한다는 것을 의미한다. 그뿐만 아니라 그들의 가설이 이론의 자격을 얻기 위해서는 엄밀한 실증 과정을 거쳐야 하는 것으로 보고 있음은 물론이다. 따라서 이렇게 엄밀성을 중시하는 사람들은 무엇보다 "경제이론을 만들어 내는 과정에서 수학적 도구를 점점 더 많이 쓰게 되고, 실증작업에서 보다 정교한 수학적이고 통계적인 기법을 점점 더 많이 개발해 내는 입장을 보이게 된다."[14]

그런데 이러한 견해에서는 이론이 되기 위한 전단계로서 가설 설정 자체에 이와 같은 엄밀성을 요구하지만, 사실 그 자체가 주관적인 가정으로부터 유도된 것이기 때문에 그 가설이 주관성으로부터 벗어나기 힘들다는 특성을 갖고 있다. 그뿐만 아니라 동일한 현실을 설명하고자 하는 경우에도 서로 다른 가정에 의해 (엄밀한) 가설이 다양하게 유도될 수도 있으며, 그중에 어떠한 것이 더 나은 가설인지를 평가하기가 마땅치 않다는 문제점이 제기되기도 한다.[15]

한편, 이 입장에서는 엄밀하게 유도된 명제로부터 이론을 만들어 내는 과정에서 수학적이고 통계적인 기법을 많이 쓰는데, 이러한 견해는 미래의 경제질서가 과거와 현재의 경제현상에 관한 자료로부터 계산된 확률이 미래의 경제질서를 '예측'할 수 있다고 보는 데 기인한다. 이들은 이렇게 기존의 경제질서를 분석하여 그 질서 속에 담겨 있는 법칙성에 근거를 두고 미래 상황을 '예측'할 수 있다고 보고 있다.[16] 그래서 이들은 경제이론을 학습하는 주된 목적을 현재의 경제질서를 보다 엄밀하게 분석하여 그 속에 내재해 있는 법칙성, 즉 '인과관계'를 찾아내어 '설명'하고,[17] 거기에 바탕을 두고 미래의 경제현상이 어떻게 전개될지를 '예측'하는 데 두고 있다.[18]

이와 같이 '설명'과 '예측'을 동일시하는 견해는 특히 가설-연역적 모형 (hypothetico-deductive model)에 그 뿌리를 두고 있는 것으로서, 주로 경제이론을 만들어 내는 과정에서 '엄밀성'을 중시하는 실증주의적 방법론을 중시하는 경제학자들이 주로 채택하는 견해이다. 결국 이러한 입장에 서 있는 사람들에게는 경제학이 점점 자연과학적 성격을 띠는 경향을 보이게 된다.

(2) '적절성' 중시 견해

이에 비해 또 다른 어떤 이들은 사회현상은 자연현상과 다르기 때문에 지나치게 자연과학적 엄밀성을 추구해서는 오히려 본질, 즉 내재적 관련성을 제대로 파악하지 못하는 우를 범할 수 있다는 사실을 강조하는 사람들도 있다. 이러한 견해를 취하는 논자들은 실질적인 과학이 되기 위한 기준을 "초기에 설정된 가정으로부터 연역적 추론을 통해서 얼마나 엄밀하게 추출된 명제인지 아닌지 여부에서 찾지 않고, 오히려 주어진 명제가 얼마나 현실에 잘 부합하는지 여부에서 찾는 입장"을 보인다.[19] 이렇게 이들은 이론을 만들어 내는 과정에서 '적절성' 여부를 중시한다. 여기서 이렇게 '적절성'(relevance)을 중시한다는 것은 연구자가 명제를 설정하고 그 명제를 가지고 실증을 통해 이론을 만들어 내는 과정에서 그 명제가 얼마나 현실에서 실제로 일어나는 현상을 적절히 '이해'할 수 있는지 여부를 의미한다. 이들은 명제를 설정하는 단계에서부터 실증하는 과정 전체에 걸쳐 현실에 대한 '이해'의 적절성 여부가 중요한 의미를 갖는 것으로 본다. 이러한 맥락에서 신고전파적 연구 성향이 갖는 특성을 폭넓게 분석한 Gordon(1976)은 미시적 측면에서 "기업 내의 작업이 왜, 얼마나 생산 과정에서 맺어지는 '사회적 관계'에 맞추어 조직되지 않는지와 같은 문제를 전통적 이론이 얼마나 무시하는지 잊어서는 안 된다"고 기술하고 있다. 아울러 그는, 거시적 측면에서는 "세계대불황 이후 자리 잡아 온 거시경제학이 초기에는 엄밀성보다 적절성에 초점을 맞추어 왔었는데, 오늘날에 와서 … 그들의 미시 분야 동료 연구자들과 어깨를 같이하여 '적절성'을 오히려 '적절하지 않게' 다루는 경향을 보인다"고 지적하고 있다. 이어서 그는 이들 입장에서 "정책 권고는 사실에 맞지 않는 가정에 의존해서 만들어 낸 이론에 기반을 두고 있다"고 지적하는 것을 볼 수 있다.[20]

그런데 이 견해에서도 여전히 명제를 설정하는 과정에서 연구자의 주관이 개입되고 있다는 점에서는 '엄밀성' 중시 논자들과 마찬가지라 할 수 있다. 그러나 이 경우에도 이렇게 명제의 설정에 연구자의 주관이 개입되기는 하지만 연구자의 주관적 가정에서 출발하는 것이 아니라 현실에 대한 관찰에 바탕을 두고 형성된 주관을 의미한다는 점에서 전자의 경우와 차이를 보이고 있다. 말하자면, '적절성'을 중시하는 논자들에게는 처음부터 끝까지 현실에 대한 적절성 여부가 중요한 의미를 갖는 것으로 본다.

한편, 이론생성 과정에서 '적절성'을 중시하는 논자들은 현상 속에 내재해 있는 법칙성을 구하더라도 그것은 기계적인 인과관계를 추출하는 데 그 뜻을 두는 것이 아니라 복잡한 변수들 사이의 상호 관계, 즉 구조를 압축적으로 요약하여 드러내어 '이해'하고 '서술'하는 데 그 뜻을 두고 있다.[21] 이들이 이렇게 보는 것은 기존 질서 속에 내재되어 있는 법칙성이 앞으로도 그대로 적용된다고 가정할 수 없기 때문이라고 본 데 기인한다. 말하자면, 이들은 과거와 현재 자료에서 계산된 확률분포로는 미래 상황에 대해 통계적으로 의미 있는 어떠한 추정도 해내지 못한다고 보고 있다.[22] 결국 이들은 경제현상의 질서 속에 담겨 있는 법칙성을 구하는 것은 지금 특정 사회, 특정 시기의 경제현상이 어떻게 운영되고 있는지를 '이해'하고 '서술'하는 데 그 뜻이 있는 것으로 본다. 이렇게 이해하고 서술하는 방식은 '해석학적(interpretative) 전통'에 바탕을 둔 것으로서, 이해하고 해석하는 과정에서 연구자의 인식에 기초를 둔 '맥락'(context)이 중요한 의미를 갖는 것으로 파악한다.[23]

이러한 견해는 경제이론을 만들어 내는 과정에서 '적절성'을 중시하는 정치경제학 또는 제도경제학적 입장을 취하는 경제학자들이 주로 채택하는 견해이다. 이들은 사실과 거리가 있는 가정으로부터 엄밀한 수학적 연역에 의한 일반적인 법칙의 생성이나 통계적 확률 분석에 의한 미래 예측에 중점을 두지 아니하고, 행위자 내지 연구자의 맥락을 파악하려는 '이해'의 방법에 초점을 맞춘다. 구체적으로 정치경제학적 논자들은 주로 변증법적 논리적 추론과 실증에 의지하는 데 비해, 제도경제학적 논자들은 담론 분석, 참여관찰법, 사례분석 등에 의해 명제를 만들고 다양한 형태의 실증 과정을 거쳐 이론을 만드는 것이 앞의 '설명' 중시론자들과 다른 점이다.[24] 여기서 주의할 점은 전자의 '엄밀성'에 바탕을 두고 추출한 인과관계에 의해 '설명'하는 방식을 택하는 근대경제학적 논자들은 이러한 '이해'의 방법을 비과학적이라 하여 회피하는 것이 보다 일반적이지만, 그와는 달리 비판적 논자들은 '적절성'에 바탕을 두고 행위자 내지 연구자의 맥락을 읽어 내려는 '이해'의 방법을 주로 택하더라도 필요한 경우 '인과관계' 추출을 통한 '설명'의 방법을 수용하기도 한다는 점이다.[25] 특히, 제도경제학적 논자들은 그들의 다차원적인 인식론에 상응하게 이론을 만들어 내는 방법 또한 다차원적임을 유념할 필요가 있다.

⑶ 종합

우리가 앞에서 사회과학은 사회현상을 지배하는 질서를 구명하는 학문이라 하였다. 그런 만큼 특정 사회현상을 만들어 내는 행위자들이나 그 현상을 파악하려는 연구자들의 의도 내지 맥락에 대한 '이해' 없이 사회현상의 질서를 파악하기는 힘들다 할 것이다. 뿐만 아니라 필요한 경우 현상에서 나타나는 인과관계로부터 법칙을 찾아내어 그 질서를 '설명'하고자 할 수도 있다. 그러나 그 경우에도 현상들 사이의 자연과학적 인과관계의 설명 자체가 목적이어서는 안 된다. 왜냐하면 사회과학의 궁극적 목표는 특정 사회에 살고 있는 사람들의 삶을 지배하는 질서를 찾아내어 그것을 '이해'하는 데 있기 때문이다.

이렇게 보면 사회과학에서 '적절성'에 바탕을 둔 '이해'의 방법과 '엄밀성'에 바탕을 둔 '설명'을 굳이 이분법적으로 구분할 필요는 없다고 보는 것이 보다 타당할 것이다. 오히려 사회현상을 지배하는 질서를 '이해'하는 데 필요하다면 경우에 따라서는 인과적 관계를 통한 '설명'도 수용하는 것이 보다 적절한 것으로 보아야 할 것이다. 이는 그것이 사회과학의 궁극적 취지에 부합하기 때문이다.[26] 고든이 이 주제의 논문 마지막 결론 부분에서 "적절성보다는 엄밀성"이라는 자세보다는 "가능한 한 엄밀성 못지않게 적절성도 같이" 다룰 것을 요구하고 있는 것도 같은 맥락에서의 주장이라고 할 수 있다.[27] 한마디로 여기서는 본서 전체의 맥락에 상응하게 "어느 견해가 옳은가를 논리적으로만 따지려 하지 말고, 어떠한 견해가 존재하는 현실을 더 잘 설명하는지를 따져 보는 것이 중요하다"는 사실을 지적하고자 한다.

2. '수학'의 역할과 그 의미

우리는 많은 경제학 교재나 경제 관련 문헌들에 '수학'이 설명도구로 자주 활용되고 있는 것을 볼 수 있다. 그중에서 기본적인 이론 내용을 다루는 미시경제학이나 거시경제학 관련 내용은 수학을 자주 활용되는 정도가 아니라 아예 수학책이라 해도 과언이 아니라 할 수 있는 내용들로 채워져 있음을 볼 수 있다. 교과서를 넘어서면 그 정도가 더 심한 경우도 있다. 예를 들어, 오늘날 자본주의 체제의 완벽성을 일반균형적 관점에서 증명해 보이면서 노벨상을 수상하는 데 크게 기여한 업적으로 알려진 Debreu(1959)의 저서 『가치론』(*Theory of Value*)을 보면 처음부터 끝까지 수학적 내용 전개로 이루어져 있는 것을 볼 수 있다.

근대경제학만큼은 아니어도 정치경제학이나 제도경제학에서도 수학이 활용되는 경우를 볼 수 있다. 이제 이하에서 경제학에서 수학이 갖는 의미를 근대경제학과 정치경제학 및 제도경제학으로 나누어 살펴보고자 한다.

(1) 근대경제학과 수학

근대경제학적 문헌에 수학이 자주 원용되는 것은 당연하다 해도 과언이 아니다. 원래 수학이라는 것은 논리를 다루는 학문이다. 아주 물리적인 법칙성을 다루는 것이다.[28] 그런데 우리가 주로 접하는 경제학 교재나 경제 관련 문헌들은 대부분이 경제주체들이 누구나 자신의 이해나 욕구가 무엇인지를 정확히 알고 그것을 가장 잘 추구해 나가는 합리적 경제인을 전제로 하고 있는 소위 근대경제학적 내용들이 대부분이다. 이러한 인식 위에서 경제행위의 질서를 해명한다는 것은 결국 합리적 경제주체로서 소비자와 생산자의 합리적 행위를 설명하고 그 결과 얻어지는 균형을 설명하는 것으로 족한 것이다. 그리고 그것은 자연현상과 마찬가지로 양측의 극대화 논리를 적용시켜서 자연스럽게 그 균형 상태가 유도된다는 사실을 보이고, 그 결과가 사회적 후생의 극대화를 실현하게 된다는 것을 보이는 것을 주된 과제로 삼게 되는 것이다. 이러한 일련의 과정에서 경제질서를 효용 극대화를 추구하는 수요 측과 이윤 극대화를 추구하는 공급 측의 논리를 통해 설명하다 보니 자연스럽게 수학이 원용된 것이다. 이러한 현상을 일일이 서술식으로 설명하려다 보니 스미스의 『국부론』과 같이 1,000여 쪽에 달하는 큰 분량의 단행본이 등장하게 된 것인데, 이것과 큰 틀에서는 유사한 내용을 수학적 논리로 간단하게 설명한 드브뢰(G. Debreu)의 『가치론』에서는 100여 쪽 남짓한 소책자로 압축·요약된 것이다.

이러한 논리는 개별 경제주체의 행위를 지배하는 질서에만 적용되는 것이 아니다. 사회를 동질적인 개개인의 단순한 집합체로 파악한 신고전파 경제학과 같은 경우에는 개개인의 행위를 모두 합치면 사회 전체의 경제행위가 되는 것으로 파악되고 있었기 때문에 개별 경제주체들의 집합으로서 경제 전체의 현상을 지배하는 질서도 별도의 도구로 설명할 필요가 없었던 것이다. 그것은 개개인의 행위의 결과를 산술적으로 합치면 전체 경제행위가 되고 그 성과도 마찬가지였던 것이다. 그러나 1930년대 대불황을 겪으면서 새롭게 등장한 케인스와 그를 따르는 소위 케인지언들의 경우 개개인의 경제행위를 합쳐도 사회 전체적으로는 그 단순한 합이 아니라 다른 어떤 모습을 띠는 소위 '구성의 오류'(fallacy of composition)[29]라는 현상이 나타난다는 사실을 중시한다. 그러니까 이들 입장에서 전체 경제현상이나 그 성과를 설명하기 위해서는 다른 설명도구가 필요했던 것이다. 그럼에도 불구하고 논자들에 따라 다소 차이는 있지만 케인스와 그를 따르는 대부분의 케인지언들은 어디까지나 개개인의 합리적 자기이익 추구 행위는 인정하며, 그 위에 단지 전체적으로 나타나는 '구성의 오류' 부분만 인위적으로 메워지기만 하면 되는 것으로 파악하고 있었다. 말하자면, 한 나라 경제 전체의 총수요와 총공급이 일치할 때 경제가 균형을 이루는데, 개별 수요를 모두 합쳐도 사회적으로 바람직한 완전고용 상태에서 달성할 수 있는 균형 수준에 필요한 총수요에는 미치지 못하는 경우 개별 수요의 합과 균형에 필요한 총수요와의 갭을 외생적으로 주입시켜 주기만 하면 된다고 보았던 것이다. 그러니까 케인지언의 경우도 경제현상을 설명함에 있어서 개별 경제주체들의 행위를 분석하는 것이 주류를 차지하게 되고, 그 위에서 외생적으로 얼마만큼을 주입해 주면 되는지만 관련된 시장조건을 고려하여 계산해 내는 방식을 택하게 된 것이다. 이렇게 보면 소위 케인스와 케인지언의 경제학체계도 수학적 논리로 해명되는 것이 보다 단순하고 명료한 것으로 인식되게 된다.

신고전파 경제학과 케인스 경제학을 합쳐서 소위 개별적 합리성에 바탕을 두고 경제현상을 분석하는 경제학체계 전반을 신고전파종합 또는 근대경제학이라 일컫는다는 점을 고려해 보면, 근대경제학적 입장을 취하는 교재들은 주로 수학적 도구를 써서 설명하거나 그런 성향을 보이게 된 것은 전혀 이상할 것이 없다. 한 측의 운동원리와 다른 측의 서로 다른 운동원리가 합쳐서 이루어 내는 거대한 자연현상으로 파악한 데 기인한 것이다. 말하자면, 일종의 물리학에서 중력의 법칙을 수학적으로 설명하는 것과 마찬가지 이치라 생각하면 된다. 이런 입장에서는 경제학에 수학이 매우 유용한 설명도구가 됨은 분명하며, 수학적 논리 그 자체가 경제학이 된 셈이다.

(2) 정치경제학 및 제도경제학과 수학

그러나 개별 구성원들이 모두 자기 이해나 욕구의 존재를 정확히 알고 그 극대화를 위해 몰두하는 경제주체가 아니라는 사실을 인식하는 순간 사정은 달라진다. 우리가 앞에서 다 같은 경제 문제를 놓고도 무엇을 중요하다고 판단하는지가 서로 다르게 인식된다고 하였는데, 그렇게 서로 다르게 인식되는 배경이 다름 아닌 인간의 본성에 대한 인식의 차이에서 주어진다고 하였음을 이 자리에서 다시 상기할 필요가 있다. 인간을 개별적 본성에 충실한 합리적 존재로 보는 경우에는 경제현상을 지배하는 질서를 주로 위와 같은 논리로 다루게 되지만, 인간의 본성을 사회적 본성이라든가 사회문화적 본성으로 인식하게 되면 경제현상의 질서를 파악하는 것도 그러한 본성에 바탕을 두고 사람들이 어떻게 행동하는지를 파악하여야 하는 것이다.

1) 정치경제학과 수학

그중에 사회적 인간관을 갖고 있는 논자들은 인간은 상호 의존의 협력적 관계를 맺어야 자신들에게 주어진 능력을 보다 잘 발휘할 수 있는 것으로 보고 있었다. 그런데 오늘날 자본주의 사회에서는 소유욕과 경쟁에 사로잡혀 그와 같은 인간으로서 갖는 성격, 소위 '유적 존재'로서의 성격을 제대로 발휘하지 못하고 '소외'되고 있다고 본다.[30] 이들 입장에서는 경제현상을 지배하는 질서를 해명하기 위해서는 자본주의 사회는 어떻게 형성되어 있으며, 왜 그렇게 형성되어 있는지를 해명하는 것을 주된 과제로 삼게 된다. 그 과정에서 왜 직접생산자들이 '유적 존재'로서 인간이 갖는 보편적 성격을 충분히 발휘하지 못하고 '소외'되고 있는지 해명하는 것을 주된 과제로 삼게 되는 것이다. 사실이 이러하다 보니 이러한 입장을 취하는 논자들이 경제현상을 지배하는 질서를 해명하는 과정에서는 수학이 크게 원용되지 않는다. 여기서는 주로 변증법적 논리적 추론과 끊임없는 실증을 통해서 이론을 만들어 내고 있는 것이다.

물론 이러한 정치경제학에서 이론을 만들어 내는 과정에서도 수학이 원용되기도 한다. 가령 정치경제학의 핵심 내용이라 할 수 있는 '노동가치론'의 내용을 설명하는 데도 수학적 도구가 원용된 사례를 볼 수 있다. 정운영(1993)을 보면 수학적 기호뿐 아니라 노동가치론의 주된 내용을 설명하는 자리에서 수학적 내용이 많은 부분에서 다루어지고 있는 것을 볼 수 있다. 뿐만 아니라 오키시오 노부오 외(1990)의 『정치경제학 원론』을 보면 '수학적 전개'라는 부록 형식을 취해서 수학적 논리전개를 통해 정치경제학 내용 전반을 소개하고 있다. 이러한 사실은 잉여가치라든가 생산관계와 같은 정치경제학에서의 본질적 개념이 만들어지게 된 배경은 수학적 논리로 설명할 수 없지만, 그러한 인식 틀 위에서 잉여가치가 만들어지고 그것이 자본주의 운영 과정에 주는 파급 과정에는 기계적인 논리가 일정 부분 적용될 수 있기 때문이다.

2) 제도경제학과 수학

다른 한편, 사회문화적 인간관을 가지고 있는 사람들의 경우에는 또 다른 접근을 택하게 된다. 이들은 앞에서 본 바와 같이 인간의 본성은 다양한 것으로 보고, 특정 인간이 생활하고 있는 사회의 오랜 전통이나 문화적 특성에 따라 어떠한 본성이 더 지배적인 형태를 띠게 되는 것으로 보고 있다. 이러한 견해를 다차원적인 '사회문화적 인간관'이라 하였던 것이다. 그리고 구체적으로 특정 본성을 규정짓는 지배적인 요인은 그와 같은 전통이나 문화가 응집된 여러 제도들이라고 보고, 한 사회의 제도가 어떻게 만들어지고 변해 가는지에 따라 인간의 본성이 서로 다르게 특화된다고 본다. 구체적으로 생산적 본성이 더 지배적이기도 하고 약탈적이고 모방적인 비생산적 본성이 더 지배적이기도 한 것으로 본다는 것이다. 이러한 인간의 본성이 경제행위에 반영되어 생산적 경제행위와 비생산적 경제행위가 서로 상쟁하면서 나타나게 되는 것으로 본다.

이러한 입장에서 경제질서를 해명해 가는 경우에도 앞의 정치경제학적 논자들과 유사한 맥락에서 역시 수학적 논리에 의지하는 바가 근대경제학만큼 크지 않다. 이들은 실질적으로 사회 구성원들의 물질적 욕구 충족 과정을 해명하는 과정에 필요하다면 다양한 방법을 광범하게 수용하는 입장을 보이고 있다. 구체적으로 이들은 특정 제도가 어떻게 형성되고 그것이 경제행위에 어떤 영향을 주는지를 때로는 담론의 방법으로 또는 때로는 비교 사례 연구를 통해서, 또는 참여관찰방법이나 인터뷰와 실제조사방법 등 다양한 방법을 통해서 해명해 나가는 방법을 택하기도 한다. 그러나 이들도 제도의 생성이나 변화의 역사적 내지 구조적 배경은 아니어도, 주어진 제도적 틀 내에서 그것이 사회 제 부문들 사이에 미치는 영향을 해명해 나가는 과정에 기계적 논리가 작용되는 부분이 있다고 판단되면 수학적 방법을 수용하는 입장을 보이고 있다.[31] 한편, 이들은 앞에서 본 바와 같이 근대경제학자들처럼 모두가 '개별적 인간'이라든가 정치경제학자들처럼 모두가 '사회적 인간'이라고 선험적으로 규정하지 않고, 사회마다 그 사회의 전통이나 문화적 배경에 따라 인간의 본성이나 그들의 경제행위가 달라진다고 보는 입장을 취하고 있다. 사회에 따라서는 전자의 인간형이 더 지배적인 사회일 수도 있고, 또 경우에 따라서는 후자의 인간형이 더 지배적인 사회가 있을 수 있다고 본다. 이러한 제도경제학적 논자들의 견해에 의하면, 만약 어떤 사회가 온전히 개별적 합리성에 바탕을 둔 사람들로 구성된 사회라면 개개인들의 합리적 의지가 제도에 반영되고 그 제도가 그들의 합리적 행동을 촉진하는 것으로 보기 때문에, 이런 경우라면 수학적 논리로 경제현상을 분석하는 방법을 택할 수 있음을 인정하는 것은 물론이다.

(3) 종합

위의 논의를 종합해 보면, 근대경제학적 논리전개에 수학이 많이 활용되고 있는 것은 사실이지만, 그렇다고 해도 경제학에 수학이 얼마나 원용되는지는 전적으로 근대경제학인가 정치경제학인가 또는 제도경제학인가의 차원만은 아니라는 것을 알 수 있다. 오히려 각 경제학 입장에서 경제질서를 설명할 때 물리적 내지 기계적 논리가 적용되는 영역이 있는지, 나아가 그러한 영역이 얼마나 많은지 여부에 따라 달라진다고 할 수 있다. 변형윤(1985)은 "사회과학에 있어서의 수학적 방법"이라는 글에서 "경제학에서 수학적 방법의 이용에는 한계가 있으며, 여기에 비수학적 표현 분야가 남겨져 있는 것"이라고 서술하고 있는 것을 볼 수 있는데, 이러한 주장 속에는 경제학에 기계적 논리가 적용되는 부분과 그러하지 않는 부분이 있다는 사실을 말해 주고 있다.[32]

본서에서는 앞에서 경제현상이나 관련된 제 개념, 더 나아가 그러한 경제현상의 적절성 여부를 다루는 가치 기준들이 다양하게 존재하고, 그 구체적인 의미도 사람들에 따라 다르게 인식되고 있다는 사실을 확인하였다. 이 점을 고려해 보면 보다 근원적으로는 수학이 인간의 경제질서를 설명하는 데 얼마나 원용될 수 있을지 여부는 결국 연구자나 이 문제에 관심을 갖는 사람들이 어떠한 인식 틀에서 경제 문제를 다루는지에 따라 크게 다르게 제시될 수 있다는 사실을 이해하는 것이 중요하다 할 것이다.

3. 견해 차이 극복에 대한 전망

우리는 앞에서 경제학을 "인간의 경제행위를 지배하는 법칙을 해명하는 과학"이라 하였다. 그런데 그러한 경제학의 이해의 전제로서 '경제현상'의 개념을 비롯하여 경제현상 분석에 필수적인 '주요 개념'들이 사람들에 따라 서로 다르게 인식됨을 보았다. 그리고 그 전제로서 '인간의 본성'을 바라보는 견해도 사람들에 따라 서로 다름을 보았다. 그뿐만 아니라 경제행위의 성과나 경제활동 과정의 적절성 평가를 위한 '가치 기준'에 대한 견해도 사람들에 따라 크게 다르게 인식되고 있음을 보았다.

뿐만 아니라 이러한 문제들을 다루는 '경제학'을 그 자체로서 독립성을 띤 과학으로 인식할 것인지 아니면 그렇지 않는 것으로 인식할 것인지도 사람들에 따라 서로 다르다는 사실도 보았다. 나아가 그러한 입장 차이는 한마디로 경제와 사회 사이의 관계, 더 근원적으로 인간과 인간 사이의 '관계'를 어떻게 보는지에 대한 견해 차이에서 비롯된 것이었음도 보았다. 그 관계를 어떻게 보는지에 따라 혹자는 경제행위의 질서를 순수하게 경제행위를 지배하는 질서만을 구명하는 데 초점을 두는 독립된 과학으로 인식할 것을 주장하기도 하고, 또 다른 사람들은 경제행위와 사회의 다른 제 현상들 사이의 관계 속에서 경제행위의 질서를 찾아내는 데 초점을 맞추기도 한다. 그러한 차이는 옳고 그름의 차이가 아니다. 전자는 인간과 인간 사이의 관계, 경제와 사회 사이의 관계를 '일 대 일'의 독립적인 '관계'로 보고, 후자는 이들 사이의 관계를 유기적인 이질적 '관계'로 보고 있다는 점만 다를 뿐 모두 자신들이 인식하는 방법으로 제반 '관계'를 고려하면서 경제행위가 작동되는 원리를 파악하고자 한다는 점에서는 마찬가지라 할 것이다. 더 나아가 결국 모두 현실에서 경제행위가 어떻게 작동되고 있는지 여부를 파악하여 궁극적으로 '인간의 생존과 발달의 조건'을 개선시키고자 하는 데 그 뜻이 있다는 점에서는 그 궤를 같이한다고 볼 수 있다.

이렇게 보면 지금까지의 제 논의에서 제시된 서로 다른 견해도 대립적인 견해로만 바라볼 것이 아니라, 어떻게 왜 그렇게 서로 다른 견해들이 제시되고 있는지를 보다 진지하게 파악해 나가려는 자세를 갖는 것이 더욱 긴요하다는 사실을 인식하는 것이 중요하다 할 것이다. 자기가 갖고 있는 견해 자체가 우월하다는 인식에 매몰되어 정녕 중요한 현실에서 경제행위가 어떻게 운영되고 있는지, 구성원들의 삶의 과정이 어떠한지에 대한 관심이 멀어져서는 안 될 것이다. 경제학이 사회과학으로 자리매김하기 위해서는 현실에서 작동되고 있는 경제질서를 파악하고 그 땅에 살고 있는 사람들의 삶의 문제 자체에 초점을 맞추려는 자세가 필요하다 할 것이다.

결국 중요한 것은 자신의 견해를 비롯하여 서로 다른 견해들이 실제 현실에서 존재하면서 변해 가는 경제현상을 지배하는 질서, 즉 사람들의 물질적 생활의 질서를 해명하는 데 어떠한 의미를 지니는지를 끊임없이 고민하고 또 고민해 나가는 자세를 갖는 것이 중요할 것이다. 그러기 위해서는 각자가 가지고 있는 인식의 전제를 밝히고, 더 나아가 그러한 서로 다른 인식의 근원도 밝히면서 서로 다른 인식에 대해 의견을 나누고 서로 '비판'하면서 '공유'하는 폭을 넓혀 나가려는 자세가 긴요하다. 그것은 그러할 때 비로소 '경제와 사회'에 대한 우리들의 이해의 폭도 넓어질 것임이 분명하기 때문이다. 이렇게 '공개'하고 '토론'하고 '비판'하면서 '공유'하려는 자세 자체가 우리네 삶의 질을 제고시키는 데 크게 기여하게 될 것임을 거듭 유념할 필요가 있다 할 것이다.

주

1. 일본의 저명한 고고학자 후지무라 신이치(藤村新一)가 미야기현 가미다카모리 유적에서 구석기 유물을 조작하여 일본의 선사시대 역사를 70만 년 전 전기 구석기 시대로 끌어올려 세계에서 가장 오래된 주거지 유적으로 평가받았으나, 사실은 사전에 유물을 땅속에 묻어 두었다가 발굴한 것이 밝혀지면서 그의 실증이 속임수였음이 드러난 바 있다(2000년 11월 4일 인터뷰에서 본인이 인정함(https://namu.wiki/w/%ED%9B%84%EC%A7%80%EB%AC%B4%EB%9D%BC%20%EC%8B%A0%EC%9D%B4%EC%B9%98)).
2. Buchanan and Musgrave(1999: 57-58)를 참고한 것인바, 연구자의 주관적 인식이 형성되고 나면 발견되는 사실에 의해서도 바뀌기 힘들다는 사실을 인정한 것으로 이해된다.
3. Myrdal(1967(1990): 62)을 참고.
4. 이기홍(2015: 281)의 각주 22)를 참고.
5. 이기홍(2015: 282)의 각주 22)의 이어지는 설명 부분을 참고한 것이다.
6. 본문의 설명내용 중 쌀 수출 관련 내용은 이기홍(2015: 281의 각주 21))의 내용을 참고한 것이다.
7. 공식 자료의 경우도 이러한데, 더구나 개인이 소장하고 있는 자료나 단편적인 자료를 가지고 실증을 하고자 하는 경우 늘 우리는 그러한 자료가 누가 어떤 입장에서 만들어 낸 자료인지를 확인해야 하는 이유인 것이다. 이는 역사적 사실의 실증의 경우에도 그대로 사실이다.
8. Reuther(2014: 1001-1002)를 참고.
9. Benton and Craib(2010(2014): 143)를 참고.
10. Gillespie and Cornish(2009: 19, 21)를 참고.
11. 이러한 사실과 관련하여 '실증주의'와 '실증'의 개념을 정확하게 구분하여 이해해 두는 것이 중요하다. '실증'은 앞에서 밝힌 바 있듯이 '주관을 객관화시키는 과학적 실천의 과정'으로서 연구자가 찾아낸 주관적 명제에 객관성을 확보하기 위해 모든 경제학자들에게 요구되는 과정을 일컫는다. 이에 비해 여기서 말하는 '실증주의'는 그러한 실증방법 중 하나로서 근대경제학자들에 의해 주로 취해지고 있는데, 본문에서 설명하고 있는 바와 같은 특별한 견해라는 점을 유념해 두기 바란다.
12. 이와 관련해서 "주관적 진리 체험만으로는 학문이 성립될 수 없으며, … 반드시 진리 문제에 있어서 상호주관성의 문제를 고려해야 함을 후설 스스로도 인식"하고 있었다는 후설(E. Husserl)의 방법론에 관한 박지영(2016: 314-315)의 연구를 참고하기 바란다.
13. 경제학을 크게 근대경제학과 정치경제학, 그리고 제도경제학으로 분류하여 각각의 입장에서 이론을 만들어 내는 방법이 이와 같이 서로 다르다는 사실과 그 내용의 대강에 대해서는 우명동(1997)을 참고할 수 있다.
14. Gordon(1976: 1L-1R)을 참고.

15. Machlup(1978: 380), Colander(1994: 45), Friedman(1953: 10) 등을 참고. 특히, Friedman(1953: 10) 같은 이는 "동일한 사실들에 동시에 부합하는 가설들 중에 어떤 것을 택할 것인지의 문제는 어느 정도 자의적"이라 하면서도, 가설의 '단순성'(simplicity), '유용성'(fruitfulness)과 같은 기준에 의해 고려하는 것이 일반적으로 받아들여지고 있다"고 하고 있다. 아울러 그 이유를 "이론은 주어진 상황에서 예측을 하는 데 필요한 초기 지식이 적을수록 '단순'하다. 아울러 예측 결과가 더 정확할수록, 이론이 예측할 수 있는 영역이 넓을수록, 앞으로의 더 많은 연구의 주제를 제시할수록 더 '유용'하다"고 밝히고 있는 것을 볼 수 있다. 이는 전형적인 실증주의적 견해임을 알 수 있다.

16. 경제이론을 만드는 과정에서 이러한 가정을 '에르고딕 가정'(ergodic assumption) 또는 더 심하게는 '에르고딕 공리'(ergodic axiom)라고 부른다. 이와 관련된 보다 구체적인 논의는 Davidson(2009)을 비롯한 관련 문헌을 참고하기 바란다.

17. 이 견해에서는 이렇게 인과관계를 찾아내서 '설명'하는 데 치중하고 있다. 이러한 견해는 무엇보다 '사회현상'을 인간의 내적 지각과는 독립적으로 존재하는 일종의 '자연현상'으로 보고 있는 데서 기인한다. 그러한 인식에 서 있기 때문에 이들은 사회현상들 사이의 질서를 해명하는 과정에서도 현상들 사이에 존재하는 객관적인 인과관계로부터 일반적 법칙을 추출하여 그 질서를 '설명'하는 데 뜻을 두게 된 것이다. 이는 실증주의를 택하는 논자들이 주로 취하는 견해에 해당된다(사회과학 방법론에서 이와 같은 '설명'의 방법과 후술하는 '이해'의 방법에 대한 구체적인 논의에 대해서는 민병원(2012), 이기홍(2016)을 참고하기 바란다).

18. Shmueli(2010: 292R)를 참고. 사람들에 따라서는 이론 수립 과정에서 '설명'하는 기능과 '예측'하는 기능을 따로 분리해서 다루기도 하나, "대부분의 경우 설명력이 있는 모형이 예측력도 가지는 경향을 갖는 것"(Shmueli, 2010: 305R)으로 보아, 본서에서는 더 이상 '설명'과 '예측'의 차이에 대한 방법론적 논의에는 개입하지 않고 이론 수립 과정에 두 기능이 동일한 기능을 하는 것으로 간주한다.

19. János Kornai의 주장을 인용한 Gordon(1976: 1)을 참고.

20. Gordon(1976: 3L; 5L; 5R)을 참고.

21. 이와 같이 이론을 만들어 내는 과정에서 '이해'를 중시하는 견해는 앞에서 설명한 '설명'방식과는 출발부터가 다르다. 무엇보다 이 견해에서는 사회현상은 '의도'를 가진 구성원들 사이의 행동규칙과 의미가 상호작용을 통해서 구성되어 나타나는 것이라고 보고 있다. 따라서 특정 사회에서 행해지는 제 현상들을 일반적 법칙으로 포섭시키는 것은 적절하지 않으며, 오히려 행위자들의 의미를 '이해'하는 것이 필요하다는 견해를 갖게 된 것임을 유념할 필요가 있다(관련된 구체적인 논의는 앞의 '설명'방법에서 소개한 민병원(2012), 이기홍(2016)을 참고 바람). 이들 입장에서는 "사회세계는 행위자가 행위를 통하여 의도를 구현하는 장이므로, 인과적인 것과 외재적인 것을 대상으로 하는 '설명'의 방법으로는 파악하기에 부적절하고, 내재적인 것과 논리적인 것을 대상으로 하는 '이해'의 방법이 필요하다는 것이다(이기홍(2016: 302)을 참고).

22. Davidson(2012: 3)을 참고. 이러한 가정을 앞의 경우와 반대로 '비에르고딕 가정'(nonergodic

assumption)이라고 부르는바, 이와 관련된 논의로는 Davidson(2009; 2012)을 비롯한 관련 문헌을 참고하기 바란다. 케인스도 이러한 입장을 취하고 있는데, Davidson(2012: 2)에 의하면 케인스가 그의 일반이론에서 배제시킨 가장 중요한 고전파 공리는 바로 '에르고딕 공리'이었다고 서술하고 있다.

23. 이해와 해석학적 접근에 대한 보다 자세한 내용으로는 박순영(1983: 107-130), Benton and Craib(2010(2014): 179-184), 우석훈(2014: 116-125) 등을 참고하기 바란다. 아울러 이러한 해석학적 접근도 구체적으로는 다양한 견해들로 나뉘기도 하나(박석희 외, 2009: 787), 여기서는 앞에서 본 '엄밀성'을 중시하는 '설명과 예측의 방법'에 대비되는 방법으로 '적절성'을 중시하는 '이해와 해석의 방법'이 있다는 것을 보이는 데 뜻을 두고 있음을 참고하기 바란다.

24. 변증법적 논증과 실증에 관한 논의는 Fine and Harris(1979: 6-8)의 내용을 참고하고, 담론 분석(discourse analysis 또는 storytelling)에 관한 자세한 논의는 McCloskey(1983; 1994) 등을 참고하기 바란다. 그리고 참여관찰법(participant observation), 사례분석법(case studies) 등에 대한 소개는 Whalen(1996b: 280)을 참고하기 바란다. 이와 같은 경제이론 생성기술론에 관한 보다 포괄적인 논의는 우명동(1997)을 참고하기 바란다.

25. 이 입장에서도 인과관계를 다루는 경우가 있기는 해도 인과관계를 추출하는 것 자체가 목적이 아니라 현상을 이해하는 정도에 그치며, 이들은 이론적 틀을 구축하려 하기보다는 자료를 관찰해서 측정하는 차원에 초점을 맞추고 있다는 점에 차이가 있다(Shmueli, 2010: 291L).

26. 이와 같은 '설명'과 '이해'의 구분에 대해 이기홍(2016: 301)은 "과학의 궁극적인 목표는 자연의 근본적 과정에 대한 이해이다", "이해는 과학의 목표의 분리할 수 없는 요소이다", "이해 없는 설명은 공허하고, 설명 없는 이해는 맹목이다"라는 선학자들의 이해에 기초를 두고 "사회연구에서는 해석적 이해만이 가능하거나 필요하고 인과적 설명은 불가능하거나 불필요하다고 주장하는 것은 '설명을 배제한 이해' 또는 '이해를 배제한 설명'의 협소한 개념을 전제하는 것이다"라는 견해를 피력하고 있는 것을 참고하기 바란다.

27. Gordon(1976: 12R)을 참고.

28. 물론 수학을 이렇게 인간과 고립되어 있고 영구적이며 역사와 무관한 '논리 그 자체'의 학문으로 인식하는 전통적 견해에 대해 다른 견해를 제시하는 이도 있으나(예를 들어, Hersh(1997(2003))를 참고), 여기서는 수학의 본질에 관한 이러한 논란에 개입하는 데 뜻이 있는 것이 아니라, 현상적으로 나타나는 모습으로서 수학을 염두에 두고 있음을 유념하기 바란다.

29. 제10장의 주 8)을 참고하기 바란다.

30. 제5장 제3절의 노동에 대한 정치경제학적 내용을 다룰 때 설명한 '소외' 관련 내용을 참고하기 바란다.

31. 예를 들어, Faggini and Parziale(2016)은 중앙정부와 지방재정의 재정관계와 같이 강력한 상호의존성을 갖고 있으면서 더불어 변해 가는 복잡한 체계들의 질서를 해명하고자 하는 과정에서 보다 복잡한 '복잡성 이론'을 원용하여 수학적 해법을 통해 해결책을 찾고자 시도하고 있는 것을 볼 수 있다. 이 논문은 분권화된 정부체계를 '매우 복잡하면서도 더불어 진보하는 체계'로 인

식한 점, 그것이 권력에 의해 신축적으로 변해 간다고 보는 점, 현실에서의 적용 가능성을 강조한 점 등 제도경제학적 논점을 그대로 수용하고 있는 연구이며, 더구나 이 논문이 전통 제도경제학적 논문들이 주로 게재되는 *Journal of Economic Issues*에 실려 있다는 것은 제도경제학적 논자들의 보다 폭넓은 방법론을 엿볼 수 있게 해준다 할 수 있다.

또 다른 예로 Groot et al.(2017)은 경제는 시장 제력의 자연적 귀결이 아니라 제도와 권력관계를 형성하는 집단적 행동의 산물이라는 제도경제학적 관점에 바탕을 두고, 오늘날 자본주의 기업 운영에서 나타나는 다양한 형태의 비효율에도 불구하고 노동자에 의해 관리되는 기업이 거의 존재하지 못하는 이유를 분석하고 그 출현을 지원할 수 있는 조건을 탐구하는 논문을 발표하였다. 그들은 자신들의 논리를 전개해 나가는 과정에서 다양한 수학적 기법과 그래프까지 동원하고 있는 것을 볼 수 있다. 이 또한 같은 논문집에 실려 있다는 사실을 참고하기 바란다. 이 밖에도 제도경제학 관련 논문집에는 수학을 활용한 논문이 다수 게재되고 있는 것을 확인할 수 있다.

32. 변형윤(1985: 124)을 참고할 것. 위의 서술은 경제현상에는 합리적 경제인의 논리로만 설명될 수 없는 부분이 있다는 사실을 서술한 것으로 이해된다.

참고문헌

강남호, 『경제와 사회』, 마인드탭, 2018(제2판, 정독, 2019).

강승희, "한국 신용협동조합 운동 50년," 『한국협동조합연구』, 28(1), 2010: 147-169.

高島善哉, 『社會科學入門』, 岩波書店, 1954(임치관 역, 『사회과학 입문』, 청사, 1982).

김광수, 『애덤 스미스의 학문과 사상』, 해남, 2005.

김낙중, 『사회과학원론』, 한길사, 1986.

김수정 · 강성진 · 정태용, "경제체제전환국의 경제성장 요인분석과 북한체제전환에 대한 시사점," 『한국경제연구』, 36(4), 한국경제연구학회, 2018: 5-29.

김수행 외 6인, 『경제학개론』, 비봉출판사, 1991; 1992.

김시원, 「부정부패, 기술진보, 및 경제성장: 국가 간 횡단면자료를 이용한 실증분석」, 『경제분석』, 한국은행 경제연구원, 2013: 107-138.

김영봉, 『경제체제론』, 전정판, 박영사, 1993.

김윤환 편역, 『정치경제학4: 사회주의 경제학의 본질과 제 문제』, 인간사, 1986.

김종빈, 「근대경제학 – 그 유용성과 한계성」, 안당신태환박사 고희기념논문집 간행위원회, 『경제학의 현대적 과제』, 법문사, 1982: 79-91.

노명식, 『자유주의의 역사』, 책과함께, 2015.

大塚久雄 著, 趙容範 編譯, 『社會科學의 方法과 人間論』, 풀빛, 1982.

민병원, "이해할 것인가, 설명할 것인가?" 『한국정치연구』, 21(3), 2012: 343-367.

박석희 · 이종원, 「해석적 관점에서의 질적 연구과정과 연구설계」, 『학술대회 발표논문집』, 서울행정학회, 2009: 785-799.

박순영, 「사회과학방법론과 해석학」, 김동일 외, 『사회과학방법론 비판』, 청람, 1983: 107-130.

박지영, 「후설 현상학의 이념과 상호주관적 명증의 문제」, 『철학사상』, 61, 서울대학교 철학사상연구소, 2016: 307-338.

배진영, 「경제질서, 경제체제, 경제제도, 경제헌법의 개념적 비교」, 『제도와 경제』, 1(1), 2007: 29-52.

베버 저, 전성우 옮김, 『막스 베버의 사회과학 방법론』, 사회비평사, 1997.

변형윤, 「사회과학에 있어서의 수학적 방법」, 『현대경제학연구』, 범조사, 1985: 123-135.

송현호, 『경제학방법론』, 비봉출판사, 1992.

水田洋 · 長州一二 저, 장명국 역, 『사회과학강의: 사회과학 발달사』, 석탑, 1982.

안석교, 『현대 사회과학의 방법론』, 한길사, 1984.
오키시오 노부오 외 지음, 배손근 옮김, 『정치경제학 원론』, 과학과 사상, 1990.
우명동, 「적자재정정책의 전달메카니즘에 관한 연구 - 새로운 이론적 틀의 시론적 모색 -」, 『재정논집』, 10, 한국재정학회, 1996: 223-241.
______, 「경제학연구에 있어서 방법론논의의 의의에 관한 일고찰」, 『사회과학논총』, 10, 성신여자대학교, 1997: 149-171.
______, 『국가론 - 재정이론 차별성의 근원』, 해남, 2005.
______, 「사회과학방법론과 지방재정학 학습방법에 관한 소고」, 『한국지방재정논집』, 21(3), 한국지방재정학회, 2016: 1-32.
______, 「제4차 산업혁명과 공공부문의 역할: 사회의 지속가능성을 중심으로」, 『재정정책논집』, 20(1), 한국재정정책학회, 2018: 3-47.
우석훈, 『나와 너의 사회과학』, 김영사, 2014.
유원동, 「한국사에 있어서의 근대의 기점」, 한국경제사학회, 『한국사시대구분론』, 을유문화사: 1970, 139-152.
윤수재 · 이민호 · 채종헌 편저, 『새로운 시대의 공공성 연구』, 법문사, 2009.
이기홍, 「사회과학에서 가치와 객관성」, 『사회와 이론』, 통권 제27집, 2015: 261-308.
______, "사회과학에서 법칙과 설명," 『경제와 사회』, 2016년 가을호(통권 제111호), 2016: 269-318.
이만우, 『후생경제학』, 법문사, 1985.
이성백, "동구권 변화의 현재 단계," 『이론』, 진보평론, 1996: 179-192.
이영훈, 「한국사에 있어서 근대로의 이행과 특질」, 『경제사학』, 21, 경제사학회, 1996: 75-102.
이재욱, "한국 생협운동의 역사와 흐름 그리고 쟁점", 2011. 7. 9(https://bingobank.org/archive/225).
이정전, 『두 경제학의 이야기: 주류경제학과 마르크스경제학』, 한길사, 1993.
______, 『시장은 정말 우리를 행복하게 하는가?』, 한길사, 2002.
______, 『시장은 정의로운가』, 김영사, 2012.
이헌창, 『경제·경제학』, 소화, 2015.
이혁구, 「지대추구행위가 중국의 경제성장에 미치는 영향」, 『아태연구』, 21(4), 2014: 31-45.
임정아, 「소극적 자유와 적극적 자유 - 밀(J. S. Mill)을 중심으로」, 『동서철학연구』, 57, 한국동서철학회, 2010: 27-46.
장하준, 「개발도상국에서 공기업의 효율성(9장)」, 『국가의 역할』, 부키, 2003: 369-421.
정세호, 『후생경제학과 후생정책』, 비봉출판사, 1992.

정운영, 『노동가치이론 연구』, 까치, 1993.

정운찬, 「하이에크와 케인즈」, 『하이에크 연구』, 1995: 245-281.

정호훈, "조선후기 실학 연구의 추이와 성과 - 해방 후 한국에서의 실학연구, 방법과 문제의식-," 『한국사연구』, 184, 한국사연구회, 2019: 75-112.

조용범, "서설: 패레스트로이카와 사회주의론의 연구과제," 퇴경연구실 편, 『현대사회주의경제의 쟁점과 전망』, 풀빛, 1991: 9-25.

조용범 편저, 『경제체제론』, 한울, 1985.

조우화 편저, 『인간의 역사』, 개정판, 동녘, 1991.

池上惇, 『經濟學: 理論 · 歷史 · 政策』, 青木書店, 1991(임상오 역, 『경제학 - 돈의 경제학으로부터 인간의 경제학으로 -』, 문창사, 1993.

진종순, 「여성의 공공부문 참여와 부패수준」, 『한국행정연구』, 18(3), 2009: 77-96

淺野榮一 · 古賀英三郎 編著, 한마당편집실 譯, 『어떻게 社會科學을 할 것인가』, 한마당, 1982.

최민자, 『통섭의 기술』, 모시는사람들, 2010.

崔鐘軾, 『西洋經濟史論』, 瑞文堂, 1978.

칼 마르크스 지음, 김호균 옮김, 『경제학 노트』, 1988.

칼 맑스, 「1844년의 경제학 철학 초고」, 1844(김세균 감수, 『칼 맑스 프리드리히 엥겔스 저작선집』, 제Ⅰ권, 박종철출판사, 1991: 25-91).

______, 「정치경제학의 비판을 위하여」, 1859(김세균 감수, 『칼 맑스 프리드리히 엥겔스 저작선집』, 제Ⅱ권, 박종철출판사, 1991: 474-480).

______, 「『정치경제학의 비판을 위한 기본개요』의 서설」, 1903(김세균 감수, 『칼 맑스 프리드리히 엥겔스 저작선집』, 제Ⅱ권, 박종철출판사, 1991: 443-473).

황수연, 「고든 털럭 교수의 학문세계와 한국에 주는 시사점」, 고든 털럭 교수 추모 토론회, 자유경제원, 2014.

Ahmed, Shoeb, "How Objectivity in Social Science Research Can Be Ensured" (https://www.researchgate.net/publication/314154312_HOW_OBJECTIVITY_IN_SOCIAL_SCIENCE_RESEARCH_CAN_BE_ENSURED), 2017. 2. 27.

Akerlof, George A. and Robert J. Shiller, *Animal Spirits: How Human Psychology Drives the Economy, and Why it Matters for Global Capitalism*, Princeton University Press, 2009.

Backhouse, Roger, "Samuelson, Keynes and the search for a general theory of economics," *Italian Economic Journal*, 1(1), 2015: 139-153(https://doi.org/10.1007/s40797-015-0009-4).

Balassa, Bela, "The Dynamic Efficiency of the Soviet Economy," *The American Economic Review*, 54(3), Papers and Proceedings of the Seventy-sixth Annual Meeting of the American Economic Association, 1964: 490-505.

Bartlett, Randall, *Economics and power: An inquiry into human relations and markets*, Cambridge University Press, 1989.

______, "Power(I)," Geoffrey M. Hodgson, Warren J. Samuels, and Marc R. Tool(eds.), *The Elgar Companion to Institutional and Evolutionary Economics: L-Z*, Edward Elgar, 1994: 169-173.

Becker, Uwe and Alexandra Vasileva, "Russia's political economy re-conceptualized: A changing hybrid of liberalism, statism and patrimonialism," *Journal of Eurasian Studies*, 8, 2017: 83-96.

Begum, Shagufta and Anneeqa Batool Awan, "Individual and Society: A Socio-Philosophical Account of Iqbal's thought," *A Research Journal of South Asian Studies*, 29(1), 2014: 115-123.

Benton, Ted, *Philosophical Foundations of the Three Sociologies*, P & KP, 1975(안상헌 옮김, 『사회과학의 철학적 기초』, 풀빛, 1984).

Benton, Ted and Ian Craib, *Philosophy of Social Science*, 2nd ed., Palgrave Macmillan(이기홍 옮김, 『사회과학의 철학』, 한울, 2014).

Berlin, Isaiah, "Two Concepts of Liberty," *Four Essays on Liberty*, Oxford University Press, 1969: 118-172(http://cactus.dixie.edu/green/B_Readings/I_Berlin%20Two%20Concpets%20of%20Liberty.pdf).

Besley, Timothy, "The New Political Economy," *London School of Economics*, November 8, 2004: 1-27.

Betz, Frederick, "Partrimonialism in Political Economy - A Graphic Analysis," *Business and Management Research*, 3(3), 2014: 1-14.

Blanchard, Olivier Jean, "Neoclassical Synthesis," John Eatwell, Murray Milgate, and Peter Newman(eds.), *The World of Economics*, Palgrave Macmillan, 1991: 504-510.

Boumans, Marcel and John B. Davis, "Value Judgments in Economics(ch. 7)," *Economic Methodology: Understanding Economics as a Science*, 2nd ed., Palgrowe Macmillan, 2016: 189-219.

Brown, Christopher, "Is There an Institutional Theory of Distribution?," *Journal of Economic Issues*, 39(4), 2005: 915-931.

Buchanan, J. M. and R. A. Musgrave, *Public Finance and Public Choice: Two Contrasting Visions of the State*, The MIT Press, 1999(우명동·오병기, 『국가성 격논쟁: 재정론과 공공선택론』, 해남, 2003).

Burns, J. H., "Happiness and Utility: Jeremy Bentham's Equation," *Utilitas*, 17(1), Cambridge University Press, 2005: 46–61.

Cangiani, Michele and Claus Thomasberger(eds.), *Karl Polanyi Economy and Society: Selected Writings*, Polity Press, 2018.

Caporaso, James A. and David P. Levine, *Theories of Political Economy*, Cambridge University Press, 1992.

Capra, Fritjof, *The Turning Point*, Bentam Books, 1984(구윤서 · 이성범 옮김, 『새로운 과학과 문명의 전환』, 개정판, 범양사, 2007).

Carroll, Michael C., *A Future of Capitalism: The Economic Vision of Robert Heilbroner*, Macmillan Press Ltd., 1998.

Chang, Ha-Joon, *Economics: The User's Guide*, Bloomsbury Press, 2014(김희정 옮김, 『장하준의 경제학강의』, 부키, 2014).

Clark, Barry, *Political Economy: A Comparative Approach*, 2nd ed., Praeger, 1998.

Coker, Edward W., "Adam Smith's Concept of the Social system," *Journal of Business Ethics*, 9, 1990: 139–142.

Colander, David, "Vision, judgment, and disagreement among economists," *Journal of Economic Methodology*, 1(1), 1994: 43–56.

Commons, J. R., *Institutional Economics: Its Place in Political Economy*, Macmillan Co., 1934.

Cornforth, M., *The Theory of Knowledge*, International Publishers Co., Inc., 3rd ed., 1963(M. 콘퍼스 지음, 이보임 옮김, 『인식론』, 동녘, 1984).

Davidson, Paul, "Can future systemic financial risks be quantified? Ergodic vs nonergodic stochastic processes," *Brazilian Journal of Political Economy*, 29(4)(116), 2009: 324–340.

_____, "Is economics a science? Should economics be rigorous?," *Real-world Economics Review*, 59, 2012: 1–9(58–66)(https://rwer.wordpress.com/2012/03/12/rwer-issue-59/).

Davis, John B., "Keynes on Atomism and Organicism," *The Economic Journal*, 99(398), 1989: 1159–1172.

Debreu, Gerard, *Theory of Value: An Axiomatic Analysis of Economic Equilibrium*, John Wiley & Sons, Inc., 1959.

Ding, Jiayin and Qi Lu, "Marx's View of Freedom and Its Contemporary Value," 3rd International Conference on Management Science and Innovative Education, 2017: 582–586.

D'Ippolito, Michelle, "An 'Economic Man' in Every Society," ANTH360 Fall 2010. UMCP, 2010: 1–37.

Doppelt, Gerald, "The Value Ladenness of Scientific Knowledge," Harold Kincaid, John Dupre, and Alison Wylie(eds.), *Value-Free Science? Ideals and Illusions*, Oxford University Press, 2007: 188–217.

Dow, Alexander and Sheila C. Dow, "Animal Spirits Revisited," *Capitalism and Society*, Manuscript 1087, Berkeley Electronic Press, 2011: 1–23.

Dugger, William M., "Redefining Economics: From Market Allocation to Social Provisioning," Charles J. Whalen(ed.), *Political Economy for the 21st Century: Contemporary Views on the Trend of Economics*, M.E.Sharpe, 1996: 31–43.

Dugger, William M. and William T. Waller, Jr.(eds.), *The Stratified State: Radical Institutionalist Theories of Participation and Duality*, M. E. Sharpe, 1992.

Dunlop, Tim, *Why the Future is Workless*, New South Publishing, 2016(엄성수 옮김, 『노동 없는 미래』, 비즈니스맵, 2016).

Faggini, Marisa and Anna Parziale, "A New Perspective for Fiscal Federalism: The NK Evaluation," *Journal of Economic Issues*, 50(4), 2016: 1069–1104.

Fine, Ben and Laurence Harris, *Rereading Capital*, Macmillan, 1979(김수행 옮김, 『현대정치경제학 입문』, 한울, 1990).

Fleetwood, Steve, "Institutions and Social Structures," *Journal of the Theory of Social Behaviour*, 38(3), 2008: 241–266.

Frideman, David, *The Machinery of Freedom: Guide to a Radical Capitalism*, 2nd ed., 2009(http://www.daviddfriedman.com/The_Machinery_of_Freedom_.pdf).

Friedman, Milton, "The Methodology of Positive Economics," *Essays in Positive Economics*, University of Chicago Press, 1953(1966): 3–43.

______, *Capitalism and Freedom*, 1962(서재명 역, 『자본주의와 자유』, 협동연구사, 1986).

Fusfled, Daniel R., *The Age of the Economist*, 4th ed., 1981(정연주·장산환 공역,

『경제학사 입문』, 비봉출판사, 1983).
Galbraith, J. K., *The Anatomy of Power*, Houghton Mifflin, 1983(박현채 옮김, 『권력의 해부』, 한벗, 1984.
_____, *The Economics of Innocent Fraud*, Houghton Mifflin Company, 2004(이해준 옮김, 『갤브레이스에게 듣는 경제의 진실』, 지식의날개, 2007).
Gillespie, Alex and Flora Cornish, "Intersubjectivity: Towards a Dialogical Analysis," *Journal for the Theory of Social Behaviour*, 40(1), 2009: 19–46.
Gordon, Robert Aaron, "Rigor and Relevance in a Changing Institutional Setting," *American Economic Review*, 66(1), March 1976: 1–14.
Granovetter, Mark, *Society and Economy: Framework and Principles*, Harvard University Press, 2017.
Groot Loek, Daan van der Linde, "The Labor-Managed Firm: Permanent or Start-Up Subsidies?," *Journal of Economic Issues*, 51(4), 2017: 1074–1093.
Grossman, G., *Economic Systems*, 2nd ed., Prentice-Hall, Inc., 1974.
Gruchy, Allan G., *The Reconstruction of Economics*, Greenwood Press, 1987.
Gupta, Mitali, "Financial Efficiency and Productivity: An Analysis of Selected Paper Mills," Thesis for Ph. D., Dept. of Accounting and Taxation, The IIS University, Jaipur, 2018.
Hall, Lauren, "Adam Smith, Sympathy, and Spontaneous Social-Moral Order," Adam Smith Works, Liberty Fund Inc., 2017–2019(https://www.adamsmithworks.org/life_times/smith-on-sympathy-lauren-hall-12-1).
Hall, Peter A. and Daniel W. Gingerich, "Varieties of Capitalism and Institutional Complementarities in the Political Economy: An Empirical Analysis," *British Journal of Political Science*, 39(3), 2009: 449–482.
Hall, Peter A. and David Soskice, *Varieties of Capitalism: The Institutional Foundations of Comparative Advantage*, Oxford University Press, 2001.
Harris, Laurence, "Public Finance and Financing Development: The Role of Budget Deficits in Development Strategies," Working Paper, 10, SOAS, University of London, 1992: 1–16.
Hayek, F. A., *The Road to Serfdom*, George Routledge & Sons, 1944.
_____, *The Constitution of Liberty*, The Definitive Edition(edited by Ronald Hamowy), The University of Chicago Press, 1960.
Helibroner, Robert and Lester Thurow, *Economics Explained*, A Touchstone

Book, 1982(조윤수 옮김, 『경제학은 무엇을 말할 수 있고 무엇을 말할 수 없는가?』, 부키, 2009).

Heilbroner, Robert and William Milberg, *The Making of Economic Society*, 12th ed., Prentice-Hall, Inc., 2007(홍기빈 옮김, 『자본주의: 어디서 와서 어디로 가는가』, 미지북스, 2010.

Hersh, Reuben, *What is Mathematics, Really?*, Oxford University Press, 1997(허민 역, 『도대체 수학이란 무엇인가?』, 경문사, 2003).

Hodgson, Geoffrey M., "What Are Institutions?," *Journal of Economic Issues*, 40(1), 2006: 1–25.

Hodgson, Helen, "Theories of Distributive Justice: Frameworks for Equity," 2010: 1–29(https://www.austlii.edu.au/au/journals/JIATaxTA/2010/5.pdf).

Hofman, Jake M., Amit Sharma, and Duncan J. Watts, "Prediction and explanation in social systems," *Science* 355, 3 February 2017: 486–488.

Holton, Robert J., *Economy and Society*, Routledge, 1992.

Hunt, E. K., *History of Economic Thought: A Critical Perspective*, Wadsworth Publishing Company, Inc., 1979(김성구·김양화 공역, 『경제사상사 Ⅰ, Ⅱ』, 풀빛, 1982, 1983).

Hunt, E. K. and H. J. Sherman, *Economics: An Introduction to Traditional and Radical Views*, Harper & Row Publishers, 1976(조영건 역, 『가격과 빈곤: 미시경제학의 이해』, 참한, 1983(원서의 제2부 내용에 대한 번역서임)).

Jackson, William A., "Culture, Society and Economic Theory," *Review of Political Economy*, 5(4), 1993: 453–469(https://doi.org/10.1080/09538259300000031). (http://eprints.whiterose.ac.uk/13916).

______, "Social Structure in Economic Theory," *Journal of Economic Issues*, 37(3), 2003: 727–746(http://eprints.whiterose.ac.uk/119800/).

Jensen, Hans E., "The Theory of Human Nature," *Journal of Economic Issues*, 21(3), 1987: 1039–1073.

______, "Theory of Human Nature," Geoffrey M. Hodsgon, Warren J. Samuels, and Marc R. Tool(eds.), *The Elgar Companion to Institutional and Evolutionary Economics*: A–K, Edward Elgar, 1994, 338–342.

Keynes, J. M., *The end of Laissez-Faire*, 1926(*The Collected Writings of John Maynard Keynes*, Macmillan and St. Martin's Press for Royal Economic Society, IX, 1972).

______, *The General Theory of Employment Interest and Money*, Macmillan, 1936(1973)(조순 역, 『고용, 이자 및 화폐의 일반이론』, 개역판, 비봉출판사, 2007).

Kirstein, Mark, "From the Ergodic Hypothesis in Physics to the Ergodic Axiom in Economics," prepared for the 7. Wintertagung des ICAE Linz, October 12, 2015: 1–44.

Kirstóf, Tamás, "Is it possible to make scientific forecasts in social sciences?," *Futures*, 38, 2006: 561–574.

Kirzner, Israel M., "Human Nature and the Character of Economic Science," *The Havard Review of Philosophy*, VIII, 2000: 14–23.

Klein, Philip A., "Confronting Power in Economics: A Pragmatic Evaluation"(ch. 8), *Beyond Dissent: Essays in Institutional Economics*, M. E. Sharpe, 1994: 125–146.

______, "Power and Economics Performance: The Institutionalist View," *Journal of Economic Issues*, 21(3), 1987: 1341–1377.

______, "Role of the Public Sector," Geoffrey M. Hodgson, Warren J. Samuels and Marc R. Tool(eds.), *The Elgar Companion to Institutional and Evolutionary Economics*, Edward Elgar, 1994b: 194–200.

Klein, Philip A. and Edythe S. Miller, "Concept of Value, Efficiency, and Democracy in Institutional Economics," *Journal of Economic Issues*, 30(1), 1996: 267–277.

Le Grand, Julian, "Equity as an Economic Objective," *Journal of Applied Philosophy*, 1(1), 1984: 39–51.

Leibenstein, Harvey, "Allocative Efficiency vs. 'X-Efficiency'," *The American Economic Review*, 56(3), 1966: 392–415.

______, "This Week's Citation Classic: Leibenstein H. Allocative efficiency vs. 'X-Efficiency'," CC/Number 33, August 16, 1982(http://garfield.library.upenn.edu/classics1982/A1982PA25300001.pdf).

Lindbeck, Assar, *The Political Economy of the New Left: An Outsider's View*, 2nd ed., Harper and Row, 1977.

Machlup, Fritz, "Why Economists Disagree(Ch. 15)," *Methodology of Economics and Other Social Sciences*, Academic Press, 1978: 375–389.

Madi, Maria Alejandra, "Karl Polanyi and social justice," *WEA Commentaries*, 9(1), April 2019: 2–3.

Mankiw, N. Gregory, *Principles of Economics*, 5th ed., 2009(김경환 · 김종석 역, 『맨큐의 경제학』, 교보문고, 2009).

Marshall, A., *The Principles of Economics*, 8th ed., Macmillan & Co. Ltd., 1890(1959).

Marx, Karl, *Capital*, I, Ben Fowkes(trans.), Penguin Books, 1867(1976).

______, *Capital*, III, Frederick Engels(ed.), David Fernbach(trans.), Vintage Books, 1894(1981).

McCloskey, D. N., "The Rhetoric of Economics," *Journal of Economic Literature*, 21(2), 1983: 481–517.

______, "How to do a rhetorical analysis, and why(ch. 15)," R. E. Backhouse(ed.), *New Directions in Economic Methodology*, Routledge, 1994: 318–342.

McCoy, Charles N. R., "The Logical and the Real in Political Theory: Plato, Aristotle, and Marx," *The American Political Science Review*, 48(4), 1954: 1058–1066.

McMullin, E., "Values in Science," Proceedings of the Biennial Meeting of the Philosophy of Science Association, 1982(2), 1982: 3–28.

Mill, J. S., *On Liberty*, 1859(박문재 옮김, 『자유론』, 현대지성, 2018).

______, *Utilitarianism*, 1861(Oskar Piest(ed.), *John Stuart Mill: Utilitarianism*, Prentice-Hall, Inc., 1957).

Mulhall, Stephen and Adam Swift, *Liberals and Communitarians*, 2nd ed., 1992(김해성·조영달 옮김, 『자유주의와 공동체주의』, 한울, 2001).

Musgrave, R. A. and P. B. Musgrave, *Public Finance in Theory and Practice*, 5th ed., McGraw-Hill, 1989(유한성 역, 『재정학(I), (II) – 이론과 실제』, 삼영사, 1984, 1987).

Myrdal, G., *Economic Theory & Underdeveloped Regions*, Gerald Duckworth & Co. Ltd., 1957.

______, *Objectivity in Social Research*, Pantheon Books, 1967(G. 뮤르달 저, 홍문신 역, "사회과학에서의 객관성(I)," 『사회과학방법론』, 일신사, 1990: 13–115).

______, *Asian Drama: An Inquiry into the Poverty of Nations*, Vol. I, II, III, Pantheon, 1968.

Nozick, Robert, "Distributive Justice," *Philosophy & Public Affairs*, 3(1), 1973: 45–126.

NPTEL, "Social Structure and Social Change: Basic Concepts"(Lecture 13, Module 3), 2013(https://nptel.ac.in/courses/109103023/download/Lecture%2013.pdf).

O'Connor, James, "What is Political Economy?," David Mermelstein(ed.), *Economics: Mainstream Readings and Radical Critiques*, 3rd ed., Random House, 1976: 14–22.

Offer, John, "A new reading of Spencer on 'society', 'organicism' and 'spontaneous order'," *Journal of Classical Sociology*, 15(4), 2015: 337–360.

Ozanne, Adam, *Power and Neoclassical Economics*, Palgrave Macmillan, 2016.

Palermo, Giulio, *Economic and Power: A Marxist critique*, Routledge, 2016.

Parekh, Bhikhu C., *Marx's Theory of Ideology*, The Johns Hopkins University Press, 1982.

Peach, James, "Distribution Theory," Geoffrey M. Hodgson, Warren J. Samuels, and Marc R. Tool(eds.), *The Elgar Companion to Institutional and Evolutionary Economics: A–K*, Edward Elgar, 1994a: 166–171.

______, "Distribution Theory, Institutionalist Critique of Neoclassical," Geoffrey M. Hodgson, Warren J. Samuels, and Marc R. Tool(eds.), *The Elgar Companion to Institutional and Evolutionary Economics: A–K*, Edward Elgar, 1994b: 171–174.

Polanyi, K., *The Great Transformation: The Political and Economic Origins of Our Time*, Beacon Press, 1944(홍기빈 옮김, 『거대한 전환』, 길, 2009).

______, "The Economy As Instituted Process,"(ch. XIII), Karl Polanyi, Conrad M. Arensberg, and Harry W. Pearson(eds.), *Trade and Market in the Early Empires*, The Free Press, 1957: 243–270.

______, *The Livelihood of Man*, Academic Press, Inc., 1977(이병천 · 나익주 공역, 『인간의 살림살이』, 후마니타스, 2017).

Pryor, Frederick, *Property and Industrial Organization in Communist and Capitalist Nations*, Indiana University Press, 1973.

Ramstad, Yngve, "Institutional Economics and the Dual Labor Market Theory," Marc R. Tool(ed.), *Institutional Economics: Theory, Method, Policy*, Kluwer Academic Publishers, 1993: 173–233.

Ramstad, Yngve, "Labor Market," Geoffrey M. Hodgson, Warren J. Samuels, and Marc R. Tool(eds.), *The Elgar Companion to Institutional and Evolutionary Economics: L–Z*, Edward Elgar, 1994: 1–8.

Raveaud, Gilles, *La Dispute des économistes*, Le Bord de L'eau editions, 2013(권지현 옮김, 『경제학자들은 왜 싸우는가?』, 서해문집, 2015).

Rawls, J., *A Theory of Justice*, 1971(황경식 옮김, 『정의론』, 이학사, 2003).

Reuther, Bryan, "Intersubjectivity, Overview," Thomas Teo(ed.), *Encyclopedia of Critical Pshchology*, Springer, 2014: 1001–1005.

Ricardo, David, *On the Principles of Political Economy and Taxation*, Cambridge University Press, 1817(1970).

Rifkin, Jeremy, *The Zero Marginal Cost Society*, St. Martin's Press, 2014(안진환 옮김, 『한계비용 제로 사회』, 민음사, 2014).

Rist, Gilbert, *L'économie ordinaire entre songes et mensonges*, Presses de Sciences Po, 2010(최세진 옮김, 『경제학은 과학적일 것이라는 환상』, 봄날의책, 2015).

Rothbard, Murray N., *Man, Economy and State with Power and Market*, Ludwig von Mises Institute, Scholar's Edition, 2009.

Rothschild, Kurt W., "Power(II)," Geoffrey M. Hodgson, Warren J. Samuels, and Marc R. Tool(eds.), *The Elgar Companion to Institutional and Evolutionary Economics: L–Z*, Edward Elgar, 1994: 173–177.

Salanti, Andrea, "Rigor versus Relevance in Economic Theory: A Plea for a Different Methodological Perspective," *History of Political Economy*, 46(1), 2014: 149–166.

Samuelson, Paul A., *Economics*, McGraw–Hill, 1948(1st)–1980(11th).

Samuelson, Paul A. and William D. Nordhaus, *Economics*, McGraw–Hill/Irwin, 1985(12th)–2010(19th).

Schaff, Adam, Einführung in die Erkenntnistheorie, Erropaverlag, 1984(김영숙, 『인식론 입문』, 연구사, 1987).

Sen, Amartya, *On Economic Inequality*, Oxford University Press, 1973.

______, "Equality of What?," *The Tanner Lecture on Human Values* Delivered at Stanford University, May 22, 1979: 195–220.

______, *Development as Freedom*, 1999(김원기 옮김, 『자유로서의 발전』, 갈라파고스, 2013).

Skousen, Mark, "The Perseverance of Paul Samuelson's Economics," *Journal of Economics Perspectives*, 11(2), 1997: 137–152.

Smith, Adam, *The Theory of Moral Sentiments*, 1759(1790, 6th ed.)(Sálvio Marcelo Soares(ed.), MetaLibri Digital Library, 2005)(박세일 · 민경국 공역, 『도덕감정론』, 비봉출판사, 1996).

______, *An Inquiry into the Nature and Causes of The Wealth of Nations*,

Random House, 1776(1965)(김수행 역, 『국부론』, 두산동아, 1992).

______, *Lectures on Jurisprudence*, R. L. Meek, D. D. Raphael, and P. G. Stein(eds.), The Online Library of Liberty, Liberty Fund, Inc., 2005.

Smith, Vernon L., "Human nature: an economic perspective," *Daedalus*, 133(4), 2004: 67–76(DOI: 10.1162/0011526042365528).

Soskice, David, "Varieties of Capitalism: Varities of Reform," Anton Hemerijck, Ben Knapen and Ellen van Doorne(eds.), *Aftershocks: Economic Crisis and Institutional Choice*, Amsterdam University Press, 2009: 133–141.

Söderbaum, Peter, "Review: The illusion of value-free economics," *Newsletter*, 5(1), World Economics Association, Feburary 2015: 7.

Staniland, Martin, "The New Political Economy(ch. 3)," *What is Political Economy?*, Yale University Press, 1985: 36–69.

Svejnar, Jan, "Transition Economies: Performance and Challenges," *Journal of Economic Perspectives*, 16(1), Winter 2002: 3–28.

Takata, Yasuma, *Power Theory of Economics*, St. Martin's Press, 1995.

Tan, Sherman, "Understanding the 'Structure' and 'Agency' Debate in the Social Sciences," *Habitus*, 1, The Forum, 2011: 37–50.

Todorova, Zdravka, "Social Provisioning within a Culture-Nature Life-Process," Conference Paper, 12th Post Keynesian Conference(September 2014), 2015: 1–21(https://www.researchgate.net/publication/271524982_Social_Provisioning_within_a_Culture-Nature_Life-Process).

Tomer, John F., "Economic man vs. heterodox men: the concepts of human nature in schools of economic thought," *The Journal of Socio-Economics*, 30, 2001: 281–293.

Tool, Marc R., *Pricing, Valuation and Systems: Essays in Neoinstitutional Economics*, Edward Elgar, 1995.

Udehn, Lars, *The Limits of Public Choice*, Routledge, 1996.

Veblen, T., *The Theory of Leisure Class: An Economic Study of Institution*, B. W. Huebsch, 1899(1919)(정수용 옮김, 『유한계급론』, 동녘, 1983).

______, *The Instinct of Workmanship and the State of the Industrial Arts*(Ch. I), The Viking Press, 1914(1946)(Max Lerner(ed.), *The Portable Veblen*, The Viking Press, 1958: 306–323).

______, *The Vested Interests and the Common Man*, Capricorn Books Edition,

1969.

Wagner, A., *Finanzwissenschaft*, Part II, second revised edition, Leipzig, 1890: 8–15(R. A. Musgrave and Alan T. Peacock(eds.), *Classics in the Theory of Public Finance*, Macmillan, 1967).

Whalen, Charles J., "Schools of Thought and Theories of the State: Reflections of an Institutional Economist," William M. Dugger and William T. Waller, Jr.(eds.), *The Stratified State*, M. E. Sharpe, 1992: 55–85.

Whalen, Charles J., "The institutional approach to political economy," Fred E. Foldvary(ed.), *Beyond Neoclassical Economics*, Edward Elgar, 1996a: 83–99.

______, "A Note on 'The Myth of Institutionalist Method'," *Journal of Economic Issues*, 30(1), 1996b: 279–282.

Wilber, Charles K. and Robert S. Harrison, "The Methodological Basis of Institutional Economics," *Journal of Economic Issues*, 12, 1978: 61–89.

Wish, Harvey, "Aristotle, Plato, and the Mason–Dixon Line," *Journal of the History of Ideas*, 10(2), 1949: 254–266.

Wolff, Richard D. and Stephen A. Resnick, *Economics: Marxian versus Neoclassical*, The Johns Hopkins University Press, 1987.

Yao, Shuntian and Lydia Gan, "Monopoly Innovation and Welfare Effects," *Economics*, 4(2010–27), October 4, 2010: 1–21(http://dx.doi.org/10.5018/economics-ejournal.ja.2010–27).

찾아보기

[ㅂ]

[ㅅ]

[ㅇ]

[ㅈ]

[ㅎ]